JN409819

네트워크 치료

기업혁신의 최종병기

손동원 저

프롤로그

로마가 성공할 때는 로마와 로마인이 원하는 바가 같았다.

이 글은 한국기업에 뼛속부터 혁신 유전자를 넣어주는 방법을 소개하는 책이다. 특히 기존에 없던 새로운 방법을 기업 혁신의 도구로 사용하자고 주장할 것인데, 그 새로움의 초점은 **'네트워크'**이다. 이는 기업 내 구성원 사이의 관계망, 즉 네트워크를 수술하는 선에 도달해야 어떤 혁신도 완성도가 높아진다는 전제에서 시작한다.

네트워크에 초점을 두는 것은 구래의 경영혁신 서적이 시스템의 변화를 말하는 것과는 상당한 차이가 있다. 시중에 이미 네트워크에 관한 서적들이 쏟아져 나와 있지만, 기업에 적용해서 경영 문제의 해법으로서 적용한 저작은 최초의 것으로 판단된다. 보통 "기업은 곧 사람이다"라고 떠들지만 정작 사람 문제를 경영 해법의 한복판에 끌고 온 적이 없었다. 그 이유는 결정적으로 방법을 제대로 알지 못했기 때문이다. 다소 과도하게 표현하면, 이 책은 그 '방법의 부재'를 극복하려고 세상에 나왔다고 말할 수 있다. 이 글을 통해 한국기업이 시대적 요청에 대응하며 진정한 혁신을 이루길 바란다.

세상의 모든 것이 그렇듯이 기업의 조직원들도 네트워크 속에서 살아간다. 그 속에서 희로애락을 느끼며, 가치관과 태도를 바꾸며, 집단적으로는 하나의 문화를 만들어간다. 기업의 문제를 해결하고자 한다면 조직원들의 네트워크를 깊숙이 들여다보고, 네트워크 속에 어떤 원인이 있는지, 그 환부를 어떻게 치료해서 건강한 모습으로 회복할 것인지를 생각하는 것은 극히 당연한 순리다. 이렇게 중요한 네트워크 관점을 기업 경영의 해결책으로 인식하지 못했던 것이 놀랍지만, 이제라도 정확한 방법과 절차를 학습해서 기업 혁신의 치료책으로 사용해야 할 것이다.

기업은 안으로는 주주, 종업원, 노조, 그리고 밖으로는 공급업체, 경쟁기업, 소비자, 시장, 정부 등과 끊임없이 관계를 맺는다. 이 관계를 조정해야 하는 것이 '경영'의 본질이며, 이 모든 관계에는 정보의 불완전성과 비대칭성, 또 그것에 기인하는 도덕적 해이와 꾀부림이 도사리는 등 만만치 않은 위험이 도사리고 있다. 기업은 신기술 및 도전의식이 강한 창업자 등의 요소가 결합해서 결과를 내는 조직인데, 여기에 다음 두 가지 방식이 반드시 합쳐져야 한다. 첫째, 관리용 위계질서를 통해 원자재에서 완제품까지의 흐름을 조율해야 하는 방식, 둘째, 창업자와 조직원들이 특정 제품과 절차에 큰 베팅을 하도록 허용해 미래를 만들어가는 방식이다. 이 두 요소는 실로 사람들, 즉 조직원들의 관계 속에서 만들어지고 허물어지고 하는 그런 요인들이다.

'관계'라는 자원은 기업의 탄생에서부터 변화와 혁신, 진화, 그리고 성장과 쇠퇴의 모든 면을 결정하는 토대로서, 보통 말하는 "기업은 곧 사람이다"라는 명제의 본질이다. 다시 말해 기업 조직에서 발생하는 모든 현상은 조직원의 생각과 활동을 거치지 않은 것이 없다. 우리는 그 본질을 정면으로 다루어야 진정한 해결책을 얻을 수 있다. 더 이상 변두리를 때려선 답이 없다.

이 책을 구상한 것은 꽤 오래전 일이다. 필자는 거의 20년 전에 국내 최초의 네트워크 분석방법론 책인 『사회 네트워크 분석』을 출간했었다. 2002년 출간 이후 그 책은 대중으로부터 과도하다 싶을 정도로 큰 호응을 받았다. 경영학, 행정학, 교육학, 사회학 등과 같은 다양한 학문에서 네트워크 개념을 확산시킨 촉발제로 평가받을 정도였다. 그 이후 20년의 세월을 보내고서야 비로소 이 글을 세상에 내놓게 되는 게으름에 안타까움이 크다. 양해를 구하자면, 지난 20년의 세월은 필자에겐 깊고도 시린 성숙의 기간이었다. 경영학자로서 기업에 대해 더 성숙한 관점을 얻게 되면서 그 사명감과 소명의식을 깊이 받아들이는, 학자로서 치열한 성숙을 거쳤다는 소회를 늦은 출간의 변명으로 고한다.

기업도 한 개인사와 마찬가지로 험난한 파도를 넘어야 한다. 태어난 순간부터 아무 탈 없이 순항하는 기업은 없다. 성장기에는 성장통이 따라오며, 성년이 되면 치열한 경쟁과 엄청난 시련이 찾아온다. 초고속 성장을 하다가도 갑자기 성장동력을 잃기도 한다. 이런 흥망성쇠의 과정에서 한 기업이 건강함을 유지하려면 면역력이 강해야 하며 아픈 부위가 있다면 때를 놓치지 않고 치료해야 한다. 그 아픔은 감기와 같은 가벼운 통증에 그칠 수도 있지만, 때론 암(癌)과 같이 중병을 맞을 수도 있다. 아무리 작은 환부라도 치료를 늦추거나 소홀히 다루면 치명타를 입을 수 있다. 기업에서 건강이 나빠지는 징후는 내부의 분쟁이 많아지는 것이다. 기업 내부의 조직원들이 서로 자신의 이득만을 생각하면 분쟁이 커지고, 이런 징후를 가진 기업은 제대로 성장할 수 없다.

기업 내면에서 문제가 발생하는 징조는 중요한 신호임에도 불구하고 경영자들은 이를 사소하게 생각하는 편이다. 심지어 조직 내부의 분쟁은 어느 정도 피할 수 없는 관행으로 생각하기도 한다. 그러나 **'소통'**의 부재로 인한 분열은 마치 조직 내부에서 자라는 암 덩어리와 같다. 그 암 덩어리를 제때 도려내지 않으면 건강을 회복하기 어렵고 장수는 꿈도 꿀 수 없다. 당장 큰 위협이 아니라고 해서 소홀하게 취급해선 절대 위험하다.

기업의 각 개체가 자신의 이득만 챙기며 전체의 생존을 생각하지 않는 것은 분명 큰 위기다. "로마는 성공할 때 로마와 로마인이 원하는 바가 같았다"라는 명제가 그것을 극명하게 표현한다. 작은 도시국가였던 로마는 포에니 전쟁의 승리로 당시의 대국 카르타고를 끌어내리고 지중해의 패자(霸者)가 되었다. 큰 전쟁에서 승리했기에 승승장구할 줄만 알았지만, 그런데 오히려 승리한 이후가 더 문제였다. 포에니 전쟁에서 승리한 후 급성장을 이룬 로마는 국론분열에 빠지고 심각한 분쟁의 늪에 빠지고 말았다. 전쟁에서의 승리로 국토는 커졌지만 거대해진 덩치에 맞는 체질 개선이 뒤따르지 못하고 혼돈이 계속되었다. 그 결과 끝없는 정쟁이 일어나면서 마침내 국가 분열의 극단에 도달했다. 이 역사는 성공이 계속된다고 해서 모든 문제가 풀리는 것이 아니며, 내부의 혼란을 제어하지 못하면 곧 실패하게 된다는 교훈을 남겼다.

성공한 기업들에서 발견되는 분명한 진실이 하나 있다. 그것은 손자병법이 가르쳐 준 "상하동욕자승(上下同欲者勝)"이란 명제이다. 그 뜻은 최고위 장수부터 최말단 병사까지 모두 같은 소망을 가질 때 전쟁에서 이긴다는 것이다. 즉, 승리하는 군대는 조직원 한 명 한 명이 가진 개체이득과 조직 전체의 집단이득을 정렬할 때이다. 기업의 최고경영자에서 말단직원까지 회사 구성원 모두가 공감할 수 있는 '영혼(spirit)의 공감'이 있어야 할 것이다. 이 공감이 없는 기업은 무너질 수밖에 없다. 영혼이 담긴 조직은 최고경영자 혼자서도 아니고 어느 직원에 의해 만들어지는 것도 아니다. 이제부터 최고경영자는 개체이득과 집단이득의 정렬을 이루는 방책에 집중해야 할 것이다.

왜 그동안 기업들은 네트워크의 중요성을 인식하지 못했을까? 그 이유는 그것이 직접 보이지 않고, 또 그래서 어떻게 처리해야 하는지 몰랐기 때문이다. 네트워크라는 실체는 조직의 속살과 같이 보이지 않는 깊은 곳에 뿌리내리고 있다. 보이지 않는 것을 보기 위해서는 몸을 열어보듯 '**해부**'라는 작업을 통해 내면을 끌어내야 한다. 사람 간 관계는 물리적 결합을 넘어 화학작용이 발생하기 때문에 쉽게 겉으로 드러나지 않는다. 포도가 모여 포도주만 되면 그 모습을 쉽게 어림잡을 수 있다. 그러나 포도는 사랑도 낳고 성체(聖體)도 된다. 인간의 관계는 생각 밖의 화학작용을 통해 숨겨진 결과를 만들어낸다. 이 화학작용은 겉모습만으로 볼 수 없는 복합성의 산물이다. 어느 요소들이 어떤 방식을 통해 결합하는지, 또 그 결합이 어떤 시점에서 발생하는지에 따라서 다른 결과가 나온다. 이것이 바로 화학작용의 묘미이자 관계 개념이 가진 신비감이다.

그동안 네트워크를 경영의 요소로 보지 못했던 한계를 이제 넘어서야 한다. 경영에서 사람이 중요한 힘인 것을 알았지만, 정작 문제에 닥치면 그저 '인맥' 혹은 '연줄'이라는 단어로 단순하게 처리했거나 '소통'이라는 단어로 과도하게 압축했던 것이 바로 그 한계였다. 이 책이 이제 인맥과 연줄을 포함한 네트워크를 해부하고 분석하는 방법의 문을 열어 보일 것이다. 그것을 통해 기업의 속살을 들여다보는 쾌감도 느끼고, 그곳의 환부가 도려지고 통증이 사라지는 기쁨도 누리기 바란다. 마치 중증 암 환자가 수술을 통해 장수의 길로 들어서듯이, 기존 궤도를 벗어나지 못해 좀처럼 혁신을 하지 못하는 기업이 크게 도약하게 되는 길을 보게 될 것이다. 기존 방법이 성공하지 못한 이유는 진정으로 기업의 속살과 뼛속에 스며들어 있는 습관을 고치지 못했기 때문이었다. 이런 것들을 치료할 수 있는 큰 개념이 바로 **'네트워크 치료'**인 것이다. 실제로 기업을 들여다보면 내부에 다양한 네트워크 문제가 엉켜 있다. 이것을 제대로 풀어낸다면 기업 내면의 잘못된 관행과 상처를 치료하는 효과와 조직원들 전체가 목표를 향해 움직이는 일체감을 얻게 될 것이다.

집필을 시작하면서 깊은 학술적 풍미에 빠지는 것보다 현실적으로 응용할 수 있는 실천적 방법에 집중하려 했다. 그런데 글을 써나가면서 응용 서적이 간과하기 쉬운 이론적 토대와 인식론적 깊이를 무시하지 않는 선을 유지하게 되었다. 이런저런 고민 속에서 이론적 깊이와 현실 응용력 사이를 균형적으로 넘나들면서, 기업 네트워크 분석이 어떤 이론적 토대에서 탄생했고 그 현실 잠재력은 과연 어떠한지, 그리고 개선방안은 무엇인지 등을 함께 녹여 서술하게 되었다. 이론적 향기와 방법론적 전략을 같이 느낄 수 있을 것이다.

책을 완성하기까지 실로 많은 분이 도움을 주셨다. 필자에게 이 글의 씨앗 논리를 제공해준 학자들에게 우선 감사드린다. 특히 밸디스 크렙스(Valdis Krebs) 박사, 버지니아 대학의 롭 크로스(Rob Cross) 교수, 시카고 대학의 로날드 버트(Ronald Burt) 교수의 학술적 깊이와 천재적 발상에 감사한다. 그들이 전해준 깊은 지혜가 소중한 디딤돌이 되어 이 책이 탄생했음을 고백한다. 또 저자와 오랫동안 교류하면서 언제나 소통과 네트워킹의 진정한 가치를 일깨워주셨던 많은 분께 감사함을 전한다.

2020년 9월

저자 손동원 씀

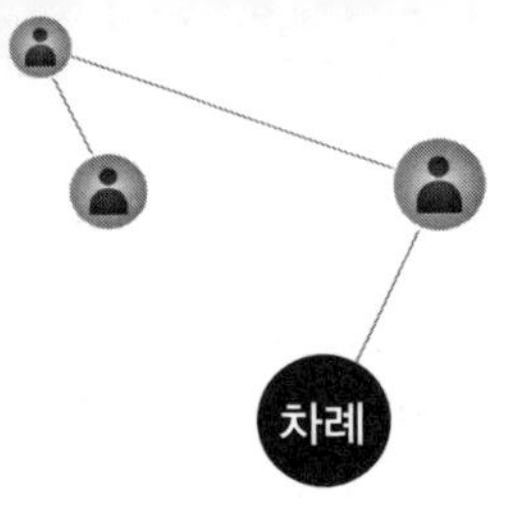

프롤로그 / 3

발상의 전환

1. 왜 네트워크 치료가 필요한가? 15
2. 네트워크 치료의 단계와 절차 27
3. 네트워크 치료 맛보기 41
4. 조직도 vs. 네트워크 51
5. 네트워크에 관한 오해와 진실 60
6. 한국기업에 닥친 수평화 명령 80

진 단

1. 네트워크 진단 97
2. 협력 문제의 진단 100
3. 창조 문제의 진단 118
4. 중심 역할의 진단 127
5. 네트워킹의 효과와 가치 157

치 료

1. 네트워크 치료 167
2. 협력 문제의 치료 175
3. 창조 문제의 치료 186
4. 부서 간 문제의 치료 220
5. 파벌 문제의 치료 240
6. 리더십과 인사관리 치료 248
7. 기업문화 치료 277

장수 전략

1. 사회적 자본의 활용 295
2. 권력 욕망과 네트워크 치료 325
3. 네트워크의 진화 경로 350
4. 구조와 행위, 그리고 네트워크 362
5. 네트워크, 시장, 조직 374

에필로그 / 387

부록

부록1: 네트워크 데이터: 설문지 및 워크시트 / 393
부록2: '중심성' 계산 / 409
부록3: 파당 분석(clique analysis) / 418
부록4: 주요 용어 / 431

NETWORK THERAPY 01

발상의 전환

1

왜 네트워크 치료가 필요한가?

중국은 만리장성을 쌓았지만, 로마는 도로를 놓았다. 도로를 통해 사통오달 통하는 인프라를 갖춘 것이다. 당시로는 생각할 수도 없는 도로 체계는 바로 소통과 개방을 제대로 작동하게 하는 인프라였다.
—『로마인 이야기』(시오노 나나미 저)

2천년 전의 패자(霸者)였던 로마가 강했던 이유는 무엇일까? 이에 대해 『로마인 이야기』의 저자인 시오노 나나미는 명쾌한 답을 주었다. 그들이 강했던 이유는 바로 '소통'과 '개방' 때문이라고. 로마는 점령지역에 도로를 놓아주며 물리적으로 소통했으며, 점령지의 시민이 원하면 바로 로마시민권을 허락하여 정치적으로 개방과 소통을 완성했다. 이렇듯이 강력한 국가는 관계와 소통 측면에서 최대의 효과를 발휘하는 방법을 알고 있었다. 기업도 이와 마찬가지다. 소통과 개방에 대한 비결을 통찰하는 기업이 강력한 경쟁력을 갖게 된다.

한 기업의 성공 방정식에 대한 서적은 이미 많이 쏟아져 나와 있다. 그 책들은 새로운 시스템을 갖추는 방법, 기업의 문화와 구조를 바꾸는 전략, 혁신적인 경영비책을 도입하는 것 등을 말하고 있다. 그런데 거기에는 진정으로 중요한 것 하나가 빠져 있다. 한 기업의 최고 성공 비결인 '기업이 원하는 것과 구성원이 원하는 것을 맞추는 정렬'에 대한 생각이 아예 없다. 보통 한 개체는 자신의 이득이 우선이며 조직의 발전은 이차적이다. 물론 자신에게 유리한 전략이 조직에도 유리하다면 기쁜 마음으로 기꺼이 그것을 선택할 것이지만, 만약 그렇지 않다면 자신의 이득을 먼저 챙긴다는 본성이 있다. 한 기업이든 한 국가이든 개체의 이득과 집단의 이득이 정렬될 때 가장 번창한다. 로마 역사가 입증했듯, "로마가 융성할 때는 로마인이 원하는 것과 로마가 원하는 것이 같았다"라는 표현이 이를 입증한다. 로마의 발전에 유리한 선택이 각 로마인에게도 유리할 때, 로마는 가장 번창할 수 있었다. 국가가 위험한 순간에 로마사람들은 힘을 모았지만 평화로운 시절에는 분열했다.

국가든 기업이든 이런 정렬이 쉽지 않다는 것이 문제다. 개인이 원하는 것과 집단이 원하는 것의 일치, 이것은 일견 단순하게 보이지만 실상은 너무도 어려운 과제다. 로마와 같은 강국도 그랬듯이, 위기시에는 구성원들이 힘을 합쳤지만 큰 위기를 넘기고 나면 각 개인은 자신만의 이득에 집착해서 분열했다. 그 분열이 길어지면서 로마는 쇠퇴의 길로 들어섰다.

성장하는 기업, 특히 빠르게 크는 기업일수록 외형이 커지면서 내부에 질환과 상처가 생긴다. 기업이 성장하는 과정에는 성장통을 비롯해 다양한 위기와 곡절이 많다. 역사적으로 국가 간의 전쟁에서 승승장구하던 강대국들은 외부의 적(敵)보다는 내부의 적에 의해 무너지는 경우가 많았다. 기업도 이를 염려해야 한다. 외부의 적이 접근하지 못하는 강한 경쟁력을 갖추었더라도, 내적으로 발생한 질병 혹은 그보다 사소한 신진대사의 문제 하나가 거대한 조직을 무너뜨릴 수 있다. 리비우스의 『로마사(史)』는 한니발 장군이 이끌던 군대는 외형적으로 매우 강했었지만 내적인 분열이 발생해서 패배의 길로 들어섰다고 지적한다. 이 조직 내부의 질환이 무섭다는 점은 조직원 간 관계에 항상 긴장하고 주목해야 한다는 명제를 준다.

집단이득과 개인이득의 정렬은 왜 어려운가?

개인과 집단의 이득은 왜 정렬하기 어려운가? 한마디로 말하면 개인과 조직의 이득 사이에는 근본적으로 충돌이 불가피하기 때문이다. 다수의 경제 행위자들이 참여하는 기업에서도 개체이득과 집단이득이라는 양자의 정렬은 안타깝게도 쉽지 않다. 한 기업이 경험하는 생로병사의 과정에선 항상 이 문제에 봉착한다. 조직 전체에 유리한 것과 개체에게 유리한 것이 다르기 때문에 문제해결이 어렵게 된다. 이렇기 때문에 변화를 추진하는 리더들은 조직원의 이득체계에 주목해야 하며, 그 개체와 조직 사이에 존재하는 이해관계의 간격 조정에 눈을 떠야 한다.

개체이득과 집단이득의 차이에 대해 '공유지의 비극(tragedy of the commons)'이라는 유명한 이야기로 설명을 시작할 수 있다.* 하나의

---

* Garrett Hardin(1968), *Science*, 162, pp.1243～1248.

거대한 초원에 여섯 명의 목동이 양(羊) 떼를 키운다고 생각하자. 이 초원은 여섯 명이 공동으로 소유한 공유지(共有地)이다. 각 목동은 초원에 자신의 양들을 방목해서 키울 것인데, 여섯 명에게 초원을 유지하기 위한 공동규칙을 갖고 있다. 그 규칙은 일단 양 떼를 한번 방목한 지역은 일주일 동안 방목을 금지한다는 점, 그리고 어린 싹이 자라는 지역에는 양 떼를 방목하지 않는다는 것이다. 이런 다분히 상식적인 규칙들이 필요한 이유는 공유지가 망가지지 않아야 여섯 명의 목동이 삶과 경제활동을 계속할 수 있기 때문이다.

여기까지는 지극히 정상적인 상황이다. 그런데 놀랍게도 개체이득과 집단이득의 차이는 바로 여기서 발생한다. 여섯 명의 목동들은 초원이 보존되어야 자신들이 잘살 수 있다는 것에 동의하지만, 각 목동은 자신의 이득만을 생각하게 된다. 각자에게는 다른 목동들이 규칙을 지키는 동안 자신의 양들만 이기적으로 풀을 먹이는 것이 가장 유리하다. 즉, 자신의 양들만 새싹을 먹는 경우 (남들은 그렇지 않는다는 전제하에) 초원을 망가뜨리지 않고도 이득을 얻을 수 있다. 그런데 이것은 각자에게 유리한 건 맞지만 집단 전체에게는 위기를 초래한다. 각 개인은 누구도 초원이 망가지는 것을 원하지 않았지만, 여섯 명의 목동이 모두 그렇게 하면 초원은 완전히 망가져버린다는 것이다. 목초지를 장기적으로 보존해야 한다는 목표에 동의했음에도 불구하고 각 목동의 전략은 당초 집단이 원하는 목표를 오히려 망가뜨려 버린다. 즉, 개체의 이득을 선택하면 초원은 비극적으로 망가지고 만다는 것이 '공유지의 비극' 이야기가 주는 교훈이다.

각 개체가 자신에게 유리한 것과 공유지가 보존되는 것을 따로 떼어놓고 본다는 것이 문제의 출발점이다. 집단의 목표인 공유지의 보존은 이것을 해결하지 않고선 도달할 수 없는 목표이다. 이를 기업 조직에 대입한다면, 기업에 속한 조직원 각 개인은 기업혁신을 추진하면서 발생하는 변화 속에서 저마다 보상과 유인 체계가 다르다. 기업이 가야 할 길을 모두 알고 있지만, 자신의 이득을 위한 전략은 기업의 발전을 보장하지는 않는 것이다.

사회과학자들은 이 현상을 '공공재(public goods)' 논의에서 바라보았다. 공공재란 사유재와 달리 공동이 추구하는 재화이다. 공공재는 다른 사람의 이익을 해치지 않고, 다른 사람이 그것을 사용할 때 지장을 주지 않으면서 소비할 수 있다. 바닷가의 등대(燈臺)를 생각해 보자. 그 등대 덕분에 암초와 충돌을 피한 배는 다른 배가 같은 혜택을 얻는 것과 아무런 관련이 없다. 우리를 숨 쉬게 하는 기체인 공기(空氣)도 대표적인 공공재 중 하나다. 한 사람이 공기를 아무리 많이 들이마신다고 해도 다른 사람의 호흡을 방해하지도 않는다. 한편 '사유재(private goods)'는 다른 사람을 배제하고 혼자서 쓸 수 있고 한 번 소비하고 나면 다시 소비할 수 없는 자원을 말한다. 내가 가진 초콜릿은 나 외에 다른 사람이 먹을 수 없다.

공공재는 만들어내고 유지하기가 어렵다. 오염된 도시에서 깨끗하지 않은 공기를 그냥 마시고 살아가듯이, 좋은 공기를 만드는 데 사람들의 동기가 약하다. 그래서 공공재는 자기 이익을 추구하는 개인의 행동에서 부산물로 생겨나는 경우가 많다. 선박회사는 배의 안전을 위해 등대를 짓지만, 결국 등대는 다른 회사의 배를 포함한 모든 배의 안전을 보장해 준다. 일부 공공재는 더 많이 생산될수록 그 가치가 더 높아진다. 전화나 팩스가 바로 그런 사례다. 팩스를 가장 처음 사용하는 사람은 팩스를 보낼 데가 없었으므로 무용지물이나 마찬가지다. 그렇지만 점점 더 많은 사람이 팩스를 사면, 팩스의 가치는 그만큼 더 높아진다. 이와 비슷한 공공재의 예는 신뢰이다. 신뢰란 다른 사람에게도 신뢰성이 있을 때 더 가치가 있다. 무임승차자가 많은 세상에서는 혼자만 신뢰를 지키면 손해를 보기 십상이다.

자신과 타자 사이에는 어찌할 수 없는 숙명적 간격이 있다고 철학자들은 말한다. 우리 세상의 각 개인은 타인과 함께 살아가지만 거기서 넘을 수 없는 '간격'을 피하지 못한다. 그 간격은 인간이 탄생하면서 갖게 되는 숙명적인 틈새다. 전위적인 화가(畫家)인 마르셀 뒤샹은 이에 대해 "앵프라맹스(inframince)"라는 표현을 쓴다. 이는 눈으로 식별할 수 없는 초박형의 상태를 말한다. 뒤샹에 의하면 주고받는 그 주체와 객체 사이에는 아무리 다가서도 얇은 빈틈이 없어지지 않는다. 주체와 객체가 완전 동일체가 되지 못하는 숙명적인 간격이다. 이것이 바로 앵프라맹스이다. 타인과 동일하게 되려고 해도 될 수 없듯이 어떤 사회이든 구성원은 마지막까지 동질의 속살을 갖지 못하며 같은 음표로 노래할 수 없다. 그것을 바란다면 그것은 인간의 본질을 오해한 잘못된 기대다.

개체이득과 기업이득 간 분열이 꼭 기업의 발전을 무시하는 구성원이 많다는 뜻은 아니다. 다만 자신의 이득과 조직의 목표를 맞춰가는 인식, 또 그 둘을 조정하려는 열정이 조직 어디선가 작동하지 않을 수 있다는 얘기다. 그런데 이를 뒤집어 생각하면 그 정렬이 충족될 때 조직은 성장할 수 있다는 점을 알 수 있다. 조직이 위험한 상황이라면 한 개인은 조직의 생존을 위해 잠시 자신의 이득을 내려놓는 마음도 가질 수 있다. 일종의 사명감 혹은 희생정신이 작동할 수 있다. 그런데 기업이 수확을 얻는 시기에는 각 구성원 각자가 얻는 보상에 더 민감해진다.

상하동욕자승(上下同欲者勝)

세계 최고의 병법서로 꼽히는 손자병법(孫子兵法)은 조직의 성공 비결로 '상하동욕(上下同欲)'을 강조한다. 그것은 최고 장수(將帥)에서부터 최말단 병사까지 같은 욕망을 갖는 군대가 승리한다는 뜻이다. 위에서부터 아래까지 같은 비전과 꿈을 갖는, 즉 공감이 높은 조직이 승리한다는 메시지를 던진다. 전쟁터의 군사조직을 빗댄 표현이지만, 이보다 더욱 생생한 표현은 없는 듯싶다. 진정으로 상하동욕에 도달하면 그 조직은 '개체이득과 집단이득의 정렬'이 이뤄진 것이다. 어떤 기업이든지 승리하고자 한다면 최고경영자의 비전이 저 구석의 말단 사원들에게까지 울려 퍼져서 공감을 일으켜야 할 것이다. 그 공감이 높다면 기업 임직원들의 정성과 열정이 뭉쳐질 것이다. 수많은 경영혁신을 도입했었음에도 불구하고 실질적인 성과를 얻지 못했던 많은 한국기업이 경청해야 할 메시지이다.

그런데 상사와 부하가 같은 생각과 욕망을 갖는 것은 말처럼 쉽지 않다. 우선 상사와 부하는 서 있는 지점이 다르다. 조직의 위계 사다리 중 각자 서 있는 위치가 다른 것이다. 등산에 비유하자면 부하는 산 입구에서 정상을 보고 올라가는 상황이라면, 상사는 이보다 높은 고도 1,000미터 지점에서 바라보고 있는 것과 같다. 그래서 관점이 다르고 바라보는 대상이 다르다. 이러한 높이 차이는 보는 세상이 다르기에 상당한 소통과 교류가 없다면 같은 생각을 가질 수 없다.

각자의 시선을 넘어서기 위한 다양한 시도와 노력이 투입되어야 하며, 적합한 리더십을 통해 서로 다른 시각들이 조절되어야 한다. 최고층의 리더는 '소통'이라는 요인을 중요하게 다루어야 한다는 인식도 갖춰야 하며, 리더 스스로 네트워크 속에서 관계 자원의 효과적인 활용이 어떤 것인지 체감하고 있어야 한다.

이런 상하동욕(上下同慾) 상황은 과연 어떻게 이루어지는가? 그것은 진정으로 완성도가 높은 공감이 형성되었을 때이다. 공감(共感)이란 마음과 마음의 파장이 만나 서로 조응될 때 나오는 감성이다. 이 공감이 높으면 '우리'라는 정서가 생기며, 포탄이 빗발치며 피가 터지는 전쟁터에서도 전투혼(戰鬪魂)을 공유할 수 있다. 공감이 높을 때 구성원들은 어떤 희생도 달갑게 받아들이며 열성을 다할 것이다.

실패한 기업들에서 발견되는 공통적인 이유가 있다. 기업의 실패는 결국 '사람의 문제'에서 온다는 점이 바로 그것이다. 러시아의 대(大)문호인 톨스토이의 명작 『안나 카레니나』의 첫 문장은 이렇다. "행복한 가정은 모두 엇비슷하고, 불행한 가정은 불행한 이유가 각기 다르다." 실패한 기업도 저마다 실패하는 이유가 제각기 달라 실패에 관한 보편적 법칙을 찾기 어렵다. 필자의 오랜 관찰의 결과를 보더라도 실패하는 기업의 이유는 실제 다양한 것이 사실이다. 그런데 기업이 실패하는 확실한 공통적인 이유는 하나 찾을 수 있다. 그것은 '공감이 부족한 조직'이란 원인이다. 구성원마다 각기 자기만 생각하는 조직, 조직이 어디로 가는지 전혀 모르거나 관심이 없는 조직, 이런 조직은 실패할 가능성이 매우 크다. 조직의 성공법칙인 '상하동욕(上下同慾)'이 발생하기는커녕 제각기 저마다의 이득을 생각하는 조직은 분명하게 실패한다.

기업이라는 하나의 조직에 모였지만, 응집력이 낮은 조직원들은 서로 질투하며 작은 이득에 싸움을 그치지 않는다. 이러한 기업은 영락없이 곧 추락한다는 소식을 전하고 만다. 이제 우리의 의문은 "왜 어떤 조직은 응집력이 낮고 공감이 약할까?"로 옮겨져야 한다. 이 질문에 대한 답은 실상 복합적인 면을 고려해야 하지만, 기업 힘의 근원인 조직원의 관계에서 원인을 찾아야 한다는 점은 인식되어야 한다. 조직원들 사이에 협력과 결집을 유인하는 조직문화도 갖추지 못했을 수 있고, 또 그것을 이끄는 리더십도 적절했는지 검토해야 할 것이다. 궁극적으로 조직과 사람의 관계, 또 조직원들 간 관계의 문제로 초점을 옮길 수 있어야 한다.

흔히 말하는 '사람의 문제'란 소통이 부족하다는 현상의 다른 표현이다. 보통 기업이 실패하는 외형상의 이유로 원가경쟁의 문제 혹은 품질 저하의 문제를 꼽지만, 이 문제들은 근본적으로 기업 내부에서 관계와 소통의 문제에서 시작된 것이다. 구성원들 사이에 공감이 높고 기업의 미래 비전에 대해 공동의 노력이 제대로 작동했다면 사전에 대처할 수 있었을 문제가 대부분이다. 그런데 '사람의 문제'는 단순히 그 문제에서 그치지 않고 다른 문제로 발전하는 경향이 있다. 예를 들면, 소통이 잘 안 되면 소그룹별로 파당이 형성되어 분쟁이 늘어난다. 그 와중에 다른 사람들과 담을 쌓은 채 자신의 이득만 챙기는 사람인 '사일로(silo)'가 늘어나게 된다. 예를 들어, 마케팅 부서가 전달한 고객 쪽의 요구에 관한 정보는 생산부서와 연구개발부서에 전달되지 않는다고 매일 투덜거리는 현상이 바로 그것이다. 이때 기업은 기술개발과 품질향상에 온 조직이 열성을 다하듯이 보이지만 시장에서는 경쟁에서 이기지 못하고 결국 패배하고 만다. 이처럼 소통의 결핍에서 시작된 사람의 문제는 기업의 생존을 결정할 정도로 파괴력이 큰 것이다.

이렇듯이 엄청난 파괴력을 가졌음에도 불구하고, 우리는 지금까지 바로 이 '사람의 문제'에 대해 과학적이고 체계적으로 접근하지 못했다. 특히 이 '사람의 문제'는 이 책의 핵심 쟁점인 '창조'와 '협력'이란 키워드와 연결되는 원천일 뿐 아니라, 앞으로 논의할 모든 주제의 근원에 해당함을 기억해야 할 것이다.

왜 그동안 네트워크에 눈 뜨지 못했을까?

그러면 우리는 왜 그동안 네트워크에 눈을 뜨지 못했을까? 이유는 단순하다. 기업 내면에 숨겨진 구성원 간 관계를 보는 방법을 몰랐기 때문이다. 조직원 간 네트워크라는 것이 겉으로 드러나지 않기 때문에 특별한 방법과 도구가 없으면 보기 어렵다. 직접적으로 표현하면, 특별한 렌즈로 무장된 사람들만 볼 수 있었다. 이런 이유로 인해서 사람 간 네트워크가 중요하다고 생각했지만 한 발짝도 더 나가지 못했었다. 이제 이 책이 그 숨통을 열고자 한다. 기업 내면에서 도도히 움직이는 관계 네트워크를 들여다보고 분석하는 해부 방법을 소개하고, 거기서 발견된 아픈 부위와 문제를 고치는 방법을 '네트워크 치료'라는 이름으로 설명할 것이다. 이 치료법을 잘 따라가면 어떤 현재의 모습이든 건강한 기업으로 변신하며 결국에는 장수기업이라는 종착역에 도착하게 될 것으로 믿는다.

기업은 숙명적으로 변하지 않으면 도태된다. 그것이 기업 생태계의 법칙이다. 오늘날 혁신을 도모해야 생존하고 살아남을 수 있다는 것을 모르는 기업은 없지만, 그것을 어떻게 추진해야 하는지를 정확히 아는 기업은 많지 않다. 필자의 오랜 경험으로 볼 때, 진정한 기업혁신을 원한다면, 기존 고정관념을 깨고 나와 마치 암(癌) 환자와 같이 치료를 받아야 한다. 의사가 암 환자를 치료할 때, 인체 속 내부를 열고 진단하고 분석해야 정확히 환부를 발견하고 실수 없이 최적의 치료 대책을 세울 수 있다. 몸을 해부하면 환부를 발견할 것이고, 그 근원이 어디까지 확산되었는지 또 어떤 파급효과를 낳을 것인지를 판단할 수 있다. 그런 후 그 치료에는 암 덩어리를 절개하는 대수술이 필요한지 혹은 항암 주사약으로 충분할지를 판단할 수 있다. 즉, 이런 일련의 선택에서 몸의 진정한 실체를 해부하는 작업은 매우 중요한 출발점이 된다. 조직 내부의 모습을 모르는 채 암 치료를 한다는 건 어불성설이다. 기업의 속살을 열어보는 작업, 즉 기업 해부는 조직의 내면, 그 숨겨진 속살을 보게 하는 커다란 기회를 준다.

조직 내면의 모습이란 과연 무엇인가? 그것은 바로 조직원 사이의 관계이다. 정확하게는 관계망(網)이며 그것이 곧 네트워크이다. 네트워크는 직접 손으로 만져지지 않고 겉으로 드러나지도 않는다. 일상적으로 감지하거나 파악하기 어려운 경우도 많다. 설령 파악되더라도 아주 피상적인 수준에 그칠 수도 있다. 그만큼 일상에서 깊이 숨겨진, 그래서 알기 어렵지만 정작 일상을 구성하는 진정한 원인으로 작용하는 것이다. 이 '관계'라는 것을 빼놓은 어떠한 기업혁신의 논의는 무용하다고 말할 수 있다.

기업을 제대로 혁신하려면 네트워크 개념을 가장 먼저 생각해야 한다. 네트워크에서 문제를 발견하고 무엇을 고쳐잡을 것인지 분석하는 것이 곧 혁신의 시작이다. 그 네트워크를 고치려면, 현재의 관계망을 열어보고, 그것을 해부하고 진단하며, 그 진단으로 알게 된 문제들을 고치는 구상을 정돈하는 것이 중요하다. 더 나아가 단순히 현재의 환부를 고치는 선을 넘어 생각의 시간대를 확대해서 진정한 건강한 기업을 구상하는 것도 권장한다. 당장은 환자의 아픈 부위를 치료하지만 그 이후에도 관리를 잘해서 오랫동안 건강을 유지하도록 하는 것이 어쩌면 더 중요할지 모른다. 본서는 이에 착안하여 단순한 일회성 치료의 개념을 뛰어넘어 건강한 장수기업이 되는 방책을 얘기하게 될 것이다.

그동안의 기업혁신 주장은 시스템을 업그레이드하는 방책을 말하는 것이 대부분이었다. 그런데 기업의 제1계명인 '기업은 사람이다'라는 명제에 따라 정작 사람을 통한 혁신 방법을 논의하는 주장은 취약했다. 사람을 통한 혁신을 말하더라도 고작 연봉제와 같은 임금을 주는 방식을 말하는 수준에 그쳤다. 물론 이것도 구성원의 감성과 연관된 인사제도의 하나인 것은 분명하지만, 사람 측면을 다룬다고 하기에는 약한 편이었다. 또 단순히 관리기법의 변화를 말하는 수준에 그친 경우도 많아서, 거기에는 사람과 사람 사이의 변화를 통해 기업이 발전할 수 있다는 내용이 담겨 있지 않았다. 이제부터 발상을 달리해야 한다. 기본으로 다시 돌아가, 기업은 사람 사이의 짜임새라는 인식을 다시 회복하고 기업의 진로를 생각해야 할 것이다.

2

네트워크 치료의 단계와 절차

많은 진전은 거대한 한 걸음으로 이뤄지는 것이 아니라, 수백 개의 작은 걸음으로 이루어진다.

이제 네트워크 치료의 내용에 관해 설명하고자 한다. 치료의 전체 과정과 개요를 일단 이해한다면, 무엇을, 왜, 어떻게, 또 어떤 상황에서 활용하는지에 관해 눈을 뜨게 할 것이다. 앞서 네트워크 치료를 마치 의사가 환자를 고치는 것과 같다고 말했음을 기억하자. 의술과 같은 네트워크 치료에는 다음 두 요인이 중요하다.

첫 번째 요인은 타이밍이다. 모든 병이 그렇듯이 근본적인 치료시기를 놓치면 병이 커지는 법이다. 수술을 받거나 치료를 하더라도 때를 놓치지 말아야 한다. 암 치료라고 생각해보라. 암이 다른 곳으로 전이되지 않도록 타이밍을 놓치지 않아야 한다. 암 진행이 초기인지 혹은 말기인지에 따라 수술과 약물 처방의 시점이 결정될 것이다. 아무리 심각했던 환자라도 시기를 놓치지 않고 조치를 받으면 새로운 힘을 얻고 건강하게 장수하는 사례도 많다. 치료시기를 놓치지 않기 위해서는 과감한 결단과 용기도 필요하다.

두 번째 요인은 모든 치료는 하루아침에 완성되지 않으며 작은 처방이 쌓인 누적의 결과라는 믿음이다. 한순간에 병의 원인을 완전히 제거하는 경우는 드물다. 모든 치료는 작은 처방들이 모이고 축적되어 완성된다. 네트워크 치료에서 많은 진전은 거대한 한 걸음으로 이루어지는 것이 아니라, 수백 개의 작은 걸음으로 이뤄진다. 그 작은 발걸음을 뚜벅뚜벅 걸어가다 보면, 기업의 썩은 부분은 고쳐지고 치료되는 것이다. 환사의 아픈 부위를 찾아내는 작업이 있어야 하고, 그것에 착오가 없어야 한다. 또 그 환부를 수술할 것인지 혹은 약물로 치료할 것인지 결정에도 신중해야 한다. 절개수술만이 해법이 아니며, 약물치료가 오히려 도움이 될 수도 있다. 수술이든 약물 투여든 모든 상황에 부작용이 최소화되도록 보조약품을 처방할 수도 있다. 각 단계별로 점검과 평가를 추진할 계획도 설정해야 한다. 당장은 사소한 치료로 보이는 작은 조각도 꾸준히 쌓이면 진정한 혁신을 낳는다는 인식과 믿음을 갖고 네트워크 치료에 임해야 한다.

네트워크 치료의 단계

네트워크 치료는 단계별로 진행되어야 한다. 의사가 환자를 치료할 때 사전에 모든 계획을 세우듯이, 또 계획에 설정된 단계를 철저히 준수하듯이, 네트워크 치료를 시행할 때에도 사전에 준비된 절차와 단계를 따르는 것이 좋다. 그렇게 해야 실수를 줄이고 계획하는 효과를 얻을 수 있다. 무조건 지켜야 하는 철칙은 어느 세상에도 없지만, 네트워크 치료는 단계와 절차는 가능하다면 지키는 것이 좋다. 이제 네트워크 치료의 구체적인 절차에 대한 설명을 시작하자.

네트워크 치료의 절차는 다음의 순서로 진행된다. 1) 기업 해부, 2) 네트워크 지도 도출, 3) 개인 역할의 계량화, 4) 조직 전체 네트워크에 대한 평가, 5) 치료 방안의 도출.

단계 1 : 기업 해부

네트워크 치료는 '기업의 속살'을 열어보는 작업으로 시작한다. 기업의 내면을 '응시'하는 순간 치료는 시작된다. 기업 내면을 보기 위해서는 몸을 열어 사진을 찍어야 한다. 마치 환자의 아픈 부위를 찾아내기 위해 엑스레이(X-ray) 사진을 찍듯이 조직 '속살'의 사진을 찍어야 한다. 그 사진은 내면의 속살을 보여주며 동시에 아픈 부위를 보여줄 것이다. 사진은 속살에 묻혀 있는 무의식까지 볼 정도로 깊이 들어가면 더 좋다. 마지막 살에 닿겠다는 갈급한 심정으로 깊숙한 곳까지 가려고 해야 한다.

이렇게 기업 속살의 사진을 찍기 위해 기업 내면을 열어보는 작업을 '기업 해부(anatomy)'라고 부른다. 이는 기업의 내면을 해체해서 들여다보는 작업을 통칭하는 것인데, 가장 핵심은 조직원의 관계를 하나하나 구체적으로 끄집어내는 작업이다. 의술로 비유하면 사람 몸을 들여다보는 일종의 엑스레이 사진이거나 혹은 MRI 사진이다. 어떤 유형의 사진을 찍을 것인지는 치료의 의지와 목적에 의해 결정될 것이다. 네트워크 설계자는 기업 해부를 통해 향후 치료의 진로를 계획할 수 있다.

기업 해부를 통해 얻는 사진은 많은 정보를 담고 있다. 아픈 이유가 무엇인지, 환부가 어디까지 번진 것인지, 어디를 절개하면 될 것인지 혹은 수술 대신 약물 주사로 충분한 것인지 등의 정보가 숨겨져 있다. 병(病)이라는 게 그 병을 아는 것만으로도 절반은 치료된다고 말한다. 이를 그대로 따르면 조직 내면을 보는 기업 해부에 성공하면 그것은 곧 네트워크 치료의 절반에 도달한 셈이다. 조직의 내면을 보게 된다면 확실히 어떤 곳이 환부이며 무엇이 고쳐져야 하는지 더 잘 알게 된다. 기업 해부를 통해 내면의 속살을 들여다보게 되면, 숨겨진 내면을 보는 쾌감뿐만 아니라 제대로 문제를 해결할 수 있을 것이라는 기대감을 가질 수 있다.

그동안의 기업 문제를 해결하는 구상은 전체 기업을 먼저 생각하기보다 '부분을 우선 분석'한다는 환원적 사고에 기반을 두었었다. 그래서 전체 기업을 가능한 부분으로 쪼개서 그 관점에서 분석하고 계획하려고 했었다. 아마도 서양의 과학적 사유방식인 '부분은 전체의 움직임을 잘 반영하고 있다'라는 환원주의 원리를 따른 것으로 보인다. 그런데 만약 부분과 전체가 다른 원리로 움직인다면 그 생각 방식은 잘못된 것이 된다. 필자가 말하는 네트워크 치료법은 그것들과 근본적으로 관점이 다르다. 오히려 '잘려진 부분들의 봉합술'을 강조한다. 성공적인 분석은 작은 부분들을 총괄적으로 묶어내는 봉합의 기술, 그것으로 인해 전체를 통찰할 수 있는 때에만 가능하다고 믿는다. 종합적인 맥락과 연결이란 통합을 보지 않는 한 부분으로 얻은 실마리는 결코 해답이 될 수 없음을 강조한다.

기업 해부란 겉으로 잘 드러나지 않는 모습을 보게 한다. 사실상 매우 드문 정보를 노출한다. 한 인간으로 생각해보라. 그 사람의 일생에 과연 내면을 해부하는 일이 일생에 몇 번이나 있겠는가. 일생에 한두 번에 불과할 것이다. 그만큼 하기 어려운 작업이고 소중한 것을 알게 되는 기회다. 겉으로는 보이지 않지만 기업을 움직이는 실질적인 동력을 볼 수 있다면, 그 어느 경우보다 정확하게 문제해결을 할 수 있게 된다. 볼 수 없었던 것을 보게 된다는 것, 이런 획기적 사건은 진실을 파헤칠 수 있는 엄청난 힘을 얻는 변화를 말하는 것이다. 해부는 겉으로 드러난 모습에서 볼 수 없었던 진실을 볼 수 있게 하는 중요한 도약대인 것은 분명하다.

2000년대 초반, <허준>이라는 TV 드라마가 있었다. 동의보감의 저자인 허준의 일대기를 묘사한 드라마이다. 허준의 놀라운 집념, 수많은 역경을 딛고 일어서는 장면들이 인상적인 감동으로 다가섰다. 그런데 무엇보다 스승인 유의태 의원이 제자인 허준에게 남긴 감동은 잊을 수 없다. 유의태는 자신의 몸을 허준에게 해부의 재료로 내놓는다. 스승의 몸을 열어본 경험을 통해 허준은 한의학의 한계를 넘어서 새로운 경지를 개척하는 인물로 성장한다. 인체를 열어 본 경험은 서양의학을 접하기 전의 한의학에선 큰 분기점이 되었을 것이다. 유의태는 실제 허준의 스승은 아니었다고 한다. 작가의 상상력에 의해 가공의 인물이 허준 드라마에 삽입된 것이다. 실제 유의태란 인물은 허준보다 약 200년 뒤인 정조 때의 명의(名醫)라고 한다. 드라마에서 유의태가 허준의 스승으로 설정된 것은 허구였다. 그러나 나는 이 허구에 개의치 않는다. 스승이 제자에게 자신의 몸을 열어보게 해서 그동안 아무도 보지 못했던 것을 알게 해주었다는 것. 얼마나 감동적인 상상인가. 몸을 열어보았다고 모든 의술이 완성되는 것은 아니겠지만, 그 해부를 허준이 시작했을 것으로 말하는 상상력은 감동을 넘어 짜릿한 전율을 준다. 인체를 열어본 것과 마찬가지로, 눈으로 직접 관찰한 것에 비할 만큼 정확한 지식도 없고 남을 설득할 수 있는 증거도 없다. 볼 수 없었던 것을 볼 수 있는 것은 큰 도약이다. 만약 남들이 볼 수 없는 것을 나만 볼 수 있다면, 이때 우리는 새로운 경지로 들어설 수 있는 입장권을 확보한 것이다.

기업 해부를 통해 기본적인 분석이 이뤄졌다면, 다음 단계는 실제 관계망을 그리는 작업이다. 이 관계망 그림을 '네트워크 지도(map)'로 부른다. 각 조직원의 관계가 노드(node)와 라인(line)으로 연결된 사진판 그림이다. 조직원의 숫자가 늘어나면 이 지도는 매우 복잡해진다. 한눈에 정확히 분석할 수 있는 면이 줄어들 수 있기 때문에 감성적 치료가 될 수 있다. 그에 대한 보완으로 각 조직원의 역할을 계량적으로 판정하는 이성적 치료가 수행되어야 한다. 이 두 치료를 효과적으로 사용할 때 진정으로 중요한 네트워크 치료의 결과를 얻을 것이다.

단계 2 : 네트워크 지도 도출

"백필불여일사(百筆不如一寫)"라는 말이 있다. 잘 찍은 사진 한 장이 백 마디 말보다 우수하다는 뜻이다. 네트워크 지도(map)가 바로 그런 한 장의 사진과 같다. 한 기업을 이렇고 저렇게 말로 설명하는 것보다, 사람 간 관계를 한 장의 사진으로 본다면 그 조직의 많은 것을 확연하게 전달한다. 앞서 한 기업의 해부는 엑스레이 사진을 찍고 그것을 분석하는 것과 같다고 언급했다. 환자를 치료하기 위한 첫 번째 단계로 엑스레이 사진을 찍듯이 기업해부도 하나의 사진으로 표출된다. 그 사진이 '네트워크 지도'라는 이름을 가진 사진이다.

네트워크 지도는 조직원의 관계망을 그린 사진판 그림이다. 각 노드 사이 연결을 총체적으로 보여주는 그림으로서, 라인과 화살표로 표현되는 행위자 사이의 관계를 보여주는 한 장의 사진이다. 이는 몸을 찍은 엑스레이 사진과 같이 한 조직의 속살이며, 조직원들의 관계를 적나라하게 담은 보물이다. 한 장의 사진이 전달하는 이미지가 함축적이고 의미가 명확하기 때문이다.

'네트워크 지도'는 다른 방법으로는 겉으로 드러나지 않는 정보를 담고 있기 때문에 그 가치가 더 크다. 이 네트워크 지도를 손에 넣은 경영자는 전쟁터에서 관측장교이자 포병 지휘관의 입장이 된다. 큰 그림을 수중에 쥐고 전세 흐름을 보면서 전투에 임할 수 있다. 성공적인 작전을 고안하려면, 지형물과 전투병력의 배치에 정통해야 한다. 그 배치에 대한 정밀지도를 손에 쥐고 있다면, 그 전투에서 승리할 가능성은 크다. 네트워크 지도는 바로 그런 가치를 준다. 기업 간 전쟁에서 승리하는 지휘관으로 올라설 수 있다. 무엇이 어떻게 돌아가는지 전체 윤곽을 모르면 판세를 정확히 분석할 수 없으며 향후 계획에서 한계에 봉착하게 된다. 큰 그림을 볼 수 없는 보병 지휘관들이 명령을 기다리며 갖는 처절한 감정이 바로 그것 때문이다. 그런데 네트워크 지도를 보면 무엇이 진행되어야 하며, 어떤 구상을 해야 하는지 마음에 안심을 얻을 수 있다.

이왕 네트워크 지도를 만든다면, 가능한 한 정밀하게 사진을 찍을 것을 권장한다. 전설적인 사진작가 로버트 카파(Robert Capa)는 사진을 배우는 젊은이에게 이렇게 충고했다. "자신이 찍은 사진이 마음에 들지 않는다면, 너무 멀리서 찍었기 때문이지요. 한 발 더 가까이 가서 찍으세요."라고. 네트워크 지도라는 것이 기업 내부의 큰 그림을 보여주는 것이지만, 그 큰 그림에 정밀한 골목길이 그 안에 표시

된다면 더욱 좋을 것이다. 경영자는 큰 그림을 보는 관측장교도 되어야 하지만 골목길을 꿰뚫어 보는 전술가도 되어야 한다. 그래서 경영자에게 좋은 정보를 주려면, 더 가까이서 찍어 막다른 길과 만나는 모든 실핏줄 같은 길까지 표시되면 좋을 것이다.

네트워크 지도를 잘 찍기 위한 사전준비도 철저해야 한다. 관계망이란 것이 숨겨졌던 속 모습이기 때문에 이를 표면으로 끌어내는 작업은 쉬운 일이 아니다. 네트워크 지도를 도출하기 전에 충분한 시간을 갖고 사전계획을 잘 세워야 한다. 필요하다면 계획단계에서부터 전문가와 협의할 필요가 있다. 시작부터 확고하게 마지막까지의 윤곽을 갖고 있어야 진행과정에서 어려움이 있더라도 추진 장애를 돌파할 수 있고 자신감을 가질 수 있다. 네트워크 지도를 얻기 위해서는 관계에 대한 데이터를 얻는 사전 작업이 필요하다. 데이터 수집 방법, 설문지, 그리고 워크시트에 대해서는 <부록>을 참조하기 바란다.

네트워크 지도는 어떤 정보를 주나

네트워크 지도가 전해주는 정보는 구체적으로 다음과 같다. 하나하나 뜯어보면 다른 방법으로는 알 수 없는 귀중한 정보들이다.

1) 구성원들이 네트워크에 어떻게 자리 잡고 있는지,
2) 누가 중심이며 또한 누가 변방에 있는지,
3) 연결이 가장 많은 사람과 집단은 과연 누구이며 왜 그런 것인지,

〈표 1〉 네트워크 지도가 주는 추가 정보

환부의 파악, 치료할 곳 파악	부수적 정보
• 필요한 연결이 있는지 • 소외된 곳의 이유는 무엇인지 • 부서 사이의 연결이 결핍되었는지 • 공통 자원에 대한 통로가 확고하게 연결되는지	• 조직 내부의 숨겨진 힘 및 습관(routine) 포착 • 응집력 유지의 토대 포착 • 과부하가 걸리는 병목(bottleneck)의 해소 • 실적이 떨어지는 사람과 일벌레 발견 • 조직도로 표현되지 않는 문제 • 부서 간 분파(파당) 포착 • 개인별 공헌도 파악 및 업무의 합리적 배분 • 사무실 배치, 레이아웃, 작업장 재설계

4) 하위그룹으로 어떻게 나뉘어있는지,

5) 누가 정보흐름의 허브인지 혹은 브로커인지, 또한 어디서 병목(bottleneck)이 발생하는지,

6) 혁신의 주요 전달 통로는 어디인지,

7) 누가 전문가인지, 어디에 있는지, 어떻게 접촉할 수 있는지,

8) 다른 사람들이 조언을 구하는 멘토는 어디에 있는지,

9) 혁신 아이디어의 근원은 어디인지 또한 그것이 어떻게 퍼져나가는지 등이 있다.

네트워크 지도 그리는 방법

네트워크 지도를 그리는 방법을 설명할 차례다. 조직원의 숫자가 적으면 직접 손으로 그릴 수 있지만, 대부분 기업은 조직원 수가 수

작업을 할 범위를 넘어선다. 그러나 그리 염려할 필요는 없다. 다행스럽게 네트워크 지도를 그려주는 많은 컴퓨터 프로그램이 나와 있다. 그것을 잘 사용하면 된다. 이 프로그램들은 현재도 계속 개발이 진행중인데, 초보자에게 권장할 수 있는 프로그램으로는 **UCINET, NetDraw, Pajek, NetMiner** 등을 꼽을 수 있다. 컴퓨터 프로그램이지만 쉽게 학습할 수 있도록 설명되어 있는 편이다. 네트워크 분석을 위한 프로그램의 사용법에 대해서는 졸저 『사회 네트워크 분석』에 비교적 쉽게 설명되어 있으니 그 책을 참조하기 바란다.

네트워크 지도는 여러 면에서 유용한 도구이지만, 한 가지 부족한 점이 있다. 그 부족한 것은 객관성이 낮다는 점이다. 사진판 정보이기 때문에 시원한 정보인 것은 분명하지만 엄밀한 수치로 판정되지 않기 때문에 객관성이 떨어진다. 앞서 낮은 객관성 때문에 감성적 치료라는 표현을 썼다. 그런데 이 낮은 객관성은 계량지표로 보완될 수 있다. 각 개인에 관한 계량지표는 네트워크 지도에서 얻을 수 없던 객관성과 엄밀성을 보완할 수 있다. 각 조직원의 계량화라는 객관적 지표를 통해서 네트워크 지도에 개입될 수 있는 주관적 편견이라는 단점을 보완할 수 있다.

단계 3 : 개인 역할의 계량화

다음 단계는 각 개인의 역할을 계량화하는 작업이다. 개인별 계량화는 어쩌면 네트워크 방법이 가진 효과 중 최고의 '백미(白眉)'일 수 있다. 실제로 계량값을 사용할 때 비로소 엄밀성을 중시하는 과학성을 띤다. 앞서 네트워크 지도는 전체 윤곽을 보여주는 좋은 정보이지만 객관성이 낮다는 한계가 있었음을 기억하자. 사진판 정보이기 때문에 속 시원한 정보이지만 객관성이 떨어졌다. 그런데 각 개인에 대해 네트워크 측면의 계량값이 정해진다면 객관화는 상당히 보완되는 것이다.

각 개인은 조직에서 자신만의 역할을 맡는다. 네트워크 관점에서 보는 중요한 역할에는 다음 3가지 역할이 있다. 즉, 중심 역할, 다른 행위자들을 이어주는 다리(bridge) 역할, 지식과 정보를 전달하는 매개 역할이다. 이 3가지 역할 외에도 다른 사람들에서 받는 인기 및 영향력 등도 의미가 있다. 이것은 개인별 역할은 아니지만 관계 속에서 의미를 띠는 개념들이다. 계량화 작업이란 개인별로 이런 역할을 어느 정도 수행하는지 평가하는 작업을 말한다. '계량'이라는 단어가 말해주듯이, 간결하고 정확한 값을 얻는 것이다. 객관적이고 과학적 정보로서의 가치가 크다.

첫째, 개인 역할 계량화 중 핵심은 '중심' 역할에 대한 측정이다. 네트워크 방법론의 용어로 말하면 '중심성 분석'이다. 중심성이란 각 개인이 중심에 위치하는지 정도를 말해주는 계량값이다. 이는 각 행위자가 조직에서 어떤 역할을 맡는지를 말해준다는 장점을 갖고 있으며, 또 그 역할에 대한 심도를 평가할 수 있도록 한다. 그 정도를 다면적으로 최소 3개 차원(연결수, 근접, 매개) 이상의 기준으로 평가할 수 있다는 장점이 있다.

계량화는 중심인지 여부를 넘어 한 사람이 중심이 된 이유에 대한 지식을 준다. 특히 자신에게서 나가는 방향 그리고 들어오는 방향을 구분할 수 있도록 한다. 자신에게 들어오는 방향(in)은 그 행위자의 인기도를 반영할 수 있다. 반대로 나가는 방향(out)은 자신의 정보를 전해주는 통로와 가치를 말해준다. 더 나아가 누구와 관계를 맺는지를 반영하는 위세 중심에 대한 정보도 가능하다. 연결을 받는 쪽의 권한을 반영하여, 단순히 한 명과 연결되더라도 강한 자와 맺는 관계가 효력을 발휘한다는 것을 표현한다.

단계 4 : 전체 네트워크에 대한 평가

앞서 네트워크 속 개인의 역할과 그 측정에 관해 설명했다. 이렇게 개인별 작업도 중요하지만, 네트워크 전체의 적합도를 평가하는 작업도 중요하다. 실세로 기업 네트워크를 지휘하는 관측 작전사령관으로서, 네트워크 자체에 대한 평가의견을 가질 수 있다. 네트워크 전체를 조망하는 지표에는 다음의 것들이 있다.

첫째, 응집력 지표가 있다. 응집력이란 구성원들의 일체감과 친밀도를 말해주는 지표이다. 응집력은 기업의 조직력과 일사불란함, 그리고 목표를 달성하는 결집력과 집중력을 말해주는 중요한 지표이다. 이것이 무조건 높다고 좋은 것은 아니지만, 그렇다고 응집력이 낮은 것은 분명 개선해야 한다. 이 응집력은 '밀도(density)'라는 지표와 '클러스터 계수'로 측정할 수 있다. 한편 전체 네트워크가 특정 리더를 중심으로 움직이는지를 판정하려면 '집중도(centralization)' 지수를 활용할 수 있다.

한편 응집력을 다른 각도에서 계량화하는 것도 가능하다. 그것은 기업 내적으로 얼마나 많은 분파가 존재하는지의 각도로 판정하는 것이다. 지나치게 파당 혹은 소그룹이 많다면 분파주의가 강하다는 의미로서, 응집력이 낮다는 뜻이 된다. 분파주의가 강하면 소통이 원활하지 못하여 응집력이 떨어지게 되기 때문이다. 이 분파 정도를 알려주는 지표로는 '파당지표'가 있다. 이는 '파당 분석'이라는 방법에서 계량값이 계산된다.

둘째, 외부와의 교류 정도도 중요한 평가사항이다. 외부와의 교류는 내부 응집력에 버금가는 중요하고 필요한 기능이다. 외부와의 교류가 없다면 '우물 안 개구리' 신세에 처한다. 네트워크 전체적으로 외부와의 적절한 교류가 활발하게 소화되는 것이 바람직하다.

네트워크 분석방법에서 "E-I 지수"라는 것이 있다. 이 지수를 통해 외부와의 교류 정도를 판정한다. 여기에는 외부에서의 유입(Out → In)뿐만 아니라 내부의 상업화(In → Out)에 대한 평가방법도 포함된다.

이 지표들이 어느 선을 넘어야 건강한가를 판정하는 명확한 기준은 없다. 목적과 상황에 따라 사용기준을 다르게 적용할 수 있다. 예를 들면, 높은 응집력은 대부분의 기업에게 바람직하지만, 응집력이 지나쳐서 신선한 정보의 유입을 원하는 기업은 오히려 응집력을 낮추는 것이 목표일 수도 있다. 이렇듯이 목적에 따라 네트워크에 대한 평가가 달라진다.

단계 5 : 치료 방법의 구상

지금까지의 작업을 종합해서 앞으로 치료를 어떻게 할 것인지를 구상한다. 모든 상황에 유일하게 적용되는 보편적인 최선의 치료법이란 없을 것이다. 즉, 당초 원하는 목적을 실현시킨다는 입장에서 치료 방책을 강구해야 할 것이다.

앞서 언급했듯이, 네트워크의 치료 목적에는 네트워크의 응집력을 높이는 목적, 새로운 혁신을 도입하여 확산시키려는 목적, 주요 행위자들의 관계를 개선시키려는 목적이 있다. 이들 각 목적에 따라 개선방안이 달라질 것이다.

네트워크 치료의 과정과 결과는 직원들에게 알려줄 필요가 있다. 네트워크 치료를 경영진만 아는 밀실 자료로 쓸 필요는 없다. 궁극적으로 소통을 넓혀 기업을 혁신하자는 것이므로, 진행되는 과정의 공감도 매우 중요한 의미를 준다. 직원의 공감을 끌어내지 못하는 한, 네트워크 치료는 완결된 것이 아니다. 결과보고회에서는 문제의 실상을 전체 직원에게 알려주는 것이 핵심이다. 현재 문제를 공유할 때 해결책이 나오기 때문이다. 경영자들에게 부담스러울 수 있지만, 네트워크 치료를 정기적으로 시행할 것을 권장한다. 네트워크 치료는 단 한번으로 완결되지 않는다. 네트워크의 건강성을 정기적으로 검진하고 치료를 해주어야 한다. 정기 점검의 주기는 3년 정도가 적합하다.

3

네트워크 치료 맛보기

네트워크 치료의 절차에 대해서, <Z기업>이라는 가상적 사례를 갖고 맛보기 학습을 한다. 이 사례를 통해 어떤 모습, 어떤 분석, 어떤 대책을 생각할 것인지 대략의 윤곽을 포착하기 바란다.

앞서 설명한 절차와 일치되도록 순서를 설정해서 설명하며, 각 과정에서 중요하게 논의되는 내용과 쟁점을 논의하고자 한다. 특히 필요한 교류가 없었던 관계의 보완, 중요인물들의 협력 충전과 응집력 제고를 위한 처방 등 네트워크 치료의 전형적인 쟁점들을 어떻게 처리하는지에 주목하면 좋을 것이다.

진단

사례기업인 Z기업은 최고경영자 1명과 4개의 부서들로 구성된 가상적 기업이다. 각 부서는 3~4명으로 구성되어 있으며, 1개의 인력관리 데이터베이스(DB-HRM)가 있다고 가정하자. 이 사례는 미국의

〈그림 1〉 Z기업의 네트워크 지도

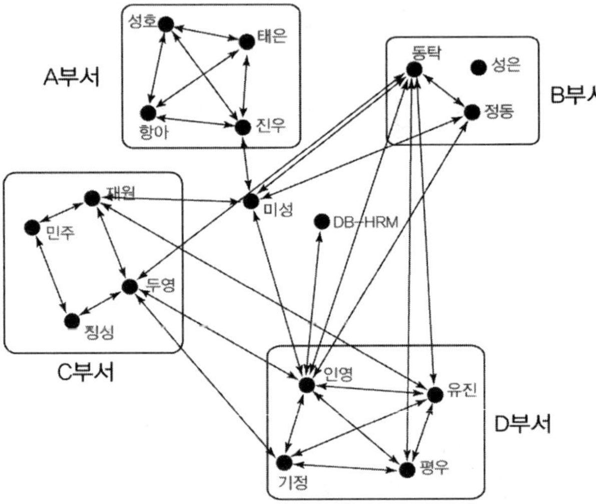

컨설턴트인 밸디스 크렙스(Valdis Krebs) 박사가 제안한 사례임을 밝힌다.

우선 <그림 1>과 같이 Z기업의 네트워크 지도를 도출했다고 가정한다. 네트워크 지도를 통해 각 부서별 특징을 파악할 수 있다. Z기업에 속한 4개 부서의 특징은 다음과 같이 요약된다.

• 부서 A

자체 응집력은 강하지만 다른 부서와의 연결이 약하다. 다른 부서와의 연결은 오직 최고경영자인 <미성>을 통해서만 이루어진다.

• 부서 B

내적 응집력은 약한 편이며 연결에서 소외된 사람도 있다. 그런데 다른 그룹과의 연결은 비교적 활발하다.

• 부서 C

외부와의 교류는 다양하지 않으며, 오직 부서 D와 주로 교류한다. 부서 내부의 자체적인 응집력도 높은 편은 아니다.

• 부서 D

내적 응집력이 높다. 부서 내부의 4사람 모두 서로 간 연계관계가 있다. 또한 다른 부서와의 교류 범위도 다양하며 교류 수도 많은 편이다.

진단 : 치료대상의 파악

Z기업 네트워크 지도에서 주요 관심 행위자들과 연관된 몇 가지 이슈들을 포착할 수 있다. 그 이슈들을 하나씩 설명해보자.

이슈 1 : 최고경영자 〈미성〉

최고경영자 <미성>의 연결관계를 살펴볼 필요가 있다. 네트워크 지도에서 <미성>은 전체 네트워크의 중심 위치가 확고하며, 이를 반영하듯 <미성>은 현재 모든 부서와 연결되어 교류하고 있다. 모든 부서와 교류하고 있다는 점에서 최고경영자가 각 부서의 정보를 얻고 있는 것으로 보인다.

이슈 2 : 소외된 행위자

부서 B에서 <성은>은 부서 내의 다른 사람과 교류가 없으며, 또한 다른 부서 사람들과의 관계도 없다. 완전히 고립된 상황이다. 최소한 부서 내부의 <정동>과 <동탁>과는 연결이 있어야 할 것으로 기대되었지만 이들과도 연결이 없었다. 앞으로의 작업은 왜 이처럼 아무런 연결이 없었는지를 알아내는 작업이 될 것이다.

이슈 3 : 다른 부서와의 연결 결핍

A부서를 살펴보자. 부서 A는 다른 부서와의 관계가 매우 적은 편이다. 오직 관리자인 <미성>을 통해서만 다른 부서와 연결되어 있다. 이에 대한 원인을 정확히 알아야 할 것이며, 이를 극복해야 한다면 문제 해결방안은 부서 A가 다른 부서들과의 연결을 만드는 것으로 집약된다.

이슈 4 : 데이터베이스(DB)에의 접근 적합성

Z기업에서 <DB-HRM>이라는 데이터베이스에 접촉하는 사람이 <인영> 한 사람으로 나타났다. 이 컴퓨터 데이터베이스에 많은 사람이 접근하지 못한다는 것이 염려스럽다. 해결방안은 더욱 더 많은 사람들이 접근하여 데이터를 활용할 수 있도록 하는 것에 대해 생각하는 것이다.

이제 그 진단을 어떻게 치료할 것인가에 관해 생각해보자. 이 단계는 인물별 역할에 관해 평가하고, 혹시 기대했던 것에 미치지 못하는 미진한 역할 몫에 관해 치료책을 생각하는 작업이 된다.

인물별 치료법이란 사실상 단순하다. 무엇보다 고려할 사항은 조직에서 인물이 점한 위치에 기대되는 역할이다. 그 역할을 잘 감당하는지 여부 중 무엇보다 중요한 것은 조직원 사이 네트워크에서 협력을 촉진시키는 역할을 제대로 감당하는가 여부이다. 기대 역할을 하지 못한다면 그에 대한 수정 보완이 바로 치료책이 출발점이 될 것이다.

역할을 계량적으로 평가하라

계량값을 계산하는 작업이 다음 단계이다. 각 행위자의 역할에서 가장 중요한 계량값은 중심성 지표이다. 네트워크 분석 방법론은 각 행위자가 갖는 중심에 3가지 의미, 즉 '연결수', '근접', '매개' 3가지 측면의 중심성을 평가하는 방법을 알려준다.*

중심성 분석의 결과를 보면, 최고경영자인 <미성>은 여러 측면에서 중심 역할을 한다고 볼 수 있다. 우선 <미성>은 근접 중심과 매개 중심 측면에서 가장 중심에 선 인물이다. 한편 연결수 중심 측면에서 <미성>은 가장 많은 노드와 연결된 것은 아닐지언정 비교적 우수한 편이다. 사실 최고경영자는 직원들과의 관계가 가장 높을 필요는 없다. 기업 내부의 구석구석을 최고경영자 혼자 다 관리할 필요는 없기 때문이다.

---

* 졸저, 『사회 네트워크 분석』을 참조하기 바람.

〈표 2〉 주요 행위자들의 '중심성' 계량값

	연결수 중심성	근접 중심성	매개 중심성
미성	5.000	38.095	38.889
인영	8.000	38.095	24.444
두영	5.000	33.333	10.486
동탁	6.000	36.364	7.569
유진	5.000	32.653	2.708
재원	4.000	34.783	13.958
진우	4.000	32.000	30.000

조직 전체적인 네트워크 평가

개별 행위자의 역할을 파악했다면 다음 작업은 전체 조직이 건강한 관계망을 갖고 있는지에 대한 평가이다. 이 평가는 개별 행위자 진단과는 다르다. 조직 전체에 대한 진단이자 평가이기 때문이다. 특히 한 조직의 결속력을 상징하는 응집력이 가장 중요하며, 구체적인 측정 지표로는 '밀도'와 '클러스터 계수'가 중요하다.

사례 기업인 Z기업의 네트워크 밀도는 총 62개 연결에서 **'0.2279'**이다. 밀도값의 계산에 대해서는 본서 <진단>편의 「응집력의 측정」(113쪽)에서 상세하게 설명되어 있다. 이 밀도값을 볼 때, Z기업은 심각한 응집력의 문제를 가졌다고 볼 수는 없다. 물론 이에 대한 해석은 응집력의 기대수준에 따라 영향을 받을 것이다. 한 기업의 입장에서 염려해야 하는 것은 최소한의 응집력 수준에 도달하지 못하는 경우이며, 또한 지나친 응집력을 가진 경우이다. 응집력을 반영하는 또 다른 지표인 클러스터 계수는 '0.522'로서 비교적 높은 편이다. 이 계수 역시 응집력은 상당한 수준에 달하고 있다는 것을 말해준다.

치료 의견 및 결과

이런 평가를 통해 네트워크의 문제 부위를 진단했다면 다음 순서는 치료 단계다. 그 치료는 네트워크 해부를 시작했던 애초 목적에 부합하는지 항상 점검하면서 치밀하게 준비되어야 한다. 네트워크 치료의 목적을 생각해보자. 아마도 응집력을 높이는 목적 혹은 대폭적인 개혁 프로그램을 시작하려는 목적과 같은 것들이 있을 것이다. 그 치료를 도입하려는 목적에 따라 개선방안이 달라져야 할 것이다. 모든 처방을 스스로 준비하고 해결하려고 할 필요는 없다. 아픈 부위의 치료를 위해 전문의사와 상의하듯 전문가와 상의하는 것도 바람직하다.

네트워크 지도에 개인별 계량값을 갖고 있다면 우리가 계획하는 치료 혹은 수술의 상당부분의 정보를 얻은 셈이다. 즉, 네트워크 평가의 많은 부분이 완성될 수 있다. 그런데 치료 방법의 선정과 개선방안 도출에는 신중해야 한다. 특히 즉흥적 판단과 섣부른 실행은 절대 금물이다. 이모저모 점검하고 깊은 생각을 기울인 다음에 적절한 조치를 선택해야 한다. 곪아터진 문제를 치료하는 방안을 선택하는 데 신중해야 하는 이유는 준비되지 않는 조급한 처방이 오히려 화를 부를 수 있기 때문이다.

치료 1

첫째, 소외(疏外)된 자에 대한 개선방안을 마련한다고 가정해보자. 앞서 네트워크 지도를 보면 부서 B의 <성은>은 연결이 없는 소외된 인물이다. 왜 <성은>이 소외되어 있는지 그 이유를 깊이 조사하고 조치를 취해야 한다. 만약 <성은>이라는 사람이 네트워크에서 쓸모가 없는 사람이라고 결정하고, 그녀를 한직으로 좌천시켰다고 해보자.

만약 <성은>이 부서 A의 신입직원이라 하면 이 조치는 실제로 적합한 것이 절대 아니다. 신입직원이기 때문에 부서 작업흐름에 아직 편입되지 못했지만 아직 시간이 더 필요할 뿐 차후 자연스럽게 편입될 수 있을 것이다. 이 예에서 알 수 있듯이 조직마다 또 부서마다 고유한 맥락과 상황을 깊이 있게 알 수 있다면 타당성이 더욱 높은 계획을 세울 수 있다.

"조직의 뜨거운 맛을 보여주겠다." 주변에서 간혹 듣는 말이다. 대부분 농담이지만, 영화 속 조직폭력집단에선 실제 그 뜨거운 맛이 실천된다. 아마도 조직에 저항하거나 조직을 떠날 때 이것이 가장 잘 드러날 것으로 생각된다. 조직은 한 개인을 보호하는 장막이기도 하지만, 뜨거운 맛을 보여주는 엄격한 존재이기도 하다. 사람 관계 속에 포함되지 못하는 소외는 큰 형벌일 수도 있다. 조폭을 떠날 때 형벌이 손가락 하나를 내놓는 것일 수 있듯이 말이다.

본인이 원하지 않는 소외된 행위자를 연결망으로 끌어들일 수 있어야 건강한 조직이다.

일반적으로 주변인에도 두 종류가 있다. 하나는 할 수 없이 주변으로 밀려난 사람들이고, 다른 하나는 의도적으로 주변에 위치하는 자이다. 공식 위계구조상 중요인물이 주변부에 있다면, 이건 무언가 잘못되었다는 얘기일 것이다. 주변에 머무는 사람들은 정치적 이유에서 그렇게 되는 경우도 있다. 기업도 사람 사는 곳이므로 정치적 배제가 있다. 한편 자발적으로 주변부를 선택하는 경우도 있다. 특히 전문가들이 그렇다. 그들은 많은 연결을 꺼리며 자신만의 전문적 영역을 고집한다. 그래서 조직의 핵심부로 들어오는 것을 좋아하지 않고 주변부에 머문다고 해서 무조건 관계 속으로 편입시키려고 무리할 필요는 없다. 그들은 관계망에 연결은 적더라도 적합한 역할을 맡을 소지도 충분히 크다.

치료 2

둘째, 부서 D의 조직원인 <인영>의 경우를 보자. <인영>에게 특이한 점은 <인영>이 데이터베이스로 접근하는 유일한 통로라는 점이다. 데이터베이스를 혼자 관리하는 것이 바람직한 상황인지 여부에 따라 대책이 달라진다. 혼자 관리하는 것이 바람직하지 않고 오히려 많은 사람들이 사용하도록 하는 것이 바람직하다면, 이 데이터베이스를 공개하는 쪽으로 조치를 취해야 할 것이다. 이 경우 데이터베이스에 더 많은 연결이 생기도록 조치를 취해야 할 것이다. 그런데 민감한 정보를 담고 있는 데이터베이스라면 얘기가 달라진다. 민감하거나 기밀정보는 보호되고 관리되어야 할 것이다. 이때는 현재와 같이 제한된 인력에게만 접근가능하게 하는 것이 옳을 것이다.

셋째, <부서 A>가 다른 부서와 연결이 적다는 것에 대해서도 마찬가지이다. 이에 대한 조치로서 <부서 A>와 다른 부서와의 연결을 촉진시키는 모임을 만들 수도 있고 혹은 업무조정을 생각할 수 있다. 그런데 만약 <부서 A>를 기능적으로도 통합시키기보다는 독자적인 고유 특성을 유지시키는 것이 바람직하다면, 이 부서를 다른 부서와 연결시키는 방책은 오히려 효력도 없는 에너지 낭비가 된다. 이 경우 부서마다의 존재 목적과 고유 특징을 반영해서 개선방안을 조치하는 것이 유용할 것이다.

이렇듯이 개선방안을 빠르게 실행시키는 것이 항상 좋은 것은 아니다. 일단 문제라고 파악된 부분을 문제로는 인정하되 다면적으로 진단을 해야 한다. 그 다면적인 진단을 실행한 후 개선방안을 실행해야 할 것이다. 섣부르게 처방을 서두를 필요는 없다. 다시 말하지만, 섣부른 개선조치는 화를 부를 수 있다는 점을 명심해야 한다.

4

조직도 vs. 네트워크

사람을 겉보기로 알 수 없다는 격언이 있다. 기업도 마찬가지다. 기업은 겉모습과 속모습이라는 두 면을 가진 이중적 실체이다. 달리 표현하면, 기업은 '위계서열'과 '네트워크'라는 두 요인으로 구성되어 있다. 어느 한 면도 놓칠 수 없이 중요하다. 보통 기존의 경영이론은 겉모습에 초점을 두고 얘기하지만, 내면의 속살인 조직원 간 네트워크가 중요하다는 것은 본서의 메인 주제라는 것은 이미 여러 번 강조했다.

겉모습과 속모습, 이 두 요인은 서로 떼어낼 수 없도록 나선형으로 연결되어 있다. 그런 나선형 연결을 '이중 나선(double helix)'이라고 부른다. 외관상으론 '조직 서열'이라는 겉모습으로 포장되어 있지만, 많은 경우 '네트워크'라는 속모습에 의해 움직인다. 이 두 속성은 서로 영향을 주고받으며 움직이기 때문에 서로 떼어내서 생각할 수 없다. 따라서 기업을 잘 이해하려면 '위계질서'와 '네트워크' 양면을 모두 보아야 한다. '이중 나선'이란 말은 동전의 양면으로 구성되었다는 말의 다른 표현이다. 공식적이고 엄정한 명령체계와 위계질서가 지배하지만, 또 비공식적이고 따뜻한 인적 관계가 지배하는 상황도 많다. 즉, 공식적인 업무관계만 있는 것이 아니고 중요한 실상은 비공식적인 인간관계에 담길 수도 있다. 기업의 조직도에는 오직 업무흐름이 담겨 있지만, 조직 내면의 중요한 요인들은 그 뒤에 숨겨져 있다. 조언, 신뢰, 소통과 같은 마음을 나누는 요인은 내면에 자리 잡는다. 군대와 같은 명령체계만 있는 것도 아니고, 보이스카우트와 같은 공동체 원리만 있는 것도 아니다.

기업을 이중 나신으로 이해한다면, 양면인 겉모습과 속모습을 비교하는 작업은 큰 시사점을 준다. 한 기업의 겉모습과 속모습의 비교는 '조직도 대(對) 네트워크' 비교로 표현할 수 있다. 기업의 겉모습은 보통 '조직도(organizational chart)'로 표현된다. 이 조직도에는 조직의 명령체계가 나타나고 지휘와 평가체계가 담겨 있다. 또 그것을 통해 기업의 업무와 기능이 어떻게 구분되는지를 알 수 있다. 그런데 이 조직도는 기업의 실상을 전부 보여주지는 못한다. 조직도에는 권한배분, 보고체계, 책임소재 등만 표현될 뿐, 구성원들의 실질적인 교류가 담긴 조직의 소통, 인화, 갈등, 협력, 응집, 분파 등에 대한 정보는 없다.

조직도는 1855년 미국의 철도회사인 '에리 레일웨이'의 최고경영자인 '대니얼 매컬럼'이 최초로 개발한 도구로 알려진다. 경영자의 권위와 의사결정 경로를 보여주는 그림으로 탄생했다. 당시 다양한 지점과 역을 중심으로 운영되는 철도사업의 특수성을 고려해서 인력과 자원 관리를 효과적으로 수행하고자 고안된 것으로 알려진다. 매컬럼은 전쟁 영웅이었던 아이젠하워가 이끌던 군대를 모델로 삼았고, 조직 전체를 한눈에 볼 수 있도록 해서 그에 따라 전략을 선택할 수 있는 조직을 만들고자 했었다. 이처럼 조직 전체를 일목요연하게 알게 한다는 것은 조직도의 큰 장점이다.

실제로 조직도를 효과적으로 활용한 사업들은 크게 번성했다. 19세기 중반은 미국 경제에서 비로소 전문경영자들이 산업자본과 화이트칼라 직원들을 이끌기 시작했던 시대였다. 당시 대륙을 관통하는 철도노선의 완공으로 철도사업은 면화생산업과 직물공장 등 미국 산업화 초기 기업에 비용을 줄여주는 효과를 주었다. 또 철도 비즈니스 자체가 유망한 사업으로 인식되어 철도를 통한 사업을 도모하는 사람들이 늘어났고, 그들은 거대한 자금이 필요했으므로 뉴욕에서 자본 조달을 하기 시작했다. 이는 뉴욕의 투자산업을 발전시키게 했고, 가족기업을 해체시키는 계기가 되었다. 철도사업체에 현대적 경영방식이 선도적으로 시작되었는데, 그 현대적 방식의 핵심은 업무기능을 잘 정의하고 중앙통제와 지리적 분산을 관리하는 것이었다. 그것을 실현하는 도구로서 '조직도'는 큰 명성을 얻게 된다.

조직도의 효과는 알프레드 챈들러의 1977년 명저 『보이는 손(*The Visible Hand*)』에 의해 더욱 확고하게 인정받게 된다. 그 이후 경영상 문제가 등장하면 조직의 위계질서 중심의 진단과 처방을 내놓곤 했다. 그러나 속모습인 구성원들 간 교류관계 쪽으로 관심을 돌리지 못했고, 설령 그 생각이 떠올랐더라도 어떻게 해야 할지를 몰랐었다. 그런데 기업의 속모습인 네트워크는 겉모습인 조직도에선 전혀 볼 수 없는 새로운 정보들을 전한다. 우리가 속살인 네트워크를 반드시 봐야 하는 이유가 바로 그 새로운 정보 획득 때문이다. 예를 들어, 업무흐름이 제대로 작동하는지 여부, 협력이 왜 부족한지, 창의적 아이디어가 왜 부족한지, 부서 간 소통이 왜 부진한지 등과 같은 속사정을 말해준다. 전체 업무흐름에서 중요한 인물과 위치가 드러나며, 구성원 각자가 기업 내 네트워크에서 어떤 역할을 맡는지를 알게 된다. 그동안 조직론에서 인간관계의 중요성을 중요하게 강조했지만, 각 개인의 일상적 실체를 건드리지 못했다는 점을 생각하면 그 가치를 알 것이다. 이렇게 각 개인의 역할을 포착하면서 어느 곳에서 과도한 업무가 집중되며 병목(bottleneck) 현상이 발생하는지도 드러나게 된다.

기업 속 네트워크는 개인뿐만 아니라 부서 사이 관계도 알려준다. 관계망은 부서 사이의 업무 협조와 지식 교류의 수준을 알게 한다. 또 부서 배치, 부서 간 협력, 부서 구성에 대해 중요한 아이디어를 얻을 수 있다. 특히 부서의 위치변화가 네트워크의 흐름을 어떻게 바꾸는지를 알게 해준다. 이를테면, 2층에 있던 한 부서가 6층으로 이사를 했을 경우 그 부서의 이사로 인해 작업흐름 네트워크가 어떻게 바뀌었는지 알 수 있다. 또 창조적인 '우연한 발견(세렌디피티)'이 많아질 수 있도록 사무실 및 부서 배치 방법에 대해서도 아이디어를 얻을 수 있다. 이러한 정보는 다른 방법으로는 알 수 없는 것이며, 해결 아이디어도 다른 방법으로는 알 수 없는 새로움이 있다.

네트워크를 통해 기업 내 사람 간 협력의 양과 질에 대한 정보도 얻을 수 있다. 협력은 기업이 활발하게 움직이는 데 필수적인 촉진제이다. 공동체 문화에 익숙한 우리에게 협력은 반드시 해야 하는 당위적인 것으로 인식되지만, 그러나 그만큼 쉽게 얻어지지는 않는 다소 복잡성을 갖고 있다. 이 협력의 복잡성에 대해서는 차후 상세하게 설명할 것이지만, 우선 조직원 간 네트워크는 내부에서 협력이 어떻게 진행되는지, 혹은 어떤 장애물이 그것을 막는지에 대한 정보를 준다는 점을 기억해야 한다. 현재의 협력 상황을 정확히 파악한다면 이를 어떻게 개선하고 보완할 수 있는지를 구상할 수 있을 것이다.

조직도와 네트워크는 서로 보완적이다. 어느 하나를 우월하다고 볼 수는 없다. 다만 기존의 경영 논의가 공식성이 강한 조직도를 중심으로 전개되었기 때문에, 그동안 보지 않았던 네트워크의 숨겨진 힘에 주목하는 것이 긴요한 실정이다. 실제로 겉으로 드러난 과제만 분석하면 그것은 피상적이고 단세포적인 문제를 포착하는 선에 그칠 것이다. 오히려 경영 문제의 숨겨진 근원을 찾고 싶다면, 혹은 새로운 해결책을 발굴하고 싶다면 조직의 내면을 보라고 권장한다.

조직도와 네트워크 : 사례 검토

이제 실제 사례를 통해 조직도와 네트워크를 비교하면서, 그 두 모습이 어떻게 서로를 보완하는지를 살펴보자. 동전의 양면인 양자

〈그림 2〉 조직도

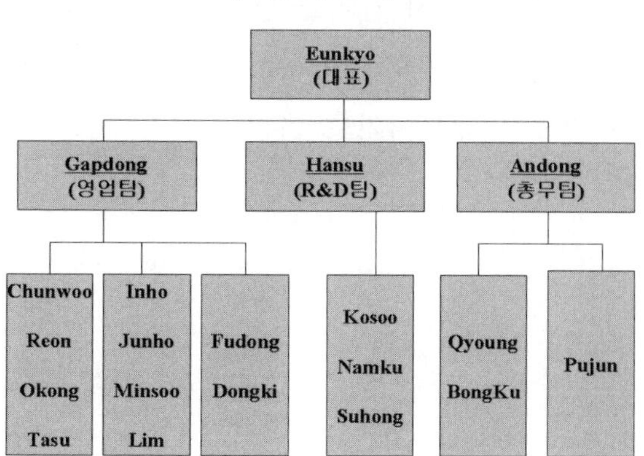

〈그림 3〉 네트워크 지도

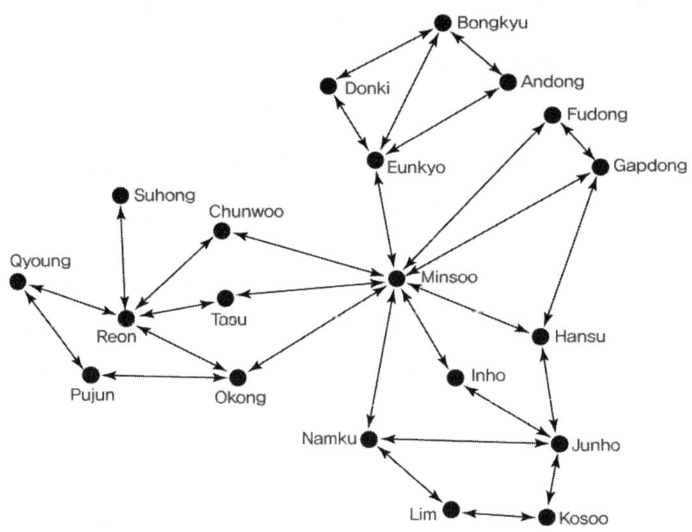

의 차이를 발견하고 그 발견된 차이를 어떻게 해석할 것인지를 생각하는 것이 관전 포인트이다.

두 그림은 동일한 기업의 '조직도'와 '네트워크'를 표현한 그림이다. 이 두 그림을 비교하면서 차이를 살펴보고 그 차이가 주는 시사점을 토론한다. 이 '조직도'와 '네트워크'의 비교 작업은 네트워크 치료에서 매우 중요한 대목이기도 하다.

비교 포인트

앞의 조직도와 네트워크의 비교에서 다음의 몇 가지 생각해볼 만한 이슈들이 있다. 각 이슈를 구체적으로 살펴보자.

최고경영자 〈Eunkyo 은교〉에 대한 이슈

최고경영자의 위치는 최상위에 위치한다. 최고경영자는 기업 전체를 총괄 지휘하는 위치를 점한다. 그런데 이 최고경영자가 임직원 사이의 네트워크에서 어떤 위치를 차지하는지는 별개의 문제다. 그는 공식적인 최고위 인물이지만 그렇다고 반드시 임직원의 교류에서 중심에 있다는 보장은 없다.

현재의 사례로 돌아가 보자. 흥미롭게도 최고경영자인 <Eunkyo 은교>는 네트워크 지도에서 '중심'으로 보이지는 않는다. 다만 조직도에서 최고층에 위치하는 것은 분명하다. <Eunkyo 은교>는 다른 임직원들과 연결하고 있지만, 기대하는 수준보다 적은 4개의 연결고리에 그치고 있다. <Eunkyo 은교>에 대한 평가는 최고경영자가 어떤 위치를 가져야 한다고 생각하는 철학과 관련이 있다. 만약 <Eunkyo 은교>가 직원들과 더 많은 소통을 해야 한다면, 현재보다 더 적극적으로 교류를 추진해야 할 것이다. 우선 현재보다는 교류를 더 이어가야 한다. 그런데 이보다 근본적인 질문을 던져 볼 필요가 있다. 그 근본적 질문은 최고경영자가 모든 직원이 서로 직접 연결되는 것만이 바람직한가라는 질문이다. 최고경영자에게는 모든 직원과의 교류도 중요하지만, 위계질서의 규율과 권위를 지켜야 하는 상황도 많기 때문이다.

3명의 팀장, 〈Gapdong 갑동〉, 〈Hansu 한수〉, 〈Andong 안동〉에 대한 이슈

팀장과 같은 중간관리자들은 임직원 간 네트워크에서 어떤 위치를 점하는 것이 바람직한가? 이 질문에 대한 이론적인 정답은 없다. 각 기업의 특성에 적합한 답이 다를 것이다. 중간관리자들은 일선의 직원들과 같이 고민하는 스킨십이 필요하기 때문에, 앞의 최고경영자에게는 더 많은 교류와 소통 측면에서 더 중요한 위상 정립을 기대하게 된다.

본 사례 기업에서 중간관리자는 팀장급 인력으로 3명이 있다. 네트워크 지도를 그려보면, 이들 3명의 중간관리자는 네트워크에서 중간 리더로서의 면모가 확연하게 드러나는 것은 아니다. 3명 모두 국지적 교류에 머무는 것으로 나타난다. 이를 어떻게 해석할 것이며 어떻게 대처할 것인가에 대해서는 좀 더 상세한 기업 정황이 있어야 할 것이지만, 일반적으로 한 팀장과 같은 '허리'에서 많은 스킨십을 기대하는 경우가 많다. 실제 중간관리자의 활발한 소통과 교류는 공식적인 면과 비공식적인 면의 조율로서 의미가 크다.

네트워크에서 중심인물로 포착된 〈Minsoo 민수〉의 공식적 역할

<Minsoo 민수>는 영업팀 직원으로서, 공식 역할로서는 특별한 위치는 아니다. 그러나 비공식 교류를 표현하는 네트워크 지도에서는 한눈에 알아볼 수 있을 만큼 '중심인물'이다. 이렇게 <Minsoo 민수>와 같이 조직도에서는 중심적 위치가 아니지만 네트워크에서 중심으로 인식되는 인물에 대해서는 심층 분석이 필요하다. 이 인물을 네트워크에서 중심에 위치하게 하는 이유를 정확히 파악해야 하며,

그 원인의 타당성에 따라 <Minsoo 민수>의 공식적 위치를 상향시킬지도 생각해야 한다. 이처럼 조직도에서 드러나진 않지만 중요인물을 포착하게 되는 것이 네트워크 분석의 묘미이다.

조직도와 네트워크의 비교는 더 많은 이슈를 발굴할 수 있을 것이다. 여기서 중요한 포인트는 조직도만 보아선 실체를 정확히 본 것이 아니며, 네트워크만 봐도 완결된 것은 아니라는 점이다. 조직도 분석은 겉으로 드러난 면만 보는 것이므로 기업 내부의 관계를 정확히 분석하는 것에 의해 보완될 수 있다. 그 내면의 모습을 들여다볼 수 있을 때 정확하게 아픈 부위를 진단할 수 있다. 수술대에서 인체를 열어보듯이 기업도 속모습을 들여다볼 수 있을 때 치료에 대한 구상이 가장 정확해질 수 있다.

5

네트워크에 관한 오해와 진실

이미 네트워크라는 용어가 다양한 영역에서 널리 쓰이고 있다. 그런데 네트워크의 실상을 정확히 아는 사람도 드물다. 네트워크를 잘 활용하고 싶다면 잘못된 오해는 없애야 한다. 실제 작동원리에 대한 정확한 지식을 쌓을수록 활용방안도 정확해질 것이다.

우리가 알고 있는 네트워크에 관한 통념 중 오해도 많다. 네트워크 개념에 관한 피상적인 수준을 넘어서야 진정한 효과를 얻을 수 있다. 네트워크에 대해 오해가 존재하는 이유는 네트워크가 실제로 눈으로 관찰하기 어렵기 때문이다.

이제부터 설명할 네트워크의 속성에 주목하기 바란다. 그 가운데에는 통념에 반하는 지식도 있을 것이며, 몰랐던 면을 일깨워주는 새로운 지식도 있을 것이다.

속성 1 : 네트워크는 확대 욕심을 갖고 있으며, 그 욕심은 무한정으로 크다.

네트워크는 욕망 덩어리이다. 무한정으로 커지려고 한다. 네트워크가 커진다는 것은 많은 노드가 모인다는 뜻이다. 한번 커진 네트워크는 더 많은 사람이 모이는 것에 개의치 않는다. 네트워크에 새롭게 진입하는 사람에게도 이미 많은 연결을 가진 사람에게 연결되는 것이 효과적이므로 이미 많은 연결은 더 많은 기회를 얻는다. 물리학자들은 네트워크가 계속 더 크게 확대되는 현상을 '스케일 프리(scale-free)'라는 용어로 표현한다. 물리학적 표현이라 다소 딱딱하지만, 말하고자 하는 메시지는 명확하다. 한마디로 규모가 무한정 확대된다는 뜻이다.

미국 제록스 기업의 팔로알토 연구소의 로버트 메트칼프(Robert Metcalfe) 박사는 이더넷(Eathernet)의 창시자로 유명하다. 그는 네트워크 규모는 노드 수의 제곱(N^2)만큼 계속 증가한다는 명제를 남겼다. 이는 10명의 노드가 추가로 늘어났을 때 연결 수는 10^2배수로 늘어난다는 의미다. 보통 그것을 메트칼프의 법칙이라고 부른다. 그가 말한 대로 노드 수의 제곱만큼은 아닐지언정, 분명한 것은 한 네트워크의 가치는 연결의 수에 따라 기하급수적으로 높아지는 건 사실이다. 가령 전화기 한 대는 아무런 쓸모가 없다. 전화 네트워크가 진정으로 효과를 발휘하려면 전화기 숫자가 늘어나야 한다. 연결의 수가 늘어나면 그 효과는 기하급수적으로 늘어난다.

헝가리 수학자 폴 에르되스(Paul Erdos)는 체험적으로 네트워크를 실험하는 연구자였다. 그는 25세 나이로 프린스턴 대학교의 교수가 되었지만, 곧 그 좋은 직장을 버리고 평생동안 자신과 함께 연구할 사람들의 집을 방문하는 것을 즐겼던 기인(奇人)이었다. 다양한 분야의 학술모임에 참석하면서, 흥미로운 주제로 토론할 수 있는 연구자들을 찾아서 대학 캠퍼스를 여행하며 지냈다. 수학계에서는 한때 "에르되스의 수가 어떻게 되시죠?"라는 질문이 많이 쓰였다고 한다. 이는 에르되스 학자와 연결되는 거리가 얼마냐 하는 질문이었는데, 그와의 거리를 통해 학계의 중심과 어느 정도의 거리가 있는지 가늠했을 정도였다.

그러면 네트워크가 무한정 커지는 이유는 무엇인가? 몇 가지 이유가 있다. 첫째, 선택적 집결 속성 때문이다. 선택적 집결이란 각 노드가 어떤 연결을 맺을지의 선택에서 이전에 많은 연결을 가진 노드를 선택한다는 원리이다. 이미 많은 노드와 연결된 노드는 매력적인데, 그 이유는 새로운 관계를 맺고자 하는 노드의 입장에서 볼 때, 기존 노드들과 연결을 잘 할 수 있는 통로인 것이다. 이 때문에 바로 선택적 집결(preferential attachment) 원리가 작동한다. 이 선택적 연결에 따라 이미 많은 노드와 연결된 노드는 더 많은 노드와 연결된다. 이런 방식으로 연결이 많은 곳에서 연결이 계속 늘어간다. 여러분이 조직에 새로 들어온 신규 진입자라면 조직의 누구와 첫 관계를 시작하고 싶은가? 아무래도 조직 신입자에게 시작하기 좋은 연결은 그 조직의 중심(hub)이다. 이 중심과 연결하는 것이 어느 연결보다 더 많은 관계망을 얻게 되며 효율적이기 때문이다. 허브는 이런 방식으로 연결된 노드 수가 늘어나게 되며, 조직은 이 과정을 통해서 '작은 세상'으로 변모하게 된다. 헝가리 출신의 물리학자인 바라바시(Barabashi)는 이 '선택적 집결' 원리의 발견에 큰 공헌을 했다. 그의 공헌은 수학적 입증인데, 네트워크의 중심일수록 연결의 수가 증가하게 된다는 원리를 과학적으로 증명했던 것이다.

선택적 집결을 통해 규모가 커진 네트워크는 중대한 장점을 얻는다. 규모가 커지면 네트워크가 위험을 맞더라도 그것에 버티는 힘이 강해진다. 작은 규모보다는 위험에 대한 견고성이 커진다. 또 더 많은 노드가 모일수록 자원 사용의 효율성이 높아진다. 일종의 경제적 규모의 효과가 발생하는 것이다.

둘째, 빈익빈 부익부 원리가 작동한다. 부자가 더 부자가 되고, 가난한 자가 더 가난해진다는 의미다. 이것은 파레토(Wilfredo Pareto)가 말한 재산의 분배법칙에서 온 것인데, 많은 사람이 비교적 적은 재산을 보유하는 반면 극소수가 엄청난 부를 누린다는 현실을 비유한 표현이다. 이는 수학에서 말하는 멱함수와 같다. 멱함수가 다른 함수와 구별되는 두 가지 특징은, 첫째 멱함수는 정규분포와는 달리 평균값에서 솟아오르는 정점이 보이지 않으며, 최대값에서 시작해서는 거침없이 감소하다가 무한대로 이어진다. 둘째, 멱함수가 무너지는 속도는 정규분포에 비해 느리며, 이는 극단적인 사건이 발생할 가능성이 훨씬 더 커짐을 의미한다.

속성 2 : 우리 세상은 '작은 세상(small world)'이다.

처음 만나는 사람과 인사할 때, 두 사람이 공통적으로 알고 있는 제3의 인물이 쉽게 발견되곤 한다. 그럴 때마다 '세상이 참 작다'라는 생각을 하게 된다. 과연 몇 사람을 거치면 내가 현직 미국 대통령

읽어보기 **멱함수**

멱함수의 전형적인 표현은 다음과 같다.

$$y = cx^{-a}$$

여기서 c와 a는 상수이며, 로그함수로 전환하면 a를 기울기로 갖는 직선을 얻는다. 파레토 법칙 등 많은 자연현상이 멱함수(power law)를 따르고 있다. 시스템 내부에 불평등이 있다는 의미도 포함된다.

이탈리아의 경제학자가 제안한 경제학의 법칙인데, '**80/20 법칙**'이라 칭하기도 한다.

- 이탈리아 땅의 80%는 인구의 20%가 소유한다.
- 자동차매출의 80%는 영업사원 20%가 이룬다.
- 기업이윤의 80%는 종업원의 20%로부터 나온다.
- 의사결정의 80%는 회의시간 중 20%에서 나온다.
- 범죄의 80%는 범죄인 20%에 의해 저질러진다.
- 열심히 일하는 쥐 20%를 모아놓으면, 그 중 80%는 다시 논다.
- 미모의 여성 20%가 남성의 80%를 차지한다.

멱함수 법칙은 소수의 큰 사건이 대부분의 큰일을 한다는 것을 뜻하는 파레토 법칙과 동의어로 보면 된다.

그런데 이 파레토의 법칙과 대비되는 개념으로 '**롱테일**(long tail) **법칙**'이 있다. 롱테일은 파레토의 법칙과는 달리, '하위 80%의 매출이 모여 상위 20%보다 높다'라는 법칙이다. 예전에는 잘 팔리는 상위 20%만이 상품으로 좋은 곳을 선점하여 팔리고 하위 80%는 재고나 위치상 좋지 않은 장소에 있어 안 팔렸었다. 그런데 인터넷의 발달로 위치적 장점이나 기타 장점들이 없어져 하위 80%도 팔릴 기회가 늘어 이젠 하위 80%로 매출의 큰 부분을 차지한다는 현상은 바로 '롱테일(long-tail)'에 적합하다.

〈그림 4〉 작은 세상(small world) 개념

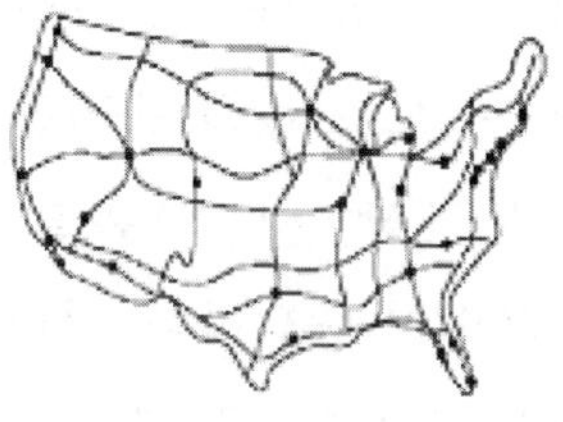

〈일반 네트워크〉

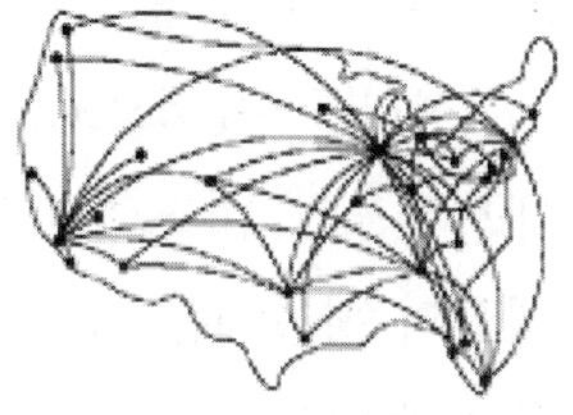

〈작은 세상 네트워크〉

과 아는 사이가 될까? 이 경우에도 작은 세상 원리가 들어맞을까?

이 '작은 세상(small world)'은 실제로 네트워크가 입증하는 전형적인 사회 현상으로서, 오래전부터 네트워크 학자들이 밝혀온 명제이다. 작은 세상 개념을 잘 이해한다면 네트워크를 절반 이상 이해했다고 볼 수 있다. 다음 <그림 4>를 보면서 그 작은 세상 개념을 정확히 이해해보자.

왼쪽 그림은 보통 네트워크이지만 오른쪽 그림은 특정 노드에서 펼쳐져 나가는 네트워크이다. 이 오른쪽의 그림을 '작은 세상' 네트워크라고 부른다. 이 네트워크는 특정 노드를 허브로 삼아 연결이 구성되었기 때문에 구성원들 간 거리가 상대적으로 짧다. 노드들 사이에 도달하는 경로가 짧으므로 '작은 세상'으로 부르는 것이다. 허브에의 집중도가 높을수록 작은 세상 속성이 강할 것이다. 작은 세상 네트워크는 행위자 간 거리가 짧기 때문에 집단 내부의 확산이 매우 빠르게 진행된다.

한 네트워크가 어느 정도 '작은 세상' 속성을 가졌는지를 평가할 수 있다. 물론 한 네트워크가 작은 세상인지 여부를 결정하는 명확한 기준이 있는 것은 아니지만 현실적으로는 비교에 의한 상대평가를 할 수 있다. 여기서 상대평가란 유사한 조건의 네트워크와 비교하는 평가를 말한다. 구체적으로, 동일한 노드 수와 동일한 평균 연결을 가진 네트워크와 비교해서 '작은 세상'인지 여부를 평가하곤 한다. 작은 세상의 평가에는 다음 두 요인이 중요하다. 하나는 '평균거리'이며, 다른 요인은 '클러스터 계수'이다. '작은 세상'이 되기 위해서는 첫째, 평균거리가 짧아야 한다. 구성원들 사이의 거리를 평균했을 때 그 값이 작아야 작은 세상이 되는 것이다. 둘째, 전 구성원들이 하나의 클러스터로서 결집하는 정도가 높아야 작은 세상이 된다. 이는 클러스터 계수 값이 크다는 의미이다. 클러스터 계수의 계산방법은 본서 <진단>편의「협력 문제의 진단」부분(117쪽)에 상세히 설명되어 있다.

'작은 세상'이 통념이 된 것은 스탠리 밀그램(Stanley Milgram)이란 학자의 실험에 의해서이다. 밀그램은 예일대학교의 사회심리학 교수로서, 미국 심리학계의 저명한 학자이고 심리학의 수준을 한 단계 끌어올린 사람으로 평가받지만, 그러나 항상 논쟁의 중심에 서 있었던 흥미로운 심리학자였다.

밀그램 실험은 1967년 자신이 아는 사람에게 우편물을 전달하는 방식으로 목표 인물에 도달할 때까지 진행되는 실험이었다. 미 대륙의 중부에 위치한 네브래스카 주의 오마하 도시에서 동쪽 해안인 매사추세츠 주의 보스턴 도시까지 우편물 전달에 관한 실험이었다. 보스턴의 주식 브로커 한 명을 대상으로 오마하에 있는 160명의 주민들에게 편지를 쓰고 그 주식 브로커에게 전달해달라고 요청했고, 그를 알거나 알 만한 사람들을 거쳐서 전달해도 좋다고 부탁하는 편지였다. 본래 그의 실험은 3개 도시에서 각각 추진되었다. 위치타, 캔자스, 오마하라는 3개 도시에서 각각 출발하여 다른 도시에 사는 사람들과 연결고리를 만들어 보는 실험이었다. 그 가운데 네브래스카 사례가 가장 유명하다. 그 사례는 저명한 학술지인 ≪*Psychology Today*≫에 소개되었다. 보스턴의 주식 중개인이 목표 인물로 설정된 총 160개의 우편물 중 44개가 도착했다. 완성 사례 중에서 중간 단계의 수는 2에서 10까지로 다양했는데, 밀그램은 중간 단계를 평균 6명이라고 결론지었다. 그런데 친구 한 명이 다른 그룹에 연결하면 지름길로 연결될 수 있음도 증명했다. 친구의 도움이 있다면 대략 3~4단계만으로도 전달이 완결되었다. 수십 년이 지난 1999년, 이 작은 세상 명제는 미국 뉴욕 컬럼비아 대학의 던컨 와츠(Duncan Watts)에 의해 수학적으로 입증되어 과학적 진실로 받아들여진다.

"6단계의 분리", 6단계만 거치면 미국 대통령도 친구이다.

나와 미국 대통령과의 관계는 어떨까? 과연 몇 사람을 거치면 내가 그와 연결될까? 이 경우에도 작은 세상이 맞다. 보통 6단계를 거치면 누구든 미국 대통령과 친구가 된다고 알려진다. <6단계의 비밀(six degrees of separation)>이라는 미국 영화가 있다. 이 제목이 바로 6단계 거리를 비유한 제목이다. 직역하면 '여섯 다리만 걸치면 세상 모든 사람이 친구'라는 뜻이다. 또한 존 구아(John Guare)의 연극 <여섯 단계의 비밀(Six Degrees of Separation)>이 뉴욕 브로드웨이에서 공연되면서 큰 인기를 얻은 적이 있다. 이 제목 역시 바로 밀그램이 입증했던 것, 보통사람 사이의 짧은 거리에서 따온 제목이다.

한때 미국 대학생들 사이에 "케빈 베이컨 게임"이 유행했었다. 케빈 베이컨은 할리우드 배우로서 <일급살인(Murder in the First)>, <JFK>, <할로우 맨(Hollow man)>, <아폴로 13호(Apollo 13)>, <리버 와일드(River wild)> 등의 영화에 출연한 연기파 배우다. 이 케빈 베이컨 게임의 규칙은 이렇다. 영화에 함께 출연한 관계를 1단계라고 했을 때, 다른 할리우드 배우들이 케빈 베이컨과 몇 단계만에 연결될 수 있는지를 찾는 게임이다. 이 게임에서 대부분의 할리우드 배우들은 평균적으로 3~4난계에, 길어보아야 6단계 이내에서 케빈 베이컨과 연결된다고 한다. 3단계에 연결되는 배우들이 가장 많았다고 한다. 케빈 베이컨이 많은 영화에 출연하기도 했고 다양한 역을 소화하기 때문에 여러 배우를 만나게 된 것이지만, 할리우드가 그리 넓지만은 않다는 것을 확인시켜주는 것이다.

케빈 베이컨이 잘 연결된 이유는 무엇일까? 실제로 케빈 베이컨은 할리우드 연기자 중 가장 많은 영화에 출연한 연기자는 아니다. 버지니아 대학의 컴퓨터공학자인 자덴(Brett Tjaden) 교수는 할리우드 연기자 전원의 연결단계를 계산했다. 그의 연구결과에 의하면, 케빈 베이컨은 연기자 간 연결 정도에서 668번째에 불과하다. 전체 영화배우 간 평균 연결단계는 2.8312였다고 한다. 케빈 베이컨은 약 3 정도 되니 평균에 모자라는 형편이다. 연결단계가 적은 최상위에 속하는 연기자들은 로버트 미첨(Robert Mitchum), 진 해커만(Gene Hackman), 도널드 서더랜드(Donald Sutherland), 로드 스테이거(Rod Steiger), 쉘리 윈터스(Shelley Winters), 버지스 메러디스(Burgess Meredith) 등이었다고 한다.

그런데 영화를 오랫동안 많이 출연했다고 연결이 많은 것은 아니었다. 익히 잘 알고 있는 존 웨인(John Wayne) 같은 사람은 50년 동안 183개의 영화에 출연했다고 한다. 그런데 그는 전체에서 116위 정도에 그친다. 그 이유는 무엇일까? 중요한 것은 '범위'이다. 존 웨인은 서부극에 주로 출연했다. 즉, 이 서부극이란 한 장르의 영화에 주로 출연했고 그 범주의 연기자들과 반복해서 영화를 찍었다. 만난 연기자의 폭이 좁다. 한편, 메러디스(Burgess Meredith)는 이와 다르다. 그는 존 웨인과 비슷한 숫자의 영화에 출연했지만 장르가 훨씬 다양하다. 오스카(Oscar) 수상작품인 <생쥐와 인간(Of Mice and Men)>(1939)과 같은 우수한 작품뿐만 아니라, 대중 영화인 <록키(Rocky)>의 4편에 모두 출연한 바 있다. 이밖에도 공포영화, 코미디, 액션, 서부극, 다큐멘터리 등 장르를 가리지 않고 출연했다. 이러한 다양함 때문에 출연 영화 수가 비슷함에도 불구하고 존 웨인보다는 연결의 수가 많은 것이다. 우리가 많은 사람을 안다는 것은 단순히 많은 아는 사람 수를 뜻한다기보다는 많은 다른 세상을 안다는 의미일 것이다.

속성 3 : 마당발이 전부가 아니다, 지나친 네트워크도 독이 될 수 있다.

네트워크라고 하면 우선 '마당발'을 떠올린다. 그래서 인맥을 넓히는 것과 네트워크를 동의어로 생각한다. 그러나 그것은 큰 오해이다. 네트워크의 가치가 마당발에만 있는 것은 아니다. 즉, 많은 연결이 무조건 좋은 것만은 아니다. 지나친 네트워크도 독(毒)이 될 수 있다.

미국 노스웨스턴(Northwestern) 대학의 브라이언 우찌(Brian Uzzi) 교수는 어머니가 뉴욕에서 재봉사로 일했던 탓에 의류산업체를 관찰했었다. 그들 중 어떤 기업들은 서로 잘 연결된 반면 어떤 기업들은 그렇지 않다는 것을 개인적으로 목격해 왔다. 그는 중요한 두 발견을 한다. 첫째, 연결이 잘 된 회사의 경우 누구와 거래를 해야 할지 결정하는 데 개인 네트워크를 활용하지 않는 회사보다 살아남는 확률이 높다는 사실을 발견했다. 둘째, 지나친 연결도 좋지 않은 사실을 발견했다. 특별히 친한 사업 파트너에게 무조건 신뢰와 헌신을 보이느라 다른 회사들과 거래를 할 기회를 무시하는 것이었다. 이는 오히려 독이 될 수 있었다. 따라서 특정 파트너 집단과 안정적 관계를 유지하는 것과 시장에 생긴 변화로 인해 경쟁력을 잃을 가능성이 있을 때 과감하게 그런 관계를 청산하는 것은 일종의 선택이라고 인식하게 된 것이다. 마당발과 같은 친한 관계의 효과가 계속 효과를 내는 것이 아니라는 사실을 알게 된 것이다.

마당발이 중요하다고 말했던 이유는 무엇인가? 실제로 마당발은 효력을 갖고 있다. 많은 사람을 알고 있으면, 필요할 때 그 연결의 도움을 받을 수 있다. 이것은 곤경에 처했거나 예외적인 상황에서 도움을 얻을 수 있어 큰 자산이다. 그런데 그것을 네트워크 효과 자체로 생각하는 것이 오해이다. 네트워크의 내면을 잘 이해하면, 많은 연결을 가진 마당발이 무조건 좋은 효과를 얻는 것은 아니다. 네트워크를 통해서 얻을 수 있는 효과는 상식적인 지식인 마당발 효과보다는 조금 더 복잡하다. 이 오해를 넘어서려면, 네트워크에 대해 한 걸음 더 깊이 들어가야 한다.

<그림 5>에서 '갑'과 '을'을 비교해보자. '갑'과 '을'의 네트워크

〈그림 5〉 네트워크의 가치 비교

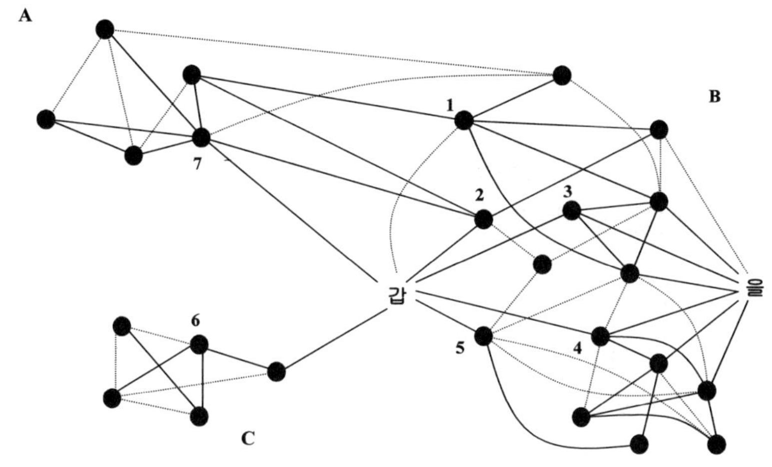

를 보면, 두 사람 모두 동일한 7개의 연결을 갖고 있다. 연결된 노드 수는 같지만, 두 사람이 가진 네트워크의 가치는 다르다. '갑'의 연결은 여러 그룹에 걸친 사람들과 교류함을 말해준다. 즉, '갑'과 연결된 7명은 그룹 A, B, C에 고루 퍼져 있다. 반면 '을'과 연결된 7명은 모두 그룹 B에 속한 사람들이다. 또 그들은 '을'과 연결되기 이전에 이미 서로서로 밀접히 연결되어 있음을 알 수 있다.

이처럼 같은 수의 연결을 갖고 있더라도 동질 집단과 연결되는 것과 여러 집단과 골고루 연결되는 것과는 차이가 난다. 특히 연결된 집단의 범위에 따라 정보의 신선함에서 차이가 날 수 있다. 이렇게 네트워크의 효과를 정보 획득이라는 관점에서 보면, 무조건 발이 넓은 것이 좋은 것은 아니다. 한마디로 네트워크를 마당발과 동의어로 보는 것은 편견이다. 누구와 연결되어야 하는지, 또 누구와 누구와의 관계에서 협력이 일어나고 정보가 흘러다니는지를 알고 난 후 전략을 구상해야 할 것이다.

속성 4 : 네트워크 효과는 무한 커지지 않고, 정점(頂点)을 넘어서면 하락한다.

네트워크의 효과는 무한정 늘어날까? 만약 네트워크의 효과가 무한정 늘 수 있다면 그것만큼 좋은 일도 없을 것이다. 그러나 한없이 늘어나고 맘대로 퍼내어 쓸 수 있는 재화는 이 세상에 거의 없다. 네트워크의 효과도 무한정 늘어나는 것은 아니다. 네트워크를 통해 응집력을 높이고 외부와의 교류를 통해 지식을 증가시키려면, 무조건 낙관적인 상황만 가정해서는 안 된다. 그저 무작정 네트워크 효과가 커지지는 않는다.

개인이든 조직이든 다른 개체와의 네트워킹에서 얻는 효과는 분명하다. 어느 지점까지는 네트워킹이 증가할수록 그 효과도 늘어난다. 그런데 효과가 늘어나는 최고점을 넘어서면 효과가 오히려 감소하게 된다. 이를 그래프 용어로 표현하면, 네트워크 효과는 '역(逆)U'자 모양의 곡선으로 움직인다.

미국 노스웨스턴 대학의 경영학자인 브라이언 우찌(Brian Uzzi) 교수는 이 '역(逆)U자' 효과를 실증적으로 입증했다. 그는 '네트워크에의 의존도'라는 뜻의 단어인 '배태(embeddedness)' 개념을 사용하면서, 네트워킹의 가치는 어느 한도까지 증가하지만 한도를 넘어서면 오히려 효과가 줄어든다는 현상을 발견했다. 그의 연구에 의하면, 네트

〈그림 6〉 네트워크의 효과, '역(逆)U'자 곡선

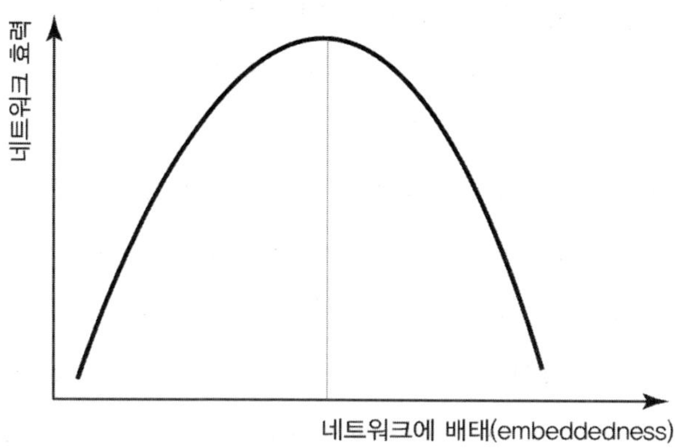

워크 효과가 무한정 증가하지 않는 이유는 파트너에 대한 의존도가 높아지면서 다음번 거래가 약속되므로 파트너의 나태함이 나타나기 때문이라고 한다. 파트너가 나태해지면 연결에서 얻는 이득이 비용보다 적어지게 되고, 이것이 바로 네트워크 효과를 감소시키는 원인이 된다. 이를 대기업과 전속거래를 하는 부품업체의 예에서 확인할 수 있다. 만약 한 부품업체가 특정 대기업에 납품하는 것이 확정적이라면, 그 부품업체는 도덕적 해이라는 유혹을 받게 된다. 이 도덕적 해이는 전속거래를 확실하게 믿기 때문에 발생한 나태함 때문에 발생하는 현상이다. 다음번 수주가 너무 확실할수록 그 행위자는 나태해질 수 있다.

한편 네트워크를 유지하는 데 발생하는 비용도 효과 감소의 한 원인이다. 네트워킹이 증가하면서 그것을 유지하는 데에는 비용이 발생한다. 보통 네트워크의 효과에는 관심이 많지만, 그 효과를 얻기 위해 지불해야 하는 비용에는 관심이 적었다. 그러나 네트워크는 공짜로 얻어지는 것이 아니다. 교류를 시작하는 데에도 비용이 들지만 관계를 유지하는 비용도 만만치 않다. 예를 들어, 관계를 유지하기 위해서 일주에 한 번은 반드시 만나야 한다고 생각해보라. 매주 한 번을 만나야 하는 부담은 다른 관계구축의 기회를 박탈시킨다. 이것이 바로 일종의 네트워크 비용이다. 이렇듯이 우리가 말하는 '마당발'은 어느 정도 비용을 지출한 후에야 얻을 수 있는 것이다.

마당발이 되려고 사교활동을 늘리면 외교적 활동이 이어지게 된다. 여기서 네트워킹에 숨겨진 양(量)과 질(質) 사이의 딜레마가 발생한다. 이를 '외교관 딜레마(diplomat's dilemma)'라고 부르는데, 그 의미는 많은 사람을 만나면 개별 관계의 질이 떨어지고 적은 범위의 사람을 만나면 개별 관계의 질은 높아질 수밖에 없는 것에서 나오는 딜레마이다. 즉, 주어진 시간 제약 속에서 관계의 범위를 넓히려면 질(質)을 포기해야 하며, 반면 질을 높이려면 양적 손해를 감수해야 한다. 응집력이 높은 끈적한 조직도 항상 좋은 것은 아니다. 응집력이란 협력을 위한 전제 조건이긴 하지만, 그 효과가 무한정으로 증가한다는 믿음은 오해다.

속성 5 : 관계를 맺는 이유도 다양하며, 기업 관계망도 다양하다.

우리네 사는 모습 중 중요한 것이 바로 '관계'를 구축하는 것이다. 살다 보면 의도적인 관계도 있고 원하지 않지만 피할 수 없는 관계도 있다. 사람들이 관계를 형성하는 상황에는 동일한 경제적 이해관계를 같이하는 경우, 사회적 역할이 유사한 경우, 생각 · 규범 · 가치 등이 유사한 경우, 감정적으로 서로 좋아하는 경우 등이 있다.

관계를 맺는 이유(1) : 유유상종(類類相從) 원리

관계는 유유상종 원리에서 맺어지기도 한다. 깃털이 비슷한 새들이 서로 친하다고 하듯이, 비슷한 사람들이 모이기 때문에 네트워크가 형성된다. 이 유유상종 원리에는 다음과 같은 정서가 작동한다. 첫째, 사람은 가까운 사람에게서 친근감을 느낀다. 둘째, 사람은 자신과 유전정보가 비슷한 종(種)을 돕고 싶고 그 유전인자를 재생산하려는 욕구가 있다. 셋째, 사람은 이질적 집단과 섞이지 않으려는 성향이 있다. 넷째, 소수집단은 다수집단에 의해 피해를 받기 때문에 그들과 경쟁하려면 소수집단의 방어라는 관점에서 스스로 결집하는 것이 정당하다고 생각한다.

관계를 맺는 이유(2) : 주류에서 벗어나지 않으려는 욕구

사람들은 집단의 주류에서 벗어나는 것을 두려워한다. 한 조직에 새로 들어온 신규 진입자의 경우를 생각해보자. 그 사람은 조직에 들어온 후 조직의 분위기를 탐색하면서, 그 그룹의 지배적인 소그룹에 속하거나 그들의 가치와 행동을 따르고자 한다. 왜냐면 주도 그룹에 편입되고 그들과 유사한 생각을 하는 것이 편안하고 안정되기 때문이다. 이것이 바로 '주류에서 벗어나지 않으려는 욕망'이다. 이 욕망을 통해 결국 주류 쪽의 네트워크는 더욱 커진다.

〈그림 7〉 관계의 유형

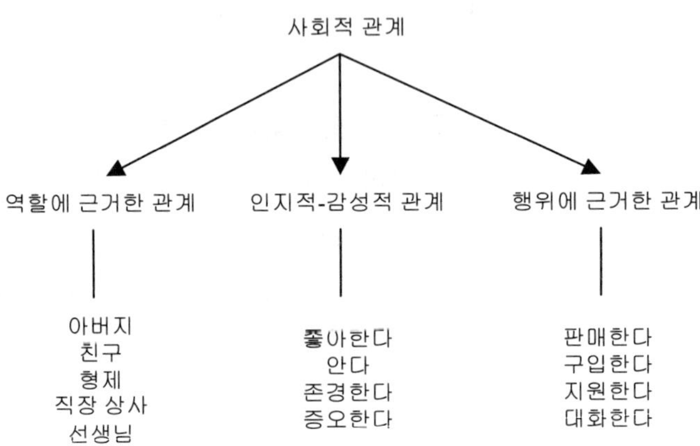

관계의 유형

보통 '관계'라고 말할 때, 다음 세 유형의 관계를 지칭한다. 역할에 근거한 관계, 인지적-감성적 관계, 행위에 근거한 관계 등 3가지 관계이다.

첫째, 역할에 근거한 관계는 아버지, 선생님, 친구, 상사 등의 역할로 맺어진 관계를 말한다. 둘째, 인지적-감성적 관계는 '안다(know)', '좋아한다(like)', '존경한다(admire)', '경멸한다(despise)' 등의 생각과 감성에 의한 관계이다. 셋째, 행위에 근거한 관계는 대화한다(talk to), 판매한다(sell to), 구입한다(buy from), 지원한다(give aid to), 잠잔다(sleep with) 등의 행위에 의해서 성립하는 관계를 말한다(<그림 7> 참조).

그러면 '관계'는 어떻게 확인할까? 일상적으로 관계가 '있다-없다'를 판정할 때의 가장 기초적인 기준은 '서로 안다(know personally)'

라는 개념에서 시작한다. '관계를 넓혀라'라는 말이 바로 '아는 사람을 많이 늘려라'라는 뜻이다. 그러면 또 '서로 안다'는 것은 무슨 뜻인가? '사람을 안다는 것'은 일률적으로 규정하기 어려운데 맥락에 따라 다른 개념이며 또 방법론에 대한 의존도도 높다. 즉, 맥락에 따라서 '아는 사람'의 범위가 달라지기도 하고 어느 방법을 사용하였는지 여부에 따라 달라지기도 한다. 통상적으로 '안다'라는 개념은 한 번은 만나서 얼굴을 대면한 적이 있는 경우를 말한다. 면대면(面對面)은 사람 간 만남의 시작이며 서로에 대해 느낌을 형성하는 최초의 접점이다.

관계를 맺는 기능 관점에서는 다음과 같은 유형이 있다.

1) **거래관계**. 이는 행위자들 간 물질 혹은 상징적 물체에 대한 소유권의 교환관계를 말한다. 예를 들면, 선물 주고받기, 매매행위 등이 해당한다.
2) **전달관계**. 이는 행위자들 간 업무추진 속에서 전염과 확산이 이루어지는 관계를 말한다. 예를 들면, 기업 간 혁신기법의 전염 등이 여기에 해당한다.
3) **상호침투관계**. 이는 행위자들 간의 서로의 가치관과 생각 등이 상호간 전달되는 관계를 지적하는 것이며, 이들은 서로 공유하는 것이 많아져서 상호 비슷해질 수 있다는 점을 강조한다. 예를 들어, 사외이사가 겹치거나 혹은 자문그룹이 중복된 두 회사의 경우 상호간 유사성이 커질 수 있는 관계가 이를 잘 표현한다.
4) **도구적 관계**. 이는 행위자들이 가치 있는 정보/재화/서비스를 얻기 위해서 서로 간의 접촉을 하는 관계이다. 예를 들어, 정치적

조언, 구직정보 얻기 등이 이에 해당한다.

5) **감정적 관계**. 이는 행위자들 간 서로에 대한 애정, 호감, 적의, 반감, 경의, 존경 등 감성적인 관계를 말한다. 예를 들면, 애인, 연인, 은사, 원수 등이 있다.
6) **권력관계**. 이는 공식적인 조직에서 발생하는 행위자들 사이의 권력관계에 적용되며, 명령을 내리고 명령에 복종하는 권리와 의무, 위계적 관계 등이 해당한다.
7) **친족관계**. 이는 가족이나 친족 구성원들 사이의 역할관계이다.

기업 구성원 간 네트워크는 다른 표현이 사용된다. 기업 네트워크에는 다음과 같은 4가지 유형이 있다.

첫째, **조언**(advice) 네트워크이다. 이는 글자대로 조언을 주고받는 관계망이다. 사람은 아무에게나 조언을 요청하지 않는다. 아주 가깝고 믿을 만하면서 존중하는 사람에게서 조언을 구한다. 기업에서의 조언에는 주로 경력선택에 관한 조언이 가장 많지만, 때로는 전문지식에 대한 조언도 있다.

둘째, **신뢰**(trust) 네트워크이다. 이는 서로 신뢰하는 관계, 즉, 서로 믿음을 주고받는 관계로 구성된다. 감성적이고 친밀한 관계에서 서로에 대한 믿음이 싹튼다. 깊은 동료의식을 갖고 일체감을 갖는 관계가 이에 해당한다.

셋째, **커뮤니케이션**(communication) 네트워크이다. 이는 서로 친분관계 속에서 형성되는 교류 관계망이다. 직장동료로서의 관계, 동문으로서의 관계, 업무 외적 사교모임의 관계 등이 포함된다. 보통 휴먼 네트워크라고 말하는 것이 대체로 여기에 속한다.

넷째, **업무**(job) 네트워크이다. 이는 업무 수행을 위해 교류하는 네트워크이다. 이는 전형적으로 업무처리를 위한 정보교환 통로이며, 업무의 효율화라는 목표를 향해 움직인다.

이들 4개의 네트워크 유형은 각각 독립적인 의미를 띠고 있다. 물론 각각이 완전히 독립적인 것만도 아니다. 각 유형이 서로 중복해서 작동할 수도 있다. 예를 들면, 업무 네트워크와 조언 네트워크의 경우, 관계를 형성시킨 원인이 조언(advice)이더라도 그 조언이 업무와 관련된 조언이라면, 두 네트워크는 완전히 중복되는 셈이다. 이렇듯 사안에 따라 네트워크의 유형들은 중첩되어 움직일 수 있음도 주목해야 한다.

6

한국기업에 닥친 수평화 명령

한국기업은 오래 전부터 수평적 조직 운영을 요청받아 왔다. 수평화라는 것은 의사결정 권한을 가급적 하위 직급으로 내려가도록 해서 신속한 의사결정체계를 갖추는 것이다. 수직적 문화에 익숙하고 그것을 통해 일사불란하게 움직여 온 한국기업의 입장에는 상당히 큰 변화를 요청받은 셈이다.

실제로 조직 수평화는 한국기업의 전통적인 문화 및 관행과 완전히 다른 속성이다. 한국기업은 그동안 세계적인 기업을 쫓아가는 추격에는 유능했지만, 스스로 기술을 개발하고 시장을 개척하는 창의적 역량은 부족했다. 우리는 추격을 할 목표대상의 선택에 치밀했고, 그 목표대상을 추격하는 노력을 집중하는, 소위 '선택과 집중'을 통해 압축적이고 빠른 속도로 발전했다. 주어진 임무를 빠르게 수행했으며 목표가 정해지면 그것에 임하는 체계는 일사불란했다. 이것이 한국기업의 힘이며 현재의 성장세에 이르게 했던 동력이다.

그러나 4차 산업혁명 시대로 들어서면서 기업의 결정적인 경쟁력은 한국기업의 전통적 능력과 다른 것인 창의성으로 집약된다. 새로운 기술 변화에 대응하고 신규 시장을 개척해야 하고, 때로는 산업 자체를 여는 혁신을 만들어야 하는데, 그것의 기초가 바로 창의성이기 때문이다. 그런데 한국기업의 전형인 수직적 운영체계로써는 이런 새로운 요청을 잘 수행할 수 없다고 봐야 한다. 그래서 기존의 장점을 일부 버리더라도 창조성이 기본 동력이 되는 조직을 요청받는 것이다. 창의적인 조직은 실무 현장에서 아이디어가 거침없이 나오며, 그 아이디어가 자유스럽게 토론되며, 기발한 아이디어가 현실성 검증 과정에서 실패한 아이디어라고 판정받지 않는 조직을 말한다.

근대의 기업이 과연 수평적인 모습이 될 수 있을지 의문이 있었다. 머릿속으로는 상상할 수 있지만, 수평 조직이 현실적으로 가능하지 않을 것으로 단정하던 사람도 많았다. 그런데 최근의 상황은 과거와 완전히 다르다. 특히 구글 혹은 아마존 같은 세계적인 테크 자이언츠(Tech Giants) 기업을 중심으로 이제 수평적 조직이 보편화될 기세다. 자유스러운 분위기 속에서 위계질서를 벗어나 자신의 아이디어를 거침없이 제안하는 기업의 성장세가 빠르다. 그런 기업의 의사결정체계도 매우 유연하다.

이제 이상적인 모습으로서 그저 말에 그치던 수평 조직이 아니라, 현실 속에서 성과를 높이는 유형으로 자리매김을 하고 있어 놀라울 정도다. 의사결정과 조직 운영에서 유연성이 변화의 핵심이다. 그런 기업에서 관료적 위계서열은 없고 조직 운영이 쉽게 변한다. 심지어 "연필로 쓰는 조직도"라는 표현이 등장할 정도다. 조직도가 고정된 것이 아니고 썼다 지웠다 할 정도로 유연하다는 뜻이다. 이런 유연한 조직에는 통제 기제가 없어 무엇보다 조직원 간 연대감이라는 감성이 중요하다. 만약 연대감이 없다면 수평화로 인한 높은 유연성은 오히려 독(毒)이 될 수 있다. 그렇다면 오히려 모래알 조직과 같이 될 수 있어 조심해야 한다.

수평적 조직과 네트워크

인터넷을 비롯한 기술의 발전 덕분에 오랫동안 우리와 함께 해왔던 '수직적 통제'에서 벗어나 '수평적 협력' 조직이 가능해졌다. 근대 경제활동에서는 모든 정보를 정확히 알 수 없고, 있다 하더라도 그 정보의 정확성도 보장할 수 없는 한계가 있었다. 이런 한계를 극복하기 위해서는 위계질서 구축에 의한 관료제적 통제가 가장 적절했다.

그러나 인터넷과 기술의 발전으로 정보의 검색, 전달, 축적, 분류 등에 필요한 비용이 절감되면서, 위계적 통제보다는 규범에 의한 조정을 통해서도 효율성을 얻게 된 것이다. 특히, 그 경제활동 조정을 맡는 규범으로 '협력'이 등장했다. 미래의 조직은 협력당사자들이 각자 효용을 누리면서 동시에 지속적인 협력의 유지 여부가 매우 중요해졌다.

조직이 수평화되면 위계질서에 가로막혀 아이디어가 공유되지 않는 현상을 방지하고, 조직문화를 창의적으로 만들 수 있는 장점이 있는 반면, 의사결정이 지나치게 길어질 수 있고 긴박한 변화에 대응이 늦을 수 있다.

수평적인 사고가 마음대로 뿜어져 나오는 분위기가 있는지가 결정적 요인이다. 의견을 마음대로 내놓고 토론하고 버릴 것은 버리고

〈그림 8〉 수직 모형에서 네트워크 모형으로

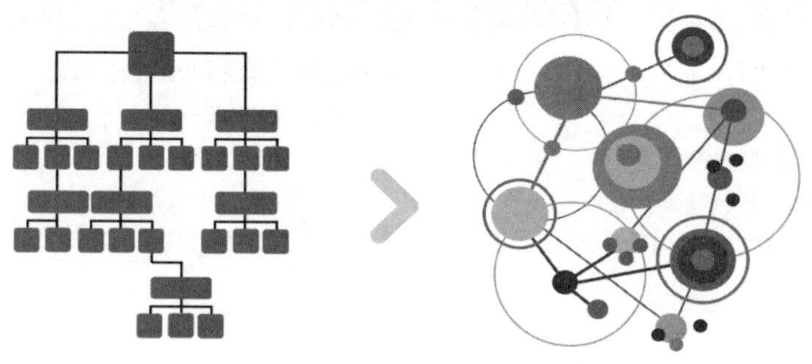

취할 것은 취하는 문화가 바로 수평적 사고가 자라는 토양이다. 모두의 마음의 그릇을 휘저어 창의적인 아이디어가 튀어나오게 하는 것, 이것이 바로 창의적 사고의 과정이며, 곧 수평적 사고이다. 그러기 위해서는 조직 내에 다양한 관점이 허용되어야 한다. 중앙통제가 강하면 이런 다양성도 용납되지 않는다. 여러 관점에서 하나의 대상을 볼 수 있고, 또 그 관찰을 토론할 수 있을 때 수평적 창의성이 나온다.

새로운 조류

유연성을 높이는 차원을 넘어서 위계서열을 완전히 해체하는 조직 운영도 등장했다. 미국의 온라인 판매업체인 '자포스'는 위계서열이 없는 조직이면서 높은 성과를 올리는 사례로 유명하다. 위계질서 자체가 아예 사라지고 일종의 무정부 조직 원리와 유사하게 구성

〈표 3〉 전통 기업과 홀라크라시의 비교

전통적 업무 방식	홀라크라시 업무 방식
• 비효율적인 회의 • 경직된 조직 • 보스에게 권한 집중 • 관리자 중심의 의사결정 • 사내 정치로 에너지 낭비	• 응집력과 집중력이 높은 회의 • 스스로 진화하는 조직 • 개별 분산적 권한 • 업무 중심의 의사결정 • 역할이 앞서는 권한위임

출처 : 자포스, 홀라크라시

원의 자율적 책임을 특징으로 하는 독창적 모델을 정립했다. 그 독창적인 모델은 산업계로부터 '홀라크라시(holacracy)'라는 이름을 얻었다. 홀라크라시는 관리자 직급을 없애고 상하 위계질서를 폐지하고 구성원 모두가 동등한 위치에서 업무를 수행하는 체계를 말한다. 이 개념은 영국 작가인 아서 케슬러(Arthur Koestler)가 1967년 쓴 저서에서 '자율적이고 자족적으로 통제하는 결사체'라는 의미에서 처음 사용했다고 알려진다. 지금은 자포스의 CEO인 토니 셰이(Tony Hsieh)가 그 용어를 대표하는 상징적 인물로 언급된다.

이 홀라크라시 모델을 실제로 적용하는 기업이 있다는 것도 놀랍지만, 더욱 놀라운 사실은 비록 홀라크라시까지는 아니더라도, 수평적 조직 유형이 점차 늘고 있다는 것이다. 미국의 첨단의류업체인 '고어 & 어소시에이츠(W. L. Gore & Associates, Inc.)'는 보스 없이 성공한 평등한 기업문화로 유명하다. 그 기업에선 심지어 "보스를 해고할 수 있다"라는 표현이 있다. 보통의 조직에선 상상도 할 수 없는 표현이다. 이런 식으로 기업이 운영되어도 성과를 낼 수 있을지 의문이 들 정도다. 세계 최대 맥주업체인 미국의 '안하이저 부시(Anhueser-

Busch)'라는 맥주회사는 직원들에게 주인의식을 주고 그것을 유지하도록 하며, 철저히 성과를 직원들과 나누어, 어떤 군살도 허용하지 않는 굶주린 조직이 되도록 노력한다. 모든 직급에서 최고경영자가 될 수 있고 큰 성과급을 얻을 수 있다는 꿈을 꿀 수 있다. 이 기업은 철저하게 능력주의 원칙과 내부승진 원칙을 고수한다. 또 단위 리더들이 기업가처럼 행동하도록 권한을 부여하고 있다. 예산 배분에서부터 사업모델 자체의 미래 결정까지 모든 것에 대해 직원들과 함께 하는 체계이다.

조직 수평화의 움직임은 비단 미국에서만의 일이 아니다. 가까이 일본에서조차 수평 조직이 등장하고 있다. 일본의 '미라이공업'은 즐거운 직장을 지향하는 대명사로 유명세를 내고 있다. 그 기업의 특징은 중간관리자인 과장 보직을 선정할 때 선풍기로 이름을 날려서 결정하는 것이 상징적이다. 이는 누구나 과장 역할을 할 수 있다는 믿음을 주어 직원들의 의욕이 넘치도록 하는 목적이 있다고 한다. 위계서열에 집착이 강한 동양권 문화에서도 이런 실험적인 움직임이 진행 중임에 주목해야 한다.

최근 우리나라 기업들의 창의성 확보를 위한 적극적 노력도 특이하다. 한때 "삼성 조직문화, 구글 같이", 이런 타이틀의 신문기사가 있었다. 한국의 대표 기업인 삼성도 구글 기업 같이 창의적인 문화로 변신을 도모하고 있다는 신호일 것이다. 가장 대표적인 것이 사내벤처 제도인데, 소위 'c랩'이란 이름으로 유명하다. 관료적 질서로 가득했던 삼성 내부에 작은 스타트업의 창의적 문화를 육성한다는 착상에 기인한 것이다. 물론 그 스타트업의 성공을 통해 삼성의 새로운 먹거리가 만들어지는 기대도 있다. 창의성이 높아지도록 인사

혁신을 시행해서, 기존 연공서열에서 자율성과 창의성을 살리는 수평적 인사제도를 도입하는 것도 발표되었다. 직급체계를 기존 7단계에서 4단계로 바꾸고, 호칭을 기존 차장님, 부장님 대신 이름을 붙여 'ooo님'이라고 하며, 오랜 관행이었던 눈치성 야근을 없애고, 반바지 입는 것도 허용해서 진정한 변화를 시도한다는 것이었다.

이런 추세를 볼 때 수평화 조직 유형은 더욱 늘어날 것으로 보인다. 이 시점에서 중요한 과제는 과연 한국기업이 수평화로 전환이 순조로울지, 어떤 장애가 있을지, 그 장애를 어떻게 극복할 수 있는지를 검토해서 대응방안을 찾는 것이다. 여기서 기존 기업문화와 연계된 전통적 경쟁전략이 수평화 조직과 잘 조화되도록 대책을 찾는 작업도 빠질 수 없이 중요한 영역이다.

우리나라의 고유 정서 중, 집단을 중시하고 그 안에서 온정을 베풀고 공동체에 대한 충성심을 강조하는 정서가 있다. 크게 보면 집단주의 문화에서 나온 것인데, 조직이란 울타리에 자신을 내던지길 원하고 조직의 명령에 철저히 따르는 덕목이 요청되었다. 이것이 우리 기업의 장점인 일사불란한 조직을 만든 요체였다. 간혹 그 장점을 '한국형 경쟁전략'이란 표현을 쓴다. 여기서 '한국형'이란 단어는 우리만의 문화와 고유 맥락을 특별히 강조하자는 의미일 것이다. 소위 '한국형 냉장고'도 필요했다. 우리에겐 발효 음식과 익힌 음식이 많다. 냉장고에 그릇째 들어가는 음식이 있고, 일주일 이상 냉장고에 넣어야 하는 음식도 있다. 생선과 야채류를 싱싱하게 보관하는 데 적합한 미국식 냉장고는 우리 취향을 충족시키기 어렵다.

한국기업은 공동체 의식이 강한 조직을 지향했으므로, 외형으로든 내면적이든 협력이란 덕목은 매우 중요했다. 각 개인이 가진 조직에 대한 신뢰는 높지 않은 편이지만, 그래도 유교적 전통에 의해 물려받은 충(忠)과 효(孝) 정신 덕분에 협력정신을 모았다. 충과 효에서 기초해서 집단(가문과 국가)을 중시하는 존중심이 기업으로 전이되면서 구성원들은 기업의 목표에 충성스럽게 협력하게 되었다. 우리 조직의 정서 중 "조직원은 조직에 대해 외부에 말하지 않는다"라는 정서가 있다. 좋은 면이든 부정적인 면이든 모든 것에서 그렇다. 집단문화에서 터득한 "알아서 기는 문화"가 일조를 했다. 보통 한국 직장인들은 "조직생활을 할 만큼 했는데 조직 내 사정을 말하면 무엇하냐", 이렇게 생각한다. 자신이 속한 집단에 대한 충성심이 이렇게 강하다. 사회적 유산이기에 어쩔 수 없다.

오랜 역사 속에서 공동체 중심의 집단문화에서 태어나고 자란 우리는 실제로 네트워크 사고에 익숙한 편이다. 논농사 전통과 유교적 생활에서 학습되어 있어, 개체와 집단 사이의 의무와 책임을 잘 아는 편이며, 집단의 성과가 중요하다는 인식 등이 뼛속까지 스며들어 있다. 그런데도 기업과 사회 문제를 말할 때 네트워크를 떠올린 적이 거의 없었다. 어쩌면 불가사의할 정도다. 여러 복합적인 원인이 있겠지만, 아마도 그 중 한 가지 이유는 네트워크를 진단하고 치료하고 바꾸는 방법을 몰랐기 때문일 것이다.

수직적 한국문화의 특징

한국 조직문화의 주요 특징을 살펴보자. 여기서는 특징적인 내용의 파악도 중요하지만, 이 특징이 앞으로 새로운 시대적 요청과 어떻게 조율될 것인지가 관전 포인트가 될 것이다. 한국 기업문화의 대표적인 특징에는 다음 3가지 유형이 있다. 일사불란한 문화, 고맥락 문화, 온정주의 문화이다.

일사불란함 : 충/효 정신이란 토대에 세워진 응집력

한국기업의 경쟁력 중 손꼽히는 요인이 바로 일사불란함이다. 이는 빠른 일처리와 순종적 정서의 뿌리이기도 하다. 일사불란함의 근원은 충과 효라는 유교정신인데, 조금 좁게 표현하면 가부장적 질서이다. 한 가정에서 가장에게 복종하는 문화가 산업문화로 확대된 것이다. 기업 조직에서는 거기에 위계서열이 더 추가되므로 명령권과 복종하는 마음이 더욱 강해지고 그에 따라 명령과 규율에 복종하는 일사불란함이 강했다.

한국기업의 조직적 장점은 다른 어떤 것보다 일사불란함에서 나오는 빠른 실행력이다. 그런데 한국기업의 일사불란함은 다소 특징이 있다. 만약 서구기업 중 일사불란하게 움직이는 기업은 신뢰가 높지만, 한국기업의 직원들은 기업에 대한 신뢰가 낮으면서도 일사불란하게 움직이는 것이다. 이렇듯이 한국기업들이 어떻게 일사불란하게 움직이는지 서구기업의 눈으로 보면 의문투성이다. 어떤 의미에서는 한국기업의 일사불란함은 위계질서에 눌린 억압된 충성의 반영으로 풀이할 수 있다. 이렇게 억압된 일사불란함으로도 한국기업들이 경쟁력을 높였던 것을 보면, 만약 정서적 공감으로 일사불란하게 움직인다면 더욱 폭발적인 힘을 발휘하게 될 것이 분명하다. 응집력 측면에서 우리 기업들이 더욱 향상될 분량이 여전히 존재하는 것이다.

가족에 대한 효(孝)와 국가에 대한 충(忠)이 기업이란 직장에 깊이 스며들어 있다. 삶의 철저함과 책임감을 느끼며 가족을 먹여 살리고 국가가 잘사는 길에 동참한다는 의식을 공유했던 것이다. 가족이란 기준이 삶에서 너무 중요하다 보니, 때론 공적 영역에서 가족에 연관된 기준이 등장하기도 한다. 심지어 비리에 걸린 팀에서 누군가 비리의 책임자가 되야 하는지를 결정할 때 각 사람의 부양가족 숫자란 기준이 등장한다. 서양의 문화에서 규정하는 합리성의 관점에서 보면 이것은 터무니없는 기준이지만, 우리는 그렇게 했다.

2012년 초 개봉했던 영화 <범죄와의 전쟁>에서 이런 일화가 나온다. 주인공인 세관 공무원 배역을 맡은 배우 최민식은 갑작스럽게 '옷을 벗고' 퇴직하게 된다. 그런데 그를 그만두도록 결정하는 기준이 흥미롭다. 세관들의 비리가 발각되면서, 최민식이 소속된 업무계의 5명 구성원 중 한 명이 책임을 지고 퇴직하기로 한다. 그 5명이 작은 선술집에서 누가 책임질 것인가를 협의하는데, 부양가족이 가장 적은 최민식이 떠밀려 퇴직할 사람으로 결정되고 만다. 최민식 개인에겐 황당했지만 이런 방식의 기준이 통한다는 것이 무엇보다 놀랍다. 우리 정서에는 이렇게 가족과 국가와 연관된 유교정신이 냉정한 경제활동 영역에도 깊이 자리 잡고 있다. 일견 비합리적이지만 그것이 한국기업에게 일사불란한 조직력을 준 밑천이었던 것도 사실이다.

고(高)맥락 문화

한국기업의 특징 중 고(高)맥락 문화를 빼놓을 수 없다. 맥락(context)이란 "대화를 나누는 당사자 간에 당연한 것으로 받아들여지는 공유된 지식의 정도" 혹은 "암묵적으로 받아들여져 참고가 되고 있는 공통의 논의 기반"을 뜻한다. 일반적으로 동양권은 고맥락 문화이며, 서양권은 저(低)맥락 문화이다. 고맥락 문화에서는 말하는 것이 꼭 의미하는 바는 아니다. 말하지 않아도 눈치껏 알아서 상황을 파악해서 행동하는 것을 바람직하게 보는 문화다. 예를 들어, "팀의 막내는 말석에 앉아서 재빨리 물을 따르고 수저를 놓는다. 중간 팀원이 팀장의 기호를 파악해 메뉴를 결정하며, 막내는 곧바로 주문을 넣는다." 뭐 이런 식의 것이 아닐까 싶다. 또 직장 상사는 단순히 상사일뿐만 아니라 모든 생활영역에서 선배가 되기를 묵시적으로 기대 받는다.

한국은 고맥락 사회이기 때문에 구체적인 맥락에서 표현에 따라 의미가 다르다. 맥락을 놓치면 의미를 알 수 없다. 만약 사장님이 "잘 처리하라"는 말을 했다면, 회계 담당자는 어떤 생각을 할 것인가? 그 기업만의 고유한 의미가 있다. 다른 기업에서는 전혀 다른 뜻이 되기도 한다. 고맥락 문화에서 회의는 의제가 중요한 것이 아니라 높은 분이 참석하기 때문에 중요해진다. '누구'라는 변수가 중요하고, 주도하는 사람의 구체적인 직급도 매우 중요하다. 높은 분이 어떤 의제를 다루라고 하면, 바로 전까지 아주 중요했던 의제는 돌연 중요하지 않게 된다. 이렇듯이 맥락에 대한 의존도가 높다.

반면 저맥락 문화를 가진 서구사회는 맥락에 관한 관심은 낮다. 오직 쟁점에 충실하고 토론할 의제가 가장 중요하다. 회의시간에선 그 의제에 가장 지식이 높거나 핵심을 꿰뚫고 있는 사람이 중심에 위치하고 회의를 이끌어간다. 2011년 5월, 9·11 테러의 주범인 오사마 빈 라덴의 사살 작전인 '제로니모 E-KIA'에 성공한 후, 미국 백

빈 라덴 사망 – 오바마, '미국의 힘' 사진

악관의 핵심회의에서는 오바마 대통령은 한쪽 구석에 조용히 앉아 있고, 그 정보에 가장 정통한 사람이 중심에 앉아 말한다. 오바마는 제로니모 작전의 진행 상황을 조용히 지켜보고 있다. 중앙 상석이 아니라 사진 왼편의 작은 의자에 힘겹게 앉아 있다. 작전사령관이었던 마셜 웹 준장이 중앙 상석에 앉아 보고회를 진행한다. 이 회의 사진은 세계를 놀라게 했고, 세계 언론은 "역시 오바마" 혹은 "미국의 힘"이라는 칭찬 릴레이가 이어졌다. 국무장관인 힐러리조차 언저리에서 그 설명을 들을 뿐이다. 이런 일이 우리나라에서는 가능하지 않을 것이다. 오바마 대통령의 권위가 추락하거나 인기가 없어져서 그런 것이 아니다. 실제로 오바마는 그 몇 개월 후 대통령 재선에 성공한다. 이런 모습이 가능한 이유가 바로 저맥락 사회, 즉 맥락에 대한 의존도가 낮은 문화를 갖고 있기 때문이다.

서구의 권장에 따라 '권한위임'을 말하지만, 한국의 기업문화에선

위임받은 권한을 제대로 사용할 수 없다. 눈치를 보아야 하기 때문이다. 팀장의 전략은 상사인 임원진에게 설명력을 갖는 것이 전략이다. 실질적인 권한위임에는 아무런 관심이 없는 것이다. 맥락에만 어울리고 실제는 빠져나갈 구멍만을 찾는 노력이 만연되곤 한다.

온정주의 문화

한국의 기업문화에는 온정주의 특징이 있다. 온정주의란 "사람에 대하여 냉정한 이해타산으로 대하지 않고 원칙을 누그려뜨려 위안 혹은 이해하는 태도로 대하는 것"을 뜻한다. 조직에서 포상과 벌칙을 정할 때도 돌려가며 나누어 배분하는 것도 이러한 온정주의에서 나온 것이다.

온정성이라는 일종의 가족과 같은 따뜻함 때문에 가족주의 가치로 포장이 되고, 그래서 상과 벌을 결정할 때 '공정성' 가치를 놓치는 경우가 많다. 한국사회가 '공정'이란 가치에 항상 갈망하는 이유도 다소 이와 연관이 있다고 생각된다. 이 공정성이 결핍되기 때문에 온정주의 문화에서는 '주고도 뺨맞는' 결과, 즉 따뜻함을 주었지만 고마움을 보답받지 못하는 결과가 있곤 한다. 온정주의를 통해 상을 받는 자는 자신이 수상할 자격이 있는지 여부를 생각하기는커녕 자신이 받는 차례가 된 것을 그저 순리로 받아들인다. 오히려 상을 받지 못할 때 온정을 베풀지 못하는 조직에 반감을 갖게 된다. 그래서인지 가족적이며 온정주의가 충만하더라도 업무 분위기는 협조적이진 않다.

온정주의는 공정성의 결여 탓에 '클리어 컷(clear cut)'이 없다. 원칙적으로 하고 싶더라도 어디까지 선을 그어야 분명하게 원칙을 지키는 것인지 판단하기 어렵다. 진급 대상자가 있으면 그 사람을 먼저 배려해야 하지 않느냐는 논리가 등장한다. 그 와중에 불이익을 당하는 사람이 나타날 수밖에 없고, 그 사람이 결국 떠나게 되기도 한다. 상대방 면전에서 싫은 소리를 하지 못한다. 매사에 옳고 그름을 따지는 행동도 좋게 평가받지 못한다. 직원들이 '받을 것'에 대해서는 매우 민감하지만, '받은 것'에 대해서는 그다지 고마워하지 않는다. 온정주의란 어떤 면에서는 유교적 전통이 없다면 성립할 수 없는 정서다.

NETWORK THERAPY 02

진단

1

네트워크 진단

환자를 치료하자면 환자의 현 상태를 정확히 알아야 한다. 이 현 상태 파악이 바로 '진단'이다. 아픈 병환을 확진하고, 치료가 어떻게 진행될 것인지 큰 그림을 그리게 된다. 만약 암과 같은 중증환자라며 수술을 어떤 일정으로 할 것인지 일정을 잡아야 한다. 전체 치료가 성공하려면 진단 작업에서부터 착오 없이 진행돼야 한다. 진단은 앞으로 진행할 모든 치료작업의 설계도면을 그리는 단계이므로, 한 치의 착오 없이 정확하게 시행되어야 하는 중요한 작업이다.

네트워크 진단의 시작은 '기업 해부'다. 이 '기업 해부'는 기업 내면의 속살을 겉으로 드러내는 작업으로서, 조직원들의 관계망을 눈으로 보는 것이다. 눈으로 보는 것만큼 확실한 것도 없다. 그 관계망의 그림을 '네트워크 지도(map)'라는 명칭으로 부른다. 즉, 네트워크 지도는 조직 구성원들의 관계망이 담긴 사진판 그림으로서, 그 관계 속에 숨겨진 응집과 협력, 문화적 요인, 지식의 흐름 등을 알려주는 소중한 정보의 보물단지다. 그것을 통해 각 개인이 조직과 얼마나 충돌하고 있는지도 해독할 수 있다. 조직원이 동료나 상사와 교류가 전혀 없는 상황도 드러날 수 있고, 조직의 비전과 얼마나 소외되어 있는지도 알게 된다.

네트워크 지도를 통해 무엇을 볼 것인가가 진단의 핵심이다. 기업은 보통 '협력의 결핍' 그리고 '창조와 무관한 타성에의 함몰'이라는 두 유형의 함정에 빠진다. 이 두 문제에는 공통점이 있다. 그것은 소통과 교류에서 나온다는 공통점이다. 협력은 관계의 친밀과 응집이란 에너지에 의해 나오는 것이고, 창조는 아이디어의 교류와 합성에서 나오는 것이다. 달리 표현하면, 기업 속 네트워크가 두 고질적인 문제의 원천이란 것이다. 지금껏 우리는 핵심을 제대로 공략하지 못했다.

이렇게 보면 기업 진단의 핵심은 기업 내부의 협력과 창조 수준을 측정하는 작업이 된다. 협력은 조직문화와 응집력 수준을 반영하기도 하고 개별 조직원 사이의 신뢰와 교류의 질적 수준도 반영하는 소중한 관계 자원이다. 이런 점에서 협력의 현 상태에 관해 진단은 기업의 혁신 치료에 관해 중요한 정보이다.

우리는 보통 협력을 윤리적으로 생각한다. 낮은 윤리에 대해서 질책과 비난은 많고 쉽지만 정작 협력의 부재를 해결하지 못하게 된다. 네트워크 치료에선 협력이 인센티브 체계로 움직이는 경제적 덕목이란 인식의 전환을 요청한다. 협력과 연관된 보상 구조와 함께 이해해야 협력 DNA를 심기 위해 무엇을 어떻게 치료할 것인지에 대한 지식을 얻을 것이다.

한편 창조 역량은 조직의 미래 진로를 말해준다. 앞에서도 언급했듯이, 한국기업에게 이제 가장 필요한 덕목은 창조라는 덕목이 되었다. 과거 산업화시기에 추격할 목표를 타깃으로 정하고 그것을 따라

잡기 위한 노력은 대체로 성공적이었다. 현재 다수의 후발 국가들은 우리를 모델로 설정하고 그 비책을 모방하고자 안달할 정도라고 한다. 그런데 이제부턴 이런 추격능력으론 더 앞으로 나아갈 수 없다. 혁신을 만들 수 있는 창조능력이 없다면 우리에게 미래는 없다. 우리가 최전선에 나서게 되었기 때문이다. 한 기업의 창조능력은 커다란 발명이 아니라 일상적으로 도전하며 열정을 높이는 능력으로 요청받고 있다. 그 창조능력의 현 상태에 관한 진단이 올바로 되면 무엇을 어떻게 치료할 것인지가 결정될 것이다.

기업진단 가운데 조직 전체의 응집력 진단도 중요하다. 응집력은 우리가 흔히 말하는 조직력을 대표하는 개념인데, 조직원들이 타자에 대한 희생정신, 동지 의식을 일으키는 덕목이다. 응집력은 겉으로 보이는 것과 달리 진정한 미래 비전의 공감과 관련된다. 외형상 일사불란하게 움직인다고 해서 응집력이 높다고 평가할 수 없다. 조직원 사이 관계망에 깊이 숨겨진 응집력의 실마리를 찾아내고 그 현 상태를 알게 된다면, 차후 네트워크 치료의 내용을 정확히 준비할 수 있을 것이다.

조직원 개인별 역할에 대한 진단도 중요하다. 개인 간 관계망을 해부하면 각 개인의 역할이 드러난다. 그 개인별 역할에 관한 현 상태의 진단은 중요한 정보다. 특히 '중심'이란 개념을 통해 각 개인이 맡는 역할에 대해 점검하며, 이것을 통해 전체 조직의 안정성을 어떤 방식으로 진단할 것인지를 계획할 수 있다.

2

협력 문제의 진단

천시(天時)와 지리(地利)가 좋아도 병사들의 인화(人和)가 없다면 승리할 수 없다. — 손자병법

기업의 실적은 어떻게 결정될까? 경영 행위는 다름 아닌 조직원의 꿈과 실행 사이에서 펼쳐지는 묘수풀이의 과정이다. 그 묘수풀이는 조직원들이 협력을 자발적으로 하려고 하고 모든 에너지를 조직을 위해 집중하려 할 때 최고의 실적을 낳을 수 있다. 조직이 어떤 목표를 좇든지 또 어떤 능력과 재능을 가진 사람들이 모여 있는지와 무관하게 조직원들의 열정과 협력이 없다면 성과는 좋아질 수 없다.

협력이란 개념은 인간의 삶에서 매우 중요한 가치를 담고 있다. 철학자 버트런드 러셀(Bertrand Russell)은 "인간을 구원할 유일한 덕목이 협력이다"라고 말할 정도다. 그만큼 인간 세상에서 근본적으로 협력은 중요하고 가치가 크다. 사람들을 결집시키고 함께 공동의 목표를 향해 무언가를 같이 하는 덕목이 바로 협력이다. 협력하려는 의지가 없는 조직과 집단이 잘된 경우는 역사상 없다.

협력은 공짜가 아니다

협력이란 덕목은 아마도 인간의 탄생과 동시에 필요했던 덕목이었을 것이다. 두 사람 이상이 모이게 되면 협력이란 필요할 수밖에 없다.

우리가 주목할 점은 협력에 대해 동양과 서양 사이에 인식의 차이가 있다는 것이다. 동양에서 협력은 윤리적 문제이다. 유교문화권인 한국 · 중국 · 일본에서 특히 그렇다. 유교적 정서에서 보면 협력은 인간으로서 당연히 가져야 할 덕목이다. 이런 당연한 협력에 참여하지 않는 자는 윤리를 버린 것이다. 올바른 공동체는 비협력자를 반(反)윤리로 비난하고 도덕적인 질책을 통해 협력하도록 하는 규율을 갖추고 있다. 그들에게 협력은 삶의 기본으로서 도덕적인 판단 대상이다.

한편 서양에서 협력은 동양과 완전히 다르다. 그들에게 협력은 경제적 문제다. 서구 문화에서 협력이 작동하려면 협력으로 인해 얻는 보상이 필요하다. 즉, 당사자들이 협력할 유인책이 있어야 하며, 그 유인책이 궁극적으로 '왜 협력하나'에 대한 동기와 이유이다. 한쪽에서 일방적으로 희생하는 관계에서는 협력이 성립될 수 없다고 본다. 윤리적 혹은 도덕적 판단은 이차적인 문제다. 우선 중요한 기준은 협력의 보상값이며 거기에 합리적 계산이 작동한다고 믿는다.

유교적 전통을 가진 한국문화는 협력을 윤리적으로 판단한다. 이 경우 가장 큰 문제는 낮은 협력이 발생했을 때 그 병을 고치는 방책이 없다는 점이다. 협력은 윤리적 행위이므로 낮은 협력을 보이는 자를 윤리적으로 비난할 수는 있지만, 협력하지 않으려는 자를 협력하도록 유인하는 것은 어렵다. 예를 들어, 한국경제의 고질적 과제 중 하나인 '대기업 – 중소기업 협력' 문제에서 이 문제가 잘 드러난다. 이들에게서 윤리적으로 협력이 발생할 것으로 기대하면 오산이고, 실제로 그렇게 해결된 사례가 없다. 협력을 줄 대기업이든, 협력을 받을 중소기업이든, 인센티브와 보상이 존재하지 않는 한 협력이 발생하고 유지될 수 없다. 협력이라는 덕목이 아름다운 가치이기는 하지만, 경제적 이득에 따라 움직이는 경제행위자에게는 자신들이 협력했을 때 얻을 보상을 무시하고는 성립할 수 없다.

우리가 기업 내 사람 사이의 협력을 생각할 때, 각 개체의 인센티브는 실제로 매우 중요하다. 협력을 당연히 해야 할 행위의 하나로 보는 윤리적 관점을 갖는 한, 기업 내 협력을 제대로 파악할 수 없다. 기업 조직원들은 당연하게 해야 할 협력에 임하고 있지 않다. 그들 간 협력은 오직 적정의 인센티브가 제공되었을 때 성립한다. 무조건 협력을 베풀라고 하면 일시적인 협력은 있겠지만 그리 오래가지 않는다. 그동안 한국 대기업이 보여준 '무늬만 협력'이 그 실상을 보여준 모습 그대로다.

사슴사냥게임(stag-hunt game)

협력은 왜 어려운가? 그 이유는 협력의 본질에서 나온다. 프랑스 사회철학자인 장자크 루소(Jean Jacque Rousseau)는 '사슴사냥'이라는 이야기를 통해 사람들이 협력이 유리하다는 것을 알면서도 협력하지 못하는 허망함을 생생하게 묘사한다.*

그 이야기는 이렇다. 어느 날 두 사람이 사슴사냥을 나간다. 사슴사냥은 양쪽에서 사슴을 몰고 가기 때문에 보통 두 사람이 짝을 이룬다. 그리고 사슴을 잡으면 애를 쓴 두 사람이 그것을 반반씩 나누어 갖는다. 이 사슴사냥에서 관건은 두 사람이 끝까지 협력해 사슴을 모는 것으로, 그렇게 하려면 상대에 대한 신뢰와 확신이 절대적으로 필요하다. 그런데 만약 사슴사냥 도중 뛰어가는 토끼를 보았다고 하자. 사슴은 협조를 통해 얻는 사냥감이지만, 토끼는 혼자서도 잡을 수 있는 사냥감이다. 이때 토끼라는 새로운 사냥감이 생기면서 두 사람은 새로운 국면에 처하게 된다. 상대방이 끝까지 사슴을 몰아줄지 의심하게 되는 것이다. 두 사람이 끝까지 협력하면 사슴을 얻을 수 있지만, 그렇지 못하면 토끼를 잡는 것이 유리하다. 두 사람은 각자의 위험을 회피하기 위해 결국 토끼를 잡게 된다. 생각해보면 어이없다. 당일 아침에 사슴사냥에 협력을 약속했던 두 사람이 협력의 산물인 사슴 한 마리를 획득하지 못하고 마무리되는 것이다. 각자의 이득을 생각하기 때문이다. 이처럼 협력은 어렵다. 다시 말하자면 협력을 당연한 것으로 생각하는 건 잘못된 생각이다.

---

* Jean-Jacques Rousseau(1755), *A Discourse on Inequality*.

사슴사냥 예에서 보듯이, 협력이 성립하려면 상대가 끝까지 사슴을 몰아준다는 확신이 서야 한다. 결국 양자의 신뢰 문제가 핵심이다. 실제로 두 사람이 신뢰해서 협력하기만 하면 그 열매는 달콤하다. 그러면 신뢰를 높이는 조건은 무엇일까? 아무래도 거래의 반복이 중요할 것이다. 반복거래는 신뢰를 높인다. 여기서 반복거래란 동일 파트너와 거래를 지속하는 것을 말하는데, 거래가 반복되면 서로에 대한 이해가 넓어진다. 아파트 인근 상점과 단골 고객, 조립업체와 전속공급업체 등의 관계가 이러한 반복거래를 하는 관계이다. 일단 반복거래를 하는 파트너 사이는 계속 파트너십을 이어갈 가게 된다. 처음 만나는 상대보다는 안정성을 가져 거래비용이 줄어들기 때문이다.

협력 문제의 진단

경영자들과 대화를 나누다 보면, 조직 내적으로 협력에 대한 갈증은 너무도 많다는 현실을 알게 된다. 기업 현장에서 협력은 생각보다 어렵다. 한 기업이 가진 '협력의 수준'을 진단하는 방법에서부터 설명을 시작하자. 개인 간 조화 그리고 부서 사이 조화, 이것이 협력의 대상이다. 앞서 언급한 바와 같이 협력에 관한 진단은 기업 해부를 통해 얻는 '네트워크 지도(map)'에서 시작할 수 있다. 또 협력이 부족한 조직을 협력이 잘 되는 조직으로 변화시키려면, 무엇이 협력을 저해하고 있는지에 대해 진단이 합리적이어야 한다. 오직 직감과 느낌만으로 정확한 치료 방안을 도출할 수 없다.

협력 부재에 관한 진단은 네트워크 지도를 그리는 것이 출발점이다. 그 지도가 완성되면 어떤 연결과 협력이 필요한지, 그 협력을 촉진하는 인센티브는 무엇인지 등에 관해 구상할 수 있다. 이를 통해서 필요한 협력을 갖출 방법에 대한 아이디어를 얻어서 활용하면 된다. 네트워크 분석에서 협력 개념은 조직의 응집력이란 개념으로 전환한다. 조직이 얼마만큼 응집력을 갖는가는 협력이 어느 정도인가를 그대로 반영하기 때문이다.

기업의 응집력

접화군생(接化群生)이란 표현이 있다. 신라시대의 문장가인 최치원의 표현이다. 접(接)은 만나서 관계하다, 화(化)는 변한다, 군생(群生)은 모든 생명을 말한다. 모든 생명은 만나서 관계를 맺으면서 변화한다는 뜻이다. 기업도 예외는 아니다. 기업은 바로 그 '접화군생'의 생생한 현장이다. 조직원들은 만남과 관계를 통해서 변모해간다. 그 '접화'의 메커니즘을 정확히 꿰뚫기만 한다면 우리는 건강하고 혁신적인 기업을 분명히 만들 수 있다. 기업의 일생에는 여러 풍상과 굴곡이 있으며, 그 어려움 속에서도 풍요로운 시절을 맞기도 한다. 그러나 결국 그 생명력의 원리는 하나이다. 바로 '접화'가 잘 되는 것이다. 농사의 절반은 땅이 알아서 해준다고 했던가. 기업 농사의 절반은 '접화'에 달려 있다고 해도 과언이 아니다.

창업자라면 직원들이 남의 회사가 아니라 자신의 회사라고 느끼길 원한다. 기업 경영을 하다 보면 어려운 시절도 있고 그 역경을 딛고 일어서려면 창업자 일개인 혼자서는 될 수 없다는 것을 잘 안다. 그래서 직원들에게 믿음을 주려고 하고 비전을 공유하려는 말을 한다. 그런데 실행이 잘 되지 않는다. 이렇게 해서는 역경 속에서 부활하는 기적이 발생하기 어렵다. 국내 최장수기업인 동화약품도 6·25 전쟁 당시 공장건물이 폐허가 되고 피난 중에 직원들이 폐허 속에서 열성을 다해 노력을 기울인 스토리가 퍼져 있다. 이때 직원들이 열정적인 노력을 기울여 지킨 신뢰가 밑천이었다. 그래서 그때부터 '다 잘살 수 있는 기업'이란 경영철학이 출범했다고 알려진다.

그런데 직원들이 내 회사라고 느끼게 하는 데는 실행이 문제가 된다. 인식의 문제가 아니라는 것이다. 그 실행의 핵심인 사람 간 관계에 집중하자는 것이며, 그것을 체계적이고 과학적으로 인식하고 또 해결책을 도출하는 것을 말하려는 것이다.

한 기업이 '응집력이 좋다'라는 뜻은 구성원들 사이의 높은 친밀감, 교류, 신뢰가 높은 상태를 말한다. 응집력이 높은 기업은 조직원 사이 믿음이 강하고 교류가 끈끈해서, 위험과 역경을 헤쳐나가는 힘이 강한 조직이다. 이 조직에선 역경이 닥치더라도 구성원이 힘을 합쳐서 난관을 돌파하자는 공동체 의식이 높다. 응집력이 강한 조직은 회사가 어려울 때 구성원들이 더욱 단결한다. 금전적 보상을 바라지 않으면서도 오히려 강한 의리를 보이는 조직의 힘은 높은 응집력에서 온 것이다.

반면 응집력이 낮은 기업은 모래알 같이 흩어지는 조직이다. 구성원들 교류가 파편적이고 단기적이기 때문에, 교류 내용도 피상적이며 깊이가 없는 편이다. 직원들 사이에 협력도 그리 활발하지 않은 편이다. 이런 기업은 서로의 공감이 낮기 때문에 역경을 만나면 휘청거릴 수밖에 없다. 역경을 돌파할 밑천이 없는 것이다.

한 기업의 응집력은 몇 가지 징후를 보면 알 수 있다. 우선 응집력이 높은 기업에서는 협력이 잘 되며 동료 사이에 조언 · 정보 · 지식 등이 잘 전달된다. 응집력이 높은 직원들은 기업의 비전과 목표에 대해 의견을 나누면서 공감을 쌓는다. 구성원들 사이 공감이 높아지면 다시 기업이 수행할 비전과 목표를 강화해서 일종의 소명감으로 발전시킬 수 있다. 응집력이 높은 조직은 이렇듯 긍정적인 효과를 자연스럽게 얻게 된다.

응집력이 높은 조직에게서는 한 사람이 다른 사람과 교류하는 데

걸치는 단계가 많지 않다. 응집력이 약한 기업은 여러 사람을 거쳐야 원하는 사람을 만나게 된다. 사람 사이 경로가 멀다. 긴 커뮤니케이션 경로에서는 정보 왜곡이 발생할 수 있다.

응집력에 관한 오해와 진실

조폭 조직, 실로 단순함의 상징이다. 어쩌면 조직 냄새를 가장 확실히 풍기는 실체일 수 있다. 용어 자체에 조직의 생리가 강력하게 묻어 있다. 지배, 세력, 허세, 과시, 복종, 위계, 허무, 폐쇄 이런 의미가 쉽게 전달된다. 조폭 조직에는 위계서열과 무조건 복종이 존재하며, 그 조직 서열의 상승을 위해 구성원들은 그 어떤 짓도 수행하겠다는 맹종도 드러내며, 형님을 모시며 피를 나눈 듯한 혈맹을 보이다가도 성공하기 위해서는 언제든지 상급자의 등에 칼을 꼽는 비정한 정서가 드러나는 것도 비일비재하다.

조직폭력배 무리는 과연 응집력이 높은가? 외형상으로 볼 때 그들 무리는 응집력이 매우 높다. 그런데 겉으로 드러난 모습만으로는 응집력에 관해 오해를 가질 수 있다. 조폭 집단을 보면 위계질서가 철저하고 상하 관계가 엄격하다. 그들이 보스의 명령에, 또 선배의 지시에 잘 따르는 것으로 보면 응집력이 높다고 판단하게 된다. 그런데 그것은 오해다. 자신이 정당한 자리에 있음을 알고, 다른 이들의 자리도 정당함을 알고 있는 상태를 응집력이라 한다. 즉, 소명에 기반을 둔 내적 결합이 바로 응집력의 뿌리다. 이런 점에서 조폭 집단은 겉모습과 달리 응집력이 높지 않다. 표면적으론 의리와 복종 등

행동규범이 있어 보이지만 소명이 없다. 강한 소속감이 없고 조직 유지와 생존을 위해 자발적으로 헌신하지 않는다. 응집력이란 개념은 단순하게 '같이 뭉쳐 있음'만을 의미하지 않는다.

내부의 어떤 가치 같은 것에 동의하는 바가 없는데, 외부에 큰 적이 생겨 그에 대응하기 위해 일시적으로 단단히 뭉쳐진 상태도 역시 응집력이 높다고 볼 수 없다. 내부의 정치적 문제를 해결하기 위해 외부에 적을 만드는 사례가 간혹 있다. 한국 현대사에서 반공 이데올로기, 국제사회의 냉전 이데올로기 등이 그 예이다. 응집력이 약하기에 이들을 묶어줄 무언가가 필요했기에 그것들이 등장했다. 소명이 약한 경우 기본적인 동력으로 금전적 보상이 중요하다. 그런데 이 경우 그 금전적 보상이 없어지면 사람들은 급격히 이탈한다. 조폭 두목은 그래서 끊임없이 돈을 벌어주고 조직원들의 목마름을 끊임없이 채워주어야 한다. 그렇지 않으면 조직원들은 이탈한다. 그들은 이렇게 말한다. "우리에게 돈을 못 벌어다 주면서 두목은 무슨 두목이람." 응집력에 결함이 생길 때 중간보스들을 중심으로 작은 소그룹이 출현하게 된다. 조폭 내부는 서로가 서로를 이용하는 한에서만 뭉쳐 있는 그런 조직인 것이다.

그러나 응집력이 강한 조직은 어려울 때 사람들이 더 단결한다. 건강한 비전과 소명을 위해 흔들리지 않고 앞으로 나아간다. 응집력의 핵심은 비전이다. 같은 목표와 목적지를 보고 가는가 여부가 중요하다. 또 그 비전이 생명력이 있고 가치가 높을수록 효과가 더욱 크다.

응집력이 약할 때의 방책

응집력이 약한 조직은 구성원들을 묶어줄 유인장치가 꼭 필요하다. 기본적인 것이 바로 보상이다. 돈을 벌게 해주는 사업거리를 제공하는 것이다. 그런데 그들은 돈이 안 되면 급격히 이탈한다. 최소한의 의리를 기대하면 안 된다. 그러므로 제국주의 '갱'은 끊임없이 시장을 개척하고 먹거리를 창출해야만 한다.

맥도날드 혹은 GE 같은 기업은 '제국주의' 유형이다. 이는 응집력은 낮지만 강력한 시스템으로 운영되는 조직이다. 이런 기업의 조직원들은 회사의 소명에 동의하거나 기업문화에 충분히 젖어들어서 일하는 것이 아니다. 최대의 성과를 내어, 최고의 보상을 받고, 자신의 몸값을 극대화하는 것이 일의 목적이다. 어떤 의미에서 '용병'과도 같다. 그 조직에서 살아남으려면 '실력이 있는 용병'이 되어야 한다. 시스템의 역할도 매우 중요하다. 이런 제국주의 유형은 오직 시장 개척에 관심이 높을 뿐, 강한 윤리에 기반을 둔 기업문화를 갖기는 어렵다.

응집력이 강한 문화를 유지하려면 급격한 충원을 하지 말아야 한다. 응집력은 어느 정도 배타성이 필요한데, 외부 사람들이 급격하게 들어올 경우 내부의 응집력 역시 빠른 속도로 변한다. 서양에서 공동체 개념은 근원을 따지자면 고대 그리스로 거슬러 올라간다. 고대 그리스의 기술자들과 수공업자들은 공동체 단위로 움직였다고 한다. 그들이 신전에 모여서 기념일 행사를 치루는 것이 그 시작이었다. 중세 유럽의 길드(guild) 기술자집단도 공동체로 움직였다. 자신 집단을 공동체로 보지만 그것이 강할수록 타 집단에는 배타적 성향이 강해진다.

한 기업의 소명의식이란 무엇을 말하는가? 대표적인 사례가 자동차의 대중화를 꿈꾸던 헨리 포드(Henry Ford)의 소명의식이다. 그는 자동차의 발명자는 아니다. 그러나 그는 당시 부유층의 상징물이자 사치품이던 자동차라는 상품을 대중의 품으로 오게 하는 꿈을 꾸었다. 그의 가슴에는 자동차의 대중화가 올바른 사회의 모습이었다. 그래서 그는 일종의 사회적 소명의식으로 자동차 대량생산방식을 고안하게 된다. 그가 세운 기업인 '포드 자동차'는 "자동차로 사회를 바꾸어가는 정복자들의 공동체"라는 별칭을 얻게 될 정도다. 헨리 포드는 돈보다는 사명감으로 움직이는 사람이었고, 그의 기업은 소명의식으로 뭉친 조직이었다. 그는 경제적 이득 추구가 기업의 목적이지만 조직을 이끄는 데는 소명의식이 있어야 최고 수준의 성과를 얻을 수 있다고 믿었다.

응집력이 높은 조직의 한계 : '집단사고' 오류

1959년 1월, 쿠바의 피델 카스트로의 군대는 아바나로 진격하여 악명 높은 바티스타 독재정권을 무너뜨리고 새로운 시대를 선언했다. 같은 해 4월 카스트로는 미국의 지원을 얻기 위해 뉴욕을 방문하여 핫도그와 햄버거를 먹으면서 친화 신호를 보내기도 했다. 그러나 미국 아이젠하워 대통령은 그를 만나려고도 하지 않았다. 이후 카스트로는 소련 쪽으로 돌아섰고, 이에 실망한 아이젠하워 정부는 CIA를 앞세워 카스트로 정권을 무너뜨릴 계획을 세웠다. 1961년 4월 17일,

케네디 대통령은 아이젠하워 시절의 쿠바 침공 계획을 그대로 넘겨받아 피그만 지역에 정착해 있던 쿠바 피난민 1,400명을 대상으로 군사작전을 실시했다.

미 정보국은 이 계획에 대해 이미 염려하고 있었다. 특히 쿠바에서 카스트로의 인기가 높다는 지적이 핵심이었다. 그런데 케네디 정부는 이를 무시했다. 케네디 정부의 모든 고문과 장성들은 피그만 작전이 당연히 성공할 것으로 확신했다. 그러나 카스트로 정권에 대한 쿠바인의 대중적인 지지를 과소평가한 것은 완전히 판단 착오였다. 미국이 파견한 군대는 피그만에 상륙하자마자 박살이 났고, 카스트로 군대는 아바나에서 승리를 자축했다.

케네디 정부와 정치인들은 이 군사작전의 과정에서 어떤 정보도 무시했고 그들이 가정했던 것을 그대로 믿었고, 결국 엄청난 실수를 하고 말았다. 응집력이 과도하게 높은 조직의 한계인 '집단오류(groupthink)'가 발생한 것이다. 비슷한 생각을 가진 사람들로만 똘똘 뭉친 집단은 자신의 가정을 신념으로 받아들여 올바른 판단을 하지 못할 수 있다. 이 집단오류는 '우리'와 '그들'을 엄격하게 구분하는 사고방식으로서, 자기 집단의 결속력을 강화하려는 극단적인 형태의 공감이다. 케네디 정권과 같은 엘리트 집단도 극단적으로 엄청난 실수를 범할 수 있다는 점에 주목해야 한다.

응집력의 측정

한 기업의 응집력을 측정하는 방법을 살펴보자. 한 기업의 응집력을 측정하는 계량지표는 두 유형이 있다. 그 두 유형은 '밀도'와 '클러스터 계수'이다.

밀도란 한 네트워크에서 행위자들 사이의 연결된 정도로서, 구성원들이 서로 얼마나 많은 관계를 맺고 있는가를 통해 측정한다. 한편 클러스터 계수는 한 사람의 파트너가 다른 사람과 동시에 파트너가 되는 정도를 통해 측정한다. 우리가 만약 밀도와 클러스터 계수라는 두 계량값을 구한다면, 한 기업의 응집력에 대해 많은 이야기를 할 수 있게 된 것이다. 구체적으로, 밀도를 통해서 네트워크 구성원들의 전체적인 결집력을 말할 수 있고, 클러스터 계수를 통해서 파트너 간 협력을 말할 수 있다.

1. 밀도

(1) 밀도란 무엇인가

밀도란 한 네트워크에서 행위자들 사이의 연결된 정도를 의미한다. 네트워크 내 전체 구성원이 서로 얼마나 많은 관계를 맺고 있는가를 표현하기 위한 개념이다. 이는 구체적으로 네트워크 그래프에서는 점들 간 라인의 많고 적음으로 파악된다. 밀도는 한 네트워크가 얼마나 완벽하게 구축되어 있는가를 표현하는 개념이기도 하다. 구성원이 모두 연결된 상태는 가장 완벽한 밀도를 갖는 상태다.

한 네트워크의 밀도는 일반적으로 네트워크 노드들 간 존재하는 연결이 그 점들이 가질 수 있는 최대한의 연결에서 차지하는 비중으로 계산된다. 이를 공식으로 표시하면 다음 식과 같다.

$$밀도 = \frac{k}{g(g-1)/2}$$

여기서 k는 네트워크에 존재하는 라인의 수이고, g는 네트워크 내 존재하는 점(노드)의 개수를 의미한다. 이 경우 분모인 $g(g-1)/2$는 해당 네트워크에서 최대 가능한 라인(관계)의 수이다.

밀도의 값은 0~1 범위의 값을 갖는다. 밀도 0은 아무런 연결이 없는 네트워크이며, 밀도 1은 모든 점이 서로 연결된 네트워크를 뜻한다. 네트워크 내에서 각 점의 관계를 표현하는 라인의 수인 k가 증가할수록 밀도는 증가한다. <표 1>을 통해서 네트워크의 밀도에 대한 계산을 구체적으로 살펴보자.

노드 사이의 방향이 있는 경우, 그리고 노드 사이에 비중의 차이를 두는 경우, 네트워크 밀도의 계산은 앞의 방법과 다르다.

〈표 1〉 네트워크에서 연결 수와 밀도

구 분	A B C D (A-B, A-C, A-D, B-C, B-D, C-D)	A B C D (A-B, A-C, B-D, C-D)	A B C D (A-B, A-C, B-D)	A B C D (A-C, C-D)	A B C D (A-C)	A B C D
연결된 점의 수	4	4	4	3	2	0
연결 수의 합	12	8	6	4	2	0
라인 수	6	4	3	2	1	0
밀도	1.0	0.667(4/6)	0.5	0.333(2/6)	0.167(1/6)	0

(2) 밀도 측정

네트워크의 밀도는 네트워크의 '포괄성' 그리고 '연결정도' 개념을 토대로 측정된다. 이들 두 개념을 알아보자. 우선 포괄성이란 한 네트워크 내 서로 연결된 행위자들의 수(數)를 의미하는데, 한 네트워크의 전체 점의 수에서 격리된 점들의 수를 제외하고 남은 수로 계산된다. 예를 들어, 어떤 네트워크의 전체 점들의 수가 20이고 이 중 고립된 점의 수가 5면, 이때 포괄성은 15가 된다. 이를 절대적 포괄성이라고 칭하기도 한다.

$$\text{포괄성} = \text{전체 점의 수} - \text{고립된 점의 수}$$

그런데 이 포괄성 개념은 네트워크에 참여한 점의 총수(즉, 규모)에 의해서 영향을 받기 때문에, 네트워크 간 비교가 가능하도록 포괄성을 상대적 비율로 계산하는 방법이 있다. 이를 상대적 포괄성이라 하며, 그 포괄성의 계산은 아래의 식과 같이 (연결된 점의 수/전체 점의 수) 비율로 계산된다. 종합적으로, 포괄성이 높을수록 행위자들 간 관계가 많다는 의미를 내포하게 된다.

$$\text{포괄성 비율} = \frac{\text{연결된 점의 수}}{\text{네트워크 내 전체 점들의 수}}$$

그러나 포괄성 개념만으로 네트워크의 밀도가 완벽하게 반영되지는 않는다. <그림 1>을 보자. '그림 A'와 '그림 B' 두 그림은 동일한 포괄성을 가지는 그래프이다. 양자 모두 포괄성 비율은 0.714(5/7)

〈그림 1〉 동일한 포괄성을 가진 네트워크 간 비교

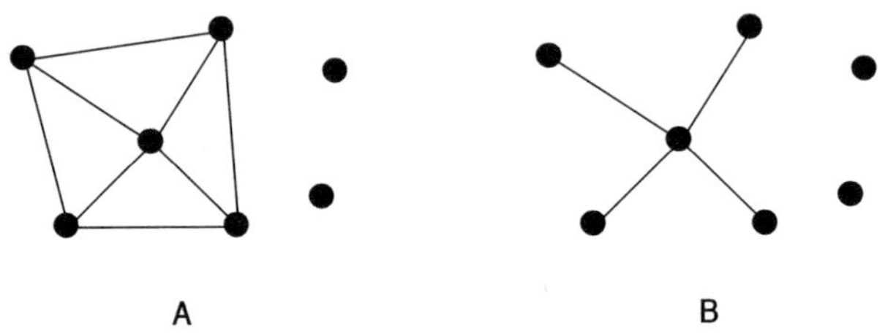

이다. 이 두 그림은 동일한 포괄성 비율을 가지지만 각 점들 간 연결된 정도에 있어 차이를 가지고 있다. 육안으로 보았을 때, 그림 A는 그림 B보다 더 많은 연결을 가지고 있음을 알 수 있다. 이렇듯이 네트워크의 각 점이 다른 점들과 얼마나 많이 연결되어 있는가에 대한 정보를 알 수 있으면 밀도 파악이 보다 쉬워진다.

각 점이 다른 점과 연결되어 있는 정도는 연결 수이다. 즉, 한 점과 직접적으로 연결된 점들의 수를 그 점의 연결정도라고 한다. <그림 1>로 다시 가보자. 연결정도는 각 점에 연결된 점의 수이므로 한 라인이 있을 경우, 이것이 의미하는 연결정도는 라인으로 연결된 두 점의 연결정도는 2배가 된다. 보다 정확하게 표현하면, 한 그래프의 연결정도의 총합은 바로 (2×총 라인의 수)가 된다. 그림 A의 연결정도의 총합은 16개(라인 8개)이며, 그림 B의 연결정도의 총합은 8개(라인 4개)이다.

정확한 네트워크의 밀도를 파악하기 위해서는 포괄성과 연결정도를 동시에 고려해야 함은 앞서 지적한 바와 같다. 다시 말하면, 밀도가 정확히 반영되기 위해서는 첫째, 네트워크가 어떠한 범위까지 포괄하고 있는가(포괄성), 둘째, 네트워크의 각 점들이 다른 점들과 얼마나 많이 연결되어 있는가(연결정도)라는 두 요인이 동시에 반영되어야 한다.

2. 클러스터 계수

클러스터 계수(clustering coefficient)란 한 집단에서 한 사람의 파트너가 다른 사람과 동시에 파트너가 되는 정도를 뜻한다.

(예)

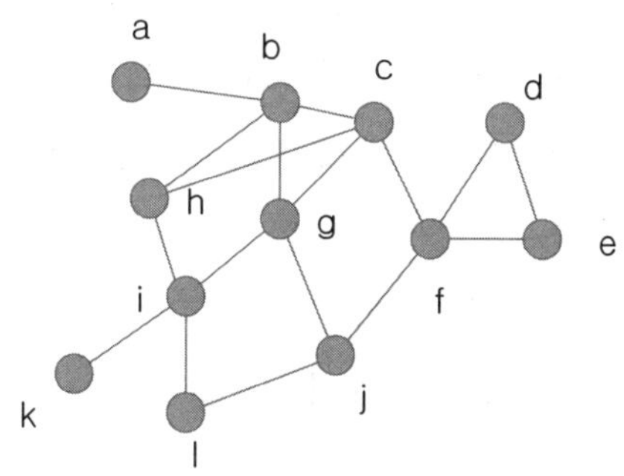

위 그림에서 노드 'h'를 보자. 이 'h'는 3명의 이웃과 연결되어 있다. 그 이웃들은 'b', 'c', 'i' 들이다. 이들 세 이웃 중 'b'와 'c'는 서로 연결되어 있다. 즉 'b', 'c', 'i' 사이의 총 가능한 3개의 연결 가운데 1개의 연결만 존재하는 것이다. 이 경우 노드 'h'의 '클러스터 계수'는 1/3이 된다. 즉, 분자는 존재하는 연결 수이며 분모는 전체 가능한 연결 수로 계산된다. 한 네트워크의 총체적 클러스터 계수는 모든 노드의 클러스터 계수의 평균으로 표현된다.

3

창조 문제의 진단

'창조'라는 개념은 오래전부터 기업에 중요한 것이었지만, 4차 산업혁명 시대에 진입하면서 그 가치가 더욱 높아졌다. 미국의 실리콘밸리가 생생하게 보여주듯이, 혁신기술 혹은 창조적인 발명 하나로 새로운 산업이 탄생하기도 한다. 또한 그것들이 기업의 흥망을 결정하는 사례는 수도 없이 많다. 빌 게이츠의 마이크로 소프트(MS)가 그러했고 구글, 페이스북, 엠비디아, 테슬라 등이 그것을 여실히 보여주고 있다.

아마도 '창조'라는 단어의 힘을 가장 실감시킨 사례는 스티브 잡스의 스마트폰일 것이다. 한 명의 천재가 내놓은 혁신제품이 시장의 판도를 완전히 바꿀 수 있다는 것을 여실히 보여주었다. 실제로 스마트폰이 등장하면서 내비게이션, MP3플레이어, 디지털카메라 등과 같은 업종은 위축되었다. 이 중 MP3플레이어 산업은 우리나라가 종주국이라고 불릴 만큼 강했던 업종인데 그 업체들이 모두 업종 전환을 해야 할 정도로 '게임의 법칙'을 바꾸어버렸다.

자동차산업도 엄청난 변화가 진행 중이다. 테슬라 기업이 이끄는 전기자동차는 기존 자동차산업 자체를 흔들어놓을 정도며, 앞으로 그 여파가 어느 정도일지 가늠하기 어렵다. 그 혁신기업의 성장 속도는 과거와 달리 매우 빠르다. 구글과 페이스북은 GM과 같은 전통 기업들이 수십 년 걸렸던 실적을 단지 10년 만에 이룰 정도다. 이런 폭풍 성장이란 성과는 창조라는 독특한 경쟁력을 갖춘 기업에게 수여되는 일종의 표창장과 같다.

한국기업에서도 '창조'의 의미는 특별하다. 최근 한국경제는 반도체, 디스플레이, 스마트폰, 조선, 자동차 등에서 선도적 위치에 들어서면서, 누구도 앞서지 않았던 길을 개척해야 하는 상황을 맞고 있다. 이런 선도 분야에서는 남들이 모르는 창조적 지혜가 중요하다. 이전에 해외 선도 기업들의 기술적 장점을 따르며 시행착오를 극복하면서 추격하던 시절과는 다른 것이다. 물론 아직도 추격 분야가 많이 남아 있지만, 이제는 '모방'과 '추격'만이 아닌, 우리만의 고유한 '창조'의 힘이 필요하게 된 것이다.

한국경제가 여기까지 성장하는 과정에서 세계 유망기술을 모방해서 따라잡는 추격(catch-up)전략은 유효했다. 그 전략을 '역(逆)엔지니어링(reverse engineering)'이라고 표현한다. 이는 해외에서 입증된 선진기술을 모방하면서 그것을 응용하여 따라잡는 전략을 이르는 표현이다. 그러나 이 '역엔지니어링'을 통한 추격전략은 이제 더 이상 우리의 길이 아니다. 글로벌 시장을 호령해야 하는 한국기업은 이제 "우리 앞엔 등대가 더 이상 없다"라는 말로 표현되는 시대로 접어들었다. 우리는 스스로 아무도 걷지 않은 전인미답(前人未踏)의 길에 발을 내딛어야 한다. 즉, 개척자로서 새로운 경로에 나서야 하는, 위험하고도 긴장되며 그리고 외로운 길에 들어선 것이다. 세계 10위 수준의 경제력을 갖춘 자들이 감당해야 하는 길이다. 걷다 보면 길을 잃을 수도 있다. 발자국이 없는 눈 덮인 계곡을 걸어야 하며 낭떠러지에서 추락할 수도 있다. 한순간에 나락에 빠질 수도 있지만 그것이 주는 보상은 각별히 크다. 글로벌 시장을 제패하는 엄청난 결과가 바로 그 보상이다.

창조의 본질은 우선 흔히 갖는 통념에서 벗어나는 것이 좋다. 하늘에서 떨어지는 '새로운' 것이 창조가 아니다. 세계적인 경제학자인 슘페터(J. Schumpeter)에 의하면 '창조'는 이미 존재하는 자원과 지식의 새로운 방식을 통한 조합의 결과이다. 여기서 슘페터가 말하는 "새로운 조합"이라는 표현은 절묘하다. 창조란 이미 존재하던 것을 다른 방식으로 연결시키고, 익숙한 것들을 이질적인 상황에 놓았을 때 발생하는 산물이며 기회선점의 결과로 보는 것이다.

창조란 이미 존재하는 재료들을 새로운 조직으로, 혹은 새로운 방법으로 결합하는 것이라는 통찰은 시사하는 바가 크다. 기업에서 이미 존재하는 자원들을 결합하는 노력에 의해 창조 역량을 높일 수 있다. 기업의 각 구성원이 모두 저마다의 전문가이며 지식 소유자이다. 이들이 가진 지식을 전달하고 결합하고 조합하는 묘합(妙合)이 창조 역량을 얻는 비결일 것이다.

슘페터의 명제를 따르면 창조는 분명 혼자 완성되는 것이 아니다. 관계와 교류 속에서 피어나는 협력적 작품이다. 기업의 창조능력은 관계 속에 숨겨진 협력 본능이 작동해야 가능하다는 메시지도 담겨 있다. 뛰어난 인재만이 중요한 것이 아니다. 협력적 관계가 직조되어 있어야 하며, 그 관계의 절묘한 배합도 필요하다. 여기에는 조직문화와 분위기, 리더십 등이 모두 연관되어 있음도 기억해야 한다.

여기서 한 가지 놓칠 수 없는 메시지는 창조란 천재들만의 영역이 아니라는 사실이다. 창조가 천재들만 할 수 있는 것이라면 무력감을 준다. 한 기업이 창조능력을 원한다면 오직 천재를 영입하는 것에 집중하게 될 것이다. 언젠가 삼성그룹의 총수였던 이건희 회장이 "창조적인 인재 한 명은 3천 명을 먹여 살릴 수 있다"라고 말한 적이 있다. 분명히 맞는 말이다. 그런데 천재 한 명을 고용해야 하는 것만이 창조능력을 얻는 길이 아니다. 조직이 창조적 인재를 활용할 태세를 갖추지 못했다면 어떤 천재도 가진 능력을 발휘하기 어렵기 때문이다. 특히 관료적 체계를 갖고 있는 대기업의 경우는 더욱 어렵다. 천재도 관료적 위계질서 속에서는 실력 발휘가 안 된다. 그러므로 문제의 본질은 천재를 영입할지가 아니라, 있는 조직원들 각각이 가진 창조 DNA를 잘 끌어내는가가 관건인 것이다. 슘페터가 준 메시지는 창조란 조직 내부의 역학을 잘 관리하면 충분히 가능하다는 교훈이다. 이런 비결을 빨리 습득하고 경영에 활용하는 지혜가 요청된다.

기업에서 창조는 구성원들이 집합적으로 창조 역량을 발휘하는 '집단 창조력'이 핵심이다. 보통 창조에 대한 논의는 '개인 독창성'에 집중되지만, 한 기업의 창조능력은 '집단 창의력'으로 논제가 바뀌게 된다. 앞서 강조했듯이 탁월한 '집단 창의력'은 수려한 조화와 묘합의 결과이다. 마치 군무(群舞)와 같다. 개나리의 아름다움은 수많은 꽃들이 집단으로 모여서 추는 군무에서 절정을 이룬다. 한 송이로도 아름다운 장미와는 다르다. 기업의 창조성은 조직원들이 집단적으로 창조를 만드는 협창(協創)일 때 화려하다. 월드스타 '비'도 많은 춤꾼을 동반하며 공연했다. 또 '소녀시대'도 그룹 안무를 했다.

그 이유는 그 군무가 지닌 매력, 즉 '군무'의 아름답고 절묘한 창의성 때문이다.

절묘한 배합으로 빚어낸 집단 창조력을 생각하면, 우리는 문화와 전통 속에서 잘 단련되었을 가능성이 크다. 우리나라 대표 음식인 비빔밥을 생각해보자. 비빔밥은 혼합의 힘을 보이는 대표 음식이다. '집단 창조력'은 집단이 협력적으로 창조를 만드는 능력이다. 이 능력은 구성원들의 합성과 혼합의 절묘한 배합에서 나온다. 마치 우리 문화 코드인 '비빔밥' 코드와 유사하게 구성원들의 지식이 어떻게 섞여서 비벼질 것인지로 결정된다. 비빔밥이 맛있게 만들어지는 법칙에서 창조경영의 실마리가 풀려 나오지 않을까 생각한다. 나아가 우리 기업 DNA 구석구석에 창조 에너지가 숨겨져 있다고 볼 수 있다. 다만 우리가 제대로 보지 못하고 있을 수도 있다. 그 숨겨진 형질들을 잘 긁어모아서 합성을 잘 한다면 창조능력이 어느새 들불처럼 번져나갈지도 모른다.

창조 에너지가 충만한 조직이 되기 위해서는 '사람'이 중심에 서야 한다. '사람'만이 유일하게 창조적 에너지를 만들고 전달하는 주인이기 때문이다. 인간미 없는 경영 논리는 감동도 없고 실질적인 효과도 없다. 이런 명확한 교훈이 있음에도 불구하고 많은 기업이 무심히 잊고 지낸다. 우리 기업에게도 창조 DNA를 단련하는 작업은 더 이상 늦출 수 없는 당면과제가 되었다. 그런데 무엇을 어떻게 해야 창조 형질을 얻게 되는지조차 모르는 상황이다. 본서의 주제인 네트워크 치료가 조직원의 관계망을 보면서 창조 역량이 부진한 이유와 그에 대한 치유책을 동시에 논의한다는 것이 의미일 것이다.

창조적 기업이란 한마디로 '미친' 아이디어라고 손가락질 받는 아이디어가 쏟아져 나오는 조직이다. 그래야 아이디어가 막히지 않고 나오고, 그것을 통해 기업은 성장할 수 있다. 기업이 꿈꾸는 혁신도 이런 미친 아이디어에서 나왔다. 애플의 스티브 잡스도 어처구니없는 아이디어라고 손가락질 받았다. 구글이란 검색엔진을 세상에 내놓은 스탠퍼드 대학원생 세르게이 브린(Sergey Brin)은 많은 투자자로부터 홀대받는 사람이었다.

창업자의 아이디어는 한 개인의 작품일 수 있다. 그러나 창업 이후 기업 수준의 창의성은 천재의 작품이 아니라 시스템의 산물이다. 한 기업에서 창의성이란 효율성과 마찬가지로 선순환 시스템에서 나오는 것이다. 세계의 패권을 잡거나, 세상을 바꾼 혁신 아이디어도 모두 시스템에서 나왔다. 창의성이 시스템에서 나온 것이 아니라면 일시적 발명도 그 발명자에 종속된 것이니 기업 전체의 능력이라고 말할 수 없다.

기업에서 창조적인 과업을 할 때, 보통 특별한 팀을 구성하는 것이 첫 번째 발상이었다. 조직체계에서 벗어나, 한시적으로 태스크포스(TF)라는 팀을 구성해서 새로운 프로젝트를 수행하도록 했다. 우리나라에서도 이미 빈번하게 활용되었을 뿐만 아니라 스티브 잡스의 명에 따라 움직이던 애플 기업도 이런 프로젝트 팀이 빈번했다. 아이폰의 새로운 디자인이 개발될 때, 보통 4~5인으로 구성된 인력이 따로 공간을 잡아 개발업무를 독점적으로 주도했다고 알려진다. 이렇게 프로젝트 팀을 구성하는 이유는 일반적인 직무체계로선 창조가 어렵다는 점, 다양한 부서의 인력이 동일 프로젝트를 생각한다는 점이 필요했기 때문이다.

이 프로젝트 팀의 근원은 미국의 '스컹크 웍스(skunk works)'이다.

1943년으로 거슬러 올라간다. 당시 방산업체인 '록히드 마틴'이 조직구조 밖에서 활동하는 소규모 그룹, 엘리트 팀을 구성해서 프로젝트를 추진했다. 영국이 공급한 고블린제트 엔진으로 전투기를 설계하기 위한 팀이었다. 클래런스 켈리 존슨(Clarence L. Kelly Johnson)의 리더십 아래 개발팀은 일반 직원들과 떨어진 곳에 서커스단의 텐트를 빌려서 활동했는데, 이곳은 플라스틱 공장 옆에 세워져 악취가 심하고, 그래서 록히드가 일급비밀로 추진하던 이 프로그램에 '스컹크 웍스'라는 별칭을 주었다. 그 이후 스컹크 웍스는 대형 조직 내의 프로젝트 수행 그룹을 지칭하는 용어가 되었다. 전투기 'XP-80' 프로젝트, 'U-2 정찰기' 개발에서 유명세를 얻게 되었고, 모토롤라의 레이저 휴대전화의 개발도 자체 R&D 부서로부터 80km 떨어진 독립 연구소에서 창조한 것으로 유명하다.

그런데 기업에서 창조는 이제 일상적인 요청사항이 되었다. 한 가지 프로젝트 개발에 성공했다고 해서, 또 그것을 소규모 외부 팀을 구성해서 완성했다고 해서 창조성을 완료한 것이 아니다. 모든 업무에서 창의성이 꾸준히 나와야 하는 그런 능력이 요청되는 것이다. 어떤 목적성 프로젝트 팀의 운영에 시들해진 이유가 바로 그것이다. 현재 실리콘밸리의 첨단기업들은 스컹크 웍스와 같은 프로젝트 팀에 관심이 거의 없다. 모든 업무 현장이, 그리고 조직 구석구석의 일상적 현장이 바로 창조의 시험무대이며 창조적 결과가 실현되는 공간으로 생각한다.

또한 잉태된 에너지가 조직 전체의 구석구석까지 확산되는 메커니즘을 갖추었는지 확인하는 작업도 중요하다. 창조적인 아이디어가 아무리 우수해도 조직 속으로 확산되고 전염되지 않는다면 그 아이디어 자체는 아무런 의미가 없다. 조직 구석구석에 창조 에너지가 전달되고 조직원들에게 습득되고 체화되었을 때 기업 경쟁력의 병기로 역할을 하게 될 것이다.

창조 문제의 해결과 3가지 역할

창조 에너지를 만드는 역할

네트워크 지도를 통해 창조 에너지가 시작되는 원천을 발견할 수 있다. 즉, 누가 창조의 시작인지, 왜 그 사람이 원천이 되는지, 다양한 인물이 그 역할을 맡는지 아니면 특정 인물이 그 역할을 주도하는지 등에 관한 지식을 얻게 된다. 거기서 한 발짝 더 나아가 창조 역량이 뛰어난 인재가 공식적으로 그에 적합한 보직을 맡고 있는지도 확인할 수 있다.

창조 에너지의 상호 교류

만들어진 창조 에너지를 다른 노드로 전달하고, 그 에너지의 전달에 다리는 놓는 매개자 역할을 확인할 수 있다. 이는 조직의 네트워크가 밀도가 높을 필요는 없다. 오히려 밀도가 높지 않은 상태에서 매개자의 역할이 살아난다.

창조적 합성을 주도하는 자

문을 열어야 더 많은 것을 얻을 수 있다. 기업은 한 번의 발명으로 혹은 한 번의 R&D 성공으로 성장세를 지속할 수 없다. 꾸준히 창조 에너지를 작동시켜야 하며, 새로운 혁신을 계속 내놓아야 한다. 그러기 위해서는 외부로부터 혁신적 지식을 연속적으로 유입해야 한다. 실리콘밸리에서는 스탠퍼드 대학과 유수의 연구기관의 지식을 합성해서 성공하는 기업 사례가 많다. 그들은 이런 외부와의 지식 합성을 "개방형 혁신(open innovation)"이라고 표현한다. 버클리 대학의 체스브로우(H. Chesbrough) 교수의 책 이름에서 따온 명칭이다.

창조는 현존 자원의 합성이 중요했음을 기억해야 한다. 외부의 자원을 탐색하고 적합한 것을 받아들이는 문지기가 창조적 합성을 주도하는 자의 대표 인물이다.

4

중심 역할의 진단

주류의 경영 담론은 시스템에 주목하고 그것을 개선하는 쪽에 초점을 맞추는 편향적 논의를 펼치는 편이다. 이런 편향은 실상 "기업은 사람이다"라는 명제를 제대로 반영하지 못하고 있다는 사실은 앞서 지적했던 대로다. 이제 기업 해부를 통해 관계망을 보면서, 그 속에서 '중심'이란 개념을 포착하고 조직 내부에서 개인의 역할을 경영 담론으로 끌고 들어오자고 제안한다. 이 제안 자체가 기업 현장에서는 일종의 획기적인 사건이다. 실제로 움직이는 관계망에서 중심 행위자를 경영 관점에서 보면, 각 개인이 조직에서 어떤 역할을 하느냐를 판단할 수 있는 유용한 자료로 활용할 수 있다.

기업 조직이 아무리 시스템적으로 움직이더라도 사람이란 존재와 무관한 현상이 발생할 수는 없다. 비즈니스 사무가 디지털화된다고 해도 모든 일이 기계화되는 것도 아니다. 모두 스프레드시트의 네모칸에 집어넣을 수 있는 것도 아니다. 기업이 성장을 말하는 변수 가운데 시스템 속에서 수량화되는 것일수록 그 가치는 근본적으로 작은 법이다. 기업 혁신을 구상하더라도 우리는 정작 누구에 의해 조직이 버티고 있는지 진정으로 조직의 근간이 되는 사람이란 변인을 반영하지 못한다. 만약 중심인물을 정확히 알아낸다면 경영의 많은 면에서 일대 변화를 예상할 수 있다. 무엇보다 시스템이 아니라 사람을 대상으로 혁신과 변화를 계획하고 구상할 수 있다.

조직은 중심인물을 자생적으로 만든다. 그 중심이 조직의 리더로서 구성원들의 노력을 조율하는 역할을 맡는다. 물론 조직의 특성에 따라 중심이 구체적으로 맡는 기능은 다르지만, 중심이 조직원들의 정서와 마음을 조정하는 것은 공통점이다. 조직원들의 노력이 결집될 때 힘과 역량이 극대화된다. 중심으로 뭉치는 동력이 강한 집단은 그렇지 않은 집단보다 문제 해결력이 좋으며 문제 해결과정에서 오류도 적다.

기업에서 중심인물이란

그러면 '중심' 인물을 무엇으로 판단해야 할까? 통상적으로 한 기업의 '중심인물'에는 2가지 유형이 있다. 첫째, 위계질서 측면에서 중요한 인물이다. 이들은 공식적 중심인물로서 조직의 권위가 부여되어 있다. 둘째, 전문지식, 친화력, 리더십 스킬 등 개인적 자질로 인해 중심인물이 되는 사람들이다. 이들은 공식적인 권한을 갖진 못했지만 사람 간 관계 속에서 자생적으로 조성되는 힘을 갖는 인물이다. 이런 점에서 그들은 자생적 리더이다. 만약 이 자생적 리더가 공식적 권한까지 부여받는다면 상당한 권력을 갖는 것이며, 공식성과 자생성이 정렬되는 의미도 갖는다.

〈그림 2〉 연(鳶) 네트워크

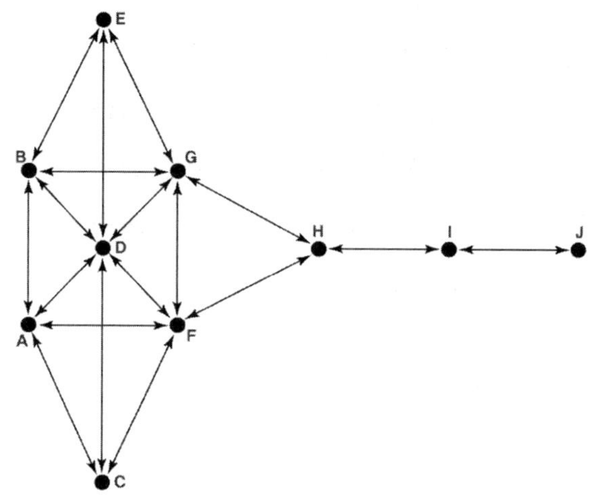

본서에서의 초점은 조직 네트워크에서 중심을 포착하고 분석하는 것이다. 앞서 살펴본 네트워크 지도에서 각 행위자의 '위치'를 보면 알 수 있다. 네트워크에서 중심은 3가지 기준으로 판정한다. 그 3가지 요소는 '연결 수', '거리', '매개'이다. <그림 2>를 보면서 '중심'의 3가지 의미를 살펴보자. 이 그림은 그 모양이 마치 바람 부는 날 아이들이 하늘에 날리는 '연(鳶)' 모양과 닮았다고 해서 '연(鳶) 네트워크(kite network)'라고 부른다. 이 '연(鳶) 네트워크'는 미국의 경영 컨설턴트인 밸디스 크렙스(Valdis Krebs) 박사가 최초로 고안한 그림이다.

이 그림에서 누가 중심인물로 보이는가? 첫 번째로 많은 사람이 <D> 행위자를 가장 먼저 떠올린다. 실제로 <D>는 연(鳶)의 얼굴 쪽에서 중심부에 자리하고 있다. 많은 사람에게 <D>가 중심으로 보이는 이유는 네트워크 관점에서 볼 때 다른 사람과의 연결이 가장 많기 때문이다. 이렇게 <D>와 같이 연결 수가 많아서 중심이 되는 사람을 '연결수 중심'이라고 부른다.

두 번째로 중심으로 지목할 수 있는 인물은 <H>이다. <H>는 연(鳶)의 얼굴 쪽과 손잡이 쪽을 연결을 맡는 일종의 '브릿지(bridge)'이다. <H>와 같이 양쪽을 연결하는 통로에 위치하면서 양 집단을 매개하는 중심인물을 '매개 중심'이라고 부른다.

세 번째, 육안으로는 확실하게 드러나지는 않지만 중심 역할을 하는 사람이 있다. 그림에서 <G>와 <F>가 그들이다. 이들이 중요한 이유는 바로 다른 사람들에 도달하는 '거리' 때문이다. 이 두 노드는 다른 노드들과에 도달하는 거리의 총합이 가장 작은 사람들로서, 그들을 '근접 중심인물'이라고 부른다. 이들은 겉으로 드러나는 주목받는 인물은 아니지만 많은 사람들과 근접거리에 있는, 즉 겉으로 드러나지 않은 숨은 일꾼들이다.

'연 네트워크'에서 중심인물을 결정하는 3가지 요소, 즉 '연결 수', '매개', '근접' 중심성 값은 <표 2>와 같다.

이 3가지 유형에 대해 조금 더 상세히 살펴보자. 각 유형이 가진 특징에 주목해서 설명한다.

첫째, '연결수 중심'이다. 이 '연결수 중심'은 많은 사람과 연결되었기 때문에 '중심'이 되는 것이다. 보통 말하는 마당발의 의미이다. 마당발이란 한마디로 많은 사람을 알고 있는 인물을 말한다. 여기저기 연결이 많은 사람이다. 마당발은 많은 도움과 소식을 얻을 수 있기에 좋은 자산을 가진 사람으로 인정된다. 그래서 마당발은 네트워

〈표 2〉 '연(kite) 네트워크'의 중심성 계량값

	연결수(degree) 중심성	매개(betweenness) 중심성	근접(closeness) 중심성
D	6.000	3.667	60.000
H	3.000	14.000	60.000
G	5.000	8.333	64.286
F	5.000	8.333	64.286
C	3.000	0.000	50.000
A	4.000	0.833	52.941
B	4.000	0.833	52.941
E	3.000	0.000	50.000
I	2.000	8.000	42.857
J	1.000	0.000	31.034

킹의 제1계명으로 널리 알려져 있다. 연결수 중심은 지나친 과부하를 맞을 가능성이 크다. 중심에 업무가 모이는 경향이 있는데, 그 집중이 심해지면 중심이 아니라 '병목'이 될 수도 있다.

기업 내에서 같은 마당발이더라도 자기가 관계를 찾아나서는 유형과 자신에게 문의가 들어오는 유형인 두 유형이 있다. 이 두 유형의 사람들의 차이는 정보가 흘러가는 방향의 차이이며, 결국 왜 그 사람이 연결을 많이 하는지 그 원인의 차이가 핵심이다.

네트워크 용어로 표현하면, 하나는 인디그리(in-degree) 중심, 다른 하나는 아웃디그리(out-degree) 중심이다. 인디그리는 화살표가 들어오는 사람들인데 일종의 인기도(popularity)를 반영한다. 즉, 인디그리가 높을수록 인기가 높은 것이다. 한편 아웃디그리(out-degree)는 화살표가 나가는 사람들이다. 이는 정보를 제공한다는 의미다.

둘째, 중개자로서 중심이 되는 사람이 있다. 다른 사람들에게 정보를 전달하는 길목의 위치를 점한 사람들이다. 다른 많은 노드를 연결하는 커넥터이기도 하다. 중개자이자 브로커로서 역할을 한다. 많은 사람이 그 사람을 거쳐 간다. 매개 중심은 브로커(broker)이자 브릿지(bridge) 역할을 맡는다. 이 사람들이 어떤 정서를 갖는가는 전체 네트워크의 흐름에서 중요하다. 이들은 정보의 흐름을 막을 수도 있지만 왜곡시킬 수도 있다. 이 사람만을 통해 정보가 전달되는 경우 그 사람이 정보를 왜곡하더라도 진위를 가리지도 못한다.

셋째, 다른 사람들에 도달하는 거리가 작은 사람이 있다. 보통은 근접 중심이라고 표현하는데, 다른 노드들에게 가장 짧은 거리에서 도달하는 정도를 반영한다. 마치 아이들 '전화게임(telephone game)'에서와 같다. 전화로 이어지는 전달되는 경로가 짧은 사람이 바로 근접 중심 행위자이다. 다른 사람들에게 도달하는 경로가 짧으면 전달력이 강하다. 본인은 다른 사람들의 정보를 빠르게 전달할 수 있다. 겉으로 드러나지 않고 숨어서 네트워크를 지탱하는 힘이라는 의미로서 조직의 '심장'이라고 부르기도 한다. 이 사람은 네트워크에서 연결에 적극적이지는 않지만, 기업의 위기상황에서 그 위기를 극복하기 위해 꼭 필요한 사람들이다.

한편 앞서 설명한 '연(鳶, kite) 네트워크'에서는 드러나지 않지만, 중심인물이 되는 또 하나의 길이 있다. 그것은 위세(prestige)에 의해서 중심 행위자가 되는 것이다. 강자(强者)와의 단 하나의 연결이 많은 수의 관계보다 영향력이 큰 경우도 많다. 구체적으로 위세 높은 사람들과 연결되면 연결 수가 적도라도 힘이 세다. 누구와 관계를 맺는가는 그 자체적으로 중요하다. 다만 이는 '연(鳶) 네트워크'에서는 정확히 포착되지 않는다. 위세 중심성은 관계 맺는 사람들의 직위 혹은 직급에 대한 정보가 있을 때 유용하다.

네트워크 해부를 통한 중심 역할의 판정에 주목하자. 조직이 부여한 공식적인 위상으로만 '중심'을 판단하는 것은 큰 오해다. 조직체계상 중요 보직을 맡는 사람들이 없을 순 없다. 누군가는 맡아야 한다. 실제로 중요 보직자란 중요한 업무 포스트를 맡는 사람이다. 업무에서는 당연히 중요할 수밖에 없다. 이 중요한 인물이 업무흐름에서는 거쳐야만 하는 길목이지만, 그 연결에 '관계'의 냄새가 전혀 없는 경우가 많다. 그저 의무적으로 업무를 위해서는 관계를 맺지만 진정한 업무처리와 지식 흐름은 그곳에 없다. 직무를 벗어난 비공식적 측면에서 아무런 교감이 없는 것이다. 이럴 경우 그 인물이 과연 '중심'인지는 다시 생각해야 한다. 한편 위세만을 생각한다면 한 조직의 보스 측근이 중심으로 보일 수 있다. 실세의 측근이기 때문이다. 이것도 중심인 것은 부인할 수 없지만, 최고경영자의 권력과 힘에 의존하는 중요성이므로 본인의 것이 아니다. 이런 의존형 중요성은 중심이라고 보기 어렵다.

이렇듯이 기업을 네트워크라는 시선으로 살펴볼 때 중심인물이 제대로 눈에 들어온다. 누가 중심인지를 알아야 조직을 지켜주는 자를 올바르게 인정해주고 보상을 줄 수 있다. 네트워크 시각이 없다면 이런 발상 자체가 불가능하다.

'중심'과 네트워크 치료

중심이란 역할에 초점을 두고 계획하는 네트워크 치료는 다음과 같은 포인트가 중요하다. 첫째, 중심인물을 파악하고 발견하는 작업이 제대로 수행되어야 한다. 조직의 중심인물이 누구인지 모르는 상황에서 네트워크 설계를 구상할 수는 없다. 둘째, 승진 혹은 배치와 같은 인사관리에서 그 중심을 중요하게 배치하는 것이 중요하다. 이는 적재적소의 인재 활용의 가치를 갖는다. 또 공식성과 비공식성을 정렬하는 의미도 갖는다. 셋째, 중심에 과도한 업무가 몰리지 않는지 점검해야 한다. 중심에 일이 몰리면 소위 병목현상이란 것이 발생한다. 어떤 조직이든지 중심에 일이 몰리게 되어 있다. 업무를 잘 수행하는 사람이 많은 일을 부여받게 된다. 그러다 보니 다양한 업무와 지식이 그곳에 모이거나 그곳을 통과한다. 그러면서 병목현상이 발생하게 된다.

중심인물이 적합하게 대우받고 있는가? 진정으로 강한 조직은 적임자가 핵심 요직에 잘 배치되고 유지되는 조직이다. 특별한 사람에겐 특별한 자리가 돌아가야 한다. 그런 매칭을 제대로 하지 못하는 기업은 실패할 수밖에 없다.

한 기업의 몰락 사유 중에는 적임자 활용의 문제와 핵심 보직의 적재적소 인재활용 문제 등은 항상 단골 문제이다. 그런데 이 문제가 이렇게 중요함에도 불구하고 실상 기업들은 헛다리짚는 경우가 많다. 구조조정과 사업재편을 하면 다 해결될 것같이 믿는 것도 문제에 대해 정확한 진단을 내리지 못하는 이유가 된다. 이렇게 중요한 문제에 대한 잘못된 접근은 몰락의 서막이 되곤 한다. 심장질환이나 대장암을 앓는 환자에게 거실 가구를 재배치하는 해결책을 낸 것과 같이 잘못된 처방으로 효과를 볼 수는 없다.

기업에서 승진, 배치, 전환 등의 인사 기능은 필수적인 기능이다. 이런 중요한 기능을 맡는 책임자가 여러 번 바뀌는 상황은 바람직한 상황은 아니다. 그들의 빈번한 변경이 시행 방침의 변화를 초래할 것인데, 궁극적으로 조직의 운영에 어떤 문제가 초래되는지를 세밀하게 검토해야 할 것이다. 한 조직에서 중요 포스트일수록 책임자의 변동은 생각지도 못할 치명적인 문제를 초래할 수 있다. 무엇보다 중요한 것은 정확한 상황 판단이다. 뇌수술 도중에 수술을 집도하던 의사를 떠나버리게 할 수는 없듯이, 위기의 순간에는 책임자를 교체하지 않는 경우가 많다.

자생적으로 떠오른 중심인물을 조직에서 공식적으로 '인정'해주는 이슈는 절대적으로 중요하다. 자생적 중심은 조직 위계질서에서 높은 지위에 위치하는 것은 아니지만 소통과 화합에 대한 공헌이 매우 높은 인물이다. 그 공헌이 칭찬받고 보상받아야 한다. 그런데 보통 그들은 기업에서 인정을 받지 못하는 경우가 대부분이다. 대체로 위계상 직책이 높아지는 자리싸움이 가장 앞서 있기 때문이다.

중심에 병목(bottleneck) 문제가 발생할 때

중심에 어떤 문제가 발생할 수 있을까? 중심인물은 자생적으로 된 것이기에 많은 임무를 맡지 않을 수 없다. 어찌 보면 네트워크가 잘 돌아가려면 중심인물이 있어야 하며, 그 중심인물이 계속 자신의 역할을 맡아주어야 네트워크의 효과가 지속될 수 있다.

특정 인물에 너무 많은 일이 집중되는 문제에 조심해야 한다. 업무가 집중되는 인물은 한편으로는 유능하고 중요한 인물이라는 뜻이지만, 너무 많은 일을 맡아서 능력을 제대로 발휘하지 못하는 경우가 많다. 지나친 과부하 때문이다. 과중한 업무가 몰려 과부하로 시달리게 되면, 유능한 인물이 아니라 오히려 업무의 흐름을 지체시키는 병목과 같이 된다. 특히 네트워크의 중심인물들이 병목이 되기 쉽다. 네트워크 중심에 쏠린 과도한 부담을 정확히 진단하여 그 과도함을 다른 쪽으로 분산시켜주어야 한다.

병목 문제의 해결은 네트워크 지도의 분석에 의해 쉽게 발견된다. 네트워크 지도를 통해 업무흐름을 한눈에 볼 수 있기에 전체 업무가 몇 사람에 지나치게 의존된다거나 혹은 몇 사람들은 완전하게 소외되었다는 것 등을 정확하게 알 수 있다. 구체적으로 누가 병목인지, 그리고 왜 병목이 발생했는지 등이 네트워크 지도에서 드러난다. 즉, 네트워크 지도를 통해서 누구에게 일을 분담하는 것이 합리적인지 등에 대한 아이디어도 얻을 수 있다. 전체 윤곽을 눈으로 확인하고 내리는 판단이니만큼 믿을 만한 진단이다.

병목 원인을 제거하기 위한 가장 중요한 작업은 불필요한 연결을 제거하는 것이다. 조직에서 모든 사람이 반드시 연결될 필요는 없다. 모든 사람들이 연결되면 응집력이 많아지고 교류 통로가 다양해지는 것은 사실이지만, 불필요한 중복을 갖는다는 의미이기도 하다. 전략적으로 판단해서 누구와 누구의 협력이 필요하며, 어디에서 어디로 정보가 흘러가야 하는지를 정확하게 파악해야 한다. 이를 결정할 때 의사소통의 질이 높아지는지 여부도 잊지 말아야 할 고려사항이다.

중심 개념을 활용한 조직설계 사례*

중심성은 네트워크 분석에서 활용도가 높은 개념 중의 하나이다. 다음은 미국기업의 컨설팅 작업 가운데 중심성 개념을 가지고 중심인물에게 과도한 업무가 집중되는 문제인 병목현상의 개선방안을 논의한 사례다. 미국기업의 이야기이지만 중심인물에 대한 현실적인 시사점이 많은 내용을 담고 있으니 주목하기 바란다.

1991년 한 기업으로부터 의뢰받은 부서 사이의 업무 네트워크는 아래 그림과 같다.

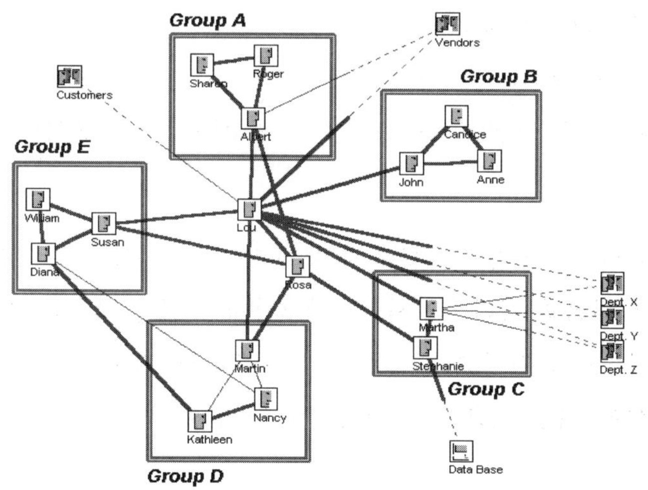

* 이 사례는 필자가 직접 경험한 사례는 아니며, 다만 중심성 분석의 실질적 효용가치를 설명하기 위해서 인용하는 사례이다. 이 사례는 http://www.orgnet.com/INSNA/FS1.html에서 인용하는 것임을 밝힌다. 한 미국기업의 조직설계 변화를 위한 컨설팅 작업에 네트워크 중심성 개념을 활용한 사례이다.

실선 – 연결관계 확인	점선 – 확인되지 않는 연결
굵은 선 – 접촉빈도 1주일 이내	얇은 선 – 접촉빈도 1개월 간격

여기서 **Lou**는 이 부서의 관리자이며, **Rosa**는 그의 비서이다. **Susan, Martin, Martha, John, Albert** 등은 각 그룹(팀)의 리더이다. 다른 사람들은 일반 직원(팀원)이다.

이 네트워크의 일반적인 사항을 요약하면 아래와 같다.

• 참여 인원(Group Size)	22
• 총 연결 가능 수(Potential Ties)	462
• 실제 연결 수(Actual Ties)	60
• 밀도(Density)	13%
• 경로 거리의 평균(Average Path Length)	2.610

이 네트워크에서 업무흐름을 파악하고자, 각 사람의 중심성 분석의 결과는 다음과 같다. 각 사람마다 3가지 중심성 지수와 네트워크 전체의 집중도가 얻어졌다. 또한 다른 사람들을 거쳐 간접적으로 도달 가능성에 대한 지표도 각 사람마다 도출했다.

Degree(연결정도 중심성)		Reach(도달 가능성)	
0.524	Lou *	0.952	Lou
0.238	Albert	0.905	Rosa
0.238	Martha	0.762	Susan
0.238	Rosa	0.714	Martin
0.190	Diana	0.667	Albert
0.190	Martin	0.619	John
0.190	Susan	0.619	Martha
0.143	John	0.476	Stephanie
0.143	Kathleen	0.429	Vendors
0.143	Nancy	0.381	Dept. X
0.143	Stephanie	0.381	Dept. Y
0.095	Anne	0.381	Dept. Z
0.095	Candice	0.333	Customers
0.095	Dept. X	0.333	Diana
0.095	Dept. Y	0.333	Kathleen
0.095	Dept. Z	0.333	Nancy
0.095	Roger	0.286	William
0.095	Sharon	0.238	Roger
0.095	Vendors	0.238	Sharon
0.095	William	0.143	Anne
0.048	Customers	0.143	Candice
0.048	Data Base	0.143	Data Base
0.151	평균	0.446	평균
0.410	CENTRALIZATION		

Closeness(근접 중심성)		Betweenness(매개 중심성)	
0.656	Lou *	0.425	Lou *
0.538	Rosa	0.154	Albert
0.488	Susan	0.152	John
0.477	Albert	0.128	Rosa
0.477	Martin	0.126	Susan
0.467	Martha	0.124	Martin
0.438	John	0.038	Stephanie
0.404	Stephanie	0.023	Martha
0.368	Diana	0.021	Diana
0.362	Kathleen	0.004	Kathleen
0.362	Nancy	0.004	Nancy
0.350	William	0.000	Anne
0.333	Roger	0.000	Candice
0.333	Sharon	0.000	Customers
0.313	Anne	0.000	Data Base
0.313	Candice	0.000	Dept. X
0.048	Customers	0.000	Dept. Y
0.048	Data Base	0.000	Dept. Z
0.048	Dept. X	0.000	Roger
0.048	Dept. Y	0.000	Sharon
0.048	Dept. Z	0.000	Vendors
0.048	Vendors	0.000	William
0.317	평균	0.055	평균
0.729	CENTRALIZATION	0.388	CENTRALIZATION

이 부서의 업무흐름을 분석한 결과, Lou라는 관리자의 손을 거쳐야만 되는 비중이 지나치게 높다는 것을 발견하게 된다. 각종 중심성 지표에서 관리자 Lou의 값이 가장 높게 나타난다. 이 사실이 의미하는 바는 중심에 해당하는 부서관리자 위치에서 병목현상이 발생하게 되면 여파가 심하여 다른 사람들의 생산성 하락과 사기저하 등을 촉발할 수 있다는 점이다. 이 부서의 혁신과 개선의 각도에서 생각하면, 다른 곳에 미치는 영향이 큰 이 관리자(그 위치)가 변화되면 다른 곳의 변화가 촉발될 것으로 이해할 수 있다.*

새로운 부서관리자를 임명하고(Lou에서 Thomas로) 업무흐름을 새롭게 조정한 이후(1992년)의 네트워크는 다음 그림과 같이 변한다.

* 이렇게 진단하기까지는 단순히 업무흐름의 네트워크를 분석한 것만은 아니며, 비공식적 관계의 네트워크, 혁신 네트워크, 의사결정 네트워크, 고객보이스 네트워크 등을 종합적으로 조사하여 진단된 결과이다. 여기서는 유사한 네트워크 그림과 그 중심성 값의 장황한 나열을 피하기 위해서 이들을 일일이 소개하지는 않는다. 그 결과는 www.orgnet.com/INSNA/FS1-5.html을 참조하기 바란다.

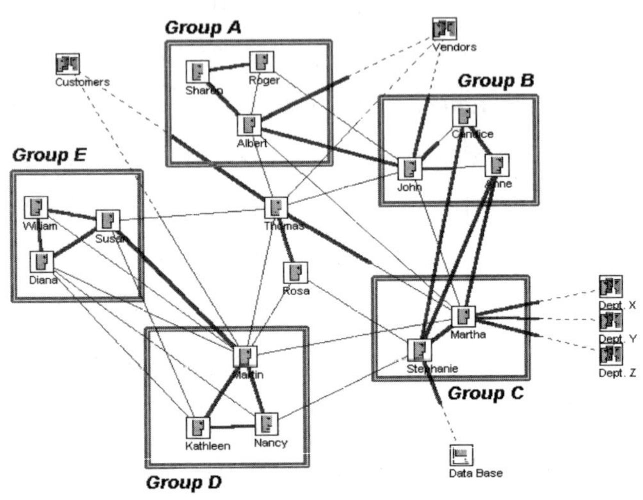

실선 – 연결관계 확인	점선 – 확인되지 않는 연결
굵은 선 – 접촉빈도 1주일 이내	얇은 선 – 접촉빈도 1개월 간격

- 참여 인원(Group Size) 22
- 총 연결 가능 수(Potential Ties) 462
- 실제 연결 수(Actual Ties) 81
- 밀도(Density) 18%
- 경로 거리의 평균(Average Path Length) 2.597

Degree(연결정도 중심성)		Reach(도달 가능성) - 2Steps	
0.429	Martha	1.000	Martha
0.429	Martin	0.952	Thomas
0.381	Thomas	0.810	Martin
0.333	John	0.762	Albert
0.286	Albert	0.762	John
0.286	Stephanie	0.762	Rosa
0.238	Diana	0.714	Anne
0.238	Susan	0.714	Stephanie
0.190	Anne	0.619	Nancy
0.190	Kathleen	0.571	Susan
0.190	Nancy	0.524	Candice
0.143	Candice	0.524	Customers
0.143	Roger	0.524	Vendors
0.143	Rosa	0.476	Diana
0.143	Vendors	0.476	Kathleen
0.143	William	0.429	William
0.095	Customers	0.381	Roger
0.095	Sharon	0.333	Dept. X
0.048	Data Base	0.333	Dept. Y
0.048	Dept. X	0.333	Dept. Z
0.048	Dept. Y	0.286	Data Base
0.048	Dept. Z	0.286	Sharon
0.195	평균	0.571	평균
0.258	CENTRALIZATION		

Closeness(근접 중심성)		Betweenness(매개 중심성)	
0.636	Martha	0.208	Martha
0.600	Thomas	0.181	Martin
0.568	Martin	0.152	Thomas
0.525	John	0.100	Albert
0.512	Albert	0.098	Stephanie
0.500	Stephanie	0.089	John
0.477	Anne	0.040	Nancy
0.477	Rosa	0.032	Susan
0.447	Susan	0.013	Rosa
0.438	Nancy	0.011	Anne
0.420	Candice	0.009	Diana
0.420	Diana	0.006	Candice
0.412	Kathleen	0.006	Roger
0.382	William	0.003	Kathleen
0.368	Roger	0.000	Customers
0.350	Sharon	0.000	Data Base
0.048	Customers	0.000	Dept. X
0.048	Data Base	0.000	Dept. Y
0.048	Dept. X	0.000	Dept. Z
0.048	Dept. Y	0.000	Sharon
0.048	Dept. Z	0.000	Vendors
0.048	Vendors	0.000	William
0.355	평균	0.043	평균
0.603	CENTRALIZATION	0.173	CENTRALIZATION

이 변화는 부서관리자를 Lou에서 Thomas로 바꾼 것에서 촉발된 것이다. 네트워크의 중심에 위치하던 사람의 변화에 의해 전체적인 업무흐름의 변화가 촉발한 것이다. 업무 연결의 네트워크 그림의 변화가 이를 잘 말해준다. 각 중심성 지수를 보자. 앞서 Lou의 경우 모든 중심성 지수에서 부서 내 다른 사람보다 높았다. 그런데 바뀐 Thomas의 경우는 중심성의 측면에서 Martha 혹은 Martin 두 사람 모두에게 중심성이 떨어지게 된다. 상당한 업무흐름의 변화가 있었음을 알 수 있다. 또한 최대 중심성 값이 현저히 적어졌는데, 이는 이 부서의 네트워크에서 중심을 거쳐야만 업무가 완결되는 경향이 줄어들었다는 점을 말하는 것이다. 핵심 위치에서 병목현상이 발생하여 생산성 저하를 개선하기 위한 진단과 처방이 적절하게 이루어졌음을 읽을 수 있다.

'키 플레이어(key player)' 개념

앞서 설명한 '중심'과 다소 다른 각도에서 보는 중요한 인물 판정 개념을 소개하고자 한다. 그것은 '키 플레이어(key player)'라는 개념이다. 키 플레이어란 기업의 핵심 동력을 움직이는 인물을 말한다. 출중한 기량을 가진 NBA 선수들 가운데에서도 키 플레이어가 있다. 기업에서 키 플레이어는 조직의 사활을 결정할 중요한 정신과 문화를 조직 구석구석으로 전염 및 확산시키는 역할을 성공적으로 수행하는 인물이다. 조직원들에게 신바람을 넣고, 지치지 않게 하며, 역동적 생명력을 유지해서 건강한 조직이 되도록 하는 인물이 바로 키 플레이어이다. 이 인물은 겉으로 드러날 수도 있지만 숨겨져 있을 수도 있다. 보직이나 직급상 눈에 두드러지는 사람이 아닌 경우도 많아 비교적 겉으로 잘 드러나지 않는 사람도 키 플레이어가 많다고 봐야 한다. 키 플레이어가 중요한 이유는 이들에서 시작된 열정은 다른 사람들에게 잘 전달되기 때문이다. 이 키 플레이어에서 시작된다면 그 신바람은 더욱 파급효과를 높일 수 있다. 표면적으로 드러나지 않는 경우가 많기 때문에 키 플레이어를 조직의 '숨겨진 영웅(unsung hero)'이라고 표현할 수 있다.

키 플레이어가 얼마나 중요한 역할을 맡는지는 다음의 유명한 역사적 사례에서 잘 입증된다. 미국 독립전쟁 당시의 일이었다. 1775년 4월 18일 미국 독립전쟁 직전, 영국함대가 미국 동부의 보스턴에 접근하는 위기상황을 인근 지역인 렉싱톤까지 알려준 두 사람이 있었다. 바로 폴 리비어(Paul Revere)와 윌리엄 도스(William Dawes)라는 두 사람이었다. 그런데 이들 중 폴 리비어는 성공했지만, 윌리엄 도스는 실패했다. 그 차이는 무엇 때문이었을까? 폴 리비어는 보스턴 북부에서 은(銀) 세공업을 하던 사람으로서, 보스턴 사회의 거의 모든 계층과 접촉하는 사람이며 또한 인근 지역의 커넥터들과 연결된 사람이었다. 폴 리비어는 영국함대가 도착했다는 정보를 요로(要路)에 정확히 전달했으며, 그 정보에 따라 지역주민들이 전쟁을 대비했다. 반면 윌리엄 도스는 같은 노력을 들였지만 정보 전달통로에 접근하지 못했기 때문에 전쟁 대비를 시키지 못했다. 이처럼 키 플레이어의 존재 여부에 따라 정보 전달의 효과가 큰 차이를 나타냈는데, 그 차이는 미국 독립전쟁의 승패를 구분할 정도로 임팩트가 컸다.

키 플레이어의 역할은 베스트셀러 작가인 말콤 글래드웰(Malcomm Gladwell)이 소개했던 '티핑포인트(tipping point)' 개념과 연결된다. '티핑포인트'란 물이 끓는 지점을 뜻한다. 이 포인트에 도달하기 전에는 아무런 반응이 나타나지 않지만, 이 티핑포인트에 도달하면 불붙는 효과가 일어난다. 한 기업에서도 신바람이 불붙듯이 일어나려면, 이 티핑포인트에 도달해야 할 것이다. 한 사람의 신바람이 다른 사람들에게 전염되어 밴드왜곤(bandwagon)을 만드는 포인트를 티핑포인트로 보는 것이다. 밴드왜곤이란 정확한 효용가치는 모르는 상황에서 다수의 대중이 선택하는 것을 따르는 성향을 말한다. 기업 전체가 신바람이 넘치도록 하려면 이렇듯 밴드왜곤 효과를 일으켜서 '티핑포인트'를 넘어설 수 있는 인물을 통과해야 한다. 이 인물이 바로 우리가 생각하는 '키 플레이어'이다.

키 플레이어를 포착하는 컴퓨터 프로그램으로 "KeyPlayer" 프로그램이 있다. 이 프로그램의 개발자는 "유시아이넷(UCINET)" 프로그램을 개발했던 미국 켄터키 대학의 스티브 보가티(Steve Borgatti) 교수이다. 구체적으로 적용하려면 컴퓨터 프로그램도 물론 중요하겠지만, 경영자들에게는 아무래도 실질적인 의문이 더 긴요할 것이다. 그 실질적인 의문의 한복판에는 "한 기업에 몇 명이 핵심 행위자가 있어야 할까"라는 의문이 있다. 이에 대해 딱히 몇 명이라고 정해진 정답은 없다. 필자의 경험에 의하면, 전체 총원의 5% 정도가 적절한 듯싶다. 말하자면 100명 기업에는 5명 내외의 키 플레이어가 있으면 된다. 이것보다 적은 수도 문제이며 더 많은 키 플레이어가 있는 것도 좋은 것만은 아니다. 기업체의 근간 역할을 맡는 인력이 과도하게 많을 필요는 없다.

'키 플레이어(key player)'와 '중심(hub)'의 차이

축구 선수를 생각해보자. 가장 주목을 받는 포지션은 골을 넣는 스트라이커(골잡이)이다. 이들은 무언가 중요하고 결정적인 역할을 하기에 주목의 대상이 된다. 이 역할은 '중심'과 유사하다. 그런데 미드필드에서 패스와 어시스트를 전하고, 게임을 지휘하는 역할이 있다. 이들이 '키 플레이어'와 유사하다. 키 플레이어는 연결을 책임지는 사람이다. 연결을 주도하는 인물이므로 키 플레이어가 없어지면 네트워크는 해체된다. 즉, 키 플레이어의 존재 여부와 활약상에 따라 조직의 역동성은 큰 차이가 난다.

키 플레이어는 앞서 설명한 중심 개념과 유사한 점도 있지만 다른 점도 많다. 중심 개념은 주로 네트워크의 응집에 공헌하는 사람이었음을 기억하면 그 차이를 알 수 있다. 한 기업에서 키 플레이어란 전체 직원에게 정보, 지식, 자원을 빠르게 전달하기 때문에, 이 사람이 없어지면 공감도가 현저하게 떨어지게 된다. 그들이 주도하는 지식 흐름과 정보 확산의 힘이 조직을 버티게 하는 근원이 되기도 한다. 즉, 공감을 확대하고, 지식의 전달 범위와 속도를 업그레이드시키는 인물로 볼 수 있다. 올바른 조직문화를 조성하고, 그것을 잘 전달하는 것이 중요한 기업에겐 너무도 중요한 인물이다.

'키 플레이어'와 '중심'의 차이에 대해 구체적으로 이해해보자. 첫째, 키 플레이어는 '확산'이라는 목표를 담을 수 있지만, '중심' 개념은 어떤 정서의 확산과는 무관하다. 즉, '중심' 개념은 주어진 구조에서 정적인 위치를 말해주지만, 동태적으로 움직이는 확산에 대해서는 아무런 정보를 주지 않는다.

둘째, 키 플레이어는 몇 명이 합쳐져서 확산을 촉발시키는 '조합' 이슈를 담고 있다. 확산을 더욱 잘 시키는 조합을 생각하자는 것이 바로 '조합 이슈'이다. 각 노드 개체보다는 몇몇 노드가 조합해서 힘을 합치면 확산이 더욱 촉발된다. 그러나 '중심' 개념은 각 노드에 대한 평가이기 때문에, 어떤 노드들이 합쳐져야 가장 효율적인지를 말하는 조합에 대해서는 아무런 입장이 없다. 오직 한 사람의 구조적 위치만 말해주는 것이다. 이렇듯 사람들 구성의 조합(앙상블) 측면에서 차이가 있다.

'키 플레이어'와 '중심'의 차이는 두 가지 요인을 통해 구분할 수 있다. 그 두 요인은 '응집력'과 '조합'이라는 이슈이다.

이슈 1 : 응집력 이슈

응집력 이슈는 키 플레이어가 네트워크의 연결을 책임지고 있다는 점에 착안한 것이다. 만약 '중심' 인물이 네트워크의 연결에도 결정적일 때는 키 플레이어와 동일할 것이다. 이에 기초하여 중심인물을 제거할 때 네트워크가 분리되는지 그 결과를 보면 중심과 키 플레이어의 차별성을 이해하는 것이다. 보통 한 네트워크를 진정으로 해체시키려면 '키 플레이어'를 건드려야 한다. 그러나 중심을 건드리는 것으로는 네트워크의 해체나 응집력의 분산 문제가 완결되지 않는다.

다음의 네트워크를 통해 구체적으로 이해해보자. 중심노드인 '노드 1'을 제거하더라도 네트워크가 분리되지 않는 사례를 다음 그림이 보여주고 있다.

이 네트워크 그림에서 한 노드를 제거해서 네트워크의 응집력이

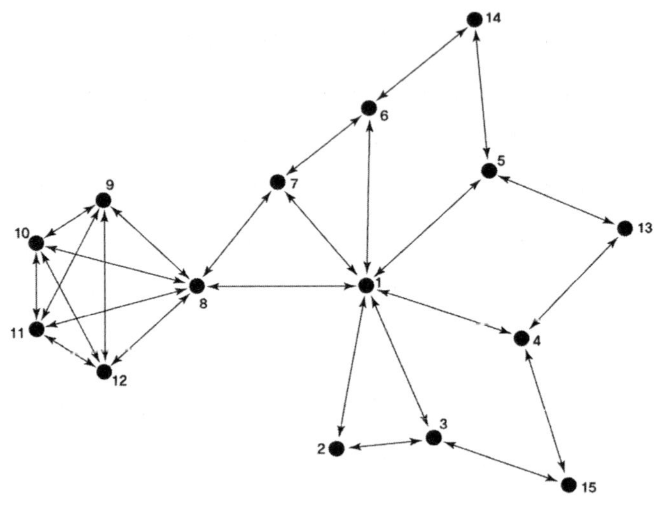

약해질 것인지를 생각했을 때, 이때의 중심으로는 '매개 중심'이라는 개념을 권장한다. 그러나 네트워크의 응집력은 이 매개 중심 개념으로 정확히 판정될 수 없다. 여기서 노드 '1'은 '중심' 노드이다. 그러나 노드 '1'이 없어지더라도 네트워크가 해체되지 않는다. 즉, 노드 '1'이 없어진다고 해도 노드 간 거리만 약간 증가할 뿐이지 네트워크 자체가 해체되지 않는 것이다.

여기서 좌우로 구분된 두 집단의 연결점인 노드 '8'을 살펴보자. 이 노드는 가장 낮은 중심값을 가진 노드이다. 그렇지만 이 노드가 없어지면 네트워크가 두 소집단으로 해체된다는 것에 주목해야 한다. 노드 '8'을 제거하면 두 개의 그룹으로 분리되는지를 그림에서 확인하라. 이렇듯 중심은 전혀 아니지만 네트워크의 해체 측면에서는 '핵심' 위치를 차지하는 노드가 바로 키 플레이어다.

이슈 2 : 조합 이슈

두 명의 중심행위자의 제거가 다른 노드의 제거만큼 분리효과가 없는 경우가 있다.

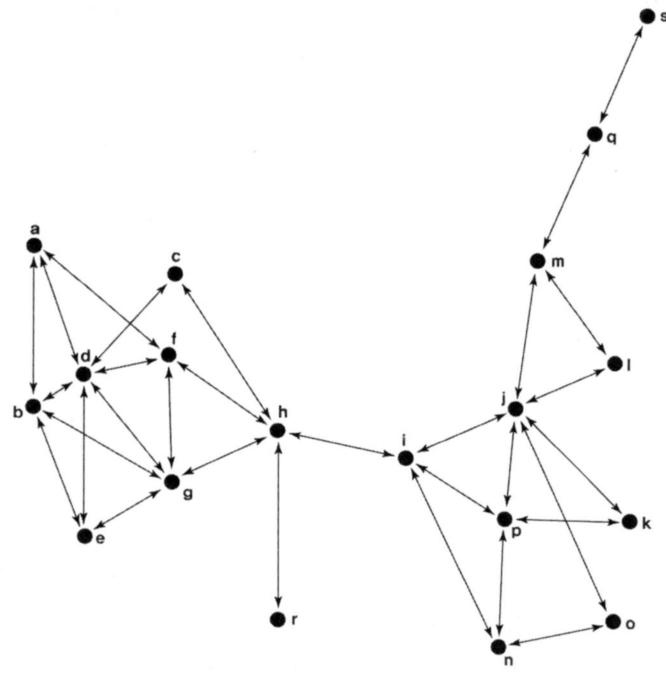

네트워크를 분리시킨다고 할 때, 중심 노드들인 노드 'h'와 'i'는 목적에 적합한 노드들이다. 즉, 노드 'h' 혹은 노드 'i', 두 노드 중 어느 하나를 제거하면 네트워크가 2개로 분리된다. 그런데 주목할 것이 하나 있다. 노드 'h'를 없앤 후 노드 'i'의 제거는 더 이상 추가적인 분리효과는 없다. 실제로 'h' 하나만 없어진 것과 동일한 효과에 그친다.

그런데 노드 'm'을 보자. 노드 'm'은 혼자서는 'i'와 'h'와 비교할 때 혼자 분리할 수 있는 힘은 약하다. 그런데 'h'를 없앤 후 'm'을 제거하면 더욱 분리효과가 크다. 즉, 'h'와 'm' 쌍(pair)의 제거가 'h'와 'i' 쌍(pair)의 제거보다 더 큰 분리효과를 만들어내는 것이다. 그 이유는 'h'와 'i'가 다른 제3노드들에 연결하는 측면에서 동일하기 때문이다. 중복을 줄이는 최적의 앙상블 솔루션을 주는 것이다.

중심성 값이 높은 두 노드가 없어지더라도 실제 아무런 문제가 없을 수 있다. 그것을 말해주는 사례는 다음과 같다.

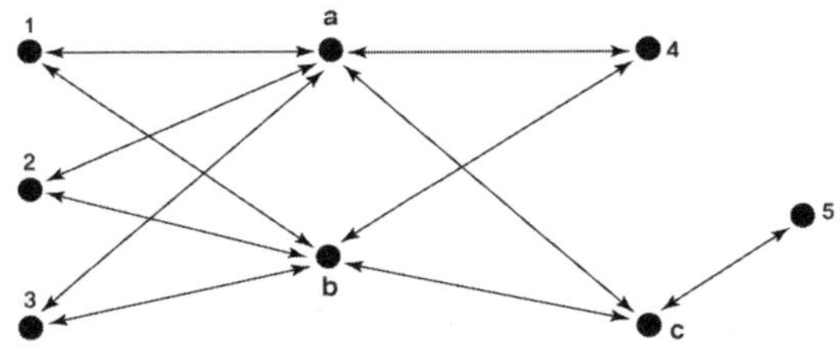

노드 'a'와 노드 'b'는 각각은 연결의 최적 상황이다. 두 가지 측면에서 최적이다. 첫째, 각각은 다섯 개의 다른 노드에 연결되어 있으며, 둘째, 각각은 다른 노드에 비해 근접 중심성이 높다. 그러나 이 두 노드의 효과를 합쳤을 때 각자의 효과에서 더 증가하는 분량이 없다. 네트워크 전체로까지 확산되지도 못한다. 오히려 이 네트워크에서 'a'가 'c'와 쌍을 이루면, 이 쌍은 네트워크 전체에 도달하게 된다. 'c' 혼자는 오직 3개의 노드와 연결되지만 'a'와 쌍을 이루면 다른 노드로 연결되는 효과가 극대화된다. {a, c} 쌍이 {a, b} 쌍보다 효과적인 이유는 위치상의 동질성이 적기 때문이다. 달리 표현하면 두 노드가 중복된 이웃을 가진 정도가 낮기 때문이다.

린치핀(linchpin) 개념

키 플레이어 개념과 또 다른 의미에서 조직의 중요인물을 지칭하는 개념을 소개한다. 그것은 '린치핀(linchpin)'이란 개념이다. 린치핀은 마차나 수레, 자동차의 바퀴가 빠지지 않도록 축에 꽂는 핀을 말한다. 어떤 실체의 구심점이나 핵심을 뜻한다. 외교 영역에서도 빈번히 사용되는데 외교에서는 꼭 필요한 동반자라는 뜻이다.

린치핀은 축에 바퀴를 고정하며 작은 부품을 연결해 주기도 한다. 또 바퀴가 앞으로 나아가도록 한다. 이런 역할은 누구도 대체할 수 없는 역할이다. 한 기업에서 린치핀은 꼭 한 사람이진 않다. 성공한 기업이라면 적어도 린치핀을 한 명 이상 보유하고 있다. 물론 수십 명의 린치핀을 가진 기업도 있다.

한 기업에서 린치핀은 직급이나 보직으로 결정되는 것이 아니다. 수레바퀴를 고정하는 핵심 부품이란 뜻에서 보듯이, 린치핀이란 누구도 대신할 수 없는 존재, 꼭 필요한 사람이다. 린치핀은 결국 조직의 결과물에서 차이를 만들어 낼 수 있는 사람이다. 거세고 다양한 변화의 물결에서 중심을 잡아주는 인물이기도 하다. 다만 겉으로 발견되지 않고 저 밑에서 도도히 흐름을 만들어서 숨겨져 있을 뿐이다. 겉으로 드러나는 주도자들은 상징적인 메시지 혹은 슬로건을 던지거나 그런 보직을 맡은 인물이다.

그저 인사 명령에 의해 중요한 보직에 임명되었다고 하루아침에 린치핀이 되는 것이 아니다. 한 조직에서 린치핀은 자생적으로 탄생하고, 조직원들이 자율적으로 그 사람을 꼭 필요하다고 인식하는 사람이다. 즉, 린치핀은 조직도상의 인물이 아니라 자율적 관계망 속에서 인정받는 실질적으로 중요하고 필요한 인물이다. 조직도로 대표되는 외형으로 드러나지 않을 뿐이다. 린치핀은 누구도 대체할 수 없는 사람의 의미도 갖는다.

새로운 길을 발명하고 지위와 관계없이 사람들을 이끌고, 사람들을 이어주며, 일을 만들어 내고, 혼란 속에서 질서를 잡아낸다. 이 인물은 위기 상황에서 무엇을 해야 할지 모르는 허둥대는 다수의 조직원들을 이끌어 갈 수 있다. 중심축을 지탱시키는 역할을 해왔듯이 말이다. 조직이 혁신의 바닷속에서 빨리 나아갈 추진력을 찾아낼 수 있다.

조직도상에서는 각 조직원은 거대한 기계의 톱니바퀴에 불과할 뿐이다. 이 톱니바퀴가 일시적으로 중요한 위치에 들어갈 수는 있다. 그러나 다른 사람이 그 역할을 맡으면 대체되는 부품에 불과하다. 린치핀은 다르다. 린치핀이란 인물은 스스로 중요한 사람으로 부상되는 인물이다. 한 부품이 아니라 조직의 흥망성쇠와 함께하면서 중심을 잡는 그래서 조직에 꼭 필요한 존재, 즉 없어서는 안 되는 존재가 여기서 말하는 린치핀이다.

린치핀에도 두 가지 유형이 있다. 첫 번째 유형은 조직의 응집력을 높이는 사람이다. 산산이 흩어져 파편적으로 움직이는 부속물들을 한곳으로 모으고 같은 목적지를 꿈꾸게 하는 사람이다. 두 번째 유형은 조직을 앞으로 끌고나가는 사람으로서, 출중한 마케터 혹은 발명가를 뜻한다.

조직의 응집력을 높이는 린치핀은 다양한 조직원들이 제자리에서 활동할 수 있도록 붙잡아 준다. 린치핀이 없으면 모든 업무가 산산이 흩어지고 말기 때문에 응집력에 큰 손상이 가해진다. 린치핀의 핵심은 누군가가 대신하기 힘들다는 것, 즉 대체 불가능성이다. 결국 조직은 린치핀을 중심으로 움직이게 된다.

조직을 앞으로 끌고 나가는 린치핀은 조직에 창의성을 주는 사람 혹은 다른 사람들에게 영감을 주는 사람이다. 주로 새로운 시장을 개척하는 마케터이거나, 새로운 제품을 발명하거나 고안하는 R&D 인력과 아이디어맨이 여기에 속한다. 이들이 시장을 개척하고 아이디어를 창조한다는 점에서 탁월한 사람들이다. 애플 수석 디자이너인 '조나단 이브(Jonathan Ive)'가 그렇다. 이 사람은 단순히 '유능하다'는 선을 넘어, '유능한' 디자이너보다 100배 가치가 높은 출중한 발명가로 평가받는다. 그만큼 엄청난 가치를 만들 수 있는 인물이란 것이다. 이런 창의적 인력은 기존 거래처에 전화를 거는 일만 반복하는 평균적인 영업인력과는 다르다.

구글 부사장이었던 마리사(Marissa Mayer)는 무려 10억 달러 가치를 창출한 것으로 유명하다. 그녀는 조직에서 본래 주목받던 사람은 아니었다. 프로그래밍 팀에서도 재무팀에서도 중요인물은 아니었다. 그런데 그녀는 창의적 판단을 업무에 적용하였다. 그녀는 인터페이스(interface) 개발을 통해 구글의 가치를 높였는데, 인터넷 사용자들이 구글 서비스를 접하는 유저 인터페이스(user interface)뿐만 아니라, 엔지니어와 외부세계를 연결하는 휴먼 인터페이스(human interface)를 개발하였다. 이 인터페이스의 개발은 구글이 한 발자국 더 나가는 중요한 도약대였다.

린치핀이란 개념을 경영에 적용했던 적은 없었을 것이다. 기존 어떤 방법으로도 린치핀을 발견하고 개인의 역할을 평가하고 계량화하는 방법을 알 수 없었던 탓이 크다. 그런데 본서가 강조하는 네트워크 방법론을 적용하면 린치핀도 정확하게 발견할 수 있다. 린치핀을 측정하지 못했던 이유 중에는 시스템적 사고에 젖어 있던 탓도 크다. 기업의 다른 측정과 같이 생산성 혹은 매출액과 같은 지표로 측정하면 린치핀은 발견하기 어렵다. 린치핀 인물이 반드시 그런 시스템 측면의 계량지표에서 우수하지 못하기 때문이다. 그러나 네트워크 방법론을 적용하면 린치핀 인물이 누구인지 정확하게 포착할 수 있다.

5

네트워킹의 효과와 가치

"가장 잘못된 만남은 생선과 같은 만남이다. 만날수록 비린내가 묻어오니까.
가장 조심해야 할 만남은 꽃송이 같은 만남이다. 피어 있을 때 환호하다가 시들면 버리니까.
가장 아름다운 만남은 손수건 같은 만남이다. 힘이 들 때 땀을 닦아주고, 슬플 때는 눈물을 닦아 주니까."
— 정채봉, 『처음의 마음으로 돌아가라』 중에서

인간은 숙명적으로 사람들과 교류해야 하는 소셜(social) 사피엔스이다. 우리 대화시간의 약 70%가 사람 사이의 얘깃거리, 즉 누가 누구랑 무엇을 했다는 것이라고 한다. 교류가 없다면 정신적으로 외로움으로 고통받는다. 그것은 교류 속에서 받는 상처보다는 고통이 더 클 수 있다. 외로운 혼자의 삶을 살 수 없다. 노년기가 되어 병약해지면 누군가의 도움을 받을 수밖에 없는 것이 생로병사의 순리이기도 하다.

삶의 과정에서 다양한 교류로 인해 관계망이 만들어진다. 자주 만나는 사람도 있고, 그저 아는 사이에 그치는 지인인 경우도 많다. 보통 인맥이란 표현을 쓴다. 인맥은 개인에게 큰 자산이다. 간혹 연줄 혹은 연고와 같은 단어들도 이와 연관된 개념이다. 살아가면서 누구를 아는가라는 인맥 자산이 많은 도움이 된다. 인맥을 통해 승진하는 사람도 있고, 인맥을 통해 판매처를 뚫는 일화도 많다. 인맥을 통해 창업의 돌파구를 열기도 하고 인맥을 통해 투자자금을 얻는 스토리도 많다. 전쟁 영웅인 이순신의 난중일기도 군사 이야기는 30%에 불과하고, 70%가 주변 사람들과의 관계 이야기로 채워져 있다고 한다.

만남의 기적은 곳곳에서 발생한다. 한 개인은 만남을 먹으며 성장한다. 갈릴리 호숫가의 어부(漁父)였던 시몬 베드로가 예수를 만난 사건처럼 인간의 많은 위대한 성과는 만남의 산물이었다. 오늘날 테크 자이언츠로 성장한 기업의 창업과정에서도 기적과 같은 만남의 역할을 컸다. 페이스북의 창업자인 마크 저커버그가 음악 파일 사업체인 냅스터의 창업자였던 '션 파커(Sean Parker)'를 만났던 것도 기적의 만남이었다. 션 파커는 자금난에 시달리던 페이스북에 5억원 투자유치를 연결시켜 주었다(이 5억원 투자는 차후 5천억원이 넘는 보상을 주었다). 또 페이스북을 대학생 간 SNS업체에서 글로벌 수준으로 사업도메인을 확대시킨 것도 션 파커가 없었다면 불가능했을 것이다. 페이스북의 초대 이사회 의장으로서 실리콘밸리의 최고 멘토급인 피터 틸(Peter Thiel)을 소개해준 것도 바로 션 파커였다.

세계적 석학인 자크 아탈리(Jacques Attali)의 주장은 특히 인상적이다. 그는 앞으로 소속감은 절대적인 가치가 될 것이라 예언한다. 가

난함의 정의도 바뀐다고 말한다. 심지어 "소속되지 못한 것이 가난함이다"라고 표현한다.

'만남'의 기적은 이렇게 큰 가치를 준다. 그러면 이미 형성된 네트워크는 참여자들에게 어떤 효과를 주는가? 크게 볼 때 두 유형의 효과로 구분하는데, 첫째, 신선한 정보 획득 효과, 둘째, 어려울 상황에서 도와주는 지원 효과로 구별할 수 있다.

정보 획득 효과

정보 획득 효과란, 네트워크이라는 관계망에 속하게 됨에 따라 이전에 가질 수 없었던 정보를 얻게 되는 효과를 말한다. 이 효과는 정보탐색의 비용절감효과와 정보의 질이 높아지는 효과 두 측면을 뜻한다. 즉, 네트워크를 통하면 원하는 정보를 얻는데 드는 비용과 시간이 줄어들며, 얻은 정보의 질도 우수하게 된다는 것이다. 이전에 알지 못했던 익명의 사람과의 관계에서는 정보탐색에 시간과 비용을 들여야 하며, 또한 얻은 정보에 대해서도 질적인 점검이 필요하다. 그러나 그동안 관계했던 사람들에게는 정보탐색 시간과 비용이 축소될 뿐만 아니라 정보에 대한 평가도 불필요해진다. 이것이 바로 적합한 정보를 적은 비용으로 짧은 시간에 얻게 되는 효과와 가치인 정보획득효과이다. 여기서 정보라고 할 때 필요한 자원들도 포함된다. 이런 점에서 정보 및 자원 획득효과라는 표현이 보다 정확할 수 있다.

1974년 박사학위 논문을 준비하던 마크 그라노베터(Mark Granovetter)는 '직업 찾기' 연구를 시작하면서, 직업을 찾는 사람들이 실제 취직한 곳의 정보를 어떻게 얻게 되었는지를 조사했다. 그 결과는 다소 놀라운 결과였다. 한 사람의 직업을 갖게 해준 정보는 약한 연계(weak ties)의 사람들에게서 얻어졌다는 발견을 얻는다. 그 이유는, 관계가 약한 사람들(예, 어쩌다 만나는 사람들)이 제공하는 정보는 가깝고 자주 만나던 사람들로부터 접할 수 없는 신선한 메시지를 가지기 때문이다. 이들이 주는 취업정보는 실질적인 취업기회가 된다고 한다. 관계의 정도가 강한 사람들(예, 친족이나 친밀한 우정관계)은 이미 가진 정보와 유사한 정보를 제공하는 편이어서, 실제 직장을 얻는 데 정보효과는 오히려 약하다고 한다. 그라노베터는 이렇듯 약한 연계가 가진 신선한 정보효과를 "약한 연계의 강점(strength of weak ties)"이라고 표현하였다.

지원 효과

이는 네트워크에 의해 맺은 다른 사람들로부터 정서적 지원, 물질적 지원, 조언 및 충고 등의 효과를 말한다. 한 네트워크에 속한 사람들과 긴밀한 관계(strong tie)를 맺고 있으면 이러한 지원효과가 커지는 것으로 알려진다.

이 두 가지 효과는 동시에 발생하는 것은 아니며 참여자들 간 관계의 조건에 따라 차별적으로 발생한다.

그 조건은 바로 참여자들 간 '관계의 정도'이다. 여기서 '관계의 정도'란 바로 관계의 친밀도가 어느 정도인가를 지칭하는 것인데, 보통 '약한 연계'와 '강한 연계'라는 두 구분으로 표현된다. 약한 연계는 행위자 간 접촉하는 빈도가 낮은 관계이고, 반면 강한 연계는 접촉의 빈도가 높은 관계를 말한다. 약한 연계와 강한 연계는 각기 다른 네트워크 효과를 가진다고 한다. 구체적으로, 약한 연계는 어쩌다 만나는 사람들로부터 새로운 정보를 얻을 수 있게 되는 '정보탐색과 획득' 측면의 장점이 있으며, 강한 연계는 친분이 있는 사람들과의 관계이기 때문에 정보제공자의 의도에 대해 생각해야 하는 고민이 적다.*

강한 관계의 장점은 정보의 질에 대한 평가가 거의 필요 없다는 점이다. 끈끈한 유대관계에 있는 사람들끼리는 함부로 잘못된 정보를 주기 어렵고 설령 잘못된 정보를 주는 경우도 관계의 빈도가 높아지면 그에 대한 대처능력도 향상될 수 있다. 이미 잘 아는 사이이고 관계가 오래된 사람들끼리는 사행심을 덜 가지게 되며, 이에 따라 전달받은 정보의 질적 가치를 점검하는 노력이 줄어든다. 즉, 유대관계가 깊으면, 교환내용물에 대한 생각거리는 그만큼 줄어든다.

위험과 불확실성이 지배하는 벤처캐피탈 업계에서도 네트워크 효과가 발휘된다. 세계적인 벤처 메카인 미국 캘리포니아 주의 새너제이 인근의 실리콘밸리는 벤처자금과 인력 측면에 있어 다른 어느 지

---

* 이러한 정보탐색과 정보의 질에 대한 고려는 정보의 공개성이 매우 강하다는 인터넷 경제에서 마찬가지일 것으로 본다. 일단 인터넷 경제에서는 인터넷의 투명성과 공개성에 기초하여 거래행위 중 정보탐색(search)이 차지하는 비중을 축소시킬 것으로 예견된다. 정보를 인터넷이라는 손쉬운 매체를 통해 저렴하게 접근할 수 있기 때문이다. 이렇듯 인터넷을 사용한다는 자체가 정보탐색의 축소효과를 초래하지만, 네트워크의 효용이 그대로 존속할 소지는 있다. 특히, 거래계약 이후 상대방의 도덕적 해이(moral hazard)나 기회주의적 행위에 대해서는 인터넷 경제에서도 아무런 방책을 마련하지 못하기 때문에, 상대행위에 대한 '생각과 고심(deliberation)' 작업은 인터넷 경제에서도 여전히 중요할 것으로 보인다. 이렇게 볼 때, 인터넷 경제에서도 거래 파트너의 기회주의적 속성과 도덕적 해이를 줄이기 위해서는 참여자들의 신뢰와 협력이 용이하게 유도되는 네트워크의 역할이 여전히 중요할 것으로 생각된다.

역이 모방할 수 없을 정도의 합리적 분배가 발생한다는 혁신기업의 군집지역이다. 이 실리콘밸리에 미국 전체 벤처캐피탈의 약 50%가량이 몰려 있다고 한다.

미국의 벤처캐피탈은 주로 벤처캐피탈리스트 개인을 중심으로 운영되는데, 유명 벤처캐피탈리스트에게 날아드는 신규 벤처기업의 사업계획서는 하루에만 무려 500통에 이른다고 한다. 이들이 도착한 사업계획서 하나하나를 꼼꼼히 읽는 것은 거의 불가능하다. 제대로 읽혀지지도 않고 버려지는 사업계획서가 부지기수라고 보아야 할 것이다. 여기서 개인적 네트워크가 중요한 역할을 한다. 사전에 그 벤처캐피탈리스트에게 연락이 된 사업계획서는 그냥 문틈 사이로 넣어진 것보다는 우대된다고 한다. 말하자면, 아는 사람을 통해 연락을 받고 들어온 사업계획서에 대해서는 그것을 읽어보는 데 최소한의 시간이라도 할애한다는 것이다. 벤처캐피탈리스트 입장에서도 여러 창업가 중 이전부터 알고 있어 불확실성이 어느 정도 제거된 창업기업가를 고르는 것이 안정적이기 때문이다. 이는 사실상 엄청난 일이다. 읽히지도 않았을 뻔한 사업계획서가 읽히고 투자를 받게 되었다면, 그렇게 되도록 작동한 인맥의 가치를 인정할 수밖에 없다. 벤처 창업가들도 소개받은 벤처캐피탈리스트를 통해 투자를 받으면 그 신뢰를 지키기 위해 회수를 성공시키도록 열성적인 노력을 보인다고 한다. 양쪽 모두에게 인센티브가 작동한다는 뜻이다. 미국 스타트업도 놀랍게도 75% 이상이 그들의 연줄망에 의해 투자유치를 했다고 알려진다.

투자유치에서 물리적 거리가 가까운 '이웃'은 투자유치에 상당히 유리하다는 것이 정설이다. 시카고 대학의 스튜어트(Stuart) 교수와

UCLA 대학의 소렌슨(Sorenson) 교수에 의하면, 미국 벤처캐피탈은 지역적으로 가까운 창업기업에 투자하는 성향이 강하고, 또한 이전에 투자해본 경험이 있는 동일업종 창업기업에 투자하는 경향이 강하다고 한다. 구체적으로 우선 지역적 거리 측면에서, 100마일 정도 거리의 스타트업에게 투자하는 것보다 10마일 떨어진 기업에 투자할 가능성은 2배 정도 높다고 한다. 또 업종 측면에서 이전에 경험하지 않은 산업에 투자하는 것은 꺼리고, 주로 투자하던 동종산업에 속한 창업기업 쪽에 투자를 지속하는데, 그 차이는 대략 6배에 달한다고 한다.

NETWORK THERAPY 03

치료

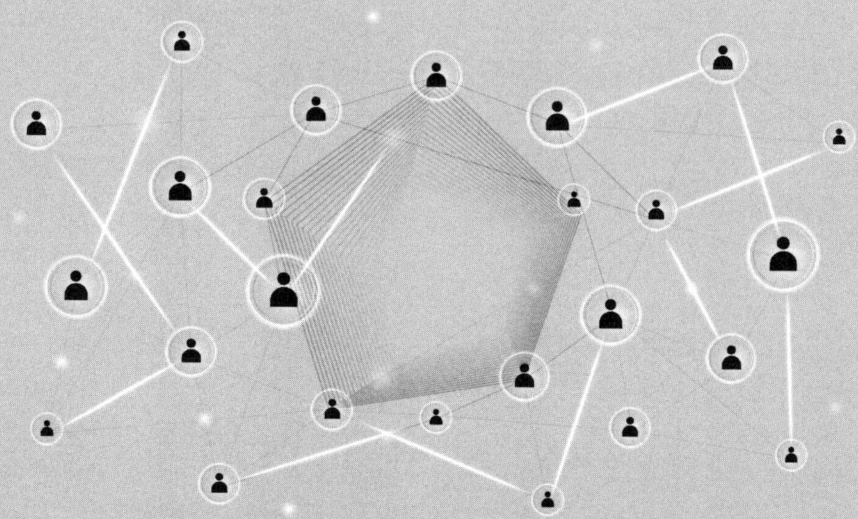

1

네트워크 치료

"한 조직이 성공하기 위한 비결은 무한한 경쟁도 조화로운 협력도 아니다. 이 두 가지의 조합, 즉 다른 사람들을 끌어당기는 힘이 있는 협력자들의 치열한 경쟁이야말로 성공의 비결이다."

— 폰 시브라이트, 2009, 파이낸셜 타임즈(Financial Times)

한국기업도 이제 혁신의 진정한 결실을 얻을 때가 되었다. 혁신은 구성원들이 공감이 높을 때 가장 풍성한 열매를 맺는다. 그 열매를 얻기까지는 봄의 희망도 있지만 혹독한 겨울도 만난다. 그런데 어떤 시련을 맞든 조직원 간 네트워크를 빼놓고 말하는 혁신은 가짜다. 구성원의 공감이 없는 혁신이란 애당초 없다.

기업 해부와 네트워크 진단을 통해 고쳐야 할 환부를 발견했다면, 그다음 단계는 어떻게 치료할 것인지 결정하는 작업이 된다. 앞서 네트워크 진단은 문제 요인을 찾아내기 위한 작업이었다면, 그 진단에서 발견한 환부를 어떻게 고칠 것인지를 생각하는 것이 바로 치료 단계다. 환부 치료의 방책이 주사(注射) 요법으로 될 것인지, 절개(切

開) 수술을 할 것인지, 약물(藥物) 투여로 완결할 것인지를 결정해야 한다. 이는 기업의 네트워크를 재설계하는 작업과 연관될 정도로 대수술이 될 수도 있다.

조직 전체가 공감과 응집력이 높아지면 변화와 혁신에 모두 나서게 된다. 그래서 혁신을 추진하고 문제를 치료하자면 무엇보다 협력이란 정서는 조직원의 가슴에 들어앉아야 한다. 협력은 이런 점에서 네트워크 치료에서 우선적인 조건이 된다. 그 협력이란 것은 개인만의 문제가 아니라 부서 사이 혹은 소집단 사이에서 발생한다는 사실을 놓치지 말아야 한다. 한편 협력이란 정서 못지않게 중요한 것이 창조 에너지가 샘솟는 문화를 만드는 것이다. 구석에서 튀어나오는 기발한 아이디어가 막히지 않아야 하며, 터무니없는 생각일지라도 일단 받아들여지고, 또 새로운 혁신을 위해 돌파구를 꾸준히 찾는 그런 조직문화 말이다. 네트워크 치료는 어떤 의미에선 진정으로 혁신적인 조직문화를 만들어가는 작업일 수 있다.

네트워크 치료에 성공하려면 다음 두 가지 조건을 충족시켜야 한다. 중증환자가 더 빨리 그러고 더 효과적으로 회복하기 위해 필요한 사항이 있듯이, 기업 환부에 대한 네트워크 치료도 이 두 사항을 충족시키면 더욱 효과가 크다.

조건 1 : 네트워크 치료 후 건강이 회복된 상태를 상상하라

이는 암 환자가 수술에 앞서 어떤 모습으로 회복될 것인지를 생각하는 것과 같다. 치료 이후의 건강한 모습, 즉 꿈꾸던 희망사항을 미리 그려보면 그곳에 도달할 때까지의 고통을 참을 수 있다. 그러면 치료과정에서 예상치 못한 시행착오가 발생하더라도 길을 잃지 않고 제 길을 찾아낼 수 있다. 생각지도 못한 큰 아픔도 감당할 수 있게 될 것이다. 네트워크 치료는 정해진 경로를 따를 것이지만 시행착오를 피할 수 없다. 간혹 어느 것은 뜨거운 고통을 주고 또 어떤 경우는 너무 차가운 아픔을 줄 수 있으며 그러다가 적합한 길을 찾을 것이다. 치료 이후의 회복된 모습에 대한 희망 속에서 모두 인내하게 될 것이다.

조건 2 : 치료의 단계적 회복을 받아들여라

네트워크 치료라고 해서 한 번에 모든 것이 완성되지 않는다. 치료는 우선 어떻게 회복할 수 있는지 작은 실마리에서부터 시작하게 된다. 그 뒤 조직원들이 그 실마리에 착안해서 스스로 치료의 깊이를 더하는 자구책을 찾는 것이 순리다.

이는 정부 정책의 효과적 추진을 위해, 그저 살짝 옆구리만 찔러줘도 바꿀 수 있다는 의미인 '넛지' 프로그램의 순서와 같다. 원래 '넛지(nudge)'는 '팔꿈치로 슬쩍 찌르다' '주의를 환기하다'라는 뜻의 영어 동사다. 미국 시카고 대학의 리처드 탈러(Richard Thaler) 교수가 행동경제학의 용어로 쓴 개념으로서, '타인의 선택을 유도하는 부드러운 개입'을 의미한다. 특히 정책 결정자가 공공정책을 결정할 때 부드럽게 개입해 국민들에게 좋은 결과를 유도하는 '사회적 넛지'를 강조하며 유명해졌다. 네트워크 치료에서도 이 넛지와 같이 부드러운 개입이 중요하다. 환부를 칼로 절개해서 단번에 끝장내려는 집도의(執刀醫) 입장을 가질 필요는 없다. 조직원 사이의 관계는 살아있는 생물이므로 한 번 도려냈다고 완결되는 것이 아니다. 스스로 치료의 묘미를 찾아나가는 것이 오히려 효과가 크다.

'건강한 기업'이라는 기준과 목표

건강한 조직이 되는 것, 나아가 장수기업이 되는 것은 모든 기업이 소망하는 목표다. 그런데 건강은 하루아침에 얻지 못한다. 질병에 대한 예방, 피로 관리, 수면시간의 관리 등 오랫동안 습관을 관리하고 좋은 생활패턴을 유지할 때 건강할 수 있다. 한 개인이 건강을 잃는 실패는 쓰나미처럼 갑자기 찾아온다. 기업도 흥망성쇠를 겪는다. 실패의 위험을 극복해야 하며, 성장에 수반되는 위기도 넘어서야 한다. 시장 개척에서 험난한 경쟁을 돌파해야 하고, 포기하지 않는 집념과 배짱이 뒷받침되어야 한다. 기업에게 좋지 않은 징조는 처음에는 천천히 오지만 그러다 갑자기 순식간에 다가선다. 그래서 조직의 건강은 꾸준히 점검되고 관리되어야 한다.

한 기업이 건강하다는 것을 보여주는 징후는 어떤 것이 있을까? 네트워크 관점에서 볼 때 건강한 조직은 다음과 같은 다섯 조건을 갖추어야 한다. 그 조건들은 1) 응집력이 높으며, 2) 다양한 종(種), 즉 다양한 역할을 맡는 사람이 존재하며, 3) 조직 외부와 교류를 활발히 펼치며, 4) 중심인물이 반드시 존재하며, 5) 어떤 충격에도 극복할 수 있는 견고성을 갖고 있다.

이 다섯 가지 조건은 서로 독립적이지만, 이들 사이 상호작용도 존재한다. 각 조건은 독립적인 영향을 갖고 있지만, 때론 서로 영향을 주고받으며 복합적인 드라마를 만들어낸다. 어떤 의미에서 한 조직의 건강성이란 이 다섯 가지 조건의 복합적 결과로 보아야 한다. 네트워크 설계자인 경영자로선 어느 한 조건을 달성했다고 해서 무조건 기뻐할 수 없다. 공동의 상호작용을 고려한다면 오히려 완벽하

〈표 1〉 건강한 네트워크의 기준

조건	진단	효과	측정방법
높은 응집력	집단의 응집력	집중력 강화 협력의 증가	밀도, 클러스터 계수
종(種)의 다양성	다양한 종(種)의 존재	면역력의 확대 창의성 확대	다양성 평가
개방형 교류	외부와의 연결	개방형 혁신	E-I 지수
중심을 축으로 움직임	중심인물의 존재	일사불란	중심성(centrality) 계수
견고성 (낮은 와해가능성)	충격에 저항	위기 극복능력 확대	견고성

지는 않더라도 다섯 가지 조건을 고루 적절히 충족시키는 편이 나을 수 있다. 한 조건이라도 기본 문턱을 넘지 못한다면 국가고시에서 일종의 과락(科落)을 맞아 탈락하는 상황과 같은 일이 될 수 있다. 경영자는 가장 약한 부위로 인해 전체 조직이 병(病)에 걸리지 않도록 사전 대비를 해야 할 것이다.

첫 번째 기준 : 응집력

응집력에 대해서는 앞서 설명이 있었으므로 여기서는 간략히 언급한다. 응집력은 조직의 목표에 대해 조직원들이 집중하는 정도로서, 구성원들의 일체감과 친밀도를 말해준다. 응집력이 높은 기업은 협력하려는 에너지가 높다. 응집력은 기업의 조직력과 일사불란함, 그리고 목표달성을 위한 결집력이다.

응집력이 높다는 것은 소통이 원활하고 협력이 발생한다는 의미이다. 응집력은 '밀도' 혹은 '클러스터 계수'라는 두 지표로 측정함을 기억하자.

두 번째 기준 : 다양성

조직 구성원의 역할이 다양할수록 그 조직은 건강해진다. 건강한 조직에서 발견되는 역할에는 중심인물로서 이끌어가는 역할, 지식 흐름을 중개하는 역할, 외부와의 교류를 담당하는 문지기 역할, 외부 소통을 넓히는 역할 등이 있다. 이 중 문지기(gatekeeper) 역할은 각종 정보가 기업 내부로 전달되기 전에 각 부분에서 취사선택하는 기능을 담당한다. 빌딩의 정문 수위와 유사하다. 한편 교류를 확대하는 역할을 맡는 자(boundary spanner)도 필요하다. 이들은 외부와 교류하면서 지식과 정보의 양과 질을 확대시키는 기능을 담당한다. 어느 한 유형의 역할을 맡는 사람이 많은 경우는 건강성을 잃고 조직이 충격에 견고하지 못한 편이다. 이는 다양한 종(種)을 가진 생태계가 건강한 것과 같은 원리다.

세 번째 기준 : 개방형 교류

개방성은 외부와의 교류, 이질성에 대한 관용, 지식의 유입 등에 대한 기준이다. 기업 혁신에서 외부 혁신자들로부터 지식과 아이디어의 교류를 뜻하는 '개방형 혁신(open innovation)'으로 변했음을 생각할 때, 개방성이 없을 때 기업의 건강성은 줄어들 수밖에 없다. 요즘과 같은 지식경제 시대에 외부와의 교류가 단절되었다면 그것은 바로 '우물 안 개구리' 신세이다. 어떻게든 외부와의 교류 통로를 개척해서 필요한 지식과 정보를 받아들일 수 있다. 자체적인 연구개발은 막대한 자금이 들 뿐만 아니라 어차피 한계를 갖는다. 현대 기업은 혼자 연구개발을 추진할 수 없다. 혼자의 지식은 효용가치가 떨어진다. 외부 연구기관과의 교류를 통해 혁신지식을 받아들여야 한다. 그것을 개방형 교류라고 한다.

응집력과 개방성은 한꺼번에 동시에 얻기 어려울 수 있다. 어느 한쪽을 얻으면 다른 한쪽을 잃게 되는 상충(trade-off) 관계에 빠지는데, 외부와의 협력이 늘면 내적으로 응집력이 그만큼 줄어들 소지가 크다. 이때 최선의 전략은 '응집력'과 '개방성'의 균형을 얻는 것이다.

네 번째 기준 : 중심인물의 존재

어떤 조직도 중심인물이 없으면 성과를 낼 수 없다. 이 단순한 진리가 조직의 건강성에도 적용된다. 중심 역할을 맡는 리더가 반드시 존재해야 한다. 기업은 보통 위계서열상 공식적인 직책을 통해 리더 역할을 부여한다. 이 공식적 리더도 중요하지만, 자생적인 관계 속에서 형성되는 비공식적 리더 역할도 그에 못지않게 중요하다. 건강한 조직은 비공식적 리더에 대해 적정한 보상이 있다.

다섯째 기준 : 견고성

견고성이란 어떤 충격이 닥쳐도 쉽게 무너지지 않는 속성을 말한다. 기업의 진로에는 예상하지 못한 충격이 몰려올 때가 많다. 그런 위기가 오더라도 강하게 버티는 힘과 근성을 갖춘 기업을 보게 된다. 그것이 바로 견고성이다. 한 조직에서 중심인물이 갑자기 다른 기업으로 이직할 수 있다. 이 중심인물에 대한 의존이 높았던 만큼 충격은 클 수밖에 없다. 업무흐름에서도 어색함이 나올 수 있고, 노련한 경험이 필요한 순간에 등장하지 못할 수도 있다. 그런데 진정으로 강한 기업은 중심인물의 이직과 같은 충격을 버틸 수 있는 대안적 역량을 가진 조직이다.

2

협력 문제의 치료

"인간을 구원할 유일한 덕목은 협력이다."

— 버틀란드 러셀

한 기업의 성공 방정식 중 빠질 수 없이 중요한 것이 협력이다. 서로 돕겠다는 마음이 없는 기업은 성공이란 결실을 얻기 어렵다. 그런데 협력 수준을 높이려면 협력할 이유가 제공되어야 한다. 사람이 관계를 맺는 이유에서부터 시작해서, '왜 협력하는가'에 대한 깊은 생각이 필요하다.

네트워크라는 개념은 본래 협력과 잘 어울리는 단어다. 구성원 사이에 최소한의 협력이 작동할 때 네트워크가 형성되기 때문이다. 한 네트워크는 협조, 업무조정, 결재, 조언, 지식, 취미생활 등 다양하고 복잡한 개별 관계가 합쳐진, 조직원들의 모든 교류의 짜임새이다. 이 짜임새란 표현이 직접 말하듯이, 독자적 실체가 아니고 교류들이 직조된 결과물이다. 이 직조는 응집과 협력이란 개념이 없으면 성립할 수 없기에 네트워크는 조직원의 협력이란 개념을 기저에 깔고 있다고 볼 수 있다. 마치 거대한 숲의 소리가 곤충, 벌레, 물방울 소리, 잎사귀 구르는 소리, 바람 소리 등 하나하나 분리된 소리가 합쳐지면서 총체적으로 움직여 하나의 '소리 짜임새'를 만드는 것과 같다.

협력 치료의 절차

협력이 없다는 징후는 기업에게 불길한 신호이다. 협력이 없는 조직은 어떤 성과도 내기 어렵다. 실제로 협력 없이 기업이 제대로 돌아갈 수 없다. 예를 들면, 고객과 직접 접촉하는 마케팅 인력들이 고객의 요구를 다른 부서에게 전달해주길 기대한다. 시장의 요구에 적응하고자 하는 생산부서도 고객에 대한 정보에 목말라 한다. 그러나 현실은 영업 현장에서 얻은 정보가 다른 부서로 전달되지 않는 기업들이 대부분이다. 그 대신 다른 부서를 책망하는 데에는 선수들이다. 마케팅부서는 오히려 고객을 모르고 상품을 만드는 생산부서를 비난하곤 한다. 그러나 정작 자신들의 현장 정보를 체계적으로 전달하려는 노력도 없고 통로를 만들려는 열의도 없다.

협력 문제를 해결하는 치료 절차는 다음과 같다.

첫째, 조직원 개개인의 네트워크를 진단한다. 개인별로 자신의 네트워크를 스스로 진단하게 한다. 협력의 결과를 최대화하는 방안을 얻도록 한다. 구체적으로, 업무의 흐름을 체크하도록 하며, 개인별 필요한 전문 영역을 표시하게 하며, 이 필요성이 자신의 네트워크에서 실현되고 있는지 확인되게 하며, 전문 지식의 공백(gap)을 측정하고 혹시 한두 전문가에 과도하게 의존하는지를 표시하게 한다.

둘째, 조직이 협력을 지원하는지 진단한다. 구체적으로, 조직이 조직원의 협력에 어떤 방식으로 영향을 미치는지 진단하며, 조직 자체가 협력에 영향을 주는 요인이기도 하지만 제약요인이 될 수 있다는 점을 강조하면 더 좋다. 이 진단은 다음 4가지 영역으로 구분해서 표시할 수 있다. 그 4가지 영역은 1) 개인 관계망과 공식 조직과의 부합성, 2) 작업흐름, 3) 적합한 인력이 배치되고 있는지, 4) 협력을 촉진하는 리더가 자리 잡고 있는지 등이다. 협력을 맺어주는 처방에는 직접적인 처방이 있고, 간접적인 처방도 있다. 직접적인 처방은 연결 당사자들에게 모임을 주선해주는 방법이며, 간접적인 처방은 협력을 하도록 유인하여 구성원 사이 공감을 넓히며 인센티브를 제공하는 처방이다.

셋째, 협력을 유인하는 원리를 정확히 이해해야 한다. 협력을 유인하기 위해서는 우리 문화적 전통에서 방책을 찾을 수 있다. 우리가 인센티브에 약하다는 주장이 있지만, 반드시 그렇지 않다. 개인 인센티브에는 낯선 편이지만, 공동 인센티브 제도에는 매우 익숙하다. 공동작업의 인센티브에는 역사적 뿌리가 깊다. 우리의 쌀농사 전통에서 전해온 문화유산의 영향이다. 쌀농사는 서양의 밀농사와는 다르다. 쌀농사 전통을 가진 우리가 서양의 원리만을 따를 필요는 없다.

그 역사가 좋든 싫든, 훌륭하든 초라하든 한 인간 혹은 한 사회는 그것과 독립적으로 존재하지 않는다. 이것이 후대에 전수되는 유산이라는 것이다. 우리 민족의 유산 중에서 '논농사 전통'이 있는데, 그것은 몇 가지 두드러진 특징을 갖는다. 첫째, 노력과 결과 사이에 명확한 관계가 있다. 논에는 열심히 일한 만큼 수확이 늘어난다. 둘째, 경작과정이 복잡하다. 봄에 씨를 뿌린 다음 가을에 걷기만 하면

되는 일이 아니다. 무엇보다 가족의 노동력을 잘 조합해야 하고 종자 선택을 통해 불확실한 위험을 회피해야 하며, 수로를 만들고 관리하는 가운데, 종자를 뿌릴 시간과 추수를 하는 시점을 절묘하게 파악해 협업으로 그 복잡한 과정을 빠른 시간 내에 해결했던 DNA가 있다.

이런 논농사 정신은 우리 마음속에 뿌리 깊이 들어와 있다. 논농사에서는 노력에 따른 결과가 명확해야 납득이 되고 성이 풀린다. 우리는 농사짓는 노력을 들인 만큼 수확이 있어야 편안했던 정서를 물려받은 것이다. 이것이 논농사 인센티브 체계이다. 우리 논농사에는 집단적인 인센티브 원리가 작동하고 있음을 기억해야 한다.

그 중 주목할 것은 고정소작료라는 제도다. 그것은 목표떨이식 인센티브 제도였다. 논농사에서는 고정소작료라는 이름이 항상 따라다녔다. 농부에게 돌아가는 보상은 주로 고정소작료 제도로 운영되었다. 그 이유는 논농사는 큰 손실이 발생할 수 있기 때문이었다. 지주는 위험을 줄이기 위해 노동에 실질적인 보상이 돌아갈 만한 제도를 고안했다. 그런데 그 제도가 성립하려면 수확량이 많아지는 농부에게 더 많이 돌아가도록 보상해줄 필요가 있었다. 그래서 고정소작료가 생겼다. 지주가 가져갈 몫을 정하고, 그 이상의 소출이 나오면 그것은 소작농이 챙기는 방식을 택했던 것이다. 논농사는 노예나 일당벌이의 손으로 키울 수 없다. 몇 일만 늦게 물꼬를 막아도 또 논에 물이 너무 많이 들어가도 곧바로 수확량이 떨어질 만큼 정성이 많이 들어가는 것이기 때문이다.

협력 치료의 전략과 대책

다리 놓아주기(building bridge)

협력 부재를 해결하는 직접적인 처방은 당사자들 사이에 연결 다리를 놓아주는 것이다. 직원들의 네트워킹을 늘려주고자 모임들을 만들어 줄 수도 있고, 특정 인물들의 만남을 주선할 수도 있다. 구체적인 표현을 쓴다면, 단체 야유회를 기획하거나 혹은 복도에 커피자판기를 늘려주는 것 등이 그런 예들이다.

여기서 '다리 놓아주기'는 기존에 없던 연결을 만들어주는 처방이다. 특히 기업전략 측면에서 꼭 필요한 협력이 비어있는 곳이 있을 때, 그 당사자들을 맺어주는 방책이 바로 '다리 놓아주기'인 것이다. 물론 기업의 소통 통로에서 격리된 부서에 대해 다른 부서와의 관계를 맺어주는 특단의 조치들도 포함된다.

'다리 놓아주기' 영역은 개개인의 연결보다는 부서 사이의 관계에서 더 효력을 발휘한다. 부서 사이의 소통 부재는 기업의 효율성을 낮추는 문제이므로, 이를 극복하여 부서 간 사통오달(四通五達) 체계를 갖추는 것이 바람직하다. 물론 모든 부서가 무조건 연결되어야 할 필요는 없을 것이지만, 부서 사이 아무런 연계가 없다는 것은 무언가 문제를 발생시킬 소지가 크다.

부서 사이 연결을 강화하기 위해서 여러 부서를 공동으로 프로젝트에 참여시킬 수 있다. 여러 부서원이 모이는 복합기능팀(cross functional team) 구성도 한 방법이며, 자연스러운 비공식적인 모임을 만들어주는 것도 다른 방법이다. 또 구체적인 교류의 장을 만들어 줄 수도 있고 혹은 전문 지식이 교환되는 장터(fair)를 제공하는 방법도 있다. 서로 가깝게 위치해야 하는 부서들 간 물리적 거리를 줄여주는 것도 실질적인 효력이 매우 크다.

개방 담당자의 유형도 생각해야 한다. 보통 개방 담당자에는 두 유형이 있다. 첫째, 바운더리 스패너(boundary spanner) 유형이다. 이들은 다른 그룹과의 연결 역할을 담당하는 행위자들이다. 다른 네트워크 및 조직들을 연결하는 중요한 통로이다.

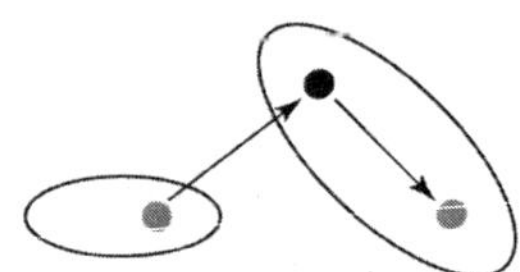

둘째, 정보 중개자(gatekeeper) 유형이다. 이들은 외부에서 정보를 들여오고 전달하는 사람이다. 외부 지식원천에서 지식을 유입시키는 행위자이다. 정보의 흐름을 통제할 수 있는 위치의 사람으로서 자신을 필수적인 존재로 인식하게 한다. 예를 들면, 제조현장의 핵심 조립라인의 책임자는 이러한 문지기에 해당한다.

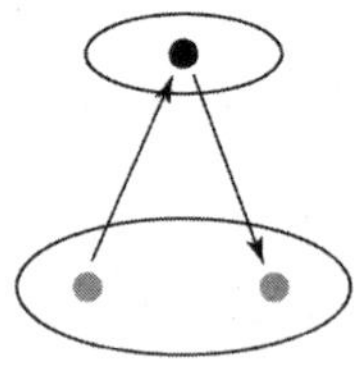

이 정보 중개자는 기업 내적으로 여러 사람과 부서에서 모인 정보를 전달하는 통로이다. 만약 이 사람이 없어진다면 네트워크의 정보 통로에 큰 타격을 입는 셈이다.

'공감'을 주도하는 인물을 찾아라

협력이 높은 기업에서는 공감 지수가 높다. 실제로 구성원 사이의 공감 지수가 높아야 협력문화가 촉진될 것이다. 직원들 사이 협력이 높은 기업에 가면 일단 분위기가 다르다.

구성원들의 공감을 넓히는 방향으로 연결을 확대하면 협력이 자연스럽게 따라온다. 이런 점에서 구성원들의 공감을 높이는 방향으로 보상체계를 확립할 필요가 있다. 실제로 아무리 많은 관계를 맺어주려는 노력도 '공감'이 없으면 헛수고에 그치고 만다.

조직 내면의 공감 수준을 확대하려면 사람들 간 '거리'가 짧은 인물을 잘 활용하는 것이 좋다. 전체 구성원에 도달하는 거리가 가장 짧은 사람일수록 공감을 점화시키기 유리한 위치에 있다. 이 인물이 바로 '공감을 주도하는 인물'이다. 이 인물은 마당발과 같이 연결 수가 많은 것도 아니고 정보를 중개하는 것도 아니어서 겉으로 잘 드러나지도 않는다. 그러나 전 구성원의 분위기를 조성하고 무언가를 북돋울 수 있는 역할을 맡는 인물이다.

이 '공감을 주도하는 인물'을 파악하는 방법은 다음 그림에서 잘 나타난다.

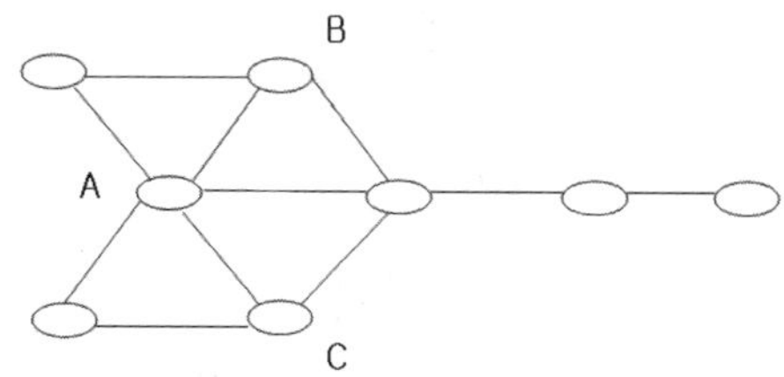

위 그림을 볼 때 누구를 중요한 사람으로 생각하게 되는가? 첫눈

에 들어오는 중요한 인물은 <A>이다. 그런데 겉으로 드러나지는 않지만 '공감'을 넓히는 데 도움이 되는 인물은 <B>와 <C>이다. <B>와 <C>는 네트워크의 다른 사람들에게 도달하는 거리가 가장 짧은 사람들이다. 이들은 공감을 넓히는 인물이라고 말하는 이유는 그들이 다른 조직원들에게 전달하는 경로가 가장 짧은 사람이기 때문이다. 이런 점에서 공감을 확대하려 한다면 다른 누구보다 <B>와 <C>를 통하는 것이 효과적일 것임을 알 수 있다.

겉으로 드러나지 않는 중요인물을 크게 칭찬하는 것은 직원들에게 전해주는 메시지가 작지 않다. 특히 공감을 높여주는 임무를 강조하고 이를 보상하는 것은 직원들에게 어떤 노력이 보상받는 것을 알려주어 공감이 점차 확대될 것이다.

다른 노드에게 전달하는 소통에 초점을 맞춘다면 중심 개념 중에서 근접 중심(closeness centrality) 개념이 해결의 실마리를 준다. 다른 모든 노드로 연결되는 거리 측면에서 가장 짧게 연결되는 노드가 바로 '노드 4'이다. 즉, 이 네트워크에서 노드 '4'가 가장 높은 근접 중심 노드이며, 다른 모든 노드로 연결되는 데 전체 거리(distance)는 24이다.

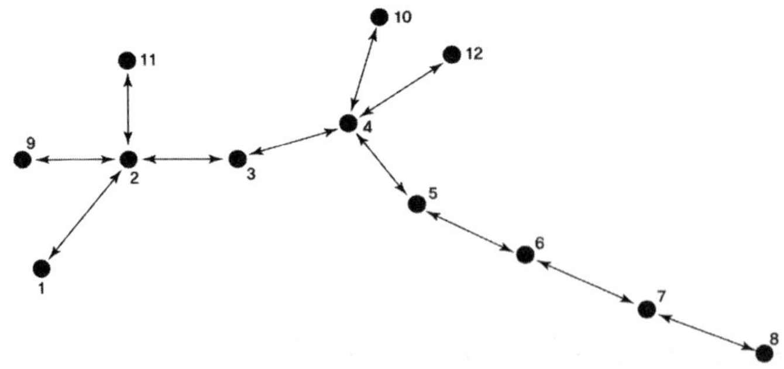

그러나 만약 당신의 관심이 "모든 노드에 도달하되 거리 2 이하로 연결"이라면 상황은 달라진다. 이 경우 노드 '4'보다는 노드 '3'이 오히려 더 좋은 선택이다. 왜냐하면 노드 '3'은 거리 2 이하로 8개의 노드에 도달할 수 있다. 반면 노드 '4'는 거리 2 이하로 6개의 노드에 도달하는 데 그친다. 특정 거리 이내로 연결되는 데 적합한 노드를 찾는 것이 목적이라면 '중심' 개념과는 다른 '핵심 행위자'가 있는 것이다.

협력 선순환을 구축하라

일단 협력이 자생적으로 굴러가면 선순환이 일어날 수 있다. 네트워크의 속성상 기본 골격이 빠른 시간 내 구축되는 편이다. 신속한 자생성을 갖는다고 봐야 할 것이다. 조직 내부의 네트워크는 빠르게 골격을 구축한다. 신속한 자생성은 네트워크 설계에서 반드시 생각해야 하는 사안이다. 네트워크가 골격을 갖춘다는 것은 사람들 사이 역할 구분이 일어난다는 의미이다. 기업에서는 이 역할 구분에 의해 부서가 새로 만들어지기도 한다.

네트워크에서 가장 기초적인 역할 구분은 '핵심'과 '주변부'라는 두 역할의 구분이다. 핵심이란 중요인물들과 연결되어 중요한 역할을 담당하는 그룹이며, 주변부란 중요인물들과의 연결이 단절된 주변 그룹이다. '핵심'과 '주변부'는 네트워크에서의 위치 차이에서 나온 개념이지만, 그들은 향후 진로에서도 차이가 난다.

핵심은 네트워크의 핵(核)으로서의 비중을 유지하는 편이지만, 주변부는 진로의 변화가 많다. 주변부의 한 가지 진로는 외부와 교류하는 통로로서 문지기(gatekeeper) 역할을 맡기도 한다. 그런데 어떤 경우

읽어보기 **협력의 기본 원칙**

장자(莊子) '지락(至樂)' 편에 나오는 바닷새 일화를 보자.

"임금은 궁궐로 날아든 바닷새에게 술과 고기를 권하고 음악을 연주하며 극진히 대접했지만 바닷새는 사흘 만에 죽어버렸다. 상대(바닷새)의 방식이 아니라 나(임금)의 방식으로 상대를 아낀 게 문제였다."

협력이 잘 되려면 상대방이 원하는 방식을 해주어야 한다. 상대방이 원하지 않는 것을 주면서 협력이 잘 되길 기대할 수 없다. 상대방의 입장을 이해하지 못하고 자기 방식으로 생각하는 것도 언제나 문제가 된다. 사람들은 자칫하다 보면 자신의 시각에서만 보게 되기 때문에 주의해야 한다. 장자의 지락 편은 이에 대해 중요한 지혜를 준다.

—조선일보, 「맛있는 공부」, 2013.4.1.

는 네트워크에서 적응하지 못하고 결국 다른 곳으로 옮기게 된다.

협력이 리더십에 의해 조성되는 경우도 있다. 바로 애플 기업이 그 예다. 애플은 협력 수준이 비교적 높은 편이다. 모든 팀이 항상 같이 일한다. 그렇지 않다면 불벼락이 떨어진다. 즉, 위에서 원하기 때문에 협력하는 것이다. 그런데 이런 강요된 협력은 정석이 아니다. 자생적인 협력이 아니기 때문에 애플에서 일하는 것이 즐겁다고 말하는 사람은 거의 없다. 애플은 성공을 인정하는 수준이 매우 높은 가혹한 곳이지만, 조직원들은 신기하게도 애플에 큰 애정을 갖는다고 알려진다. 회사에 관한 사명감도 높은 편이다. 애플 사람들은 자신의 회사가 훌륭한 제품을 만든다는 것에 자부심이 있다. 커피숍에 앉아 있는 90% 사람이 자신 회사 제품을 쓰고 있다는 자부심이 바로 회사에 쏟는 애정의 뿌리다. 고(故) 스티브 잡스와 같이 천재적이고 높은 카리스마의 리더라면, 즉 리더의 존재가치가 매우 높다면 리더에 의해 높은 수준의 협력이 조성될 수 있다.

3

창조 문제의 치료

"이제 창조능력이 없는 개인과 기업은 살아남을 수 없다." 창조의 힘을 설파했던 캐나다 토론토 대학교 리처드 플로리다(Richard Florida) 교수의 육성이 아직도 생생하다. 개인이든 국가든 창조능력이 경쟁력의 핵심이 되었다는 지적이다.

이에 관해 산업체도 예외는 아니다. 창의적인 상품을 만들고 혁신적인 서비스를 내놓는 기업만이 시장에서 살아남는 시대로 들어섰다. 기존 경쟁력의 원천이었던, 생산현장의 열정, 추격과 모방의 성공, 원가 절감 등과 같은 산업화 시대의 비결을 갖췄던 기업들은 새로운 무기를 준비해야 하는 과제를 안게 된 것이다. 우리 기업 중에서도 세계시장의 선도권에 나서는 기업들이 늘고 있다. 이미 선도자 반열에 올랐거나, 세계시장을 공격적으로 점령하려는 혁신 기업들에게는 창의적 능력이란 빼놓을 수 없는 결정적인 병기가 된 것이다.

미래를 위해 진정으로 중요한 질문은 "어떻게 창조 역량을 갖출 수 있을까"가 되었다. 지금부터 이 답을 향해 가보자. 창조(creation)란 단어를 떠올리면 일반적으로 이 세상에 없던 새로움, 그리고 갑자기 하늘에서 뚝 떨어지는 선물과 같은 것을 상상한다. 그런데 이것은 창조에 대해 잘못된 인식이다. 한 기업에서 창조적 작품이 나왔다면, 그것은 고독한 발명가의 섬광 같은 통찰 및 '유레카' 순간에서 나오는 것이 아니다. 그보다 오히려 협력적 환경에서 나온다고 봐야 맞다. 즉, 창조란 여러 사람 사이의 교류로 완성되는 결과물이다. 백지한 장도 맞들면 낫다는 정신이 중요하다. 이것을 잊고선 창조적인 조직이 절대 될 수 없다.

"창조는 이미 존재하는 요소들을 어떻게 결합하는가 그리고 교환하는가의 결과다." 이미 수십 년 전 오스트리아 경제학자인 슘페터가 창조의 본질을 차분하게 정리했던 한 문장은 설득력이 여전히 높다.

여기서 3가지 키워드가 등장하는데 모두 촌철살인과 같은 메시지를 전한다. 첫째, '이미 존재하는(existing)'이란 개념이다. 이는 창조가 하늘 아래 새로운 선물이 아님을 명확히 말한다. 이미 우리가 갖고 있던, 우리 세상에 이미 존재하던 요인들에서 창조가 시작된다는 것이다. 둘째, '결합(combination)'이란 개념이다. 기존 요소 중 어떤 요소를 어떤 순서로 합치는가, 이것이 창조의 중요한 부분이란 의미다. 셋째, '교환(exchange)' 개념이다. 기존 요소 중 무엇과 무엇이 만나고 연결되는지 그것이 중요하다는 뜻이다.

이 세 의미는 창조라는 개념에서 빠질 수 없는 숨겨진 보물이다. 슘페터라는 석학의 통찰이 그 보물을 일찍이 우리에게 전해주었기에 감사하다.

예술과 문학에서 독점했던, 동시에 창조의 근원인 상상력 개념도 핵심은 '결합'이다. "상상력이란 무엇인가"이란 질문에 1841년 컴퓨터 언어체계를 최초로 개척한 과학자 '에이다 바이런(Ada Byron)'은 이렇게 답했다. “그것은 결합하는 능력이다. 상상력은 사물, 사실, 관념, 개념을 새롭게 독창적으로 끝없이 늘 바꿔가면서 결합한다. 상상력이란 우리를 둘러싼 보이지 않는 세계들, 과학의 세계들 속으로 뚫고 들어가는 것이다.” 결합이 없다면 상상력도 없다는 사실을 적나라하게 지적하는 표현이다.

슘페터의 통찰을 따르면 창조는 관계와 소통이란 영역과 아주 가깝다는 느낌을 얻는다. 합성과 교환이란 두 개념이 소통과 관계와 멀리 떨어져 있지 않기 때문이다. 우리가 흔히 쓰는 소통이란 것을 해부하면 교류와 합성이라는 두 단어로 풀어볼 수 있지 않을까. 누구와 누가 교류하는가, 누구와 누가 먼저 만나고 나중에 합치는가 등과 만나게 된다.

우리는 실상 이런 교환과 합성에 익숙하다. 비빔밥이 온갖 재료를 잘 섞은 음식으로 우리의 대표인 것을 알 것이다. 그러나 먹는 음식에서만 잘 사용했을 뿐이다. 사람들 사이의 교환과 합성이 낼 효과에 대해서는 무지했다.

비빔밥 원리

한국을 대표하는 음식으로 많은 사람이 비빔밥을 꼽는다. 비빔밥을 보면 우리는 이미 창조경제를 이끌 만한 자질을 갖추고 있다. 비빔밥 원리를 따라 잘 섞어 놓으면 창조가 나오고, 우연한 행운도 얻는다. 영어권에서도 이런 우연한 행운이 주는 신화적 스토리를 좋아하는데, 그 행운을 지칭하는 것으로 ‘세렌디피티(serendipity)’라는 표현이 널리 쓰이는 편이다. 그런데 우리는 누구보다 재료를 버무리는 데 일찍부터 재주를 키워왔다. 우리가 습득한 전통적인 특기를 잘 살리면 세계적인 비빔밥을 만들듯이 세계 수준의 창조물을 만들어낼 수 있다.

양질의 좋은 재료들이 섞일수록 융합의 효과가 좋다. 즉, 어떤 재료의 어떤 요소들이 결합되느냐에 따라 비빔밥의 맛이 구별된다. 기업 내부의 합성 측면에서 보면, 각 구성원이 어떤 경험과 지식을 갖고 있는가도 중요하며 또한 그와 같이 중요한 것이 재료들의 합성방법이다. 실제로 어떤 요인들이 선별되는지에 따라 조직의 창조능력은 엄청나게 달라진다. 경영의 묘미는 그 최적의 선별에서 시작해서 선별된 요소들의 결합 비결에서 마무리된다.

이런 결합의 비밀은 비빔밥만이 아니다. 남도 음식으로 유명한 '삼합'이란 것이 있다. 돼지고기, 김치, 홍어, 이 세 가지를 혼합해서 맛을 내는 음식이다. 각기 정체성을 유지하면서 합쳤을 때의 오묘한 맛이 별미다. 한약에서 '십전대보탕'은 열 가지 약재가 서로 녹아 화학변화를 일으켜서 맛을 낸다. 융합과 잡탕의 두 면을 통해 맛과 영양을 모두 높인다. 우리의 고유 음식인 김치부터가 실상 혼합의 비밀을 담고 있다. 배추에다 젓갈, 마늘, 고춧가루 등 각종 양념을 버무리고 발효시켜 맛을 낸다. 발효라는 것을 생각하면 김치는 융합의 결정판이라고 볼 수 있다.

비빔밥 원리에 눈뜬 기업이라면, 다양성을 인정하고 중심 행위자들에게 자만심에 빠지지 않도록 경각심을 주면서 다양한 유형을 유지해야 한다. 한번 중심이었다고 해서 영원이 중심이 되는 것은 아니다. 마찬가지로 영원한 주변인도 없다. 중심에게 주변인을 품고 융합하는 것을 권장하는 기업, 많은 주변인들에게 중심이 되는 희망을 갖게 하는 기업이어야 한다.

기업의 창조능력을 키우고 싶다면, 특이한 인력인 아웃라이어에 대해서도 생각을 바꿔야 한다. 그들의 독특한 고유 능력을 인정하면서 새로운 창조를 도모해야 한다. 아웃라이어는 주류에서 벗어난 사람이 아니고 귀중한 자산이 될 수 있다. 어쩌면 아웃라이어들을 활용하는 것이 창조경영에 중요한 부분이 될 수 있다. 숲의 가장자리인 '임연부(林緣部)'에는 숲의 반열에 들어서지 못하고 머뭇거리는 식물 종(種)들이 있다. 이들은 숲을 포기한 채 어지러이 자라는 잡초들이지만 소외된 무능한 곳이 아니다. 이들은 숲 변화를 이끄는 동력임을 인정해야 한다. 이 변두리는 정지한 듯 보이지만 변종이 무성한 곳이며, 변종은 생태계를 진화시키는 힘이다.

창조경영을 '비빔밥' 관점에서 볼 때 다음 두 가지 원리가 중요하다. 비빔밥이 맛있으려면 첫째, 우선 재료가 좋아야 할 것이고, 또한 둘째, 비비는 방법이 절묘해야 한다. 이 핵심 두 가지 비결을 각각 상세히 살펴보기로 하자.

첫째, 재료가 좋아야 한다. 섞일 재료가 좋아야 비빔밥 맛이 산다. 또한 어떤 재료가 있는지 정확히 알아야 '비빔밥'의 유형을 어림잡을 수 있다.

둘째, 비비는 방법도 중요하다. 비비는 방법에 따라 비빔밥의 맛이 달라진다. 같은 재료를 쓰더라도 어떻게 비비는가에 따라 다른 결과가 나온다. 이른바 '합성의 기술'이 중요하다. 이 합성의 기술에는 첫째, 지식전달의 통로, 둘째, 지식전달의 타이밍이 중요하다. 즉, 지식을 만나는 통로와 타이밍이 결과물의 질을 결정하는 데 중요하게 작동한다.

병풍

우리는 합성의 묘미를 살리는 공간구분 전통도 있다. 서양 사람들은 공간을 막으려고 하면 철저히 막는다. 튼튼한 벽이 사용된다. 개인 프라이버시가 중요하기 때문일 것이다. 서양 사람들이 벽으로 막았다면, 우리는 병풍으로 간격을 만들었다. 고정된 간격이 아니다. 안과 밖의 경계는 언제나 고정적이지 않다. 조금 밀어서 안을 넓힐 수 있다.

벽으로 틀어막은 서구 사회와는 많이 다르다. 같은 방안에서도 병풍으로 칸막이를 했다. 안의 소리가 밖으로 나가기도 했고, 밖의 소리가 안과 교감했다. 은근한 맛의 소통을 할 줄 알았다. 병풍으로 인한 공간의 구분을 인정하지 못했던 서양과는 차이가 있다.

우연한 발견(세렌디피티)

창조는 항상 계획적 결과물만은 아니다. 우연의 발견물인 경우도 많다. 구성원들의 합성과 조합에 의해 계획하지 않은 부산물이지만, 차후 놀라운 창조가 될 수 있다. 이처럼 계획하지 않았지만 놀라운 결과를 '우연한 발견(세렌디피티; serendipity)'이라고 한다.

'우연한 발견'의 원어인 '세렌디피티(serendipity)'는 호레이스 월폴(Horace Walpole)이라는 작가가 옛날 페르시아의 우화였던 "세렌딥의 세 명의 왕자들(three princes of serendip)"을 읽고 책 속 주인공의 능력에 착안해서 만든 단어라고 한다. 만나서 교류하는 사람들 사이에서의 자연스러운 접촉을 통해 혼자서는 불가능했던 새로운 창조물을 만들 수 있다. 이런 점에서 사람들이 교류하며 접촉해서 얻을 수 있는 '우연한 발견'은 기업의 창조 경로 중 중요한 방법임에 틀림없다. 이를 위해 우연한 발견을 낳을 수 있는 교류공간을 만들기도 하며, 부서 배치에 신경을 기울여서 그 발견의 가능성을 극대화하도록 노력할 수도 있다.

어떻게 우연한 발견이 많아질 수 있을까? 그 비결은 그리 복잡하지 않다. 사람들 간 교류가 많아져야 하고 지식합성이 증가해야 한다. 이렇게 교류와 합성이 많아지려면 구성원들 간 '공감'이 많은 기업이어야 한다. 명확하게 비전을 선포하고 공유하면 많은 직원들이 공감하게 된다. 공감이 많아질수록 '우연한 발견'이 발생할 수 있는 조건이 형성된다. 사람이 사람을 부르고 지식은 지식을 낳는다. 이런 과정에서 세렌디피티도 찾아온다.

지식의 암묵성(tacitness)의 좋은 예는 아들에게 자전거 타는 법을 가르쳐주는 상황이다. 가르쳐주는 자는 페달에 발을 올려놓아라, 뒷바퀴 브레이크는 어디이며, 앞바퀴 브레이크와의 차이는 무엇이다, 핸들을 어떻게 움직인다 등을 조목조목 힘주어 말한다. 그런데 그것으로 충분한가? 그렇지 않다. 중심 잡는 법, 브레이크의 감, 속도에 대응하는 몸 움직임 이런 것이 실제 자전거 타는 법의 진수이다. 그런데 안타깝게도 이들은 쉽게 말로 표현되지 않는다. 바로 암묵성 때문이다.

모든 지식이 쉽게 전달되는 것은 아니다. 지식은 쉽게 전달되도록 말로 표현되는 것도 있지만 표현되지 않는 경우도 많다. 이렇게 말로 표현하기 어려운 지식을 암묵적(tacit) 지식이라고 부른다. 국민타자였던 이승엽 선수가 홈런을 치는 기술은 말로 표현하기 어렵다. 이승엽 선수 스스로 몸으로 체화한 암묵적 지식이기 때문이다. 만약 그 지식은 말로 표현할 수 있다면, 많은 사람들이 이승엽 수준의 홈런타자가 될 수 있다. 그러나 현실은 그렇지 못하다. 이승엽 선수도 자신의 아들에게조차 그 비법을 전수하기 어렵다. 이러한 암묵적 지식은 하나의 매뉴얼로 표현되지 않으며, 오직 오랜 세월의 교류와 접촉에 의해 은밀하게 전수받아야 한다. 암묵적 지식이 전달되는 유일한 통로는 스킨십 교류이다. 교류가 반복되면서 서로를 이해하게 되면 암묵적 지식이 미세하나마 스며들 수 있다. 이 암묵적 지식의 전달을 위해 중요 지식 보유 인물들의 교류가 발생하는지 여부도 창조경영의 성공에 중요한 과제이다.

건강한 지식 흐름 만들기

한 기업의 지식 흐름은 선순환이 될 수도 있고 악순환에 머물 수도 있다. 이 두 차이는 기업 경쟁력 측면에서 하늘과 땅만큼이나 차이가 크다. 일단 선순환에 들어서면 스스로 잘 돌아가지만, 악순환에서는 점차 지식 흐름이 둔화된다. 또한 지식 사이클 자체가 자기강화 속성을 갖고 있기 때문에 한번 도달한 선순환은 더욱 좋은 선순환을 만들고 악순환은 더욱 나쁜 악순환을 만든다. 이 때문에 일단 악순환에 빠지면 좀처럼 선순환으로 돌아서기가 어렵다.

지식 사이클의 선순환이란 과연 어떤 모습을 말하는가? 한마디로 지식 흐름이 순조롭게 진행되는 체계를 갖는 것을 말한다. 그런데 지식 흐름의 선순환 체계를 위해서는 결정적인 조건이 충족되어야 한다. 그 조건이 충족되면 선순환 사이클을 만드는 것이 용이하지만, 그렇지 못하면 악순환에 처하게 된다. 그만큼 결정적인 조건이다. 그 조건은 '길목'이란 요소에서 나온다.

'길목' 효과를 살려야 한다

창조역량의 생명은 '신선한' 지식들이 많이 움직여 다니는 것이다. 여기서 '신선한 지식'이란 지식이 많다는 것과는 다르다. 각 사람들에게 살아있는 지식일 때 신선한 지식이라고 말할 수 있다. 자신이 이전에 생각할 수 없던 지식이 도움이 되는 경우는 너무도 많다.

한 기업에 신선한 지식이 넘치게 하는 방법은 무엇일까? 크게 보면 두 가지 방법이 있다. 첫 번째 방법은 그 기업 외부로부터 새로운 지식을 얻는 것이다. 대학 혹은 연구소와의 교류 및 공동기술개발 등이 중요한 이유가 지식원천이다. 자체적으로 얻을 수 없는 지식을 외부 전문기관으로부터 얻어서 혁신을 달성하는 방법이다. 물론 다른 기업들도 중요한 지식원천이 될 수 있다.

두 번째 방법은 기업 내적으로 각 구성원들의 지식중개를 잘 해서, 각자에게 신선한 지식을 얻도록 하는 방법이다. 각 구성원들은 저마다 경험과 지식을 쌓고 있다. 한 사람의 경험과 지식은 비슷한 일을 하는 사람들을 제외한 다른 사람에게는 새로운 지식이 될 수 있다. 지식중개(brokering)가 어떻게 되는가에 따라 기업 내적으로도 얼마든지 '신선한' 지식을 공급할 수 있다.

지식중개 효과를 극대화하기 위해서는 지식을 연결하는 '길목'이 존재해야 한다. 그 길목을 맡은 사람이 '브로커'가 되며, 어떤 의미에서는 이 브로커가 많을수록 전달되는 지식의 '신선함'이 살아 움직이게 된다. 브로커가 많아질수록 관계의 중복이 없다는 의미이므로, 지식중개 효과가 더욱 커질 수 있다.

신선한 정보를 얻는 것은 '길목'에서 각 곳의 정보가 전달되면서 발생하는 효과이다. '길목'이라는 위치는 직접 연결은 최소화하면서 많은 사람들과 교류하는 위치이다. 이는 적은 비용으로 많은 직접 연결만큼의 효과를 얻는 위치이다. 그런데 '길목'에서 신선한 정보효과가 살아나려면 결정적인 조건 하나가 충족되어야 한다. 그 조건은 길목에 의해 연결되는 사람들이 새로운 정보를 갖고 있다는 조건이다.

이를 <그림 1>의 비교를 통해 살펴보자. 이 세 그림은 미국 시카고 대학의 로날드 버트(Ronald Burt) 교수의 사례를 인용하는 것임을 밝힌다.

세 그림의 각 유형을 우선 설명해보자. <네트워크 A>는 '나(ego)'가 한 직장에 입사하여 4명을 소개 받은 상태이다. 가장 초기 네트워크이다. <네트워크 B>는 '나(ego)'가 관계를 2배로 만들어 8명의 구성원으로 구성한 네트워크이며, <네트워크 C>는 '나(ego)'가 다시 구성원들을 4배로 늘려 16명의 관계를 만들었을 때의 모습이다.

네트워크 유형이 A에서 B로 그리고 다시 B에서 C로 변하는 과정에서 "정보량이 증가했다"라는 효과를 기대할 수 있다. 그 기대를 하는 배경은 이렇다. 네트워크 C로 갈수록 보다 많은 사람과 교류하게 되니 자연스럽게 더 많은 정보를 얻을 것으로 기대하는 것이다.

〈그림 1〉 네트워크에서 길목 효과(1)

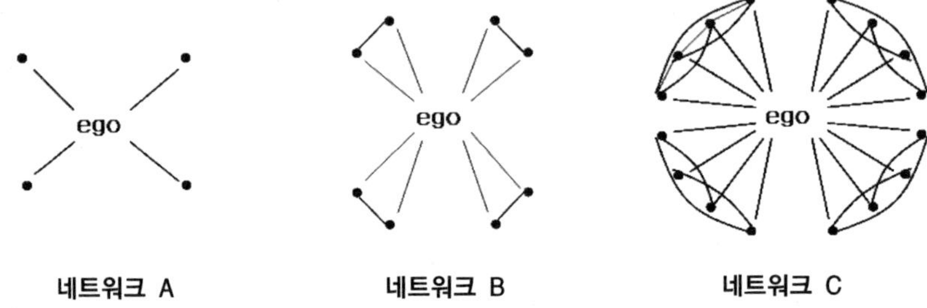

물론 이 기대는 연결된 사람들이 중복되지 않는 고유 정보를 갖고 있을 때 제대로 성립되는 기대이다.

그런데 '나(ego)'는 세 네트워크에서 공히 '길목'이므로 연결된 노드 수가 증가할수록 나를 통해가는 정보가 증가한다는 즐거운 상황이다. 물론 그 정보량이 무한정 늘어나는 것은 아니겠지만, 길목으로서 효과는 지속적으로 누릴 수 있다. 나(ego)는 연결된 4개 각 집단에 '신선한' 정보를 전달해줄 수 있다. 왜냐면 나(ego)를 제외하고는 각 집단이 서로 연결된 통로가 없기 때문이다.

<그림 2>는 '길목'의 의미를 더욱 명확히 이해시킨다. 우선 <그림 A>를 보면 길목이 누구인지 한눈에 드러난다. E와 F는 양쪽 두 그룹을 연결하는 유일한 통로이다. 이 두 인물이 중요할 수밖에 없는데, 조직 전체의 소통 원활화가 이들에게 달려 있다. 심지어 그들의 의도에 의해 업무정보를 왜곡시킬 수도 있다. 물론 연결 수는 다른 노드들이 더 많지만 중요성을 누구도 무시할 수 없다.*

* 그림 A에서 노드 'C', 'D', 'G', 'H'가 연결수 중심성이 가장 높다. 4개의 인디그리(in-degree)와 4개의 아웃디그리(out-degree)를 각각 갖고 있다. 나머지 노드들은 연결

〈그림 2〉 길목 효과(2)

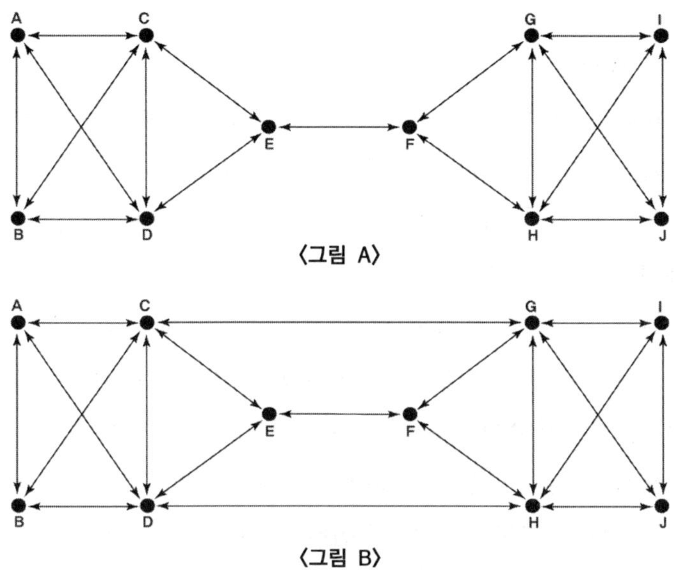

〈그림 A〉

〈그림 B〉

여기서 새로운 상황을 추가해서 <그림 B>를 보자. <그림 A>에 <C－G> 사이 그리고 <D－H> 사이 두 연결을 추가한 그림이다. 그런데 이 두 개의 연결을 추가하면서 <E－F> 연결의 가치가 감소한다. 단순히 두 선을 그었을 뿐이지만 'E', 'F'의 장점이 파괴되고 그들의 매개 역할이 급격하게 추락한다.* 사실상 E와 F의 매개 역

수 '3'의 값을 갖는다. 매개 개념으로 넘어가보자. 'E', 'F' 두 사람은 매개 중심성(betweenness centrality)이 높다. 구체적으로 다른 사람들 사이의 0.444(4/9) 값의 매개 중심값을 갖는다. 한편 노드 'C', 'D', 'G', 'H'들의 매개 중심값은 0.185이며, 나머지 다른 노드들(A, B, I, J)은 모두 zero(0) 매개 중심값을 갖는다.

* 두 노드인 E와 F의 중심값이 0.444에서 0.056으로 추락한다. 한편 C, D, G, H의 매개 중심값은 0.185에서 0.190으로 변하는데 사실상 거의 변화가 없는 편이다. 나머지 노드들은 여전히 zero(0)이다.

할은 없어진다.

'길목'의 관리

길목 효과에 대해서도 전략적으로 접근해야 한다. 관계망에서 길목이란 위치의 장점은 쉽게 이해하지만 막상 그 위치를 찾고 전략적으로 활용하는 것은 쉽지 않은 일이다. 그러나 만약 그 효과를 잡을 수 있다면 보상은 크다.

우선 특정 한 명의 직원을 선정하여 문지기(gatekeeper)로 '임명'하는 것에서 시작할 수 있다. 그 임명은 전략적인 작업이므로 인물 선정에서부터 정보전달에 능숙해서 문지기 역할을 잘 할 수 있는 사람을 선정해야 한다. 그 임명된 문지기에게 임무를 부여하여 기업 내부에 존재하는 신선한 정보를 수집하게 하고, 이 정보를 다른 직원들에게 전달할 수 있도록 지원할 수 있다.

창조 에너지의 전염과정을 이해하라

창조는 에너지의 싸움이다. 조직 내 전염이 잘 된다면 작은 불씨로 시작된 창조 에너지가 전 조직으로 확산할 수 있고, 그것이 창조적 기업이 되는 지름길이다.

전염은 조용히 진행되다가 갑자기 들불처럼 번지는 변곡점이 있다. 그 변곡점을 '티핑포인트(tipping point)'라고 칭한다. 이 티핑포인트 개념은 미국의 베스트셀러 작가인 말콤 글래드웰에 의해 유명해진 단어로서, 그것에는 다음 3가지 특징이 있다. 첫째, 전염성이 있다는 것, 둘째, 작은 시작이 엄청난 효과를 초래한다는 것, 셋째, 변화가 극적인 순간에 발생한다는 것 등이다.

전염에는 두 가지 통로가 있다. 하나는 폐쇄적 관(conduit) 유형이며, 다른 하나는 개방적 채널(channel) 유형이다. 여기서 '관'이란 정해진 파트너 사이의 일직선 전달통로이며, 한편 '채널'이란 정해진 대상은 없이 지식과 정보가 뿌려지는 전달통로이다.

관(conduit) :

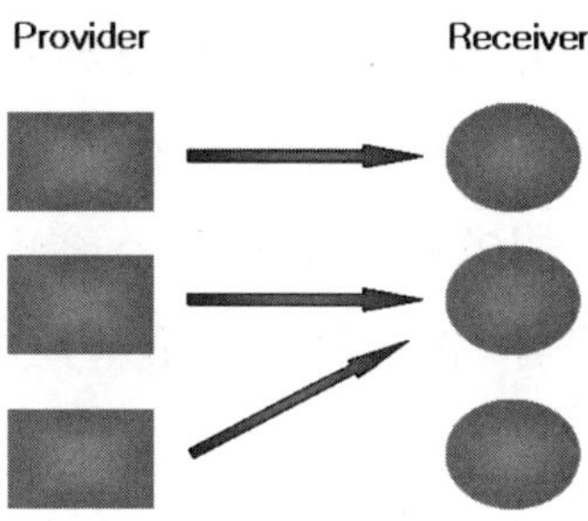

채널(channel) :

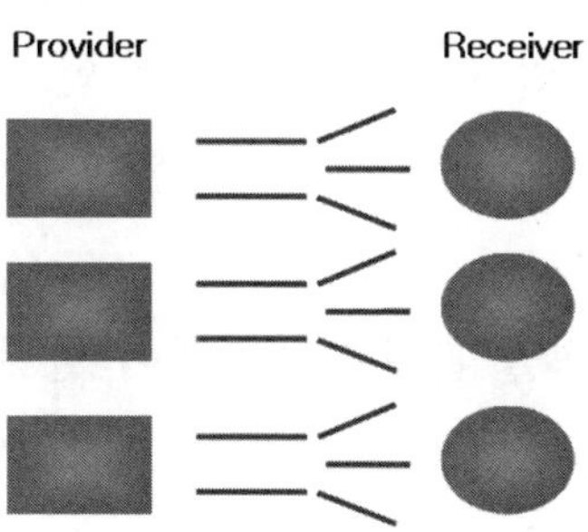

관(conduit)이란 도구는 약속된 대상에게만 한정해서 메시지가 전달되기에 폐쇄적인 통로다. 이 경우 전달 당사자들이 사전에 정해지고 그들이 약속한 전달물만 이 경로를 타고 전달된다. 다른 행위자들은 이에 대해 인식하지 못한다.

한편 채널(channel)은 지식을 전달받는 특정 대상이 없다는 측면에서 개방적이다. 여러 행위자에게 전달내용이 뿌려지며, 행위자들은 그 지식을 자신의 능력에 따라 흡수한다. 사전에 정해진 당사자는 없었기에 전달되는 내용의 특수성은 없는 편이다. 그런데 여러 행위자 중 누군가 수혜대상이 된다는 특징은 주목할 만하다. 실리콘밸리의 성장에서 스탠퍼드 대학의 과학적 발견이 채널형 경로를 통해 산업계에 전달되었었다. 지역의 기업에겐 스탠퍼드 실험실의 발견이 전달되고, 그것을 응용할 수 있는 역량을 가진 기업들이 성공하게 된 것이다.

이 두 개념의 차이는 “닫힘 vs. 열림”이라는 차이임을 주목하자. 관(管)은 닫힌 네트워크이며, 채널은 열린 네트워크이다. 열린 네트워크는 효과가 확산된다는 점에서 바람직하지만, 때론 네트워크를 닫아야 할 때도 있다. 만약 그 기술이 비밀인 경우, 혹은 그 효용을 두 당사자만 나누고 싶을 때는 네트워크를 닫아야 효과가 커지는 것이다.

관 통로와 같이 일대일 관계는 집중력이 발휘되지만 한계도 무시할 수 없을 정도로 크다. 미국 루즈벨트 대통령의 주치의가 쓴 표현에 의하면, 한 의사가 한 사람의 환자를 돌보는 일대일 처방은 언뜻 유용해 보이지만 실제로 위험이 크다고 한다. 그 이유는 항상 혼자 판단해야 하기 때문에 다른 의사들에게서 얻을 학습기회가 끊겨 있고, 또 다른 환자를 보면서 얻는 경험도 적어지는 것이 결정적인 한계라고 한다. 대통령 한 명을 담당했던 의사 스스로의 고백적 토로인 만큼 경청할 가치가 있다.

스탠퍼드 대학이 실리콘밸리에서 보여준 전염은 채널형의 전형적인 사례다. 실험실과 연구의 결과물이 지역 기업가들에게 전달되면서 사전에 정해지지 않은 수혜자가 열매를 맺는 것이다. 즉, 스탠퍼드 대학의 연구 결과는 특정인에게 약속된 재료는 아니고 익명의 다수가 그것으로 활용하다가 누군가 성과를 내는 것이다. 이것이 바로 개방형 혁신의 모범적인 모델이라고 말할 수 있다. 이런 두 유형에 대한 정확한 이해를 통해 조직 내 네트워크를 활용하는 전략이 나올 수 있다.

창조인재를 어떻게 키울 것인가

한 기업에서 모든 직원이 창조적 인재일 수도 없고, 또 그럴 필요도 없다. 평범한 인물들을 창조인재로 키우는 조직이 되어야 한다. 창조적이고 유능한 인재를 선발하고 육성하는 것만큼 창조경영의 지름길도 없다. 창조적 인재는 창조경영을 성공적으로 수행하는 밑천인 것이다.

창조적 인재를 키우는 방법은 무엇일까? 여러 가지 다양한 경로가 있겠지만, 그 중에서 놀랍게도 네트워크 방법이 많은 문제를 해결해 준다. 실제로 많은 창조기업들은 네트워크 치료를 통해 위험한 함정들을 돌파해왔다. 네트워크 치료가 주는 의미를 상세히 알아보자.

병목의 관리

창조적 인재에게 과도한 일이 부여되는 것은 곤란하다. 창조활동을 할 수 있는 여유가 있어야 한다. 너무 많은 여유를 줄 필요는 없겠지만, 두뇌가 여유를 가져야만 창조력이 발휘된다. 한치의 여유도 없이 과중한 업무가 부여되는 상황에서 두뇌는 창조할 수 없다.

보통 기업의 인재들은 많은 경우 과부하를 겪고 있다. 그들에겐 기본적으로 중요 업무가 부여되어 있으며, 그들을 요구하는 업무도 많다. 또한 새로운 프로젝트가 시작되면 또 그들이 필요한 경우도 많다. 이런 방식으로 창조적 인재가 병목(bottleneck)이 된다.

병목은 자신의 시간과 다른 사람들의 시간을 모두 비효율적으로 만든다. 병목이 되는 개인도 상당한 어려움을 겪게 되지만, 조직 전체적으로도 혁신이 지연되며 환경변화에 대한 대응속도도 늦어진다.

창조인력의 경력관리

창조인력 중에는 연구개발(R&D) 인력이 많다. 이들이 연구에 주력하다 보면, 관리직급으로의 승진에서 탈락하는 경우도 많았다. "연구에 집중하면 승진하기 어렵다"라는 분위기에서 그들이 선택할 수 있는 길은 무엇이겠는가. 그들은 연구에 대한 비중을 줄이고 관리자로서 필요한 소양을 닦고자 할 것이다. 이렇게 되면 연구자로서의 경륜과 지식이 퇴색하게 된다.

창조적 인재를 육성하고자 한다면, 연구 분야의 인재들이 연구에 주력해도 그들이 원하는 경력과 위치를 확보할 수 있도록 제도적 장치가 구비되어야 할 것이다. 예를 들어, 연구직과 관리직이란 두 경력경로를 모두 안정되게 쫓아갈 수 있도록 하는 '이중경력(dual career)' 제도가 있다. 이 제도에서도 연구개발과 창조적 활동에 주력하고서도 경력관리가 제대로 할 수 있도록 해주는 것이 핵심이다.

창조와 연구개발에 높은 역량을 갖춘 인재들이 미래의 경력을 염려하는 경우가 실제로 많다. 이들이 염려하는 것은 연구에 주력하다가는 중견관리자가 될 기회조차 없는 것이 아닌가 하는 염려이다. 관리능력을 키우지 못했다는 점도 안타까움이지만, 나이가 들면서 연구능력이 떨어진다는 것도 염려거리이다. 연구 직종에 그대로 남고 싶어도, 연구능력이 떨어지는 미래시점에 중견관리자라는 최소한의 타이틀도 못 갖는 상황을 걱정하게 할 수는 없다. 젊은 창조적 인재들에게 경력 초기부터 연구직에서 관리직으로 전환하는 생각을 품게 할 필요는 없다. 이들이 연구 경력에서 커나갈 길을 열어야 한다.

그 길이 바로 '이중경력경로(double career path)'이다. 두 개의 길을 만들어서 경력관리를 하도록 하는 것인데, 하나는 관리자로 가는 길이며, 다른 하나는 연구자로서 성장하는 길을 독립적으로 두는 것이다. 이로서 연구인력들이 자신의 창조적인 일을 맡으면서도 승진 계단을 밟아나갈 수 있다. 연구 분야에서 관리자 경로를 밟게 해준다면 연구에 최선을 다하면서 경력관리에 대한 고민이 줄어들게 되는 것이다.

관계의 미묘함을 통한 창조인력의 관리

창조인력은 다른 사람과의 관계를 즐기지 않는 외골수가 많다. 홀로 새로운 생각과 사색을 즐기기도 한다. 대체로 이들이 부족한 면은 사람 관계에 대한 것이다. 대체로 다른 사람과 유대가 약한 채 홀로 주변에 머무는 전문가들이 어느 기업에든 있다. 관계능력이 조금 떨어지는 사람들에게는 약간의 '관계관리'가 필요하다. 규모가 큰 기업의 경우에는 기업 내부의 다른 전문가들을 연결해줄 필요도 있다. 그들의 개인적인 사교능력만으로는 그 연결이 원활하지 않을 것이기 때문이다.

창조적 작품을 산출한 인물들은 카페에 혼자 앉아 사색을 하거나 시골의 느슨한 고립을 갖곤 했다. 카페에 앉는 것은 완전한 고립은 아니지만 사람 사이에서 자신만의 시간을 자유스러운 생각의 기회로 쓰는 것이다. 이때 생각은 자유롭게 또 유연하게 흘러다니고 새로운 아이디어가 나올 수 있다. 한적한 곳의 고립도 많은 작품을 완성시키는 계기가 되기도 했다. 추사 김정희는 제주도 귀양살이에서 추사체를 완성했다. 아인슈타인은 베른 특허청의 단조로운 생활에서 상대성 이론을 성숙시켰다.

새로운 아이디어는 때로 낯선 곳에서 나온다. 여행을 가면 생경한 경치에 마주한 뇌세포가 새로운 시놉스를 연결하기 위해 몸부림친다. 여행이 새로운 아이디어가 마구 떠오르는 기회가 되는 이유가 바로 이것이다. 주변의 걷기 예찬자들도 이런 경험을 말하는 셈이다. 혼자 걷다 보면 미지의 방으로 들어간 듯이 아이디어가 떼를 지어 떠올랐기에 놀랐다는 것이다. 기업조직 내에서도 이런 느슨한 고립을 만들어주는 것도 창조인력을 관리하는 한 가지 방식이 될 수 있다.

이 관계관리에 핵심 사항이 하나가 있다. 무엇보다도 직원들이 편향된 관계 연결자가 되지 않도록 해주어야 한다. 편향된 네트워킹이란 식사의 편식과 같은 것이다. 특정 인맥의 목소리만 항상 취하면 편향된 세계관을 갖게 되고, 특정 의견만을 반영하려고 하게 된다. 조금 부정적인 면이 가미되면, 소정 파벌의 목소리 반영에 집착하게 된다. 이때 비합리적 혹은 편향적이라는 평판을 받을 수 있다. 이때의 치료는 편향된 관계망에 과도하게 투자된 상황을 열어주는 것이다. 인간의 창조성은 새로운 문화를 접할수록 커진다는 원론을 다시 따라야 한다. 비빔밥의 한 재료가 될 수 있도록 뒤섞여야 한다. 이렇게 서로 공감대를 넓히고 스킨십을 하도록 분위기를 잡아주는 것이 경영자의 임무이다. 마찬가지 원리로, 직원들이 피상적 네트워킹에 그치지 않고 서로에게 도움이 되는 실질적인 네트워킹을 하도록 분위기를 조성할 필요도 있다.

약한 연결의 힘

약한 연결(weak ties)의 힘을 통찰했던 사람은 스탠퍼드 대학의 마크 그라노베터(Mark Granovetter) 교수이다. 그라노베터 이전에는 '약한 연결'은 역할이 모호해서 크게 주목하지 않는 상태였다. 친하지 않은 관계를 의미하는 약한 연결보다는 강한 연결(strong ties)이 진정한 네트워크의 힘인 것으로 이해했다. 당시는 오직 강한 연결만이 네트워킹의 가치를 갖는 결합으로 인정했던 상황이었다. 그라노베터 교수에 의해 약한 연결이 사람 간 신선하고 소중한 정보와 지식을 얻게 하는 통로임을 알게 되었다.

그라노베터는 약한 연결들이 한 집단과 다른 집단을 이어주는 연결고리 역할을 할 때가 많으며, 따라서 중요한 역할을 한다고 주장했다. 강한 유대는 개인들이 집단 내에서 결합시키는 반면, 약한 유대는 집단들을 서로 더 큰 사회로 결합시키며, 옥외 화장실 사용의 혜택이나 훌륭한 피아노 선생, 다른 발명에 포함된 소중한 정보의 존재를 비롯해 많은 정보의 확산에 중요한 역할을 담당하고 있다는 것을 알려준 것이다.

그라노베터는 간단한 연구를 이용해 자신의 주장을 뒷받침했다. 그는 보스턴 교외 지역에서 최근에 개인적 접촉의 도움으로 새 일자리를 얻은 기술직, 관리직, 전문직 근로자들을 조사하면서 간단한 질문을 던졌다. "새로운 일자리를 구하는 데에 도움을 준 사람하고는 직장을 옮기기 전에 얼마나 자주 만나는 사이였습니까?"

'자주' 만났다고 대답한 사람은 겨우 17%에 지나지 않았고, '가끔' 만났다고 대답한 사람은 55%였으며, 나머지 28%는 '좀처럼' 만나지 않았다고 대답했다. 대부분은 옛날 대학친구나 이전의 직장동료 또는 이전의 고용주를 통해 일자리를 구했다. 당사자와의 접촉은 산발적으로 일어났고, 직장 밖에서 접촉하느라 시간을 보낸 사람은 거의 없었다.

약한 연결의 힘이 주는 메시지는 다음과 같다. 첫째, 친한 사람들은 우리 자신과 비슷한 성향을 지니고 있으며, 자신과 크게 다르지 않다. 서로를 잘 알고 자유롭게 정보를 공유하는 '밀집된 덩어리 네트워크' 속에서 활동한다. "강한 연결이 아닌 약한 연결을 통해서 정보가 확산될 때 많은 사람들을 거치면서 더욱 광범위한 사회 영역으로까지 뻗어 나갈 수 있다." 종합적으로 관계의 밀도가 낮을수록 정보의 밀도는 높아진다는 역설을 제안한 것이다.

친구 vs. 지인(강한 연결 vs. 약한 연결)

강한 연결과 약한 연결은 각각 독특한 특징이 있다. 강한 연결이 주는 최대의 장점은 상대로부터 얻는 '지원효과'이다. 강한 연결의 관계는 자주 만나고 서로에 대해 많은 이해를 하는 관계이다. 이렇기 때문에 어려운 일을 당하거나 혹은 고민스러운 상황에서 조언을 얻는 것 등이 쉽다. 이들이 바로 지원효과인 것이다. 강한 연결의 사람들을 만나며 특정 목적이 없더라도 스트레스를 해소할 수도 있다.

그러나 약한 연결의 효과는 강한 연결과 다르다. 약한 연결의 효과를 한마디로 정리하면 '정보획득 효과'이다. 약한 연결의 효과는 미국 스탠포드 대학의 마크 그라노베터 교수에 의해 촉발된 이슈이다. 그는 1973년 그의 박사학위 논문에서 대학 졸업생들의 "직업 찾기(job search)"에 대한 연구를 진행했다. 이 연구에서 그는 기존 상식에 반하는 결론에 도달하게 된다. 구체적으로 강한 연결관계가 대학 졸업자에게 직업을 찾는 데 유용한 정보를 줄 것이라는 상식에 상반되는, 오히려 약한 연결로부터 실질적인 직업정보를 얻게 된다는 발견을 얻는다. 그 발견의 높은 설득력에 의해, 학계에서 그의 인상적인 제목인 "약한 연결의 강점"이란 표현이 널리 사용되기에 이르렀다.

강한 연결은 인력동원(mobilization) 측면에서 강점이 있고, 약한 연결은 정보의 획득(information gain) 측면에서 강점이 있다고 알려져 있다. 인력동원이란 필요할 때 나타나는 사람은 누구이냐 하는 이슈이다. 인력동원이 잘 된다는 것은 필요할 때 요청할 수 있고 또 그 요청에 잘 응하는 관계를 말하는 것이다. 어려움에 처하거나 도움이 필요할 때 실질적으로 발 벗고 나서서 도움을 주는 사람들은 강한 관계를 가졌던 사람들이기 쉽다. 자주 만나고 접촉이 많아 가치를 공유하는 사람들에게는 도움과 지원을 요청하기도 쉽고 그 요청에 대한 응답도 호의적이 된다. 이것이 바로 강한 연결의 장점이다.

반면, 이전에 접하지 못한 신선하고 의미 있는 정보는 약한 연결에서 얻어진다고 본다. 이는 '관계의 강도' 논의를 촉발시킨 미국 사회학자 그라노베터에 의해 부각되었다는 것은 앞서 설명하였다. 약한 연결관계는 그리 자주 만나지 않으면서 알고 지내는 사이를 말하기 때문에, 새로운 정보를 전달하게 될 가능성이 존재한다. 어쩌다 만나는 사람들끼리는 각자 사는 세상이 다르기 때문에 각자의 세상에서 당연하게 생각했던 것이 상대에게는 새로운 정보가 되기도 한다. 이것이 바로 약한 연결관계의 사람들 사이에 신선한 정보가 교류되는 배경이다.

필요한 도움과 지원을 준다는 강한 연결의 장점은 약한 연결에서는 매우 얻기 힘든 것이며, 또 신선한 정보를 제공한다는 약한 연결의 장점은 강한 연결에서는 얻어질 수 없는 특징이다. 어찌 보면 강한 연결의 장점이 바로 약한 연결의 약점이며, 약한 연결의 장점이 바로 강한 연결의 단점이 된다. 강한 연결과 약한 연결의 균형이 매우 중요하다는 점을 시사한다. 여기서 얻는 실용적인 시사점은 어려울 때 도움을 얻고자 하면 강한 관계를 구성하고, 다양한 정보를 얻고자 하면 약한 관계를 구축하는 것이 바람직하다는 것이다.

약한 연결은 혁신과 새로운 정보의 효과이다. 여름휴가를 위해 좋은 여행지 정보를 알려줄 수 있는 사람은 누구일까? 비슷한 곳을 함께 돌아다닌 가까운 친구일까, 아니면 언젠가 기차 안에서 만난 떠돌이 여행자일까? 유사한 경험과 생각을 가진 사람들은 신선한 정보를 주지 못한다. 그것이 바로 약한 연결이 주는 효과다. 한편 강한 연결은 어려울 때 도움을 청할 수 있는 모빌라이제이션(mobilization) 효과가 있다. 강한 연결과 약한 연결은 경쟁관계가 아니다. 두 유형에서 동시에 혜택을 누려야 한다. 약한 연결이 없어지면 다리가 끊어지는 것과 같다.

'관계'에 대한 중요한 이슈 중의 하나는 '친구와 지인(知人)'의 비교이다. 이는 강한 연결과 약한 연결에 관한 다른 이름이기도 하다.

측정

강한 연결과 약한 연결의 측정은 어떻게 하는가? 연결이 '강하다' 혹은 '약하다'는 것의 의미가 그리 복잡하지 않음에도 불구하고, 이 개념의 측정에는 다양한 방법이 있다.

가장 많이 사용되는 지표는 '관계의 친근성' 지표이다. 얼마나 친근한가 여부를 조사한 후, 그 친근성의 정도에 의해 강한 연결과 약한 연결을 구분하는 것이다. 예를 들면, 1주일에 1회 이상 만나는 친한 친구는 '강한 연결'로 보고, 어쩌다 만나는 면식만 있는 경우는 '약한 연결'로 보는 방법이다. 한편, 이 '관계의 강도'를 사람 사이 관계의 원천에 의해 구분하는 방법도 있다. 친척 혹은 친구는 '강한 연결'로, 친구의 친구 그리고 이웃 등은 '약한 연결'로 보는 것이다. 이렇듯 관계의 원천에 의해 연결의 정도를 구분하는 것은 일종의 명목가치에 의존한 구분 방식이다.

강한 연결과 약한 연결의 균형

사람 사이의 관계에는 매우 끈끈한 관계도 있지만 교류가 서먹하고 빈도가 약한 관계도 있다. 전자를 '강한 연결'이라 하며, 후자를 '약한 연결'이라고 부른다. 자주 교류하며 진한 추억을 갖춘 사람들 간 관계는 '강한 연결'이다. 반면에 명함을 교환하며 인사를 했을 뿐 자주 만나지 못하는 관계는 '약한 연결'에 해당한다.

강한 연결만이 좋은 것은 아니다. 강한 연결과 약한 연결은 각각 장단점을 갖고 있다. 강한 연결은 어려운 상황에 처했을 때 도움을 요청할 수 있는 장점이 있으며, 한편 약한 연결은 신선한 정보를 전달하는 효과가 있다. 지식 흐름의 효과가 높으려면 강한 연결과 약한 연결이 균형적으로 포진되어 각각의 장점만을 잘 흡수해야 할 것이다. 어느 한 유형이 지배적이면 그 한쪽의 장점만을 얻을 뿐 다른 쪽의 장점은 놓치게 되는 것이다.

한 기업의 네트워크에서 강한 연결과 약한 연결을 구분해 볼 필요가 있는데, 두 유형의 분포에 따라 지식 흐름이 달라지기 때문이다. 종합적으로는 지식 흐름이 원활하려면 한 기업 내부에서 구성원 사이의 관계가 강한 연결과 약한 연결이 적절히 균형을 이루는 것이 좋다. 여기서 주의사항 한 가지가 있다. 약한 연결을 갖추고 있어야 한다는 말은 밀도가 낮은 조직이 되라는 말은 아니다. 약한 연결이지만 연결을 갖추고 있는 상황임을 알아야 한다. 밀도가 있어야 결속력을 갖고 있다는 뜻이며, 또 한 관계가 없어지더라도 네트워크가 지탱해간다는 의미를 갖는다. 즉, 일시적으로 휘청거림이 없는 안정성을 갖는다는 뜻인 것이다.

강한 연결과 약한 연결의 균형은 저절로 도달하지 않는다. 전략적으로 균형에 도달하는 방안을 생각해야 한다. 그 방안에 기업 내부의 지식 유형이 도움이 될 수 있다. 왜냐하면 지식 유형에 따라 연결강도의 효과가 달라질 수 있기 때문이다. 지식 유형에도 여러 가지가 있겠지만, 일단 단순한 지식인지 복잡한 지식인지만을 구분해도 효과가 있다. 구체적으로, 약한 연결은 단순명료한 지식의 전달에 효과가 높지만, 복잡한 지식의 전달에서는 그 효과가 낮다. 반면에 강한 연결은 복잡한 지식의 전달에 효과가 크다. 이처럼 지식의 복잡성 정도에 따라 연결강도의 효과가 다를 수 있는 것이다. 얼마든지 관리적으로 활용하는 전략을 강구할 수 있다.

상위층 vs. 하위층

조직의 상위층과 하위층은 이 두 연결 가운데 선호하는 것이 다르다. 한 조직은 사다리와 같은 위계질서를 갖고 있고, 불가피하게 상위층과 하위층으로 구분될 수밖에 없다. 위계서열의 어디에 있는가에 따라 네트워크를 활용하는 동력이 다른 것이다. 하위 계층일수록 강한 연결에 대한 의존이 강하고, 실제로 그것에 의해 얻는 효과도 더 많다. 권한이 적거나 불안감이 높을수록 사람들은 가족이나 이웃 또는 자신이 속한 조직에 강한 연결에 더 집착한다는 뜻이다. 보통 낮은 소득의 사람들은 끈끈한 연결에 목숨을 거는 경향이 강하다. 그들의 교류에서는 온통 끈끈한 연결뿐이다. 강한 연결이다 보니 발이 넓지 못하고 매번 자주 만나는 사람들하고만 계속 교류한다. 그 끈끈한 연결은 더욱 강화된다. 한 기업 내에서도 낮은 직급의 사람들은 '강한 연결'에 의존도가 높다. 그래서 '끼리끼리' 문화가 강하다. 또 이 때문에 한편으로는 발이 넓어지지 않는다.

그런데 상층부의 사람들은 약한 연결의 세계를 산다. 언젠가 총리를 지냈던 이수성 교수가 스스로 자신의 친구가 5만 명에 이른다고 해서 국민 전부가 놀란 적이 있다. 이들과 강한 연결을 할 수는 없다. 그럴 시간이 모자라고 에너지도 부족하다. 사회적으로 높은 지위의 사람들은 약한 연결이 많다. 그저 단순하게 지인(知人) 수준에 그치는 사람들로 가득한 약한 연결의 결집이기 때문에 강력한 응집력은 없다. 곤란한 일에 처했을 때 그들의 도움을 받기 어렵다. 그 대신 더 많은 지인을 소개받을 수 있으며 또한 각 곳으로부터 다양하고 새로운 정보를 얻는 데는 효과가 크다.

구조적 틈새(structural hole)

구조적 틈새의 의미

매개 역할과 밀접한 '구조적 틈새(structural hole)' 개념에 대해 학습하자. 구조적 틈새란 한 사람이 다른 사람들과의 연계에서 중복되지 않고 그 행위자를 통해서만 다른 사람들이 연계되는 바로 그 위치를 구조적 틈새라고 한다. 시카고 대학의 로날드 버트(Ronald Burt) 교수가 발견한 개념이다.

구조적 틈새의 핵심은 '중복되지 않는 것'이다. 여기서 그 '중복되지 않는 것'을 예를 통해서 이해해보자. A, B, C 세 사람이 있다고 하자. 이들 중 A는 두 사람 B와 C를 모두 알고 있다고 하자. 즉, A와 B가 서로 알고, 그리고 A와 C가 아는 상황이다. 이럴 경우 A가 각각 알고 있는 B와 C 이들 두 사람 사이 서로 안다는 것의 의미가 무엇인가? 이 예에서 B와 C가 서로 아는 사이라는 것은 '중복'이다. 왜냐하면, 양자(B와 C)는 직접 알고 있을 필요 없이 A를 사이에 두고 이미 연결되기 때문이다. 말하자면, A가 있는 한 이들 두 사람 간 직접 연결이 반드시 필요하지는 않다고 보는 것이다. 이것이 중복(redundancy) 개념이다. 구조적 틈새는 이러한 중복이 없는 위치이다.

구조적 틈새 입장에서는, '중복'은 새로운 추가 정보 제공이 없다고 보기 때문에 그 중복된 연결관계를 낭비로 간주한다. 그 중 가장 완벽한 틈새(hole)는 어떠한 중복관계가 없고 오직 자신만이 다른 사람들과 연결된 지점이다. 이렇게 완벽한 틈새는 현실적으로 존재하기 어렵기 때문에, 보통 구조적 틈새라고 할 때 중복이 상당히 적은 위치를 지적할 때 사용되곤 한다. 중복이 없는 다른 사람과의 연계관계가 증가할수록 그 효과가 증가한다. 이렇게 보면 한 개인이 가질 수 있는 효용가치는 그 개인의 네트워크가 가지는 불필요한 중복의 수에 반비례한다고 말할 수 있다.

구조적 공백의 효과는 두 유형이 있다. 첫째, 신선한 정보를 얻는 효과이다. 한 관계망에서 구조적 여백을 차지하면, 그 누구보다 다양한 정보를 접할 수 있게 된다. 정보획득 효과란 바로 다양한 원천에서 정보를 얻게 되는 효과를 말한다. 마치 이곳저곳의 사람을 만나면 신문을 보지 않고도 세상 돌아가는 것을 알게 되는 효과와 같다.

둘째, 통제 효과가 있다. 이는 구조적 여백을 차지하는 사람은 바로 "어부지리를 얻는 제3자(tertius gaudens)"의 효과와 유사하다. 모든 정보가 그 연결핀을 통과해야만 확산되는 것이므로 정보 흐름에 필수적으로 개입하면서 얻는 정보통제력이다. 이를 통제 효과라고 하는 것이다. 이 두 효과, 정보획득 효과 및 통제 효과는 시간이 지나

〈그림 3〉 관계의 중복과 구조적 틈새

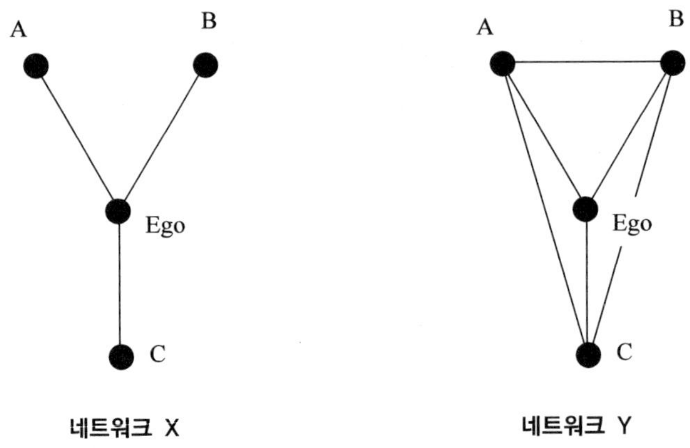

면서 서로를 강화시키고 상승작용을 할 가능성이 많다.

구조적 틈새에 대해 구체적으로 이해해보자. <그림 3>의 두 네트워크 X와 Y를 비교해 보자. 우선 네트워크 X는 자신(Ego)을 중심으로 타 행위자(alter) A, B, C와 연결되어 있다. 이들 A, B, C 사이에는 서로 직접적인 연계관계가 없으며 오직 Ego에 의한 간접적인 연계만 있다. 한편 네트워크 Y에서는 모든 구성원들이 상호 관계를 맺고 있다. 앞의 '중복' 개념을 적용하면 이 네트워크 Y에서는 자신(Ego)과 다른 행위자 A, B, C 사이에 중복이 존재하는 셈이다. 어느 사람이든 다른 사람을 통해서 관계가 성립될 수 있는데도 직접적인 관계가 구축되었기 때문이다. 이는 네트워크 X가 중복이 없다는 것과 확연하게 비교된다.

행위자들 간 '중복'을 밀도 개념과 비교해서 이해할 수도 있다. 앞의 두 네트워크 X와 Y의 예를 다시 살펴보자. 이 그림에서 우리는 네트워크 Y는 네트워크 X에 비해 밀도가 높다는 것을 확연하게 알 수 있다. 밀도 계산을 하면, 네트워크 X의 밀도는 0.5(3/6)이며, 네트워크 Y의 밀도는 1.0(6/6)이다. 이 예를 통해 네트워크의 밀도와 구조적 틈새 사이에 반대방향의 동력이 작동함을 알 수 있다. 말하자면, 한 네트워크의 밀도가 높으면(즉, 응집력이 크면) 구조적 틈새가 생길 여지가 축소된다. 밀도가 높은 네트워크(집단)로 파당(clique)을 들 수 있다. 파당은 전체 구성원들 각각 모두가 서로에 대해 관계를 가지고 있어 서로 뜻이 같은 집단을 말한다. 이렇게 모든 구성원이 모두 연결된 네트워크에서는 구조적 틈새는 없다. 구성원 개개인이 중복을 가지기 때문이다.

구조적 틈새는 어떤 역할을 하나

구조적 틈새에 자리 잡은 인물은 정보확보의 우월함을 갖는다. 그 효과는, 구조적 틈새에 위치한 행위자는 다양한 접촉을 가지기 때문에 다양한 정보를 접할 수 있다는 점에 근거한다. 여기서 정보확보의 우월성이란 얻는 정보들이 비교적 낮은 중복을 가지며, 또 얻기 어려운 정보들도 비교적 빠르게 접할 수 있다는 점을 말한다. 또 하나의 효과는 정보통제 효과이다. 정보통제 효과란 구조적 틈새에 자리잡은 행위자가 자신의 역할과 의도에 의해서 정보의 흐름을 통제할 수 있다는, 말하자면 정보흐름의 '요지'를 차지한 것에서 나오는 효과이다.

이 구조적 틈새 효과는 '약한 연계의 강점(the strength of weak ties)' 주장과 잘 어울린다. 이들은 모두 밀도가 높아지면 정보획득의 중복성과 낭비가 발생한다는 점을 전제한다는 공통점을 가진다. '구조적 틈새'의 입장은 밀도가 높은 네트워크가 주는 효과와 구체적으로 대비된다. 앞서 설명한, 밀도가 높은 네트워크는 구성원 간 감정적 지원, 정보교류의 활성화, 신뢰를 깨는 배신의 약화 등의 효과가 높다는 점을 상기해보자. 이들 세 요인에서 '높은 밀도'와 '구조적 틈새'는 어떻게 다른 설명을 하는지 살펴보자.

첫째, 밀도가 높은 집단에서는 동료들 간 같이한다는 정신적이고 감정적인 안정을 지원하게 된다. 어려운 일에 발 벗고 나서는 동료들이 많아지게 된다. 그러나 구조적 틈새는 이러한 감정적 지원을 기대하기 어렵다. 여러 다양한 사람을 접촉하게는 되지만, 적극적으로 발 벗는 동료는 소수에 그치게 된다. 둘째, 밀도가 높은 네트워크에서는 정보교류가 빈번하고 그 정보의 확산 정도도 강하다. 그러나 구조적 틈새에서는 신선한 정보를 접하는 장점은 있지만, 정보교류의 활성화와 확산정도는 취약하다고 볼 수 있다. 셋째, 밀도가 높은 네트워크에서는 정보전달이 활성화된 것을 기반으로 행위자들 간 평판도 잘 확산된다. 따라서 밀도가 높으면 구성원들의 믿음을 깨는 비신사적인 행위의 정도가 다른 구성원들에게 잘 전달되는 편이다. 이러한 평판 전달 효과에 의해서 행위자들 간 약속을 깨는 선택이 쉽지 않기 때문에 높은 신뢰가 형성될 수 있게 된다. 이렇게 '높은 밀도'와 '구조적 틈새'가 다른 효과를 낸다는 점에 주목해야 할 것이다. 각각이 가지는 긍정적인 면과 부정적인 면을 꿰뚫고 있으면 자신의 네트워크 구축에 큰 시사점을 얻을 것이다.

관계의 중복: 의미와 측정

앞서 말한 바대로 구조적 틈새의 효과는 전적으로 관계의 중복이

〈그림 4〉 구조적 틈새와 네트워크

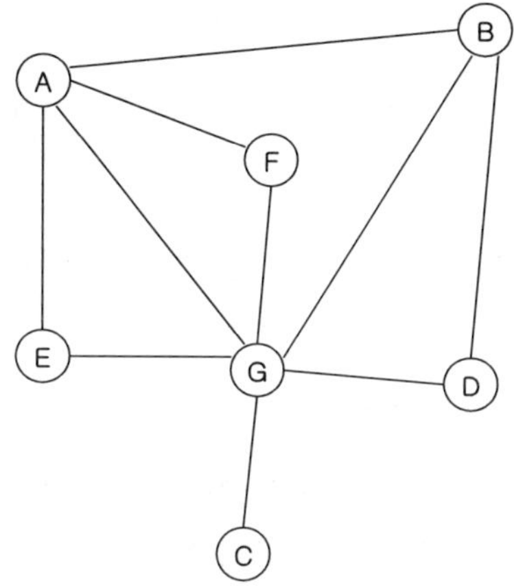

출처 : 로날드 버트, 1992: p.56

라는 개념에서 나온 것이다. 이런 점에서 '관계의 중복'은 구조적 틈새의 효과를 정확히 알 수 있는 토대가 된다. 우선 <그림 4>와 같은 네트워크를 생각해보자. 이 네트워크의 각 노드를 사람이라고 할 때, 사람 G에 주목해보자. 이 G를 에고네트워크(ego-network)의 핵심 주체인 EGO라고 하자. 이 EGO는 6명(A, B, C, D, E, F)과 연결되어 있다. 평균적으로 말하면, 각 사람은 EGO의 총 관계에 1/6만큼을 차지한다.

그러면 이 네트워크에서 중복(redundancy)을 정확히 측정해보자. 먼저 행위자 A를 보자. A는 EGO와 연결된 3명의 사람(B, E, F)과 연결되어 있다. 이는 EGO가 관계에 지출하는 투자의 3/6, 즉 50%의 중복을 의미한다. 이제 B를 보자. B는 EGO와 연결된 2명의 사람(A, D)과 연결되어 있다. 이는 EGO 투자의 2/6만큼의 중복을 의미한다. 이

〈표 2〉 중복 : EGO를 G로 한 경우

노드 G (EGO)	A	B	C	D	E	F	총합 (total)	적합한 규모	효율성
중복 (redundancy)	3/6	2/6	0/6	1/6	1/6	1/6	1.33	4.67	77.8%

러한 각 개인의 EGO에 대한 중복 정도를 표현하면 <표 2>와 같다.

각 개인의 '중복'을 전체 합하면 1.33이 된다. EGO에 연결된 총 인원인 6에서 1.33을 공제하면, 우리는 4.67을 얻는데, 이를 '적합한' 네트워크 규모(effective size of EGO network)라고 할 수 있다. 만약 EGO와 연결된 사람들 사이에 아무런 연결이 없다면 적합한 규모는 6이 된다. 이 적합한 규모인 4.67은 77.8%(4.67/6)의 효율성(efficiency)을 가진다는 점을 의미한다.

EGO를 G 이외의 다른 행위자로 설정하고 계산을 다시 해보자. 이번에는 A를 EGO로 삼아보자. 이 EGO는 4개의 연결을 가지고 있다. 연결된 각 행위자는 평균적으로 1/4만큼을 나눠 가진다. 이들 4 사람 사이의 연결관계를 살펴보자. B는 EGO와 연결된 1명의 행위자(G)와 연결되어 있다. E는 역시 1명과 연결되어 있고, G는 3명, F는 1명과 연결되었음을 알 수 있다. 이를 표로 요약하면 <표 3>과 같다

이렇게 각 점을 EGO로 설정하고 '중복'의 정도를 산출할 수도 있지만, '중복'을 산출하는 보다 간단한 방식이 있다. 한 네트워크에서 중복은 EGO에 연결된 타인(alter)들의 평균 연결정도(average degree)와 같다는 점에 착안하여 계산하는 방식이다.

〈표 3〉 중복 : EGO를 A로 한 경우

노드 A (EGO)	G	B	E	F	총합 (total)	적합한 규모	효율성
중복 (redundancy)	3/4	1/4	1/4	1/4	1.50	2.50	62.5%

위의 네트워크 그림에서 **EGO**를 점 **G**로 본 경우를 다시 살펴보자. **EGO**와 연결된 타인(alter)들인 **6**개 점(**A, B, C, D, E, F**)의 연결정도(degree)는 각각 (**3, 2, 0, 1, 1, 1**)이 되면, 이들 값의 평균은 **1.33**(8/6)이다. 이는 앞서 얻은 결과와 완전히 동일한 결과이다.

이러한 계산방식은 밀도(density) 개념과도 관련된다. 각 노드의 평균 연결정도는 '밀도$\times n-1$'과 같다(여기서 n은 총 노드 수이다). 이렇게 볼 때, 로날드 버트가 주창한 '중복'은 총 노드 수로 조정된 밀도에 직접적으로 관련됨을 알 수 있다.

이에 기반을 두고서 '중복'을 산출하는 공식을 도출하면,

$$\text{중복(redundancy)} = 2t/n$$

여기서 t는 연결고리의 수(EGO에 연결된 것은 제외함)이며, n은 역시 총 노드 수이다.

동일한 원리에 의해, 네트워크의 '적합한 규모(effective size)'도 역시 n과 t로 구해질 수 있다. 그 공식은 다음과 같다.

$$\text{적합한 규모} = n - (2t/n)$$

4

부서 간 문제의 치료

미국의 대학생들은 동아리를 '프라터니티(fraternity)'라고 부른다. 동아리 이름에 그리스 문자의 조합인 '감마 · 파이 · 입실론'과 같은 이름을 쓴다. 학술 동아리도 있고 친목 동아리가 있는 건 우리와 동일하지만 명칭은 매우 낯설다. 각 프라터니티는 자신끼리는 유대감이 강하고 규율도 엄격하다.

프라터니티라는 단어의 원래 뜻은 '똘똘 뭉치는 우리 편'이다. 즉, 편가르기에서 바로 우리 편이 그 뜻이다. 2008년 안젤리나 졸리가 주연한 영화 <원티드(Wanted)>에서 한 암살집행조직이 인상적으로 묘사된다. 그 조직의 이름이 '프라터니티(Fraternity)'였다. 그 조직은 이름에 충실하게 자기 편이 아니면 배척하고 공격하는 잔인함을 표현하는 집단이었다. "우리 편이 아니면 다 거부한다"는 정신으로 움직이는 집단은 내적으로 똘똘 뭉치지만 다른 편을 절대 받아들이지 못하는 폐쇄성이 있다.

경영자의 고민 가운데, 부서 간 협력이 없는 문제는 손꼽히는 고민거리이다. 기업 현장을 보면 부서 사이에 깊이 파인 골이 있어 서로를 인정하지 못하는 경향이 매우 많다. 경영자라면 부서 간 원활하게 협력이 작동하기를 원하기에 그 문제를 풀기 위해 노력하지만 쉽게 해결되지 못한다.

그들 사이 협력이 취약한 이유는 한마디로 부서 사이의 분파주의 때문이다. 아무런 근거 없이도 부서 사이에 장벽이 쳐진 경우도 많다. 간혹 부서장 사이의 개인적 갈등이 원인이 되기도 한다. 생산부서의 회식에선 안주가 따로 필요 없다. 잘 만든 제품을 제대로 팔지 못하는 마케팅 부서를 씹으면 술맛이 절로 난다. 마케팅 부서도 팔리지도 않을 물건을 만드는 생산부서를 씹어대면 충분하다. 두 부서가 함께 어울리는 술자리는 거의 없다. 같이 모여서는 흥이 나지 않는다. 이러면서 장벽은 날마다 높아지며 부서 이기주의는 한층 깊이를 더해간다. 심지어 부서 관계에서도 NIH(Not-Invented-Here) 증후군이 있다. 이 증후군은 놀랍게도 가장 창의적이라고 자부하는 연구개발 부서나 마케팅 부서에서 발생한다. 외부로부터의 어떤 조언과 요청에 강한 거부감을 보인다. 모두 불필요한 간섭으로 여긴다. 자기들은 다르다고 생각하다 보니 교류와 소통은 당연히 줄어든다. 보통의 부서들은 자신의 부서를 넘어서는 일에는 관심을 쏟지 않는다. 다른 부서는 오히려 경쟁과 질투의 대상에 그칠 수 있다.

부서 간 교류가 막히는 것은 위험한 일인데, 이에 대해 무관심한 기업들이 많다. 정확하게 말하면, 부서 간 협력을 고민하지만 어떻게 해결해야 할지를 모르는 기업이 대부분이다. 부서 사이에 연결을 촉진하는 작업은 개인 차원과는 다른 방법이 필요하다. 원활한 부서 네트워크가 자생적으로 만들어질 것이란 기대는 완전한 오판이다.

부서 단위에서도 타 부서와 개방형 교류를 해야 한다. 서로 교류하지 않는 부서는 발전할 수 없다. 교류가 없는 부서란 새로운 지식, 정보, 기술 등을 학습할 기회를 놓치는 부서라는 뜻이다. 요즘 같은 지식이 힘의 원천인 시대에 이런 기회를 놓치고서 경쟁력을 가질 수 있다는 것은 어불성설이다. 자신만의 지식과 외부와 다양한 교류를 하면서 얻는 지식 합성을 어떻게 비교할 수 있겠는가. 회사 내의 타 부서들은 경쟁자이지만 동일한 기업문화를 공유하는 상당히 동질성이 높은 부서이다. 외부의 경쟁기업과 비교한다면 이들은 형제이고 사촌이다. 이들과의 협력에 대해선 마음을 더 열어도 된다.

부서 간 관계의 변증 동력

부서 사이의 교류에는 다음 세 유형의 변증 동력이 있다. 첫째, 대소(大小)의 변증 동력이다. 한 조직에는 강한 부서도 있고, 약한 부서도 있다. 강한 부서와 관계하는 방법, 약한 부서와 관계하는 방법이 잘 구분되는 묘수풀이가 요청된다. 둘째, 원근(遠近)의 변증 동력이다. 한 기업에서 이웃부서도 있고 거리가 떨어져 있는 부서도 있다. 이렇게 거리 차이가 초래하는 격차를 잘 구분하는 지혜가 요청된다. 거리에는 심리적 거리도 있고 물리적 거리도 포함된다. 가까운 부서가 아무래도 교류가 많아지기 마련이다. 멀리 떨어진 부서와의 교류에 어떤 노력을 어떻게 해야 할지를 생각해야 한다. 셋째, 파립(破立)의 변증 동력이다. 부서 사이 관계의 효과를 높이기 위해서, 어떤 질서가 폐기되어야 하며, 어떤 질서는 유지되어야 하는지에 대해 정확히 판단해야 한다. 이러한 질서의 파괴와 건설 사이에 평온과 균형을 유지할 필요가 있다.

보통 부서 사이의 유대감이 없는 이유는 무엇일까? 가장 큰 이유는 서로 공동으로 추구하는 목표의식과 꿈이 없기 때문이다. 공유한 목표와 꿈이 없기 때문에, 두 부서가 험난한 파도에 맞서며 같은 배를 타고 있다는 느낌이 없는 것이다. 이런 상황에서 협력은 생각할 수도 없다. 부서 간 유대감을 높이려면 공유하는 비전을 만들어 주는 것이 중요하다.

사일로와 스파게티

부서 사이의 교류를 상징적으로 표현한다면, '사일로'와 '스파게티'라는 두 모습으로 표현할 수 있다. 다음 두 그림을 보자.

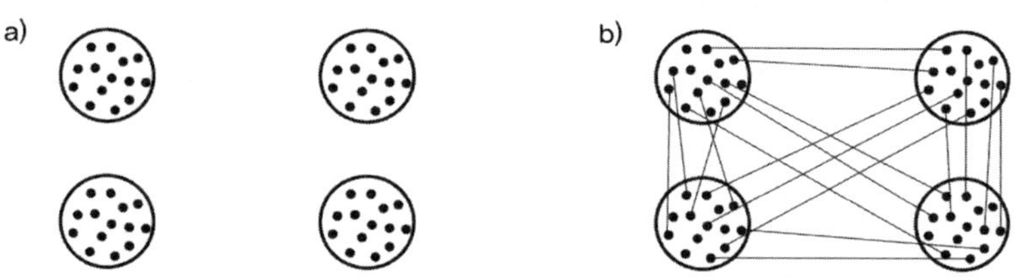

왼쪽의 <그림 a>는 '사일로(silo)' 모습이다. 여기서 '사일로'란 곡식을 저장해두는 굴뚝 모양의 창고를 지칭하는 용어로서, 다른 부서와 담을 쌓고 자신 이익만을 추구하는 단절된 부서를 빗댄 단어이다. 사일로 부서는 다른 부서와 교류하지 않고 고립된 존재다. 그들은 오직 내적 응집력을 기반으로 업무를 수행한다.

한편 오른쪽의 <그림 b>는 치즈가 듬뿍 묻은 정통 이탈리아 스파게티 모습이다. 치즈의 끈적거림이 부서 간 긴밀한 교류를 상징한다. 치즈 점도가 높을수록 부서 간 밀접한 관계임을 말해줄 것이다. 부서 사이의 교류가 많다면 신선한 정보가 전달되고 협력이 활발하게 이루어질 것이다. 이처럼 부서 간 친밀도가 높아지면 부서 사이의 신뢰도 높아지게 된다.

<그림 a> 같은 사일로 부서들은 각자 독립적으로 움직인다. 부서 내적으로는 많은 교류가 있지만, 다른 부서와의 연결은 없다. 각 부서가 자신들의 이득에만 몰두하게 되므로 기업 전체를 조망하는 큰 그림을 보지 못한다. 극단적으로는 기업이라는 큰 배가 바닷속으로 가라앉고 있는데도 자신들의 이득만 찾을 수도 있다.

부서 사이에 장벽이 가로막혀 있다면 응집력이 높아질 수 없다. 부서 이기주의라는 장벽에 의해 개별 부서는 모두 파편적인 힘을 발휘하는 선에 그칠 수 있다. 이것이 지속되면 구성원 개개인들의 열정도 사라지기 쉽다. 개인적으로는 열정을 쏟고 싶지만 다른 부서가 미워서 열정을 거둔다. 각 부서가 독립성만을 추구하여 자신만의 벽을 쌓고 있다면 이 조직은 이미 '한 가족'이 아니다.

<그림 b>와 같은 스파게티 유형에서는 부서 간 교류가 긴밀하다. 부서 사이의 긴밀한 연결이 돋보인다. 부서 내적인 응집력도 우수하면서 동시에 부서 간 연결이 원활하다면 더욱 좋을 것이다. 그러나 스파게티 조직에서 부서 내부의 결속력이 약한 경우도 있다.

스파게티 조직에서도 부서 간 교류에 두 유형이 있음에 주목해야 한다. 하나는 '업무 교류'이고, 다른 하나는 '지식 교류'이다. 이 두

유형의 교류 중 어느 하나만을 생각하는 경우가 많은데, 두 교류에 모두 관심을 기울여야 한다.

첫째, '업무 교류'란 업무흐름의 시작과 마무리까지의 전달을 말하는 것이다. 한 업무가 완결되기 위해서 부서 사이에 어떤 경로를 타고 진행되는지 표현된다. 업무 교류 네트워크를 정확히 이해하면, 한 업무가 어디서 시작해서 어느 부서로 전달되는지 또한 그 소통과정이 원활하게 흐르는지를 알 수 있다.

둘째, '지식 교류'란 지식이 전달되고 확산되는 관계를 말한다. 부서 사이의 교류에서 새로운 지식의 전달과 확산은 중요한 영역이다. 어떤 부서도 모든 지식 흐름을 혼자서 완결할 수는 없다. 지식 교류가 있어야만 새로운 가치를 창조적으로 만들어 낼 수 있다.

부서 간 네트워크의 건강성

부서의 네트워크가 건강하다는 의미란 무엇인가? 한 부서가 건강한 네트워크를 갖추려면 다음 두 요인을 갖추어야 한다. 하나는 내적 응집력이며, 다른 하나는 외부와의 교류이다. 여기서 내적 응집력은 부서 내부의 일체감을 말한다. 응집력은 부서 구성원들 사이의 결속력이다. 결속력과 응집력이 높아야만 구성원들의 열정이 집약될 수 있다.

한편 외부 교류는 신선하고 유익한 정보를 얻는 데 유용하다. 외부 교류란 개방형 관계구축을 말하는 것으로서, 여기에는 유용한 정보와 지식을 구비한 외부기관과의 효과적인 교류망의 구축이 중요할 것이다.

종합적으로 이상적인 부서의 네트워크가 되려면 내적으로 응집력을 갖추고 외부와의 교류를 활발하게 추진해야 한다.

외부 교류는 혁신을 원하는 모든 기업에게 더 이상 미룰 수 없는 키워드이다. 미국 버클리 대학의 체스브로(Chesbrough) 박사에 의해 '개방형 혁신(open innovation)'이라는 명쾌한 단어로 정리되었듯이, 지식경제에서 외적 교류 없는 혁신은 생각할 수조차 없을 정도이다.

개방형 혁신을 위해 많은 외부 부서 혹은 조직과 교류해야 하지만, 그렇지만 무조건 많은 교류만이 중요한 것은 아니다. 외부 교류 대상을 선정하는 데 단순히 많은 연결 수를 갖는 것 이상의 특별한 조건이 존재한다. 외부 교류에서 중요한 조건은 바로 '중복 조건'이다. 왜 이 중복이라는 새로운 조건이 필요한 이유는 다음 3개의 그림을 비교해보면 잘 알 수 있다.

3개의 그림을 비교하면서, 주요 키워드인 '응집력', '외부교류', '중복' 등을 정확하게 이해해보자.

부서(1)의 경우 외부와의 연결은 활발하지만 부서 내적으로 교류가 없어 응집력은 약하다.

〈그림 5〉 '응집력', '외부교류', '중복'

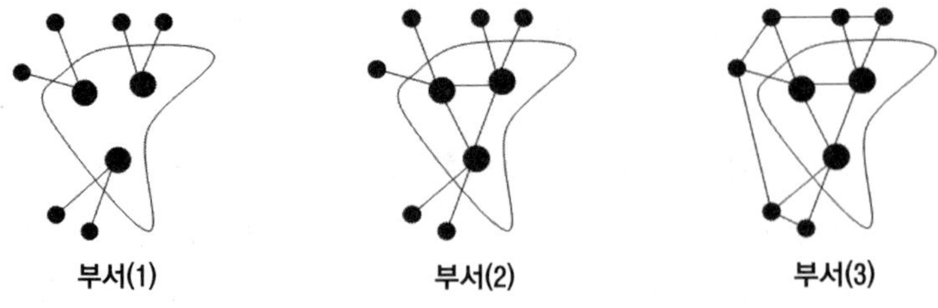

부서(2)의 경우 내부 응집력도 강하고 외부와의 연결도 활발하다.

부서(3)은 내적 응집력 강하고 외부와의 연결도 활발하지만, 외부 교류 대상 간 연결이 발견된다. 이 부서(3)은 외부 교류의 중복이 있다는 것이 약점이다.

이 세 그림을 비교할 때, 내적으로 응집력도 강하고 외부와의 연결도 활성화되어 있으면서 중복되지 않은 브로커 역할도 하는 유형이 바로 부서(2)이다. 이 부서가 바로 3개 유형 중에서 가장 바람직한 네트워크인 것이다. 이처럼 부서 내부의 응집력은 기본 요건이며, 다만 외부와의 교류에서 중복 없이 연결되는 여부가 관건임을 알 수 있다.

로마제국의 성공조건이었던 '개방'이라는 개념을 기억해보자. 어느 조직이든 스스로 모든 것을 완결할 수는 없으며, 외부로부터 자원과 지식의 유입이 언제나 필요하다. 홀로 모든 것을 자급할 수 있다고 믿다가는 뒤처지기 쉽다. 치열한 경쟁을 제대로 감당하기 위해서는 어떻게든 외부와 교류의 끈을 놓치지 말아야 한다.

특히 경제의 글로벌 수준이 높아지면서 '개방'의 가치가 더욱 중요해졌다. 한 기업의 역량을 평가할 때 이제는 그 자체 역량도 중요하지만, 글로벌 무대에서 다른 기업의 역량을 이용할 줄 알고 강자들과 협력하는 역량도 중요하게 평가하게 된다. 그만큼 개방성을 활용할 수 있는 무대도 넓어졌고 활용가치도 더욱 높아진 것이다.

그런데 무조건 개방성만을 강조하는 전략은 실책이 될 수 있다. 왜냐면 개방을 지나치게 추진할수록 내부의 응집력이 낮아질 수 있기 때문이다. 개방성을 추구하면, 외부와의 이해관계를 조율하게 되며 외부의 관행을 받아들여야 한다. 또 외부와의 합성도 감수해야 한다. 그런데 이런 과정에서 내부의 응집력은 손상될 수 있다. 실제로 내적 응집력이 가장 높은 상황은 외부와의 교류를 끊을 때이다. 이렇듯 응집력과 개방성 사이는 서로 상충(trade-off)할 수 있음을 기억해야 한다. 이러한 응집력과 개방 사이의 상충은 조직폭력배 집단에서 잘 드러난다. 조폭 집단은 극단적인 폐쇄 집단이다. 자신들 이외의 세계와 교류하지 않으며 외부의 원리를 받아들이지 않는다. 오직 자신들만의 원칙을 철칙으로 믿고 나간다. 이런 극도의 폐쇄성은 응집력을 높여서 자신들만의 방식으로 일을 풀어가지만, 극단의 폐쇄성으로 인해 그들의 실행원리는 다른 어느 조직과도 교류할 수 없다. 그들은 오직 자신들만의 응집력을 강화한다.

종합적으로, '개방'은 건강한 네트워크를 위해 필수적이지만 지나친 개방은 조심해야 한다는 것을 알 수 있다. 내부 응집력이 지나치게 낮아지는 것을 염려해야 하기 때문이다. 이렇게 보면 건강한 네트워크는 응집력과 개방성의 균형에서 나온다고 볼 수 있다. 그 한복판에 '공감'이 있다. 최고 지휘자에서 말단 병사까지 공감하는 조직이 된다는 목표지에서 벗어나지 않아야 한다.

부서 간 교류를 어떻게 측정할 것인가

부서 사이의 꽉 막인 소통을 고치자면, 우선 부서 간 교류를 정확히 측정하는 것에서 출발해야 할 것이다. 그 부서 간 교류 정도를 측정하는 방법으로서 다음의 두 개념이 중요하다. 하나는 '밀도' 개념이며, 다른 하나는 '거리' 개념이다.

〈표 4〉 부서 간 밀도 테이블

From	To		
	R&D팀	생산팀	마케팅팀
R&D팀	75%	10%	6%
생산팀	3%	57%	4%
마케팅팀	7%	5%	38%

부서 사이의 밀도

부서 사이의 밀도는 부서 간 교류빈도 및 응집력을 말해주는 지표이다. 구체적으로는 밀도 개념은 부서 간 교류빈도 혹은 특정 부서에 의존하는 정도를 반영하고 있다. 이러한 부서 사이의 의존도를 부서 간 밀도 테이블로서 표현할 수 있다. 그것은 <표 4>와 같다.

<표 4>의 밀도 테이블이 의미하는 것을 설명하면, R&D팀과 생산팀 사이의 관계를 보면, R&D팀에서 생산팀 쪽 방향으로 가능한 모든 커넥션 중 10%가 연결되어 있다는 뜻이다. 이는 R&D팀에서 R&D팀 방향의 관계는 자체적인 가능한 연결의 75%가 연결되어 있다는 뜻이다. 이렇듯이 밀도 테이블을 통해 부서 사이의 연결 강도를 파악할 수 있다.

부서 사이의 거리

한 부서가 다른 부서에 도달하는 경로의 숫자를 '거리'라고 한다. 이 거리가 짧을수록 두 부서 사이의 업무 접촉과 정보교환이 원활하다는 것을 나타낸다. 만약 두 부서가 직접 연결되었다면 거리는 '1'일 것이며, 두 부서가 직접연결 없이 한 부서를 거쳐서 연결된다면

이 두 부서의 거리는 '2'가 된다.

두 부서 사이 거리의 계산절차는 이렇다. 첫째, 두 부서가 다른 부서들과 연결된 노드 수를 계산한다. 둘째, 간접적으로 연결되는 단계를 계산한다. 간접연결이란 직접연결된 노드를 거쳐 연결된 노드들을 말한다. 직접연결의 경우 1단계로, 한 중개자가 있는 경우는 2단계, 두 중개자가 있는 경우는 3단계로 계산한다. 이 거리를 가중치로 설정한다. 즉, '1'단계의 거리에는 '1', 2단계의 거리에는 '2', 3단계의 거리에는 '3'의 가중치를 준다. 셋째, 거리 가중치를 곱한 값을 모두 합산하다. 이러한 합산 값은 거리에서 나온 숫자이므로, 값이 클수록 거리가 멀다는 뜻이며 적을수록 그 부서가 다른 부서로부터 거리가 작다는 의미이다. 구체적인 근접 중심성 계산방법은 <부록>을 참조하기 바란다.

부서 네트워크에서 인기도 및 소통 지수

어느 부서가 다른 부서들에게 교류 요청이 많은지도 주목할 정보다. 이는 일종의 부서 인기도를 말한다. 네트워크의 설계자이자 지휘자인 경영자에겐 관심이 아닐 수 없다. 부서의 인기도를 어떻게 알 수 있는지부터 알아보자.

부서의 '인기도(popularity)'

부서마다 인기도의 차이가 있다. 어떤 부서는 많은 요청을 받기도 하지만, 다른 부서는 다른 곳으로부터 요청과 관심을 받지 못한다.

어떤 부서가 다른 부서로부터 많은 도움을 요청받는다면, 그 부서의 인기도가 높다고 말할 수 있다. 남에게 도움을 줄 만한 가치 있는 것을 갖고 있기 때문에 다른 부서로부터 많은 요청이 들어오는 것이다. 이렇게 많은 도움 요청을 받는 정도를 '인기도'라고 표현한다.

이 '인기도'를 네트워크 방법의 용어로 표현하면 '내향중심성(in-degree centrality)'이 된다. '내향중심성'이란 한 노드가 다른 노드로부터 많은 지명을 받는다는 것, 즉 화살표가 안으로 들어온다는 뜻을 딴 이름이다. 만약 한 부서의 내향중심성 값이 제로(zero)라고 한다면, 이는 다른 부서 쪽으로부터 아무런 요청을 받지 않는다는 의미이다.

물론 그 반대방향도 있다. '외향중심성(out-degree centrality)'이라는 개념이 가능하다. 이는 다른 노드들에게 요청을 하는 정도를 말한다. 자신에게서 다른 노드 쪽으로 화살표가 나가기 때문에 '외향'이라는 표현을 쓴다. 이 외향중심성은 자신이 다른 노드들에 의존하는 정도를 반영한다.

부서의 외부 소통 지수 : E-I index(외부-내부 지수)

한 부서에 자신을 제외한 다른 곳과의 교류를 통칭해서 '외부 소통'이라고 표현하자. 이 외부 소통의 정도를 계량값으로 표시하는 지표가 바로 'E-I지수'이다. 이 'E-I지수'는 외부(external)-내부(internal)를 비교하는 의미의 이름이다. 외부에서 유입되는 것이 많다면 '외부지향'이며, 내부에서 충족되는 자족정도가 높으면 '내부지향'이다. 한 부서가 다른 부서를 포함한 외부 행위자에 의존하는 정도를 계량값으로 파악한다는 것이 'E-I지수'의 특징이다.

'부서 간 연결'과 '부서 내 연결'의 비교를 통해 'E-I지수'를 얻는다. 그 공식은 다음과 같다.

E-I 지수 = (E − I) / (E + I)

여기서 'E'는 부서 외부와의 연결 수, 'I'는 한 부서 내의 연결 수이다. 이 'E-I지수'는 '−1'에서 '+1'까지의 범위에서 움직인다. 이 'E-I지수'가 만약 '−1.0'이라면 이는 오직 내부 연결만 존재한다는 뜻이다. 반대로 'E-I지수'가 '1.0'이라면 오직 외부 연결만 존재한다는 의미이다.

이 'E-I지수'는 의사결정자에 많은 정보를 준다. 첫째, 부서 간 지식전달, 업무내용 전달이 실제로 어느 정도 발생하고 있으며, 지식전달이 반드시 되어야 하는 사람들 간 전달이 실제로 발생하고 있는지를 알려준다. 이것은 기업의 지식 흐름에 대한 구체적인 내용을 알려주는 귀중한 정보이다. 둘째, 부서 사이의 협력이 어떤 정도 발생하는지, 부서 간 소통이 어떠한지 등에 대한 정보를 알려준다. 이러한 유용성을 더욱 높이기 위해서는 'E-I지수'의 측정을 정례화하는 것이 바람직하다. 즉, 정기적으로 'E-I지수'를 측정하여 지속적으로 개선을 도모하는 것이 권장된다.

외부 소통에 대해 한 가지 중요한 이슈가 있다. 어느 조직이든 '외부 교류'는 내부 응집력을 부분적으로 훼손시킬 수 있음에 유의해야 한다. 외부와 교류가 많아지면 내적으로 에너지가 분산되면서 응집력이 떨어지게 되는 것이다. 달리 표현하면 '외부 교류'와 '내적 응집력' 사이는 상충(trade-off) 관계에 있는 것이다. 한 기업에겐 내부 응집력과 외부 교류 사이에서 균형적인 감각이 중요하다. 어느 한쪽에 무조건 기울어지는 것은 다른 쪽을 완전히 잃어버리고 말기 때문이다.

한 기업이 성장하기 위해서는 내부 결집력도 중요하며 또 외부와 소통 수준도 충분할 수준으로 활발해야 한다. 외부와의 소통은 자신의 역량을 키울 수 있는 길이며, 다양하고 신선한 정보를 유입시켜 발전을 도모하는 기회를 열 수 있기 때문이다. 이 때문에 개방형 혁신 패러다임이 중요하게 인정받는다. 자신만의 힘으로 혼자 혁신을 감당하기 어렵다는 것은 이제 널리 인정된 사실이다. 즉, 외부와의 교류와 협력 없이는 혁신을 연속적으로 발생시킬 수 없다. 실리콘밸리의 성공한 많은 기업에서 이 개방형 혁신의 효과가 입증되기도 했다.

기업에게 도움이 되는 외부의 교류 대상자는 대표적으로 필요한 혁신적인 기술과 지식을 소개하고 전수해 줄 '지식공급자'이다. 기업에 혁신 지식을 공급할 수 있는 기관들로는 우선 대학과 연구기관을 꼽을 수 있다. 실리콘밸리의 기업들이 이들 대학과 연구기관으로부터 다양한 혁신을 계속 공급받고 있다. 대학과 연구기관은 기초연구 및 응용연구의 산실로서 상업화에 성공하기만 하면 비즈니스 재료가 되는 지식을 많이 산출한다. 작은 스타트업에게는 연구 실적이 높은 대기업의 연구소(R&D센터)도 중요한 지식공급자다. 삼성과 같은 대기업의 자체 연구소(R&D센터)에서 산출하는 고급 응용연구는 중요한 재료가 된다.

부서 간 협력의 통로

부서 간 협력을 위한 새로운 연결을 만들 때 어떤 사람이 적합할까? 협력을 만들어주기 급급하다 보면 연결을 이어줄 적합한 인물에 대해 신경을 기울이지 못하는 경우가 많다. 그러나 어떤 연결의 조합인가에 따라 연결의 효력이 차이가 난다. 특히 이미 과부하에 시달리는 사람들 사이의 관계가 다시 맺어지는 것은 더욱 피로감이 가중되는 것이 된다. 필요한 연결을 맺어주더라도 이미 존재하는 과부하를 피할 수 있는 방법을 찾아야 할 것이다.

부서 간 관계를 맺는 데 누가 적합한 인물인지를 생각할 때, 무엇보다 중요한 기준은 과부하를 피하면서 동시에 부서 간 협력을 늘일 수 있는 인물을 찾는 것이다. 부서 간 관계를 맺는 인물들에 의해 협력의 효과가 극대화되기도 하고, 기대 이하의 수준에 머물 수도 있다. 이에 대해 다음의 그림을 보면서 적합한 인물 결정방법을 생각해보자.

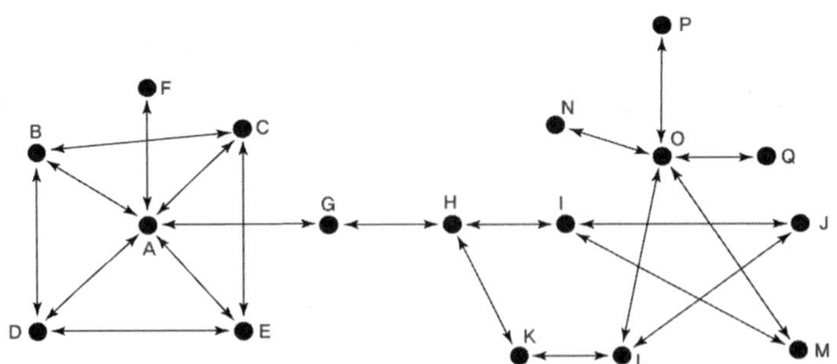

이 그림을 보면, 왼쪽 그룹에서는 <A>, 오른쪽 그룹에서는 <O>가 각 소그룹의 중심임을 알 수 있다. 두 사람은 각자의 소그룹에서 가장 많은 관계를 맺고 있는 사람들이다. 이 두 소그룹의 협력을 더욱 강화하는 것이 당면과제라고 생각해보자. 이는 네트워크의 두 그룹의 거리를 좁히기 위한 새로운 연결을 만드는 것이 핵심이다.

새로운 연결을 만들 수 있는 조합은 다양하다. 당신이라면 누구와 누구를 연결시키고 싶은지 생각해보기 바란다. 많은 사람들이 두 소그룹 간 거리를 더욱 가깝게 하기 위한 연결로 각 소그룹의 중심인 <A>와 <O> 사이의 연결을 생각한다. 두 소그룹의 중심끼리의 연결이므로 거리를 좁히는 데 가장 효과가 높을 것이다. 실제로 이들 간 연결은 양 그룹의 거리를 좁히는 것은 분명하다. 그런데 문제가 여전히 남는다. 그 연결을 실행에 옮기면 다음 그림과 같이 된다.

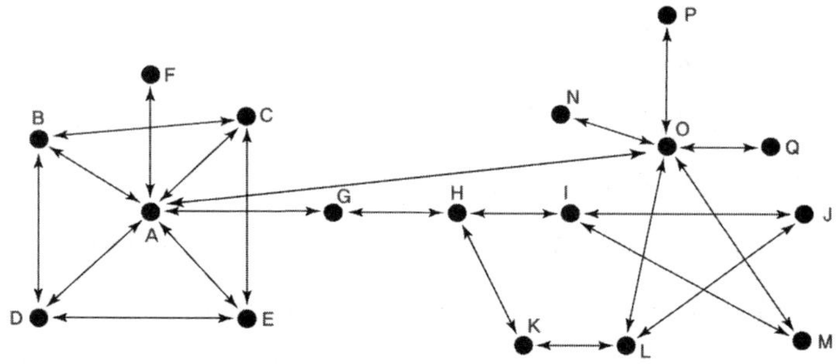

그 문제란 바로 두 중심인 <A>와 <O>가 이미 상당한 연결을 갖고 있다는 것이다. 이미 연결 부하가 꽤 높기 때문에 이들에게 추가적인 연결은 과부하를 초래할 것이다. 이 연결보다 상대적으로 적은 문제를 발생시키는 연결을 찾아야 할 것이다. 여기서 <E>와 <L> 혹은 <E>와 <K> 사이의 연결을 생각해보자. 이들 사이의 연결은 전체거리를 앞의 연결보다는 덜 줄이지만, 치명적인 과부하 문제는 면하게 된다. 물론 과부하를 피하기 위해 무조건 한가로운 사람들 간 연결만을 강조하는 것은 아니다.

이 사례는 협력해야 할 두 집단을 연결시킬 때 무엇에 주목해야 하는지를 알려준다. 중요한 것은 크게 두 요인인데, 하나는 그룹 간 거리 좁히기이며, 다른 하나는 연결 당사자의 과부하 문제이다. 이 둘 사이의 균형, 즉 '거리 좁히기'와 '과부하'라는 두 요인에 대한 균형을 찾는 것이 중요한 것이다.

부서 배치의 미학(美學)

몸이 떨어져 있으면 마음도 멀어진다. 인근 거리에 있는 사람 혹은 부서와 교류하는 것이 편하다. 인근에 있거나 자주 만날 수 있는 인근 거리에 있는 사람과 교류가 많아지는 건 자연스럽다. 부서 사이든 사람 사이든 물리적 거리와 공간은 그만큼 중요하다. 가까운 거리에 있을수록 서로 이해도 높아질 것이고 상호 학습도 많아진다. 혹자들은 인터넷 시대에서는 거리는 소용없는 개념이라고 말하기도 하지만, 그러나 물리적 공간은 여전히 중요하다.

사람들이 모여서 교류하며 담론을 나누는 공간은 언제나 중요했다. 사람들이 교류하는 공간, 예컨대 광장, 카페, 주점, 다방 등이 역사적으로 중요한 사건의 단초였던 적이 많다. 프랑스 혁명도 많은 사람이 커피와 맥주를 마시면 담론을 즐기던 카페에서 잉태되었다고 알려진다. 사람들은 교류공간을 통해 세상을 터득하며 서로를 이해한다. 상대의 주장을 이해하기도 하고 또 반대 의견을 전달하기도 한다. 그 교류를 통해 저마다의 각(角)이 둥글어지기도 한다. 유럽의 역사에서 '카페'가 바로 그러한 교류의 장소였다. 그들에게 카페는 단순히 목을 축이기 위한 곳이 아니었다. 만남의 장소였으며 즐거움을 나누며 서로를 이해하는 주흥(酒興)의 장소였던 것이다.

부서들 사이의 교류공간은 이와 유사한 역할을 한다. 직원들이 산만하게 모여서 담소를 나누던 커피룸을 불필요한 것으로 판단해서 없애버린다면, 그 교류공간의 파괴로 인해 결국 낭패를 볼 수도 있다. 많은 기업들이 직원들의 담소 공간인 커피룸을 시간을 낭비하는 공간으로 오판한다. 그러나 커피룸의 진정한 가치는 그곳에서 교류하면서 우연한 발견을 창조하는 힘에 있다. 낭비의 공간이 아니다. 함부로 커피룸을 없앨 일이 아니다.

언어학자인 로빈 던바(Robin Dunbar) 박사는 다음과 같은 메시지를 주었다. 한 기업이 갑자기 추락했는데, 그 숨겨진 이유를 고발하는 글이다. 교류공간의 중요성을 설파한 흥미로운 사례다.*

> 한 회사의 커피룸에서 직원들은 샌드위치도 먹고 잡담도 나누곤 했다. 그런데 새로운 공간설계를 맡은 설계자는 그 커피룸을 불필요한 것으로 판단했고, 경영자도 샌드위치를 각자의 책상에서 먹는다

---

* Robin Dunbar(1996), *Grooming, Gossip, and the Evolution of Language*, Cambridge, MA: Harvard University Press.

면 오히려 잡담하는 시간도 줄이고 작업능률도 오를 것으로 판단해서 이를 허락했다. 이렇게 해서 교류의 공간이 파괴되었다. 그 이후 이 기업의 성과는 참담하게 추락했다.

부서 배치도 이처럼 전략적 사안이다. 이를 사소한 것으로 생각했다면 생각을 고쳐먹기 바란다. 어떤 부서들이 서로 가깝게 위치하는지에 따라 발생하는 지식의 유형과 깊이가 달라질 수 있다. 만약 밀접하게 협력해야 할 두 부서의 교류를 촉진하기 위해 두 부서 사이의 물리적 거리에 고민할 필요도 있는 것이다.

한동안 존재하던 교류를 하루아침에 단절시키는 것도 위험하다. 사무실이라는 공간에서 관계가 지속되는 것 자체가 힘인 경우가 많다. 자리를 급격하게 바꾸는 것도 이러한 관계의 지속성을 방해한다. 이런 점에서 사무실 자리점유를 '선착순 자리점유' 방식으로 가는 것은 관계의 단절을 초래할 수 있어, 장점보다는 단점이 많을 수 있다. 혹자들은 선착순으로 자리를 차지하면 유연한 관계를 맺을 것으로 생각하지만 이 방법은 생각보다 단점이 많다. 고정된 좌석이 없어진다면 직원 간 최소한의 동류의식을 갖기 어렵다. 지나친 칸막이도 상호간 학습을 방해한다. 한편 사무실 내의 좌석 배치도 전략적으로 생각해야 한다. 즉, 좌석 배치도 어떤 업무들이 서로 연결되어야 하는지 전략적 고려에 따라 결정되어야 할 것이다. 자리 배치와 업무흐름이 조화되어야 효과적인 성과와 순조로운 인화(人和)를 얻을 수 있기 때문이다.

다소 다른 맥락의 얘기지만, 조직 구성의 지혜로 '7의 규칙'이란 것이 있다. 한 팀을 구성할 때 최대 7명이 한 팀을 이루어 교류하는 것이 효과적이란 뜻이다. 테크 자이언츠인 미국의 아마존이나 구글 같은 기업에서는 '피자 두 판의 법칙'이란 표현을 쓴다. 한 팀은 피자 두 판을 먹는 인원을 넘어서지 않는다는 법칙이다. 7명 이내로 팀을 구성한다는 발상과 유사한 생각이다. 7명 정도의 작은 규모의 팀의 운영이 효과적이라는 가정을 갖는다. 조직이 작으면 그 안에서 인정받느냐를 둘러싸고 신경 쓰는 일도 적고 위기시에 단합하기도 쉬울 것이다. 조직원 간 교류의 질적 수준까지 고려하면 7명 이내의 작은 팀 구성에 동의할 만하다.

5

파벌 문제의 치료

조직에는 소집단 혹은 파벌이 생길 수 있다. 사람이 모인 집단은 대체로 그렇다. 그 소집단을 '분파'라고 부른다. 사람들은 모두 같지 않으며 같은 생각을 하지 않는다. 세상을 보는 관점도 동일하지 않다. 분파가 가장 명확하게 충돌하는 지점은 서로 경제적 이득을 놓고 경쟁할 때이다. 기업은 작든 크든 경제적 이득이 넘나드는 곳이므로 파벌과 분파가 발생하게 된다. 부서는 공식적인 소집단이지만 가까운 사람끼리 형성한 비공식 소집단도 있다. 이런 비공식 소집단을 분파라고 표현한다. 크게 보면 이해관계가 다른 소집단이 그 분파 형성의 근거다. 어떤 경우는 이해득실은 불확실한데 그저 정치적 파벌이란 포장지를 쓰고 분파가 존재하기도 한다.

기업마다 흔히 겪는 분쟁이 하나 있다. 새로운 사업에 진출할 때이다. 새로운 사업에 진출한 뒤 기존 인력과 신규 인력 간 갈등이 발생하는 경우다. 계속 추진해오던 사업에서 어느 정도 성과를 이루었고, 첨단산업과 접목하고자 신규 사업을 도모했다. 신사업에 적합한 연구인력들을 영입했는데, 기존 인력과의 분쟁이 발생하는 것이다.

기존의 가족과 같던 분위기를 유지하기 어려울 정도로 양쪽의 분쟁이 커지는 것도 부담이 된다. 이 갈등은 새롭게 도전하는 기업에서 발생하는 전형적인 분쟁이다.

기업을 창업한 후 온갖 역경을 딛고 일어선 창업자에게는 이런 분파주의가 불편하다. 신사업에 진출하려는 결정이 이런 분파를 만들려고 했던 것은 분명 아니었다. 과거 가족과 같던 분위기가 없어지면서 왜 신사업을 추진했던가 회의에 빠지게 된다.

파벌의 형성에 대해 우리는 특유의 역사적 기원이 있다. 특히 조선시대의 정신적 유산이 전수된 면이 크다. 조선은 '리(理) 철학'과 명분 중심의 사상 속에서 살았다. 조선시대는 유난히 붕당(朋黨)이 많았다. 쉽게 말하면, 원리와 명분이 맞는 사람들끼리 편먹기를 했다는 것이다. 이것이 정치집단으로 이어졌다.

이 붕당에 대해 정확한 진단을 내린 사람이 성호 이익(李瀷)이다. 이익은 『성호사설(星湖僿說)』을 비롯해 여러 책을 통해서 당쟁의 본질을 파헤치는 것에 일생을 바쳤다. 그 가운데 『붕당론(朋黨論)』이란 책이 있다. 거기에 "붕당은 싸움에서 생기고, 그 싸움은 이해관계에서 생긴다."라는 구절이 있는데, 당쟁의 본질을 이해다툼이라고 핵심을 끄집어낸, 오늘의 시각에선 명확하지만 조선시대에선 하기 어려웠던 지적을 한 것이다. 사람 사이의 분쟁은 말이 불손하거나 태도가 공손치 못하다는 등을 원인으로 삼지만, 그는 정작 그 싸움의 본질은 밥 때문이라고 강조하고 있다. 성호 이익은 분쟁을 말이나 태도 때문에 일어나는 것으로 보는 견해는 오해라고 꼬집으며, 이해다툼의 본질을 알지 못하면 분쟁을 절대 해결할 수 없다고 보았다.

그는 『당습소란(黨習召亂)』에서 더 구체적으로 파고든다. "당파의 폐습이 고질화되면서 자기 당이면 못난 자도 관중이나 제갈량처럼 여기고, 가렴주구를 일삼는 자도 선량한 목민관처럼 여긴다. 그러나 자기 당이 아니면 모두 이와 반대로 한다"고 꼬집는다. 분쟁은 결국 '남이 하면 스캔들, 내가 하면 로맨스'라는 자기 방식의 편견에서 나온다고 지적한 것이다. 그는 <귀향(歸鄕)>이라는 글에서, "지금 세상의 붕당의 화는 근원을 따지면 벼슬하려는 데 있다. 개인적인 자리욕심이 나오면 정치 현장에서 격리시켜 10년씩 귀향하게 하자"고 말한다. 모든 불화의 핵심에는 이해관계가 있다는 점을 다시 확실하게 강조한 표현이다.

그런데 우리가 겪는 분파는 항상 이해득실로만 움직이는 건 아니다. 현실 속에서 이해득실이 명확하지 않은 경우도 많기 때문에 명분이 분파의 원인이 되는 경우도 많다. 대표적으로 자신의 분파를 지킨다는 명분이다. 이해득실이 요동치는 불확실한 상황에서는 이 명분을 따르는 것이 가장 안전한 편이다.

한 기업에 지나치게 많은 분파가 존재한다면 그건 분명히 심각한 문제다. 적당한 숫자의 분파는 적절한 견제와 긴장을 주지만, 정도를 넘어서는 지나친 파당 형성은 응집력을 심각하게 훼손시킨다. 마치 파벌이 지나치게 많은 정치집단이 이해관계를 조율하지 못해서 항상 분쟁에 시달리는 상황과 같다. 한 조직 내 분파가 많으면 의견이 다르고 이해관계에 합의하지 않게 된다. 대체로 소통이 부족해서 발생한 것이 분파이지만 분파가 많으면 소통이 다시 부족해진다. 그 분파들 사이에 눈에 보이지 않는 '벽(壁)'이 생기는 것이다. 분파 사이에 높은 벽이 처지다 보면 그것이 바로 이해관계를 구분하는 장벽이 되며, 이 장벽의 수가 많아지면 각 분파의 정치적 역학관계에서 발생하는 갈등을 예측하기 어렵게 된다. 한 기업의 경영자에게는 장벽이 많고 높을수록 여러 제약이 많아진다. 한 기업에서 이해관계를 달리하는 파벌 집단이 많다는 것은 관계 관점에서는 좋지 않은 징조다. 분파가 많은 조직은 소통이 부족하고 상호 이해를 넓힐 수 없다. 이런 상황에서는 작은 이해관계의 분쟁거리가 생겨도 커다란 싸움이 될 수 있다. 상호 이해가 부족하기 때문이다. 이러면 협력이란 가치는 거의 불가능하게 된다.

일단 분파가 형성되면 집단이득이 형성된다. 분파 사이의 문제는 개인들 간 문제와는 달리 '집단이득'이라는 것을 생각해야 한다. 이런 점에서 개인 네트워크와 분파 네트워크는 다른 접근이 필요하다. 집단이득은 실상 분파를 형성하는 밑거름이다. 자신이 속한 소집단이 이득을 얻으면 자신도 혜택을 입을 것으로 보기에 소집단과 같은 노선을 걷는 것이다.

많은 조직원이 집단 이기주의 때문에 협력의 중요성을 인식하면서도 실행하지 못한다. 소집단에서 일종의 배신자로 몰릴 수 있기 때문이다. 소집단의 이기주의가 형성되는 상황은 이득의 충돌이 발생하는 조건에서이다. 이기주의란 자신들만의 세계를 구축하고 자신들의 이득에 집착하는 정서인데, 조직 전체에 좋다는 것을 알더라도 자신의 이득을 좇다 보니 자신의 이득에 어긋나면 따르지 않는다. 어떤 분파들은 심지어 자신만의 성(城)을 쌓고 그 성벽 안에 숨어서 외부와 교류에 소극적인 경우도 많다. 정보를 공유하는 것을 꺼린다. 정보를 나누면 시너지가 있을 것이 분명하지만, 각 분파는 그 정보 공유를 꺼린다. 눈앞의 실적에 급급해져서 자신의 세력만 믿는 이기주의에 빠지고 만다. 이기주의에 빠진 소집단에게서 협력을 기대하기 정말로 어렵다.

기업에 따라 많은 분파를 감당하지 못하는 경우도 많다. 적절한 숫자의 분파만이 존재해야 한다. 우선 한 기업에서 존재하는 파당의 규모와 속성을 구체적으로 파헤치는 것에서 출발해야 한다. 이는 파당이 몇 개나 되는지, 파당의 속성이 무엇인지를 들여다보는 것이 가장 좋다. 네트워크 분석론에서는 그것을 '파당(clique) 분석'이라고 부른다.

다음 그림과 같은 네트워크를 생각해보자.

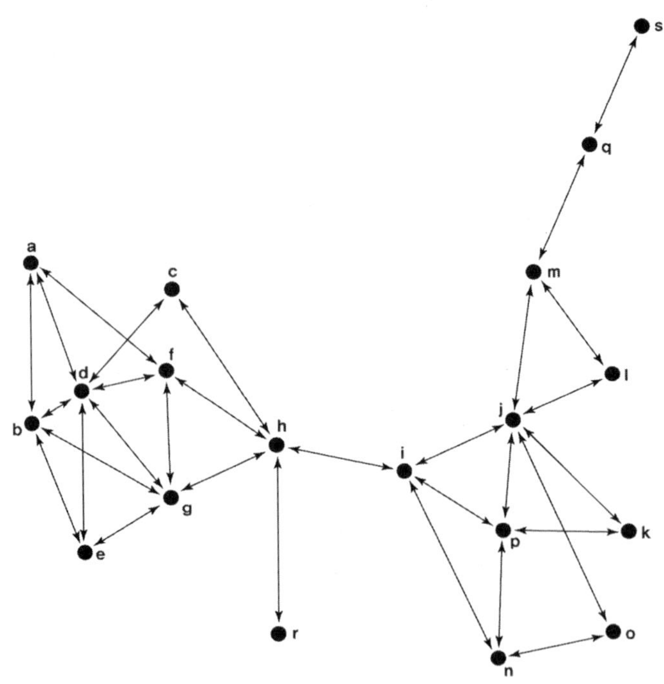

이 기업은 소규모 기업으로서 전체 직원이 19명으로 구성된 중소기업이다. 일단 직원 수가 적기 때문에 기업 내부의 파당이 아주 많지는 않지만 그래도 분파 사이의 장벽이 존재한다. 네트워크 지도로 볼 때, 이 기업은 크게 두 개의 분파로 나뉘고 있다. 구체적으로 보자. 왼쪽 그룹과 오른쪽 그룹이 구분되고, 양 집단을 연결하는 한 개의 통로(<h>와 <i> 연결)가 존재한다. 각 분파 내적으로는 교류가 많지만, 분파 사이의 교류는 역시 약하다.

이 그림은 명확하게 양 그룹으로 구분되는 모습이다. 다행스럽게도 양 그룹은 <h>와 <i>가 연결하는 통로를 갖고 있다. 분파의 갈등이 가장 심한 상황은 어느 한쪽에서부터 연결고리가 없이 완전히 고립되기도 한다.

한 기업의 분파를 정확히 파악하는 방법은 무엇일까? 네트워크 분석으로 그것을 알 수 있다. 네트워크 분석 중 '파당 분석' 방법을 사용하면 분파에 대한 정확한 이해가 가능하다. 우선 파당 분석에서 최적의 답을 얻기 위해서는 사전에 인원 설정이 필요하다. 그 설정인원의 수에 따라 파당의 구성이 달라지기 때문이다. 예를 들면, 파당을 구성하는 최소인원을 3명으로 했을 경우 9개의 파당이 발견된다.

파당의 인원 설정이 왜 중요한가 하는 의문을 가지는 독자들이 있을 것이다. 그 이유는 파당 인원수에 따라서 조직 내 구성되는 파당

파당 멤버	파당 멤버	파당 멤버
b·d·e·g	a·b·d	a·d·f
d·f·g	f·g·h	i·n·p
i·j·p	j·l·m	j·p·k

의 전체 수가 달라지기 때문이다. 앞의 예에서 파당의 최소인원을 4명으로 설정하면 3명일 때와 다른 결과가 나온다는 것을 확인하기 바란다. 4명으로 구성되는 파당을 구하면, 오직 1개의 파당만이 나온다. 그 파당은 (b · d · e · g) 4인으로 구성된다.

여기서 보듯이 3명을 기준을 한 경우와 4명을 기준으로 한 경우의 차이가 크다. 기준인원의 수에서 1명의 차이에 불과하지만 파당의 구성은 현저하게 달라진다. 이렇듯이 파당은 몇 명으로 구성되는 것이 적정한지 또 그 최소인원은 몇 명이 좋은지, 그것에 대해서는 경험적 판단이 가장 중요하다.

한 기업에서 분파를 발견했다면 다음 단계의 질문은 '왜'이다. 분파의 원인을 정확히 아는 것은 매우 중요하다. 조직 내부에 분파가 많다는 것은 아무래도 경영자에게는 불편한 일이다. 사람 사는 곳은 어느 정도 분파가 있을 수밖에 없다. 그래서 한 조직 내부에 파당이 전혀 없을 수도 없다. 그렇다고 불필요한 파당을 갖고 있을 필요도 없다.

한 기업에서 분파가 발생하는 원인을 정확히 안다면, 다음 단계는 분파를 줄이는 처방을 찾는 것이다. 조직 내 분파를 줄이는 일반적인 방책으로 다음의 조치들을 생각할 수 있다.

첫째, 파편적인 분파 사이의 교류를 넓히는 프로그램을 구상할 수 있다. 특히 교류가 부족해서 서로에 대한 이해가 부족해서 발생한 파당이라면, 교류 기회를 제공함으로써 분파를 줄일 수 있다.

둘째, 업무흐름을 바꾸어서 파당의 수를 줄여볼 수 있다. 한 기업에서 업무흐름이 바뀐다는 것은 작은 일이 아니다. 업무흐름이 바뀌면 새로운 대상들과 교류해야 하므로 이전과 다른 교류가 만들어진다. 이러한 과정을 통해 기존 분파체계가 해체될 수 있다.

셋째, 직원들이 교류할 수 있는 공간을 더 만들어 주는 것도 필요하다. 아무래도 교류공간이 많아지면 서로에 대한 이해가 넓어지고 '세렌디피티(serendipity)'라는 우연한 발견도 만들어지곤 한다. 교류공간은 반드시 거창한 공간일 필요는 없고, 가볍게 커피 혹은 차를 마시면서 대화를 나누며 토론을 하는 자연스러운 공간이면 충분하다. 세계적인 기업인 '구글(Google)'의 경우 사무실 전체 벽면을 화이트보드로 구성했다고 한다. 벽면에 낙서와 메모를 하면서 직원들끼리 대화를 나누고 아이디어를 공유시키려는 의도에서 만든 것이라고 한다. 사무실 벽면 자체를 직원들의 아이디어 합성의 공간으로 사용하는 흥미로운 사례이다. 무엇보다 중요한 메시지는 직원들의 교류공간이 바로 창조의 모태라는 사실이다.

6

리더십과 인사관리 치료

만약 배를 만들게 하고 싶다면, 배를 짓는 기술을 가르치지 말고,

바다를 동경하게 하라.

— 생텍쥐베리, 『어린 왕자』

한국기업의 경영자들이 갖는 큰 고민은 무엇인가? 기업은 규모, 업력, 업종, 경쟁상황 등에 따라 승부처가 다르고 고민거리가 다르다. 그런데 대한민국 경제의 범주에서 공통분모가 하나 있다면, 그것은 추격전략에서 성공한 기업들은 이제 스스로 길을 개척해야 하는 당면과제를 안고 있다는 사실이다.

이런 과제를 슬기롭게 해결할 수 있는 방책은 오직 한 가지, 즉 혁신에 성공하는 것이다. 다시 말하면, 이제부터 한국기업 리더십의 핵심 고민은 "어떻게 하면 혁신을 거듭하는 조직을 만들 수 있을까"로 요약된다. 여기서 혁신을 어떻게 만드는가도 중요하지만, 그 혁신이 일회성에 그치지 않고 '연속적'으로 발생하게 할 것인가이다. 이 지상명령이 쉽지 않기에 경영자들은 깊은 고민에 빠질 수밖에 없다.

한 명의 특출한 천재가 혁신을 주도하는 것이 아니라, 전체 조직문화에 혁신이 뿌리내리도록 해야 하므로 과제가 만만치 않다. 조직 자체가 혁신의 주역이 되어야 한다. 혁신이 일상화되는 문화를 가져야 한다. 구성원이 협력적으로 혁신에 집중하는 것을 '집단 창의성'이라 부른다. 이 집단 창의성을 극대화하는 고민은 우리의 주제인 네트워크 치료에서 실마리를 얻을 수 있다.

한 기업의 리더는 네트워크 설계자 역할을 맡아야 한다. 지금까지는 리더의 역할에 대해 지시, 검토, 통제 등의 개념이 우선되었다면 이제는 그 생각을 확실하게 바꾸어야 할 것이다. 네트워크 설계자란 단순히 네트워크를 관찰하는 자가 아니다. 어떤 모습으로 네트워크를 바꿀 것인지를 치열하게 고민하는 자를 말한다.

네트워크 치료는 '관계'라는 자원을 관리 가능한 영역으로 끌어들이는 새로운 문을 여는 것이다. 경영이 사람 사이의 묘수풀이라면, 조직 깊숙한 곳의 관계망을 관찰하고 치료하는 작업은 경영자로서 실질적인 맛을 느낄 수 있는 영역이다. 경영자가 네트워크 치료 속에서 전략적 설계자라는 입장을 놓친다면 네트워크 치료는 절대 성공할 수 없다. 유능한 경영자일수록 관계망의 설계를 중요 임무로 삼아야 할 것이다. 이제 새로운 시대로 넘어가는 현실을 제대로 봐야 한다.

창조적인 기업이 되기 위해 개개인의 관점에서 문제를 풀려는 것은 핵심이 아니다. 창조적인 소양을 갖춘 우수 인재를 영입하는 것에 집중한다든가, 직무시간의 특정 비율 이상을 자신의 창조적 소양 개발에 할애하는 결정, 이런 것들은 필요한 것이기는 하지만, 창조적인 기업을 만드는 충분조건이 아니다.

조직원들 사이의 교류와 합성이라는 것이 제대로 이루어져야 창조적 에너지가 충만한 조직이 된다. 한 개인의 창조능력은 단발성의 효력밖에 없다. 그것을 진정으로 조직의 능력으로 전환하기 위해서는 조직 내부에서 집단적이 움직임이 되게 해야 한다. 그것이 네트워크 디자인(network design)의 영역이다.

한국문화 속에서 리더십과 관계망

우리 기업문화에서 직장상사는 단순히 상사일 뿐만 아니라 다른 생활영역에서 선배가 된다. 정확하게 말하면 그런 종합적인 선배로 기대된다. 기업의 조직원으로서 직장생활을 하다 보면, 같은 사무실의 동료들과 가장 긴 시간을 같이 보낸다. 이들과 지난밤의 프로야구를 평가하며, 정치판에 대해 의견을 나누며, 점심 메뉴를 같이 고민하며, 저녁 퇴근길에 호프 잔을 부딪는다. 또 직속 상사가 주는 영향력을 무시할 수 없다. 직속 상사는 통제권과 인사고과 권한을 갖기 때문에 그에게 잘 보여야 한다. 그러자면 교류가 끊어지는 건 생각할 수 없다. 결국 좋으나 싫으나 그의 교류 범위 안에 들어갈 수밖에 없다. 업무에 대해 조언과 경험담을 들으며, 점심시간을 공유하기도 하면서 거리를 좁혀가게 된다. 동료와 상사, 이 두 그룹과의 관계에 그 사람의 일상생활이 담겨 있게 마련이다.

한국의 리더는 상대방과의 공감하는 것을 넘어서 매우 높은 경지인 존경의 대상까지 요구된 적도 있었다. 현재 그 전통이 아직 남아 장관이나 국회의원과 같은 고위관직에서 도덕성이 중요한 이유가 이것 때문이다. 물론 기업 경영자에게 도덕성 기준은 정치권 인사들보단 훨씬 낮아져 있지만, 그렇다고 해서 단순히 사무적인 상사로 끝나는 건 아니다.

서양의 리더십 이론은 이것을 반영하지 못한다. 서구의 리더십 서적에서 한 가지 특징으로 "리더로서 부하직원과 공감하라"는 권장이 최근에 등장한다. 공감에 익숙하지 못했던 서양 문화에서는 "공감하라"는 주문에 "뭘 어떻게 해야 하는지 모르겠다"는 반응이 많다. 우리는 공감이 무엇인지 잘 안다. 다만 진정한 공감을 얻는 것에 어려움이 있을 뿐이다. 또 그 공감에 다소 복잡성이 있을 뿐이다. 사회문화라는 변수는 그만큼 큰 차이를 낸다. 우리가 리더십을 말할 때나 네트워크 설계자를 얘기할 때도 문화를 주목하지 않을 수 없다. 문화를 무시하는 논의는 의미가 그만큼 줄어든다.

한국문화에서 똑똑한 상사가 다른 조직원과의 교류에 관심이 없는 현상이 있다면, 이런 리더십은 언제나 외면당한다. 우리는 집단의 화합을 중요하게 보는 문화적 유산을 갖고 있다. 서양의 개인주의와 비교해서 집단주의라는 명칭을 쓰기도 한다. 리더는 집단을 원만하게 끌고 가는 덕목을 요청받는다. 그 '집단의 원만함'의 범위는 사실상 매우 넓다.

리더의 위치에 있는 사람들은 접촉을 확대해서 공감을 넓혀나가야 하며, 그들의 정서를 만져주어야 한다. 최고층의 리더는 특히 이것이 중요하다. 그 최고층이 자신에게 가까이 왔다는 것만으로도 감동을 느끼는 조직원들도 많다. 접촉 자체가 공감의 표시이고 자신과의 관계를 잇고 있다는 표시이기 때문이다. 높은 분이 자신과 관계를 표시한다는 것은 감사함이고 그것이 바로 감동의 근원이 된다.

한국문화에서 권력거리는 크다. 권력을 가진 자는 여러 면에서 차별화된다. 몇 가지 예를 보자. 제자들은 스승의 그림자도 밟지 않는다고 학습한다. CEO 앞에서 부하직원들은 한마디의 의견을 말하지 못한다. 장관이 자전거를 타고 출퇴근 하는 것을 이상하게 생각한다. 왜냐하면 그 사람은 특별한 사람이기 때문이다. 박사과정 학생이 스승과 학문적 논쟁에 엄두를 내지 못한다. 이런 것들이 바로 권력자와 피권력자 사이의 거리가 멀다는 것을 말한다.

한국기업에서 승진한다는 것은 위로 올라가는 경쟁에서 승리의 결과로서 전리품이 따라온다. 이것도 권력거리에 부분적으로 기여한다. 한 사람이 기업에서 지위가 올라가면서 더 좋은 자리, 더 좋은 물리적 공간을 부여받는다. 예를 들면, 회전의자와 머리받침이 딸린 의자, 서랍장이 하나 더 있는 책상, 창문 쪽의 자리, 소파가 놓인 방 등이 그 상징물이다.

또 한 가지 특징을 언급한다면, 우리나라 보스는 자신의 위세를 과시하려는 특징이 있다. 이는 '조폭과의 전쟁'으로 유명한 심재륜 전 고검장이 우리나라 조폭 문화의 특징으로 지적한 내용이다. 우리 조폭 두목들은 마피아와 야쿠자 두목들과 달리 자신의 힘을 드러낸다고 한다. 마피아와 야쿠자의 두목이 은밀하게 활동하며 자신을 드러내지 않는 것과 비교된다. 우리 조폭 두목들은 현장 주도형이기 때문일 것이다. 현장을 지휘해야 하고 그러다 보니 현장에서 자신의 위세를 과시하게 된 것이다. 단순히 배후에 있는 것으로 성에 차지 않는다. 누가 자신을 알아주는 것에서 쾌감을 느낀다. 상대방을 기죽이는 것을 좋아하고 세를 과시하는 것을 선호하는 특징을 갖게 된 것이다.

리더십 유형

한 기업에서 최고경영자의 가장 중요한 임무 하나를 꼽으라면 무엇이 선정될까? 나는 최고경영자의 최고 임무는 '비전을 제안하는 것'이라고 주저 없이 말한다. 건강하고 올바른 비전은 조직의 미래를 안내하며, 구성원이 어디로 가는지 항상 목적지를 잃지 않는 놀라운 효력을 갖고 있다. 이것만큼 한 조직의 보스가 할 수 있는 중요한 임무가 달리 있을까 싶다. 최고경영자가 제시하는 건강한 비전을 통해 조직원은 개인적인 열정과 노력을 어디에 맞추어야 하는지를 스스로 알게 된다.

한국문화에서 리더는 단순히 명령하고 지도하는 역할로는 충족되지 않는다. 자신도 참여하면서 공감을 넓혀가는 사람이다. 단순히 멀리서 말로만 지시하는 사람은 리더로서 인정받기 어렵다. 물론 겉으론 조직이 부여한 보직의 힘에 순응하는 모습을 보이긴 한다.

중간관리자들에게 요청되는 임무는 최고경영자와 다소 다르다. 한 조직의 중간 리더는 조직 구석구석에 존재하는 창조와 협력 에너지를 확산하는 주도자가 되어야 한다. 응집력이 낮은 이유를 돌아봐야 하고, 창의적 아이디어가 흘러 다니는 길목이 막히지 않는지 소통과 중개에 관해 예민하게 대처하는 것이 바람직하다. 이것이 한국기업에 필요한 리더십의 전형적인 모델이다.

리더십의 유형을 구분해보면 다음의 몇 가지 유형이 가능하다. 첫째, 카운슬러 유형이다. 이는 "네가 아프니 나도 아프다"와 같은 감성적 언어로 위로하는 리더이다. 둘째, 선동가 유형이다. 이는 "바꿔야 산다"를 주장하며 변화에 목메는 유형이다. 셋째, 컨설턴트 유형이다. "잭 웰치라면 이렇게 했을 것이다"며 설을 늘어놓는 유형이다. 넷째, 집도의(執刀醫) 유형이다. 무조건 썩은 곳을 잘라내고자 하는 의사와 같은 유형이다. 다섯째, 트레이너 유형이다. 이는 쇠약해진 체질을 뛰어 달릴 수 있는 몸으로 바꾸기 위해 같이 달려주는 유형이다.

이 중 우리 문화에 가장 적합하고 직원들의 신명을 살리는 리더 유형을 꼽으라면 필자는 트레이너 유형을 꼽는다. 조직원들과 같이 몸 관리에 동참하는 사람, 그러면서 춤판의 분위기를 공감하는 사람은 어떻게든 통하게 되어 있다. 그들은 그저 말만 하지 않고 또 남의 탓만 하지도 않기에 영향이 먹힌다. 모든 것이 썩었으니 무조건 전체를 뒤바꾸자는 '혁명가'도 어울리지 않으며, 번지르르한 감성언어로 위로하는 '컨설턴트'도 적합하지 않다. 어설픈 컨설턴트들은 시장판의 약장수와 같다. 무조건 만병통치약이라고 주장한다. 위장병에 듣는 약이 간에 부담을 주고, 혈압에 좋은 약이 때론 당뇨에 무리가 되는 법이다. 한 사회의 총체적 증상을 단번에 두루 다스리는 만병통치약은 없다. 또 직접 칼을 써서 도려낼 부분을 자르는 집도의(執刀醫)도 소통의 리더로서는 적합하지 않다. 진정으로 한 조직의 소통을 원한다면 같이 접촉하고, 마음을 나누고, 같이 운동하면서 몸무게를 줄이고 체력을 늘려가는 리더가 적합한 것이다. 많은 사람이 이야기하는 '소통'이라는 것이 여기서 나온다. 리더가 모든 것을 같이 공감해주는 것이 바로 소통의 제1계명이 아니겠는가.

소통이라는 것을 잘 생각해보자. 일상적이고 쉬운 것에서부터 시작할 수 있다. 리더가 지나가며 마주치는 직원들의 손을 잡아주고, 격려해주는 것에서 시작한다. 만약 멀리 있는 직원이라면 손을 흔들어 아는 척해주는 것도 의미가 크다. 같이 공감한다는 슬로건만 내놓는 것으로는 부족하다. 직접 접촉하고 이야기 들어주고, 직원들의 의견을 접촉하는 문턱을 낮추어 주는 리더십을 '컨택트 리더십(contact leadership)'이라고 이름 붙이고 싶다. 한 사람 한 사람을 모두 귀중하게 여긴다는 것을 보여준다는 점에서 소통에 매우 적합한 리더십 유형으로 평가한다.

앞서 언급했던 접화군생(接化群生)이라는 단어도 리더십에 울리는 메시지가 많다. 신라시대의 문장가인 최치원(崔致遠, 857~?)의 표현인데, 서로 부딪히며 사는 것이 우리네 숙명이라는 의미를 표현한다. 한마디로 우리는 서로 부딪히고 고민하고 쓰다듬고 배려하고 분쟁하며 살 수밖에 없는 존재라는 것이다. 소통이란 개념이 중요한 이유도 바로 그것이다. 그런데 소통의 적은 그것을 막아버리는 문화에 있다. 직원들은 뚜렷한 이슈를 갖고 불만을 표출하기도 하지만, 그저 현실이 답답해서 하소연하는 경우가 많다. 건강한 조직이라면 그런 불만은 공식적인 경로를 통해 소화되어야 한다. 이런 소통의 문제를 해소하는 것도 리더십의 역할이다.

직원들을 섬긴다는 뜻의 '서번트 리더십(servant leadership)' 개념도 유명하다. 조직원들과 아무런 공감을 나누지 못하면서 스스로 섬긴다고 하는 것은 효과적 적다. 남을 섬긴다는 것은 아주 아름다운 가치이지만, 그것으로 소통이 완성되는 것은 아니며 다른 사람들을 만족시키는 것은 아니다. 접촉하면서 피부에 와 닿는 소통을 하는 접촉에서 의미를 찾아야 할 것이다.

비전 리더십

큰 리더의 역할은 개인과 부서 사이에 호흡이 맞도록 분위기를 유도하는 것이 중요하다. 즉, 같은 곳을 바라볼 수 있도록 거대한 비전이 존재하는 것이 중요하다. 비전을 제안할 수 있는 리더가 있다면 조직의 내적 화합은 상대적으로 쉽다. 가야 할 방향에 대해 공감이 확고하다면 사소한 이해관계의 충돌을 인내할 수 있다. 큰 리더의 역할이 이렇게 중요하다.

저 넓은 시베리아와 몽골 벌판을 거침없이 달릴 때는 저 사막 건너 뭐가 있는지, 저 호수 너머 산 너머 무엇이 있는지 하늘만 믿고 달려가는 것이다. 그래도 겁을 내지 않고 달릴 수 있는 이유는 꿈이 있기 때문이다. 옳건 그르건 자신의 꿈을 믿고 그냥 막 달려나갈 수 있다. 그러니 춤과 노래로 잘 봐달라고 또 잘 지켜달라고 하늘에 빌었었다. 이런 꿈이 바로 기업에선 비전이다. 기업의 리더의 실력은 얼마나 멋진 비전을 조직원들에게 제안할 수 있느냐로 판가름난다고 볼 수 있다. 조직원들이 비전에 공감이 높을수록, 또 그 비전에 대한 믿음이 강할수록, 힘차게 열정을 쏟아낼 수 있다. 그러면 그 조직은 크게 번창한다.

신바람 리더십

우리 민족에겐 '신바람'이란 정서가 있다. 신바람은 숨겨진 열정이 쏟아져 나오는 현상이다. 오직 기분이 공감했을 때에만 나오는 특징을 갖고 있다. 신바람이 나오면 흥겹고 신이 나서 열정이 저절로 나온다. 신바람이 내재해서 습관이 된다면 열정이 가장 높은 조직이 될 것이다. 영혼을 담아 자신의 임무를 처리하는 조직이 실패할 수는 없다. 신이 나면 엄청난 에너지가 일어난다. 신바람은 공감하면 폭발적인 힘을 낸다. 집중력이 엄청나게 세다. 일본의 힘이 '혼'이라면, 우리에겐 신바람이 바로 힘이다.

그런데 신바람이 무엇인지 정확하게 알지 못하는 것이 현재 우리의 문제다. 우리 문화의 코드이지만 그걸 정확히 꼬집어 말하는 사람은 없다. 그저 신바람은 흥이 나면 열정적으로 에너지를 분출하며 일하는 한국인의 정서이다 정도의 표현이 고작이다.

한국기업에 적합한 리더십을 생각할 때, 가장 독특한 것이 이 신바람 아닐까 싶다. 실제 우리 기업에게 가장 중요한 리더는 직원들의 신명에 불을 붙이는 리더여야 한다. 한국인은 신명나는 민족이고 이 신명에 건강한 불을 유지해야 한다. 그것이 우리 민족의 특징인 신바람을 일으키는 리더십이다. 서양 이론은 신바람이란 특징을 모르기 때문에 그것을 정확히 담을 수 없었다. 실상 우리에게 너무나 중요한 덕목은 신들린 듯한 열정이 담긴 신바람을 일으키고 그것을 전체 조직원에게 확산해서 전염시키는 능력이다.

조직의 한쪽에서 신바람이 일어나면 그것이 살아나 전체 조직의 에너지로 쓰이는 것이 좋다. 이런 신바람 확산을 잘 살려야 한다. 대체로 신바람은 의욕이 넘치는 에너지로 나타나기 때문에, 주변으로 잘 전달되기만 하면 그 조직은 상당한 에너지를 집중하게 된다.

신바람을 끌어내는 리더십의 핵심은 다음 두 요인이다. 하나는 신바람을 일으키는 것이며, 또 하나는 그 신바람을 조직 전체로 전염시키는 것이다. 이 두 문제가 해결되었을 때 진정으로 강한 조직이 된다. 이 두 요인 모두 네트워크를 염두에 둔 리더십에 의해 만들어지고 성장한다.

경영자의 과제는 신바람의 시작과 전염을 전략적으로 추진하는 것이다. 신바람 에너지는 무조건 전달되지 않으며, 때로는 구성원들의 초기 저항을 받을 수도 있다. 항상 구성원들이 정확히 이해하고 납득하는 것만은 아니다. 전염을 성공적으로 수행하기 위해서 네트워크 처방이 큰 도움이 된다.

우리는 신명이 많은 민족이다. 신명이 났다 하면 못해내는 일이 없다. 신들린 춤과 노래로서 사람들을 매료시키는 데 재주가 많다. 무교적 전통에 의해 하늘과 소통하는 기질도 강하다. 달리는 고속버스에서 춤추고 노래하며 흥을 돋우고 혼을 빼앗는 민족은 지구상에 우리밖에 없다. 일단 신이 났다 하면 우리는 배고픈지도 모르고 밤을 세우고 노래를 한다. 2002년 월드컵 때 길거리를 온통 메우며 신나게 노래하고 춤추고 놀았던 것도 바로 신바람의 연속이다.

이제 신바람을 활용하는 비결을 터득할 때이다. 신바람은 외형상으로는 에너지가 충만한 상태이지만, 그 속을 들여다보면 에너지가 집결되는 과정의 산물이다. 그 에너지의 탄생에서부터 다른 사람들에게 전염되는 종착지까지 전체 과정을 추적할 수 있을 때 신바람을 제대로 통찰했다고 말할 수 있을 것이다. 물론 예견하지 못한 돌연변이도 있겠지만, 신바람도 에너지가 탄생해서 하나의 '동력'으로 집약되는 과정을 거친다. 신바람은 '전염'을 통해 확산하거나 소멸된다. 그 전염은 이성적 전염이 아니고 정서적 전염이다. 우수한 전염과정을 거치면 당초 에너지가 확대 재생산되지만, 좋지 않은 전염과정을 거치면 소멸할 수도 있다. 이처럼 전염과정에 의해 에너지의 질과 양이 결정된다는 점에서, 신바람 충전은 전염이라는 네트워크 원리에 의존도가 높다.

'신바람'은 무조건 전염되지 않는다

신바람은 배터리와 같다. 신바람을 집어넣어서 열정적인 에너지를 넘치게 하는 것이 우선 중요하며, 또한 그 에너지가 고갈되면 어떤 방식으로든 충전이 되어야 한다. 신바람이 일회에 그치고 마는 것이라면 '신바람'이라고 부를 수 없을 정도이다. 신바람이라고 한다면 그 열정 에너지가 차고 넘쳐서 언제라도 폭발할 준비가 되어 있어야 한다. 그렇게 되려면 항상 신바람을 공급하고 전달하는 충전 메커니즘을 갖추고 있어야 한다.

신바람이 충만한 조직이 되는 과정은 크게 두 단계로 구성된다. 첫째 단계는 신바람의 잉태 단계다. 신바람이란 실체가 형성되는 시작 지점이다. 어떤 신바람이 어디서 만들어지는지는 차후 중요한 영향을 준다. 두 번째 단계는 신바람의 확산 단계다. 이 잉태와 확산이라는 두 단계를 제대로 실행시킬 수 있다면 당신의 기업은 신바람이 넘치는 기업이 된다. 그 두 단계에 대해 구체적으로 들어가 보자.

신바람의 잉태

신바람이 무엇인가? 이 질문은 근본적으로 철학적인 질문이다. 질문의 뿌리부터 모든 것을 얘기할 수는 없기 때문에 여기서는 다소 단순하게 접근해보자. 신바람이라는 에너지는 무언가 흥이 나는 모멘텀에서 시작한다. 치욕을 극복하려는 마음, 심하게 상한 자존심을 만회하려는 의욕, 경쟁자에게 시장점유율을 역전당하고 난 후의 분투심, 가난을 극복하고자 하는 의지와 같은 상황을 신바람이 시작되는 동기 요인으로 볼 수 있다.

신바람은 '공감'을 가정하며 시작된다. 조직원의 마음을 움직이지 못하는 형질이 신바람이 될 수 없다. 구성원의 정서와 코드에 부합되는 공감이 있으면 신바람이 비로소 들불처럼 번질 징조를 띠는 것이다. 징조란 중요하다. 미래의 진로를 그대로 보여주기 때문이다. 그 공감을 만드는 최대의 도구는 기업의 용어로는 '비전'이며, 사회의 단어로는 '이념'이다. 그 비전과 이념이 한 방향을 지향하고, 다수 구성원이 그것에 정서적으로 동의한다면 신바람이 된다.

한 조직에서 공감의 형성은 긴급하고 중요한 위급상태에서 가장 드라마틱하게 나타난다. 지난 IMF 경제위기를 다시 떠올려보라. 국민들이 장롱 속의 금붙이를 들고 나와서 기부하던 장면이 아직도 눈에 선하다. 이런 기부는 왜 발생했나? 국민들 마음속에서 신바람이 불었기 때문이다. 신바람이 없었다면 전혀 없었을 행동을 끌어낸 것이다. 위험천만인 공동의 난파선을 구하자는 공감이 신바람 에너지를 탄생시킨 것이며, 그 공감의 강도가 높았던 만큼 폭발적인 확산 과정을 거쳤던 것이다. 기업에서의 신바람도 원리는 마찬가지이다. 신바람을 탄생시키려면 어떻게든 공감을 얻어내야 한다. 공감이 신바람의 시작이기 때문이다.

공감을 극대화시키는 방안으로서, 신바람 에너지가 시작하는 출발점에 주목해야 한다. 만약 전략적으로 신바람을 관리한다면, 출발하는 곳이 바로 그 관리의 최초 지점일 것이다. 기업의 네트워크 측면에서 두 가지 중요한 신바람 출발점이 있다. 첫째, 기업 네트워크의 중추(backbone)에서의 시작이 있으며, 둘째, 그 골격에서 벗어나 있는 주변부(아웃라이어)에서 시작이 있다. 신바람이 하나의 집단동력이 되려면 전염능력이 강할수록 좋다. 최초 신바람 에너지를 탄생시키는 사람의 영향력이 높을수록 전염이 빠르게 진행될 수 있다. 감기 바이러스가 제대로 전염되려면 '감기를 옮길 만한 자'에서 시작되어야 하는 것과 같다.

한 기업의 '심장부'에서 신바람이 시작될수록 전염력이 높아진다. 여기서 '심장부'란 반드시 직급이 높은 사람을 말하는 것은 아니다. 사안에 따라 가장 공감을 더욱 많이 불러올 수 있는 곳에서부터 시작되면 된다. 한편 주변부에서 신바람이 시작될 수 있다. 주변부에는 주로 '아웃라이어(outlier)'들이 있는데, 보통 이들은 정상에서 벗어난 자 혹은 소외된 자로 보곤 한다. 이들에게 중심과의 연결은 대체로 없다. 그렇다고 완전히 무능한 집단이란 뜻은 아니다.

신바람의 확산

신바람의 확산에서 무엇이 중요한가? 무엇보다 중요한 것은 신바람 근원이 공감이 높은지 혹은 약한지 여부이다. 달리 말하면, 신바람 이슈가 공감하는 것인지 혹은 논란이 많은 것인지에 따라 확산 이슈가 달라진다.

공감이 약해 논란이 무성한 가운데 신바람을 일으켜야 하는 경우와, 누구도 인정할 만한 명백한 이슈에서 신바람을 일으켜야 하는 경우를 구분해서 설명한다.

〈그림 6〉 주변부에서 중심으로 확산

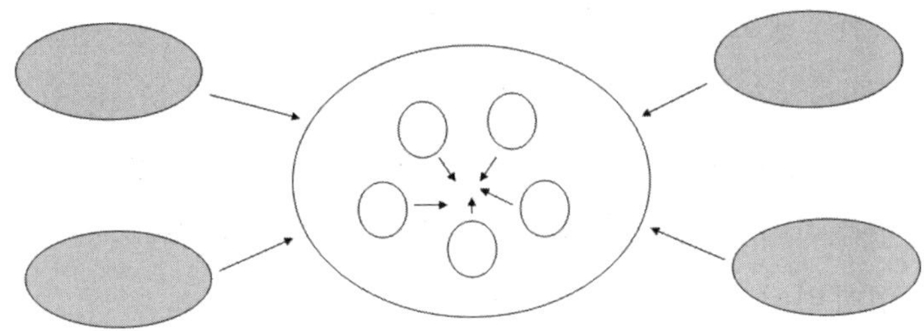

• 공감이 낮은 경우

신바람 이슈에 공감이 약해서 찬반 논란이 있다면, 신바람 자체도 약하고 파괴력도 약할 수밖에 없다. 구성원들 사이 공감대가 약한 만큼 신바람 자체의 뿌리도 약할 수밖에 없다. 이런 경우 신바람의 시작은 주변부에서 시작되는 것이 바람직하다. 즉, 우선 주변부에서 시작해서 점차적으로 중심부로 이동시키는 확산경로가 효과적인 것이다. 중심에서부터 시작하면 그 논란이 잠재워지지 않을 수 있다. 왜냐하면 신바람이 중심을 강화시키려는 것으로 해석하게 되기 때문이다. 그러나 주변부에서 시작되면 중심의 강화라는 오해를 넘어서면서 오히려 많은 사람들에게 공감대를 넓혀갈 수 있다.

이 경우 신바람의 전파속도를 아주 빠르게 가져갈 필요는 없다. 찬반 논쟁이 진행될 것이므로 어느 정도의 토론을 거쳐 공감이 넓어지는 기간이 필요하다. 서두르지 않는 마음을 갖는 것이 오히려 좋다.

• 공감이 높은 신바람의 경우

이 경우는 조직 내에서 신바람이 바람직한지에 관한 논쟁이 없으

〈그림 7〉 중심에서 주변부로 확산

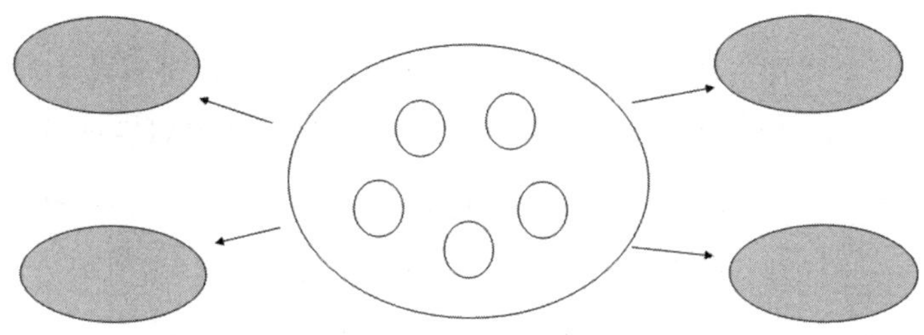

므로 구성원들의 공감은 높은 상황이다. 이 경우에는 신바람이 일사불란하게 진행시킬 토대를 갖춘 셈이다. 이때에는 시작된 신바람을 다른 사람들에게 어떻게 빠르게 확산시키는 전략에 집중할 수 있다. 구성원들 간 공감대가 형성되었기 때문에 속도가 빠르게 진행되더라도 확산과 전달에 힘이 실릴 것이다. 이때의 확산과정은 중심노드에서 시작해서 주변부로 확산해가는 방향이 바람직하다. 중심에서 주변부로 전달되는 경로에서 빠른 속도가 나오기 때문이다.

신바람을 순하게 표현하면 열정이 아닐까 싶다. 열정이 없는 기업은 미래가 없다. 『혼/창/통』의 저자인 이지훈 교수에 의하면 조직에 혼(魂)을 담는 것이 기업 성장의 시작이라고 한다. 혼이란 것은 구성원들의 열정과 응집력의 조합물이다. 한 사람만의 열정으로 충분하지 않다. 한 사람에게서 시작된 열정은 조직 전체로 퍼져나가야 한다. 그 열정이 기업 현장 구석구석에 전달될수록 근본적인 변화를 낳게 된다.

네트워크 매개자와 최고경영자의 차이

조직의 피라미드에서 정상은 최고경영자이지만, 네트워크 관점에서 보면 매개자도 중요한 인물이다. 매개자는 조직원들과의 '관계' 속에서 싹트는, 그래서 공감을 이끄는 인물이며 비공식적 리더이다.

매개자는 비록 리더이지만 공식적인 권한을 가진 최고경영자와는 여러 면에서 다르다. 한 기업에서 최고경영자는 지휘와 통제로 직원을 이끄는 권한과 힘을 보장받고 있다. 한편 매개자는 개인적 관계의 감성지능에서 나온 공감과 신뢰를 통해 직원을 이끈다. <표 5>를 통해 매개자를 최고경영자와 비교해보자.

매개자는 실상 조직원의 마음과 가깝게 있는 사람이다. 그래서 이들은 조직의 마음을 흔들 수 있는 사람이다. 조직이 변화를 시도할 때 그 주동자가 될 수 있다. 특히 급격한 변화와 창조적 사고가 필요

〈표 5〉 최고경영자 vs. 네트워크 매개자

최고경영자	네트워크 매개자
보스	동료
지휘와 통제	신뢰
합리형	감성형
권력자	격려하는 사람
지시하는 사람	협력자
조직의 초점	막후에서 활동
명령과 체계	불확실성과 혼돈
이윤 지향	사명 지향

출처 : 브라프먼 & 벡스트롬(2009). 『불가사리와 거미』.

한 상황에서 더 중요한 역할을 할 것이다. 그런데 매개자들의 활동 조건에도 주목해야 한다. 그들은 경직된 위계질서에서는 제대로 능력을 발휘하지 못할 수 있다. 조직이 지나치게 경직되면 이들은 질식할 수도 있다. 이렇게 되면 매개를 통한 지식의 전달, 흐름, 그리고 그것으로 인해 발생할 혁신 아이디어와 창조 분위기는 취약해질 수밖에 없다.

인사관리 분야의 활용

인사관리의 모든 영역에서 네트워크에 대한 생각을 많이 담으라고 권장한다. 그 비중이 많으면 많을수록 좋다. 실제로 인사관리 측면에서 네트워크는 활용가치가 매우 높은 개념이다. 인사관리란 사람을 관리하는 방안을 말한다. 기업에서 사람을 관리하는 이슈는 누구와 누구를 같이 일하게 할 것인가, 승진자를 결정할 때 어떤 기준을 잡아야 조직원들의 마음을 상하지 않을 것인가 등이 포함된다.

인사관리가 본래 사람의 이슈이기 때문에 네트워크와 연관이 많을 수밖에 없다. 인사관리 분야의 현 주류는 아직 네트워크 논리를 껴안지 못했지만, 이 책을 통해 향후 많은 인사관리 문제들이 네트워크의 시각에서 처리될 길이 열리고 접점을 찾을 것으로 보인다. 미래의 인사관리는 분명하게도 네트워크가 쓰여야 할 영토이다. 우리가 쉽게 떠올릴 수 있는 통상적인 인사관리 이슈, 즉 누가 부서장이 되는지, 어떤 방식으로 인력을 배치할지, 보상체계는 어떻게 구성되어 조직원의 열정을 유인할 것인지와 같은 주제들은 네트워크 치료를 통해 획기적으로 개선될 수 있다.

한 기업에서 일상의 사무가 모두 업무에 관계된 것만은 아니다. 한국생산성본부의 평가에 의하면, 업무 트랙이 70%, 관계 트랙이 30% 정도라고 알려진다. 조직 생활에서 업무 외에 관계가 차지하는 비중이 30% 정도 차지한다면 그리 작은 비중이 아니다.

그렇다면 인력배치, 승진자 결정 등의 인사관리에서 그 관계망은 얼마나 고려되고 있을까? 안타깝게도 그리 많지 않다. 기업 내적으로 업무 외적인 인맥 트랙이 30%가 넘는다는 조사 결과가 있음에도 불구하고 인력관리에 그 인맥과 관계망을 반영하겠다는 관행은 거의 없다.

경영의 현안으로서 인사관리의 대상에는 승진 결정, 배치 이동, 보직순환, 임금체계 결정, 퇴직자 관리 등이 있다. 이들 분야가 모두 자체적으로 논의되는 독립 영역이기도 하지만, 실제로 조직 네트워크와 밀접한 연관을 갖고 있다. 여기서는 본 주제에 맞추어, 인사관리의 주요 이슈들이 건강한 네트워크를 조성하고 유지하는 방안으로서 논의하고자 한다.

1) 승진자 결정

한 조직에서 승진자 결정은 대단히 중요한 사안이다. 누가 어떤 기준에 의해 승진하는가는 직원들에게 어떤 방식으로 일을 하고 어떻게 처신해야 하는지를 알려주는 정보가 되기 때문이다. 무엇을 해야 보상을 얻고 무엇을 하면 손해를 보는지를 바로 인센티브 체계라고 한다. 사람들은 승진기준에 따라 그에 적합한 행동을 선택하고 태도를 갖출 것이다.

우리 기업은 오랫동안 연공서열의 기준을 따랐다. 그럴 때는 조직에 들어온 순서와 근속연수가 모든 면을 결정했다. 그러나 실적 평가와 능력 평가가 부분적으로 그 연공 중심의 승진체계를 대체하고 있다. 물론 아직 완벽하게 대체한 것은 아니지만 말이다. 공을 세운 자에게 상(賞)을 주고 능력 있는 자에게 자리를 주면 된다.

승진자 선정기준으로서 관계의 효율화 기준은 중요하다. 이 기준은 한마디로 네트워크를 효율화시키는 데 공헌하는 사람을 승진시키는 기준이다. 그런데 네트워크를 승진 기준에 집어넣더라도 어느 쪽 방향으로 공헌을 했는가를 평가하는 원칙이 있어야 한다. 한쪽 방향은 '마당발' 쪽 기준이며, 다른 쪽 방향은 '문지기' 쪽 기준이다. 기본적으로 두 방향의 균형을 강조하는 것이 바람직하다.

구태여 직급별로 응집과 매개라는 두 측면을 반영하는 비중을 다르게 한다면, 대체로 낮은 직급에서는 마당발 역할(응집)에 대한 평가를 좋게 줄 수 있다. 그러나 중간관리자급이 되면 외부와 교류 통로를 여는 문지기 역할(매개)이 더욱 중요하게 된다. 관리자 직급에서는 유용한 지식과 정보를 유입시키는 브로커로서의 공헌이 커지기 때문이다. 그러나 신입직원들에게 브로커로서의 역할을 지나치게 강조할 필요는 없다.

♦ 누구를 승진시킬 것인가

기업의 최상층 리더의 자격에는 다른 어떤 역할보다 올바른 비전을 설정하는 능력이 중요하다. 그래야 조직 내 모든 구성원의 공감을 넓힐 수 있다. 이렇게 되어야 바로 상하동욕(上下同慾)의 상황을 이끄는 리더십이 발휘될 수 있다. 조직 내에서 너와 나를 구분하는 선이 흐릿해져야 협력과 응집력이 커진다. 내 것을 따지기 시작하면 남을 돕는 노력을 줄이게 된다. 내 것이 우선 보이기 때문이다. 각 개인의 이득의 선을 무너뜨리는 것이 공감이 높은 비전이다. 그것은 최고 상층부의 리더가 해야 할 가장 중요한 임무이다.

중간 리더인 부서장이 될 사람은 이런 기준과는 달리 선정해야 한다. 즉, 중간관리자에게 적용되는 기준은 최고경영자의 리더십 기준과는 다르다. 부서 혹은 팀이란 작은 규모를 이끄는 작업이기 때문이다. 부서장은 한 조직에서 '린치핀(lynchpin)'인 사람이 맡는 것이 좋다. 린치핀이란 마차나 수레의 바퀴가 빠지지 않도록 축에 꽂는 핀이다. 이 핀이 없으면 바퀴가 굴러갈 수 없다. 한 조직 내부에서 다른 사람으로 대체할 수 없는 존재로 볼 수 있다. 조직의 큰 그림상에서는 작은 부속품이지만 절대 없어서는 안 되는 존재가 바로 린치핀이다. 이런 사람이 부서장이 되는 것이 가장 바람직하다. 다른 조직원들도 묵시적으로 그 사람의 승진과 보직 임명에 동의하게 될 것이며, 그 동의가 자연스럽게 협력을 유인하게 될 것이다. 린치핀 인물은 비공식적인 교류에서도 중심이 되는 사람이므로, 공동의 협력 속에서 새로운 길을 발명하고 지위와 관계없이 사람들을 이끌고, 사람들을 이어주고, 일을 만들어내고, 혼란 속에서 질서를 잡게 될 것이다.

◆ 네트워크에서 '리더'의 위치

네트워크 지도가 주는 정보 중, 중간관리자와 임원이 직원들과 맺는 관계는 흥미로운 정보이다. 그 정보는 비공식적 관계망에서 공식적 리더가 어떻게 위치하는지를 보여주는 정보인 것이다. 근본적으로는 중간관리자와 임원들이 부하직원들과 밀접한 관계를 형성해야 하는 것이 정답이지만, 문제는 이것이 그리 간단하지 않다는 데 있다.

중간관리자급 이상이 되면, 여러 책임 업무가 부여되고 또 그들이 위치상 현장 업무와 멀어지게 되어서 일반직원들과의 관계가 적어지는 것이다. 이렇게 되면서 부하직원들과의 사적 스킨십도 점점 줄어들게 된다. 일반직원들 입장에서도 임원급 경영진들과 교류하는 것은 쉽지 않다. 이런 현실이니 만큼, 대부분의 기업 네트워크 지도에서 나타나듯이, 임원진과 직원들 사이의 교류는 많지 않은 편이다. 임원급 경영진이 네트워크 지도에서 아예 주변부로 밀려나 있는 기업도 많다. 이것은 분명 바람직한 현상만은 아니다. 어떻게든 경영진 멤버들은 네트워크의 중심부로 들어올수록 좋다.

직원과 경영진 사이의 벽은 가장 경계해야 하는 장애물이다. 다리를 놓고 도로를 놓아도 모자랄 형국에 직원과 경영진 사이에 만리장성을 쌓는다면 실수도 그런 실수는 없을 것이다. 어떤 경우라도 그 벽은 허물어야 하는 대상이다.

우선 경영진 쪽에서 벽을 없애겠다는 신호탄을 쏴서 올려야 한다. 스킨십이 핵심이다. 경영진들이 기회를 만들어 전체 직원이 참여하는 워크숍이나 누구나 가능한 스포츠 대회를 개최하는 것도 한 가지 방편이다. 간단한 스포츠를 통해 위해 공동 팀워크를 다시 점검할 수 있게 된다. 예를 들어 설악산 대청봉 등반대회를 해볼 수 있다. 실제로 직위에 관계없는 스킨십은 언제나 중요하고 필요하다. 현대그룹 고(故) 정주영 회장은 젊은 신입사원들과 매해 여름마다 경포대 백사장에서 씨름을 했다고 한다. 단순한 씨름의 의미가 아니었다. 기업의 총수가 신입직원들과 함께 씨름하며 뒹군다는 상징이 직원들의 사기를 올리는 데 크게 도움이 되었을 것이다.

2) 이직자

기업에서 퇴직자가 없을 수는 없다. 그런데 퇴직자로 인해 구축된 관계망이 손상될 소지가 있음을 유의해야 한다. 네트워크를 보지 못한다면 퇴직자로 인한 손상과 영향을 제대로 평가하지 못할 것이다. 그런데 네트워크를 생각한다면, 퇴직자는 한 사람이 조직을 나가는 그 자체를 넘어 남는 자들의 교류와 정서에 영향을 미치지 않을 수 없다.

관계의 중요한 흐름이 깨지지 않도록 대책을 생각하는 것이 중요하다. 퇴직자가 나가면서 발생하는 협력망의 결정적인 변화를 네트워크 지도 속에서 구체적으로 보완되어야 할 것이다. 어렵게 구축한 협력체계를 퇴직자 한 명에 의해 잃어버릴 수 있음도 기억해야 한다.

한 퇴직자가 나가는 것을 개인적 사안으로 판단하는 건 단순한 생각이다. 한 퇴직자의 퇴직에 의해 발생할 수 있는 네트워크의 변화를 모두 읽어야 한다. 어떤 경우는 한 퇴직자에 의해 네트워크에 치명적인 손상이 발생할 수도 있다. 기업은 어려울 때마다 구조조정을 떠올리곤 한다. 그런데 인력 감축이라는 구조조정을 실행할 때 효율화 기준에 집중되어서, 네트워크에 미칠 여파에 대해선 생각이 미치지 못하곤 한다. 그러나 퇴직자가 초래할 네트워크의 변동에 대해 신중한 검토가 완료될 때까지 퇴직자 결정을 미루는 것이 좋다.

네트워크 치료의 시각에서 볼 때, 퇴직에 의해 발생하는 큰 충격은 네트워크에서 많은 사람을 연결시켰던 중심인물이 떠날 때 발생한다. 실제로 미국기업의 구조조정에 대한 반성 중에서, 한 기업에서 20년 동안 일하던 사람의 해고가 기업 내부의 정보흐름을 해쳤다는 실증적 발견이 있는데, 우리 기업들도 결코 소홀히 들을 수 없는 주장이다.

보통 첨단기술로 승부하는 실리콘밸리의 테크 기업들은 퇴직자가 많을 것으로 생각한다. 그런데 그것은 사실이 아니다. 구글 같은 기업도 퇴직자에 무관하거나 직원들의 퇴직을 가볍게 받아들이는 기업이 아니다. 신입사원이 들어올 때부터 구글은 기존 직원들과 잘 화합할 수 있는 기회를 제공한다. 신입 구글인(Nooglers)에게 하루 동안의 오리엔테이션이 제공된다. 이때 각 부서 임원들과 대화를 나누며 소통을 시작한다. 할당된 멘토를 따라 각 부서로 안내받고 인사를 나눈다. 소통을 위해 매주 금요일, 올-핸즈 미팅(all-hands meeting)을 열어서 직원들과 임원들이 모여 막역하게 대화를 나눈다. 금요일 오후를 즐기며 소통을 확대한다. 구글에 입사했던 초기 멤버 100명 중 3분의 1이 15년 이상이 지난 현재도 여전히 구글에 남아 있는 비결로 꼽힌다.

페이스북은 심지어 회사를 떠난 중심인물을 다시 복직시키기도 한다. 페이스북 창업자인 마크 저커버그는 회사를 떠났던 최고제품책임자(CPO)였던 코리스 콕스(Chris Cox)에게 다시 복귀를 요청했다. 근무하던 시절에 직원들의 신망이 두터웠던 사람을 복직시키며 기업이 놓쳤던 화합의 분위기를 다시 조성하려 했다. 이렇게 관계 측면에서 중심에 서는 인물에 대한 노력이 첨단기술 기업에서도 인사관리 전략으로 자리 잡기 시작했음을 알 수 있다.

〈표 6〉 주요 인물이 떠난다면 무엇을 잃는가?

	무엇을 잃나	관리 전략
중심인물	기술적 전문성, 암묵적 경험지식, 조직 메모리	네트워크의 중복이 어느 정도 존재하도록 관리
브로커	기회 포착능력, 업무수행절차, 분산된 자원활용방법	핵심 전달자 역할 우대
주변인	틈새 전문성, 외부와의 접근성	창조능력을 가진 주변인 우대

• 중심인물의 이직

중심인물의 이직은 기업 네트워크를 깨뜨릴 수 있다. 중요한 인물이 떠나면서 갑자기 큰 구멍이 생기는 현상은 막아야 한다. 그러기 위해서는 네트워크에서 중복이 발생하는 것을 어느 정도 허용해야 한다. 또 중요한 정보의 접근 권한과 의사결정권을 재분배해서 여러 사람에게 나누어 줄 필요가 있다. 큰 공백이 발생하기 전에 중심인물이 신입자들을 도와주는 프로그램을 개발하는 것도 도움이 된다. 이렇게 하는 방법은 멘토링이 될 수도 있고 공동 프로젝트를 수행하도록 하는 방법도 있다.

중심인물이 떠날 때 조직은 심각한 손상을 입는다. 보통의 평가에 의하면, 한 조직에서 중심인물 5%를 제거한다면 30%의 관계가 해체된다. 중심인물 10%가 떠난다면 50% 정도의 관계가 사라진다. 관계를 해체시키는 영향도가 중요한 인물의 이직일수록 더 커지는 것이다. 이렇게 임팩트가 크고, 기존 관계망이 손실되는 것을 고려하면 중요한 인물의 경력관리와 보상체계 등을 신중하게 고려하지 않을 수 없다.

◆ 브로커의 이직

중간 연결을 하던 인물이 떠난 것이므로 이 브로커 역할을 대체할 수 있는 사람을 찾아내야 한다. 전략적으로 브로커를 임명할 수도 있다. 특히 정보 공백이 존재할 때 그렇다. 브로커에게 사전에 네트워크 자원을 활용할 수 있는 한계를 설정할 수 있고, 실시간 정보를 얻으려는 실험을 허용할 수도 있다.

◆ 주변부 인물의 이직

조직의 주변부에 있는 비핵심 인력이 떠나는 것도 사소한 일이 아니다. 주변부 인물의 이직이라 하더라도 관계에서 문제를 초래할 수 있다. 특히 틈새에 형성되었던 전문적 영역을 놓칠 수 있다. 주변부 인물들은 다른 사람들과 잘 교류하지는 못하지만, 자신만의 생각이 깊고 특이한 관점을 갖고 있을 수 있다. 이런 인물이 나간다는 것은 특별한 견해와 관점을 잃어버리는 일이 될 수 있다. 이에 대한 대책으로, 주변부 인물을 브로커나 중심인물과 관계하도록 연결시켜 주는 방안이 있다. 또 주변적 아이디어가 많이 제안될 수 있도록 유인하는 보상체계를 설정하는 방법도 있다.

조직원의 이직이 주는 의미를 네트워크 지도를 통해 구체적으로 분석할 수 있다. <그림 8>에서 A와 B의 차이에서 잘 나타난다. 그림 A에서 <행위자 10>과 <행위자 7>의 두 사람이 제거된 그림이 바로 그림 B이다. 전체 20명 중 2명(10%)이 없어진 상황이지만, 네트워크의 응집력은 눈으로 드러나듯이 차이가 확연하다. 이렇게 네트워크의 연결고리들이 조직을 떠나면 네트워크 흐름에 많은 손상이

〈그림 8〉 조직원의 이직

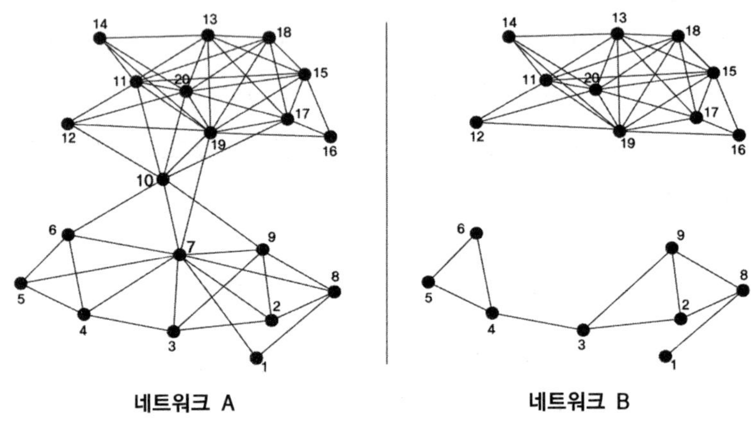

있다. 퇴직자 이슈는 이렇듯 네트워크의 안정 및 보완의 관점에서 신중할 필요가 있다.

특히 많은 연결을 가진 인물, 관계의 길목에 위치하던 인물 등이 퇴직하게 되면 사전에 그 충격을 보완하는 조치가 필요하다. 네트워크가 무너지는 현상은 겉으로는 잘 보이지 않는 문제라는 점에서 각별한 주의가 필요하다. 네트워크에서 협력체계가 일단 손상되면 그 복원은 상당 시간이 걸릴 수밖에 없다. 다른 사람을 대체했다고 해서 바로 기존 협력체계로 돌아설 수 없기 때문이다. 이렇게 복원이 어렵다고 생각하면 잘 돌아가는 관계망을 깨는 오류를 자초할 필요는 없다. 따라서 사람을 내보내는 일은 매우 신중한 결정이어야 한다.

네트워크 흐름에 치명적인 손상이 없는 선에서 퇴직자 이후를 관리해야 한다. 그 관리의 내용이 무엇이어야 하는가는 치료의 초기 단계인 네트워크 해부에서 정해질 것이다. 정년퇴직과 같은 불가피한 경우에도 그 정년퇴직으로 인해서 네트워크에 충격이 없는지 확인하고 보완책을 마련해야 할 것이다.

네트워크 견고성

견고성이란 충격과 위험에 버티는 힘을 말한다. 이 견고성은 조직의 네트워크 지도에서 명확하게 드러난다. 우선 특정 인물에 대한 의존도가 기본 윤곽을 보여준다. 특정 인물에 의존이 강한 기업이 실제로 많다. 그 인물이 조직을 떠나면서 조직에 변화가 초래되고 또 이미 형성된 균형이 무너지는 경우도 빈번하다. 특정한 인물에 의존도가 높다는 것은 강한 리더십이 존재한다는 것을 말하기도 하지만, 전체 네트워크가 일시에 무너질 수도 있다는 가능성을 말한다. 이것은 기업 운영의 안정성을 생각한다면 조심해야 하는 상황이다. 의존도 높던 특정 인물의 이탈로 인해 조직이 혼돈에 빠지는 경우는 사실 많다.

한 네트워크가 견고하기 위해서는 연결통로가 다양해야 한다. 건강한 네트워크는 두 노드 사이에 한 가지 경로가 아닌 복수의 경로를 갖고 있다. 한 가지 연결통로가 손상되면 다른 통로를 통해 정보와 지식의 흐름을 이어갈 수 있기에 건강하다. 다수의 연결이 존재한다면 조직의 와해 가능성을 낮춘다. 직접연결이 어렵다면 간접연결이라도 도움이 된다. 여기서 간접연결이란 직접적인 교류는 아니지만 제3자를 거쳐 연결되는 경로를 말한다. 간접경로가 그 중심인물이 감당했던 몫을 분산시키는 보완 작용을 하기 때문이다. 이는 또 특정 인물에 관한 의존도를 낮추는 효과도 낳는다.

견고성은 계량적으로 측정할 수 있다. '견고성'이란 것은 한 노드가 없어졌을 때 그 네트워크에 어떤 변화가 오는지를 말하는 개념임을 기억하자. 그 견고성 개념의 측정은 다음 3가지 요인으로 가능하다. 그 세 요인은 직경, 평균 거리, 소그룹의 최대 크기이다.

'직경(diameter)'은 두 사람 사이의 가장 짧은 경로의 평균 거리로서, 사람 사이에 상호연결성이 얼마나 밀접한지를 말해주는 지표이다. 또 '평균 거리'라는 개념은 한 사람이 다른 사람들과의 거리의 평균을 뜻한다. 한편 네트워크의 하부 단위로서 소그룹이 존재한다. 조직의 규모가 커지면 다양한 이유로 친근 그룹과 파당이 존재하게 된다. 특히 우리 사회는 연줄사회라고 칭할 만큼 연줄에 의존하며 소그룹 형성이 적지 않은 편이다. 조선 시대에 붕당(朋黨)이라고 부르던 집단을 연상해보자. 그들은 가까운 연줄을 가진 사람들의 소집단이었다. 그 소그룹 내부의 사람들 사이의 연결은 직접연결일 수도 있고 혹은 간접연결일 수도 있다. 즉, '견고하다'라는 뜻은 직경이 넓어지거나, 평균 거리가 커지거나, 최대 소그룹의 크기가 커지게 될 경우를 말한다. 넓은 의미로 보면 견고성은 세 가지 요인 중 어느 한 요인만을 충족해도 된다.

7

기업문화 치료

네트워크 치료의 마지막 단계에 가면 기업문화의 대수술과 만나게 된다. 기업문화가 변하지 않으면 아무리 좋은 혁신도 일회성에 그칠 수밖에 없다. 혁신이 연속적으로 발생하려면 기업문화가 뒷받침되어야 한다. 기업의 흥망성쇠에서 한 번의 혁신으로 충분한 경우는 거의 없다. 기업은 혁신의 주도자가 되어야지 희생자가 되어선 안 된다. 그런데 혁신에서 조직원들이 희생자가 되는 경우가 많다. 이런 차이를 내는 관건도 기업문화의 변화가 핵심이다.

기업문화란 무엇인가? 한 조직에 들어서면 고유의 '냄새'를 느낄 수 있다. 그 '냄새'를 통해 그 조직이 어떤 곳인지 알 수 있다. 계량적으로 측정하고 구석구석을 해부해야만 알 수 있는 건 아니다. 직원들이 서로에게 다가서며 하는 표정과 몸짓, 서로 간의 인사와 제스처, 엘리베이터에서 나누는 이야기 등, '공중에 떠도는' 분위기와 느낌의 조각 하나하나가 '이곳은 이런 곳이구나'라는 것을 말해주는데 충분하다. 그것이 바로 기업문화다. 기업문화는 '기업의 무의식'이다. 무의식이란 겉으로 드러나지 않지만 저 깊은 곳의 근본적인 원인이란 의미를 담고 있다. 구조주의 향기가 강하다. 우리 세상의 근원을 저 밑에 숨겨진 심층구조에서 찾는 것이다. 문화란 사람들의 가치체계이며 일종의 무의식이다. '기업의 마음'으로 표현할 수도 있다.

조직 구성원들은 자신의 조직문화를 정확히 모를 수 있다. 너무도 익숙하기 때문이다. 미국의 한 속담이 이를 정확히 표현하는데, "물고기는 자신이 수영하고 있는 물을 보지 못한다"는 말 그대로다.

우리가 살면서 공식적인 원칙 혹은 계약이 없다면 어떻게 행동해야 하는지를 말해주는 것이 바로 '문화'다. 조직원들이 공통적으로 받아들이고 있는 생각이나 방식이다. 미국 실리콘밸리 기업에서 청바지에 티셔츠 차림으로 일하고, 재킷에 타이를 매고 파티에 등장하고, 질문과 함께 농담을 공유한다는 것이 바로 그들의 기업문화에서 나온 것이다. 또 사람들에게 장기간 근무하게 하는 충성심, 돈을 벌기 위해 일하는 사람들에게 동기를 부여하는 자본주의에 대한 믿음도 문화의 산물이며, 해병대가 국가를 위해 목숨마저 바치게 하는 힘이 바로 문화이다. 직접적으로는 금요일의 편한 복장, 휴게실의 음료수 비치, 출퇴근 시간의 재량권, 회사 영웅의 신화적인 스토리 등이 기업문화의 내용이다.

한 기업의 문화는 최고층의 사고체계도 아니고, 또한 최하위층의 가치관도 아니다. 오히려 조직의 중간층의 집합적 정서이자 습관이다. 한 기업의 문화의 실상을 알기 위해서는 중간층 직원들의 정서를 볼 뿐만 아니라 그들 사이의 관계망을 보아야 한다. 그들이 과연 어떤 교류 속에서 생각과 정서를 형성하고 변모시키고 있는지를 잘 파악해야 한다. 한 조직에서 자주 교류하며 연락하는 사람들은 유사한 생각을 하게 된다. 그들은 결국 동일한 가치관을 가질 가능성이 크다. 이와 달리 다른 그룹과 따로 교류하는 사람들은 그들만의 문화를 형성하게 된다. 한 조직은 크게는 한 기업문화로 요약할 수 있지만, 실제 내면을 보면 소집단이 형성하는 다수의 하위문화로 구성된다.

문화 변화의 속성

조직문화를 바꾸는 것은 기업 혁신에서 언제나 핵심이다. 그러나 문화를 바꾸는 것은 쉽지 않은 일이다. 조직문화가 바뀌는 것은 단순한 시스템의 변화와는 다르다. 구성원들의 마음이 바뀌어야 문화 혁신이 일어나기 때문이다. 한 사람의 마음도 아니고 조직원 전체의 마음이 같이 움직여야 하니 어려울 수밖에 없다.

조직원들의 공감이 있어야 하고, 이득체계에서도 배려와 보살핌이 있어야 한다. 무엇보다 조직원들 마음속으로 공감대가 성립되어야 새로운 문화 형질이 전염될 수 있다. 전염에 의해 어느 것이 다수가 되는지 결정된다.

한 사람의 선택이 마치 바이러스 옮겨가듯이 다른 사람으로 전염되는데 이 전염에서 통로 기능을 네트워크가 맡는다. 한 사람이 어떤 다른 사람과 연결되는가에 따라 그 선택이 달라질 수 있다.

한 기업이 특정 경영혁신기법을 선택해야 하는 상황을 생각해보자. 그 경영혁신이 선택되기 위해서는 우선 그 경영혁신에 노출되어 있어야 한다. 그 혁신기법에 대한 소식과 정보가 없으면 선택이라는 자체가 일어나지 않을 것이기 때문이다. 그 경영혁신을 'Y'라고 해보자. 한 기업이 'Y'에 전염될 것인지는 그 기업이 'Y'의 확산경로에 위치하는가에 달려 있다. 그 확산경로에 들어 있지 않으면, 'Y'의 전염과정에서 배제되는 것으로 보아야 한다. 즉, 한 기업이 특정 혁신을 선택할 것인지 그리고 어느 혁신에 전염될 것인지는 그 기업의 네트워크와 관련이 깊다. 거래처, 협회, 모임 등의 인맥과 연줄이 특정한 기업행위를 선택하는 과정에서 그 전달의 매체로서 역할을 하게 된다.

관계가 변해야 기업문화가 바뀐다

'조직의 습관'이 변해야 혁신이 일어난다. 문화 혁신의 핵심은 습관의 변화이다. 그 습관은 중간층의 관계에 의존한다. 조직원 간 관계의 변화는 습관을 바꾸고 그 습관의 변화는 기업문화의 혁신을 이룬다. 이것이 기업문화를 바꾸는 패턴의 본질이자 핵심이다. 관계망을 다스리는 네트워크 치료가 기업문화의 혁신에 유효한 도구가 될 수 있는 이유가 바로 여기에 있다.

한 기업이 일하는 방식은 일정한 패턴이 있다. 그 패턴의 모듬이 기업의 습관이다. 기업 습관이 모여서 기업문화가 된다. 대부분 상황에서는 습관이 작동해서 문화라는 이름의 일정한 패턴으로 대응한다. 습관이 좋아야 성공한다는 말도 기업에 딱 맞는 표현이다.

한 사람의 성공 비결 중 습관이 차지하는 비중이 크다. 아침형 인간을 강조했던 것도 아침시간을 활용하는 습관이 성공 비결이 된다는 믿음 때문이다. 한 기업의 변화는 기업이 쌓아 놓은 습관의 변화가 핵심이다. 그 습관이란 조직원들이 만들어 온 것이므로 관계망이 변하면 습관도 바뀔 수 있다.

사람들은 누구나 습관을 만든다. 한 기업의 습관은 구성원이 모여서 만든 '집단 습관'이다. 이 기업 습관은 혁신전략을 도입했다고 해서 갑자기 바뀌는 건 아니다. 설령 CEO의 명령이 엄해도 내면적인 저항은 불가피하다. 습관이란 본래 그런 것이다. 변화에는 일단 튕기면서 새로운 모습을 갖춰간다.*

한 사람의 습관은 기상시간, 취침시간, 조식으로 선호하는 것 등을 꼽을 수 있다. 조직 차원으로 오면 다소 달라지지만 근본은 같다. 한 초등학교에서의 습관은 학생들을 학급에 배치하는 방법, 담임선생님을 고용하는 기준과 규칙, 과목 일정을 결정하는 방법들일 것이다. 기업 습관의 예는 재고 주문, 가격책정, 신입직원 채용, 승진자 결정방법 등과 같은 일상적인 업무절차에 녹아있는 습관이다. 일본 소니기업의 독창적 연구개발 루틴, 도요타의 끊임없는 개선(kaizen) 습관 등은 유명하다. 기업마다 특유의 습관으로 무장하고 있어서 다른 기업과 구별된다. 성공적인 습관은 계속 반복되고 실패한 습관은 사라진다. 습관은 겉으로 드러나진 않지만 실제 행동의 근원이라는 점에서 한 생물체의 유전자와 유사하다. 그런데 습관은 본래 변하기 어렵다. 한번 정해진 행위의 틀을 고치려면 엄청난 노력이 필요하다.

---

* 필자는 졸저 <기업 생로병사의 비밀>에서 기업 습관을 '루틴'이란 이름을 사용한 적이 있다. 습관이란 표현이 개인에게 사용되는 단어이기에, 기업의 습관에 '루틴'이란 이름을 주었던 것이다. 그런데 본질적으로 동일한 뜻이므로 개인이든 기업이든 '습관'이란 단어로 통일하고자 한다.

영원히 고치기 어려운 습관도 많다. 기업의 습관과 같이 시스템에 녹아 있는 경우는 더욱 바꾸기 어렵다.

네트워크와 기업문화의 변화

습관의 변화가 궁극적인 기업 변화의 목표라면 네트워크 치료의 중요성은 더욱 커진다. 기업 변화는 구성원 간 관계뿐만 아니라 부서 사이 관계를 이용해서 도모해야 한다. 혁신의 도입에 치중했다면 이제부터는 그것을 소화해서 진정한 내 것으로 소화하는, 즉 '체화(體化)'에 초점을 둬야 한다. 학원을 많이 다니는 고등학생이 정작 성적이 오르지 않아 고민하는 경우가 많다. 학원 선생이 우수하다고, 또는 학원의 명성으로 학생들의 성적이 결정되는 것이 아니다. 학생 자신의 지식으로 소화할 때 비로소 성적이 오르는 결과를 얻게 된다. 사람들은 느껴야 움직이고 공감한다. 머리로 아는 것이 전부가 아니다. 느끼지 못하는 구성원들이 먼저 변화하는 법은 없다.

리더 그룹과 주도층들이 새로운 문화를 설정하는 실제 사례도 많다. 상층부에서 문화를 정한 다음에 그 문화를 선포하고 슬로건이 만들어지고 알려지게 된다. 그런데 이러한 상층부가 주도하는 문화 변화는 실효성이 없는 경우가 많다. 아무리 기업 임원들이 주장해도 대다수 구성원의 공감이 낮은 경우 실질적인 변화는 없다.

중간층에서 문화혁신을 주도하는 것이 좋다. 중간층에서 문화 전달자가 자생적으로 역할을 맡는 것이 가장 좋다. 그들은 스토리와 문화를 전달하는 사람들이며 일종의 브로커 및 중개자이다. 감정적인 면에까지 기꺼이 들어가는 사람이다. 대학 시절 나의 선배 중에 이런 분이 있었다. 그분은 언제나 많은 후배와 고민 상담을 나누었다. 자상한 천성이기도 했지만 그런 대화를 즐기고 시간을 내주는 따뜻한 심성이 있었기에 '관계 브로커'가 되었던 것이다. 한 기업에서 이런 역할을 맡는 문화 연결자가 있다. 이 인물은 조직의 문화적 요소를 전달하고 연결하는 매개자이자 문화 담지자이다. 조직이 이 문화 연결자를 지목하고 우대하고 대접해주고, 문화를 지키는 사람으로 인정해주는 것이 중요하다.

한 기업의 '문화 변화'는 한 조직의 믿음과 가치관을 바꾸는 것이므로, 장기적인 안목에서 체계적으로 추진되어야 한다. 문화의 혁신을 성공적으로 수행하려면 그 변화에 매력적인 콘텐츠가 담겨 있어야 한다. 스토리 구성도 탄탄해야 한다. 새로운 문화를 소개하고 전파하는 스토리는 믿음직스러워야 하며, 에너지를 북돋을 수 있는 내용으로 짜여야 할 것이다. 그것에는 왜 기업문화가 바뀌어야 하는지를 포함해서, 새로운 문화가 지향하는바 등이 모두 믿음직스러워야 한다.

문화와 제도

문화 변화를 이해하는 데 필요한 개념을 소개한다. 그 개념은 '제도'이다. 제도란 경기규칙(rule of the game)이다. 개인이든 기업이든 모든 사회적 행위자는 경기규칙에 따라 움직인다. 경기규칙은 한 개인에게 무엇을 선택하는 것이 유리한지를 말하는 인센티브라는 개념과 유사하다. 이득을 추구하는 개인에게 인센티브란 정말 중요하다. 어떻게 유인하는가에 따라 보상값이 달라진다. 팁 문화를 가진 미국의 사례를 보면, 식당 종업원은 계산서와 함께 사탕을 주면 팁이 15%에서 18%까지 올라간다는 연구결과가 있다. 축구도 경기규칙에 의해 움직이며, 도로의 우측통행과 같은 것도 경기규칙이다. 이 경기규칙을 벗어나서는 축구도 안 되고 도로에는 사고만 발생한다. 우리가 경기규칙을 당연하게 받아들이지만 실제 그 경기규칙은 시스템을 지키는 핵심 동력이다.

경기규칙은 하루아침에 변하는 것이 아니다. 축구의 경기규칙이 1년에 한 번씩 바뀐다고 생각하자. 얼마나 혼란스러울까. 기업의 대응인 경쟁전략도 지속적으로 유지될 수밖에 없다. 그런데 기업의 경기규칙인 '제도'는 한번 만들어지면 지속하는 속성이 있다. 경제학에서는 이를 '경로 의존성(path dependence)'이라고 표현한다.

경로 의존성의 대표적인 사례는 컴퓨터 글자판이다. 'QWERTY' 배열은 타자기가 처음 개발되었을 때 선정된 것이다. 그런데 한번 정해진 글자판 배열은 변경하기 어렵다. 많은 사람이 이미 그것에 익숙해져 있기 때문이다. 오늘날 컴퓨터 글자판도 그리고 스마트폰 글자판도 모두 동일한 배열을 쓰게 된다. 한번 정해진 경로를 벗어나기 어렵기 때문이다. 이렇게 변화가 어렵기는 하지만, 변화의 촉발은 가능하다. 어느 정도 받아들여지는 새로운 타당성이 등장하면 변화 논의는 시작될 수 있다. 그것이 변화의 촉발제이다.

이런 변화의 사례도 간혹 발견된다. 자동차의 우측통행과 좌측통행은 국가마다 차이가 있다. 영국과 일본이 좌측운전을 한다. 영국에 의해 개발된 국가인 호주와 뉴질랜드가 좌측통행을 한다. 영국의 식민지였거나 섬나라가 주로 좌측통행을 한다. 전 세계적으로 70% 이상이 우측통행을 하고, 영국도 다른 유럽국가들처럼 우측통행으로 바뀌어야 한다는 여론이 있다. 영국과 프랑스를 잇는 도로가 건설되려면 어느 쪽의 변화는 분명히 있어야 한다.

우측통행을 좌측통행으로 바꾼 사례는 태평양의 섬나라인 사모아 사례이다. 사모아는 20세기 초 독일의 식민지가 되면서 우측통행이 시작되었다. 그런데 경제적 필요에 따라 좌측통행으로 바꾸게 된다. 2009년 9월 8일이다. 과연 어떤 필요 때문일까? 사모아는 인근의 호주와 뉴질랜드에서 중고차를 들여다 사용해 왔는데, 그들의 차 구조가 좌측통행 용도였기 때문에 비용을 줄일 필요가 생겼다. 그것이 사모아의 제도 변화를 촉발시켰다. 이 제도 변경은 엄청난 비용이 드는 교통혁명이었지만, 필요성과 미래가치가 그것을 넘어설 것으로 인정되었기에 바뀌었던 것이다. 2009년 9월 8일 오전 6시 사이렌과 교회 종과 경적소리가 울려 퍼지는 가운데 사모아의 도로에서는 우측통행이 철폐되고 좌측통행이 시행되었다. 변화 초기 잠시 사고도 있었지만 바로 안정되었다고 한다. 스웨덴과 아이슬란드는 1960년대에 좌측에서 우측으로 변경 후 교통사고가 10% 정도 증가했다고 알려진다.

문화 전수와 '밈' 개념

한 사회에서 세대 간 문화의 전수는 어떻게 이루어질까? 한 사회에서 문화 유전자의 전수는 복잡한 것도 아니고 또 엄청난 지적능력이 필요한 것도 아니다. 단순히 다른 개체의 경험세상을 관찰하는 것, 그리고 그 관찰학습이 반복되는 상황만 성립되면 충분하다. 이는 마치 한 가정에서 어른 행동을 보고 학습하는 과정과 같다. 기업가들도 주변의 다른 기업가를 보고 배운다. 그들이 이득을 얻는 방법은 좋은 학습자료가 된다. 이런 식으로 기업가의 문화가 형성되며, 그 중 유용한 것들이 후대의 기업가에게 전수된다.

20세기 초 아프리카 남부에서 100마리 남짓한 코끼리 개체군이 바로 이와 같은 상황을 직면했다. 감귤 농장의 농장주들이 사냥꾼을 고용해서 코끼리를 소탕하려고 했다. 처음에는 코끼리 잡기가 식은 죽 먹기였다. 총을 처음 본 나머지 총을 무서워하지 않았기 때문이다. 그러나 일부 동료들이 총에 맞아 죽는 것을 목격하고 나서 코끼리들은 점차로 사람들을 피하기 시작했고 오직 밤에만 수풀에서 나왔다. 이 자체로는 그다지 놀라운 사례는 아니다. 그리고 이것을 문화라고 부르기도 어렵다. 이것은 단지 직접적인 학습일 뿐이다. 놀라운 것은 이 경향이 다음 세대까지 지속되었다는 점이다. 코끼리 사냥이 끝난 지 한참 후에도 말이다. 이는 나이 든 코끼리들이 사람을 피하는 것을 어린 코끼리들이 모방한 것이 분명하다. 그런 식으로 새로운 세대의 코끼리들이, 이전 세대의 코끼리들이 값비싼 희생을 치르고 얻은 지적 자산을 물려받은 것이다. 이것이 바로 문화이다. 문화는 이처럼 정보가 비(非)유전적 수단에 의해서 한 개인에게서 다른 개인에게로 전달되는 것이다.

문화적 형질의 싹은 한 사건의 발생에서 시작하는데, 그 사건이 일회성 사건이 아니라 반복적으로 발생하면서 의미가 성립될 때에는 문화로 정착된다. 사건이 반복되는 과정을 통해 전체 구성원들은 대응방법에 대해 학습을 하게 된다. 이렇게 학습을 거치면서 특정 유전적 형질은 다음 세대에게 전수되는 형질이 되며 전체적으로는 하나의 문화가 되는 것이다.

문화로 자리 잡는 주류 형질을 '밈(meme)'이라고 부른다. 생물학자인 리처드 도킨스(Richard Dawkins)가 1976년에 발간한 그의 명저 『이기적 유전자』에서 처음 사용한 용어이다. 유전자가 생물체의 특성을 전수해나가듯이, 사회도 유전자와 동일하게 한 사회의 특징을 표현하는 형질이 있는데 그것을 '밈'이라고 불렀다. 영어로 유전자 뜻의 단어인 'gene'에서 유추해서 'meme'으로 만든 것이다.

밈이란 바이러스처럼 무차별적으로 퍼지고, 생각처럼 아무런 흔적 없이 사라지기도 하며, 때론 예술처럼 인간의 삶에 깊숙이 파고드는 사회적 형질이다. 이는 문화를 창조하고 전수하는 복제자 역할을 맡는다. 우리가 보통 무의식중에 남을 따라 하는 것, 선망하는 것, 존중하는 것, 사람들이 제 부모의 말투를 닮아가는 이유는 바로 밈이라는 형질 때문이다. 밈은 모방과 같은 비(非)유전적 방법을 통해 전달된다고 여겨지는 문화의 요소다. 누군가를 관찰함으로써 어떤 행동에 관해서 뭔가를 배우는 과정도 포함된다.

주류가 된 '밈'은 다음 세대로 이어진다. '밈'의 특성은 일단 가치가 인정되기까지는 그저 한 속성에 불과하지만 가치가 인정되고 나면 들불처럼 빠른 속도로 번지고 사회적으로 인정받게 된다. 유럽의

한 문화를 예로 들어보자. 콜럼부스가 "서쪽으로 항해하기"를 위해 포르투갈 왕에게 자금을 요청했으나 거절당했다. 이때만 해도 그 "서쪽으로 항해하기"는 한 가지 속성에 불과했고 가치를 인정받지 못했다. 그런데 이웃 나라인 스페인에서 원정비용을 지원받고 콜럼버스가 서쪽 항해를 마치고 돌아왔다. 이때 비로소 그것은 '밈'으로서 가치를 인정받게 된 것이고 그 후 널리 퍼져 나가게 되었다. 즉, 콜럼버스 이후 "서쪽으로 항해하기"는 하나의 '밈'으로서 유럽 대륙의 대세가 된 것이다. 대세가 된 '밈'은 세월이 흐르면서 문화가 된다.

여러 형질 사이의 경쟁에서 '밴드왜건(bandwagon)' 효과도 중요하다. '밴드왜건'이란 미국의 서부개척 시대에 금광발견의 소문이 나면 많은 사람이 악대차(樂隊車)를 선두에 세우고 다니는 역마차를 쫓아간 것에서 유래한 말이다. 군중들은 대세에 몰려들려는 심리가 강하다는 것을 지칭하는 용어이다. 이 '밴드왜건'을 응용하여 말하면, 많은 벤처가 쫓으면 그것이 바로 벤처의 '대세'가 되며, 그 대세를 따르는 벤처들이 증가하면서 주류의 벤처문화가 되는 것이다. 어떤 생각으로 뭉친 벤처 군집이 대세를 형성하는가로 인해 밴드왜건의 결과가 만들어진다. 우리가 '안정추구'를 찾는 벤처들이 많아지는 것을 염려해야 하는 이유가 바로 이것이다. 반드시 '도전정신'을 추구하는 벤처기업들이 더욱 늘어나도록 모든 정책과 제도가 정렬되어야 한다. 그렇지 않다면 후대에 잘못된 문화가 전수되는 형국이 될 수 있다.

기업문화의 전수 물질도 '밈'이 담당한다. 밈(meme)이라는 실체가 존재한다면, 그 밈은 사람 사이의 관계망을 타고 전달되는 것이다. 그 관계망 외에는 사실상 전수 메커니즘이 없다. 이 '관계'를 통해 밈이 전달되는 것이고 지속되는 매체이다. 문화를 건강한 방향으로 변화시키기 위해 역할을 하는 조직 내부의 '브로커'는 바로 '문화 연결자'인 것이다.

문화의 변화는 사실상 혁신 중 가장 어려운 혁신에 속한다. 리더 그룹과 일부 주도층들이 새로운 문화를 설정하도록 하는 경우도 많다. 그렇게 정해진 다음에 그 문화를 선포하고 슬로건이 만들어지고 알려지게 된다. 그런데 이러한 문화 변화를 완전히 무시할 수 없다는 것도 잘 안다. 한 기업을 바꾸려면 문화까지도 변화가 있어야 완성도가 높아지는 것이 너무도 당연하기 때문이다. 또 실질적인 변화가 어렵다는 것도 어렵지 않게 알게 된다.

왜 문화 변화는 이렇게 어려운 것일까? 거기에는 중요한 사람들이 제외되었기 때문이다. 보통 의사결정 주도층과 그들과 친숙한 일부 직원들이 문화 형성과 정보 전달에 참여하게 된다. 바로 이것이 문제이다. 비공식적 네트워크에서 영향력을 행사하는 사람들이 빠져 있는 것이다. 그 사람들이 포함되어야 진정한 변화가 시작될 수 있다.

기업문화의 변화에 네트워크 관점을 들이대는 것에는 학문의 새로운 사조로 자리 잡은 복잡계 사상(思想)에 힘입어 눈을 뜨게 된 결과다. 이 사상은 한 사회를 '복잡계(complexity)'라고 보는 관점인데, 세상에는 단순한 이유란 없고 아주 다양한 원인이 얽혀져 있고 또 그들 사이의 복잡한 화학작용을 거쳐서 우리 사회가 조성된다는 생각 방식이다. 성공한 기업의 조직문화를 사후약방문(死後藥方文)으로 거론하는 것은 옳은 접근이 아니다. 오히려 중요한 것은 근본 진리를 알려주는 단서들을 찾아내는 것을 더 중요하게 봐야 할 것이다.

이것이 그들이 생각하는 최선의 과학적 탐구이다.

문화를 바꾸려면 우군의 숫자에 주목하라

작은 스타트업은 기발한 아이디어에 주목한다. 새로운 아이디어가 그들의 생명줄이라 믿는다. 그런데 같은 아이디어도 대기업에서는 무시되는 경우가 많다. 조직이 커지고 안정될수록 똑같은 사람으로 구성된 똑같은 집단일지라도 혁신적이고 기발한 아이디어를 퇴짜 놓기 시작한다.

2000년대까지 휴대폰의 대명사였던 노키아도 그랬다. 노키아는 2000년대 초반까지 지구상 스마트폰의 절반을 차지했었다. 포천 잡지는 "세계에서 가장 위계서열이 없는 대기업이다"라고 칭찬했으며, 노키아 CEO도 "재미나게 일해도 되고, 정도에서 벗어난 생각을 받아주며, 실수를 인정해준다"라고 인터뷰하기도 했다. 이랬던 노키아가 대기업으로 성장하면서 갑자기 기존과 다르게 변질된다. 2004년 개발팀이 인터넷 용도이고 컬러 터치스크린이며 고해상도 카메라 전화기를 개발 아이디어로 내놓았다. 노키아의 고위층은 이 아이디어 모두를 일거에 거절했다. 스티브 잡스의 아이폰이 나오기 3년 전이었다. 스스로 큰 대박의 기회를 저버린 것이다. 한때 기발한 아이디어를 인정하기로 유명했던 그 조직이 기발한 아이디어를 전혀 알아채지 못했던 사건이었다.

현재 세계적 기술기업으로 성장한 구글(Google)과 아마존(Amazon)을 보라. 그들은 대규모 기업으로 성장했지만 아직도 스타트업 당시

못지않게 계속 혁신을 이루고 있다. 일부이긴 하지만 전통 대기업들도 혁신에 성공하는 사례가 늘고 있다. 이제 회사 규모가 크다는 사실이 더 이상 혁신을 이루지 못할 핑계가 될 수 없는 듯싶다. 그들의 기업문화가 신속하게 변할 수 있는 형질을 이미 갖추었다는 얘기다.

즉, 창의를 중요하게 생각하는 사람들이 늘어야 한다. 그리고 관계망에서 그들의 생각이 전염되도록 해야 한다. 교류의 빈도가 늘어야 할 것이며, 또 중심 위치로 들어설 수 있어야 한다. 작은 움직임도 시작이 중요하다. 아주 작은 온도의 변화가 딱딱한 얼음을 물로 바꾸는 데 충분하다. 국면 전환이 일어나야 한다. 창조가 조직에 긴요하다고 믿는 사람이 많을수록 그쪽으로 결정된다. 온도가 떨어지고 있는데 분자 하나가 절박하게 애쓴다고 해서 주변 분자가 얼음이 되는 것을 막을 수는 없다. 그러나 구조가 변하면 작은 변화라도 강철을 녹일 수 있다.

물은 0도에서 얼어붙지만, 눈이 오는 날에 길에 소금을 뿌려서 물의 결빙점을 낮출 수 있다. 그러면 눈이 딱딱한 얼음이 되지 않고 녹아버린다. 접점에서 얼음 덩어리와 액체 상태의 물은 공존한다. 얼음과 물의 상태는 서로 나눠지면서도 여전히 연결되어 있다. 어느 쪽도 압도적이지 않은 상태를 '동적 평형'이라 한다. 얼음 조각 옆을 헤엄치던 액체 분자들은 얼음 표면에 붙잡혀 얼어붙는다. 그러나 물이 많은 곳에서는 얼지 않고 물로 남는다. 얼음과 물 사이 어느 쪽이 강한가에 따라 문화는 결정된다. 많은 쪽이 대세가 되는 것이다.

문화를 바꾸기 위해서는 균열을 일으키는 한 방울이 투입되어야 한다. 그것이 기업문화를 바꾸는 출발점이다. 네트워크 설계자로서 최고경영자는 그 한 방울이 무엇일지, 또 어디에 그 한 방울을 떨어뜨릴지를 구상해야 한다. 규모가 작을 때, 직원들은 기발한 아이디어를 성공시키는 데 힘을 모은다. 이 아이디어로 조직이 성장하고 그것이 자신들의 보상을 높일 것으로 기대하기 때문이다. 소위 '판돈'이란 유인이 조직을 움직인다. 실제로 집단의 규모가 작을 때는 집단 프로젝트의 결과에 따라 누구에게나 큰 '판돈'이 걸려 있다. 바이오테크에서 신약이 성공하면 모두 영웅 대접을 받거나 백만장자가 된다. 실패하면 아무것도 없다. 도박판에서는 누구나 주인이 된다.

그런데 규모가 커지면 개인마다 자신의 경력관리를 더 중요시하게 되고 사내정치가 출현한다. 이제는 판돈의 원리는 사라지며 오히려 '지위'에 따른 보상이거나 혹은 승진이나 연봉 인상이 중요해진다. 극히 관료적 보상이 더 중요하며, 조직 자체는 지나친 위험에서 벗어나도록 하는 것이 유리해진다. 스타트업 정신을 도입하고 싶은 대기업은 이런 원리의 변화를 정확히 통찰해야 한다.

NETWORK THERAPY 04

장수 전략

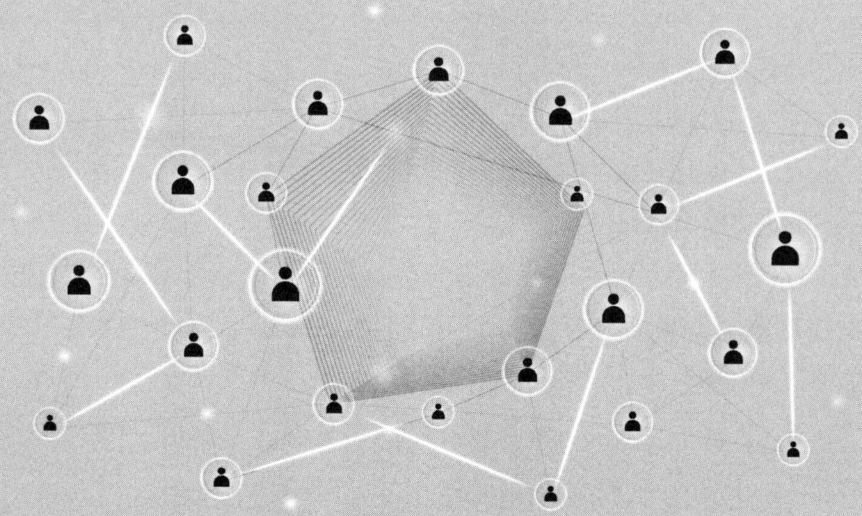

1

사회적 자본의 활용

"친구가 있다는 자체가 힘이다."

— 철학자 홉즈(Hobbes), 『리바이어턴(Leviathan)』

네트워크 치료가 진행되었다면 건강 회복의 징후가 시작될 것이다. 치료 목적이 단기적으로는 건강한 조직이 되자는 것이고, 장기적으로는 장수하는 기업이 되는 것이었음을 기억하자.

그런데 장수기업이 되려면 한 번의 수술을 잘 받았다고 끝나는 것이 아니다. 한 번의 수술은 성공했지만 계속적으로 관리를 잘하지 못하면 절대 장수할 수 없다. 재발하는 병도 많으며 완치되지 않는 병도 많다. 당뇨와 고혈압 등이 그런 사례다. 소위 암(癌)환자들도 암 하나쯤 달고 살게 되지만 관리를 잘하면 오래 살 수 있다.

장수기업이란 목표를 설명했다면, 다소 확대된 관점이 필요하다. 그 관점의 확대란 네트워크 치료의 효과를 넘어 조직의 건강이 지속하는 범위까지 아우르는 쟁점과 이슈의 확대를 말한다. 구체적으로, 관계망(네트워크) 자체가 어떻게 변신하고 진화하는 동력, 인간의 본성에 깊이 웅크린 권력 욕구가 관계망에서 어떻게 작동하는지, 또 궁극적으로 '사회적 자본(social capital)'으로서 가치를 확보하는 과정, 최종적으로 네트워크 개념을 이론적으로 소화·흡수하는 것 등이 포함된다.

사회적 자본이란 무엇인가

언뜻 경제적 가치와는 연관이 없어 보이는 '사회적 자본'이라는 개념은 활용범위가 생각보다 넓다. '사회적(social)'이란 단어는 사람과 사람이 부딪고 교류하는 데서 발생한다는 뜻이며, 자본은 자본주의 속에서 '돈의 힘'을 연상하게 한다. 한 조직이 서로 협력하려는 문화를 갖고 있어 응집력이 높은 상태를 말한다.

사회적 자본은 다른 사람과의 '관계'에서 나오는 것이어서, 개인적인 능력과는 구분된다. 관계가 낳는 힘이므로, 공감, 감정적 지원, 신뢰, 협력, 응집력 등과 같이 교류와 소통 속에서 형성되는 요인들이 사회적 자본의 중요한 내용이다. 구성원들 사이에 교류가 활발하고 응집력이 좋은 기업은 뭐가 달라도 다르다. 여느 기업과는 달리 그 기업은 생동감이 넘치고 협력적인 분위기를 풍긴다. 이렇게 구성원들 사이의 응집력과 교류는 무언가 새로운 가치를 만드는데, 그 가치를 '사회적 자본'이라고 부른다. 그런데 왜 '자본(capital)'이란 명칭을 쓸까? 그 이유는 가치를 갖기 때문이다. 사회적 자본은 경제적 효용 가치의 뉘앙스가 농축된 단어이다. 집단 내 관계 속에서 발생하는 힘이다. 협력 에너지가 커지고 응집력이 높아지는 결과를 갖는다.

사회적 자본이라는 용어를 맨 처음 쓴 사람은 리다 하니판(Lyda J. Hanifan)이었다고 한다. 그녀는 1916년 마을 학교공동체 센터에 관한 글을 쓰면서 사회적 자본이라는 단어를 만들었다. 이 단어가 학문적 용어로 자리매김한 계기는 1980년대 후반 사회학자인 제임스 콜맨(James Coleman)과 정치학자인 로버트 퍼트남(Robert Putnam)의 깊은 성찰과 대중적 글쓰기에서부터이다. 이 거물 학자들의 설득력 높은 논리에 기대어, 사회적 자본은 한 사회의 분석을 넘어 집단, 조직, 기업 등 다양한 대상에 적용되었다. 1990년 이후엔 프랜시스 후쿠야마(Francis Fukuyama)와 로날드 버트(Ronald Burt)도 그 개념의 확산에 중요한 역할을 담당했다.

하버드 대학의 교수인 로버트 퍼트넘(Robert Putnam)은 2000년『혼자 볼링하기(*Bowling Alone*)』라는 제목의 책에서, 미국 사회의 사회적 자본의 추락하는 현상을 볼링장에 혼자 간다는 것으로 비유했다. 볼링 클럽과 같은 자발적 단체의 수가 증가한다는 것은 그 커뮤니티에서 공감이 확대되어 있다는 의미이므로 사회적 응집력이 좋다고 봐야 할 것이다. 즉, 그 사회를 사회적 자본이 높은 사회라고 표현하는 것이다. 사람 간 연계는 기업, 교회, 독서회와 같은 조직체에서 나타날 수도 있고, 조직보다는 덜 정형화된 친구관계 혹은 커피자판기 주변에서 우연히 만나 잠시 이야기 나누는 관계에서 나타날 수도 있다. 그런데 사회적 자본이 풍부한 지역과 공동체는 범죄가 적고, 자녀교육이 잘 되며, 그리고 경제활동이 원활하다는 발견과 주장이 이어졌다.

사회적 자본이 높은 집단은 접촉 밀도가 높고, 협력하려는 분위기가 강하다. 그래서 구성원들은 상호 교류는 반복적으로 발생하게 된다. 더 강조할 필요도 없는 말이지만, 일회성으로 만나 교류하는 관계에서는 사회적 자본이 축적될 수 없다. 통상적으로 사회적 자본이 높다고 보는 집단에는 시민단체, 종교단체, 자선단체, 스포츠팀, 사교 클럽, 볼링 클럽 등을 꼽을 수 있는데, 이들도 물론 시대의 변화와 구성원의 성향에 따라 사회적 자본의 양이 달라진다.

인적 자본(human capital)과의 차이에도 주목해야 한다. 인적 자본이란 한 개인의 능력이 가진 가치를 말하지만, 사회적 자본은 개인의 가치가 아니고 사람 사이의 관계에서 나오는 가치이다. 예를 들어, 만약 '김 부장'이 자신의 능력개발을 위해 한 달 동안 10권의 독서를 계획했다고 생각해보자. 이때 '김 부장'이 목표로 하는 것은 자신의 능력 확대이다. 한편, '박 부장'이 부하직원들과의 협력과 팀워크를 통해 실적을 높이려고 한다면, 그는 사회적 자본을 늘리려는 계획을 통해 궁극적으로 조직의 성과를 높이려는 것이다. <A 기업>의 김 이사는 회사에서 가장 우수한 사람이 되고자 한다. 이때 김 이사는 인적 자본을 통해 성공하려 하는 것이다. <B 기업>의 박 이사는 우수한 사람들을 고용하여 일하고자 한다면, 박 이사는 사회적 자본을 통해 성공하려 하는 것이다.

어떤 사람이 다른 사람보다 승진이 빠르다고 가정하자. 어떤 사람은 다른 사람보다 괜찮은 직장을 얻는다. 그 사람이 우수하기 때문이라고 생각하면, 개인적 자질(인적 자본)에서 원인을 찾는 것이다. 그런데 그 사람이 알고 있는 사람이 많거나 유용한 사람들과 연계되었기 때문이라고 생각하면, 바로 그 관계망의 가치를 높이 사는 것이다. 그 관계망의 가치, 즉 다른 사람들과 관계를 맺는다는 것이 주는 효과, 그것이 바로 사회적 자본(social capital)이다. 말하자면, 잘 연계된 사람들이 더 높은 보상을 받는 것으로 보는 것이다.

사회적 자본의 원천

사회적 자본이 성립하려면 사람 간 관계에 믿음이 있어야 한다. 수년 전 사람 간 믿음이 조직의 조화와 하모니를 이루는 원천임을 보여준 예능 프로그램이 하나 있었다. 바로 KBS <남자의 자격>이란 예능프로그램이 그것이다. 합창단 멤버를 공개모집해서 수개월 집단학습을 한 후 합창대회에 참가하는 과정을 담은 오락물이었는데, 지금도 눈물을 흘렸던 기억이 생생할 정도로 감동이 많았었다. 합창단을 이끈 박칼린 지휘자의 리더십도 절묘했고, 32명의 합창단원이 만들어내는 하모니도 인상적이었다. 그들이 선정한 '넬라 판타지아'라는 곡이 합창으로 울려 퍼지면서 감동적인 메시지로 다가왔다. 예능이 종료한 뒤에도 한동안 넬라 판타지아 멜로디가 들려올 때면 깊은 상념에 빠져들곤 했다.

그런데 가장 귀중한 감동은 합창단을 살리는 최고의 덕목이 바로 '믿음'임을 일깨워 준 것이다. 믿음, 즉 합창단원 각자가 자기 역할을 할 것이라는 믿음에서 하모니가 생산되는 것임을 생생히 보여주었다. 즉, 합창단원 동료를 믿어야 하모니가 형성되는 것이었다. 다른 단원을 믿지 못하는 상황에서는 자신의 역할도 흔들린다. 지휘자였던 박칼린 선생이 재치 있는 표현으로 "I 믿 you"라고 표현했었다. 그 뜻은 '너를 믿는다'라는 뜻이란다. 하모니의 저 밑바닥에는 '신뢰'가 있었던 것이다.

지휘자였던 박칼린 선생의 열정도 큰 전율을 주었다. 단원들에게 깊은 믿음을 주면서도 냉정한 표정, 신념이 넘치는 입술 등은 다른 누구에서 볼 수 없었던, 열정적이고 헌신적이며 단정한 리더십의 표본이었다. 마지막 합창대회에서의 공연을 마치던 순간 무대 뒤로 줄을 서서 퇴장하던 합창단원 모두가 하나같이 울었다. 그것을 보고 있던 시청자인 나도 울었다. 다른 시청자들도 같은 마음이었을 것이다. 그건 진정한 영화이고 드라마였다. 그 순간 아주 진한 감동이 밀려들었는데, "우리 기업에 필요한 것이 바로 이것이구나"라는 느낌도 기억한다. 기업의 구석구석에 이런 믿음과 하모니가 넘쳐흐른다면 얼마나 좋을까.

네트워크와 신뢰

신뢰(trust)는 관계의 뿌리다. 뿌리가 메마르면 열매를 맺을 수 없듯이, 신뢰가 없다면 관계라는 자체가 불안정해진다. 신뢰란 한마디로 상대방이 지켜줄 약속이행에 대해 믿어주는 것이다. 여기에는 상대방이 약속을 위반할 수 있다는 위험이 존재한다. 그 위험을 기꺼이 감수하고 받아들이는 것이 바로 신뢰이다. 어떤 의미에서 신뢰는 그 위험을 감당하는 대가인 셈이다. 당장의 이득이 없더라도 미래의 보답을 기대하는 '투자'이기도 하다.

보통 신뢰는 경제활동과 아무 관련이 없다고 생각한다. 그런데 알고 보면 신뢰는 경제활동과 뿌리 깊게 연관되어 있다. 신뢰는 경제의 윤활유와 같다. 자동차를 빌리는 렌터카 상황을 생각해보자. 렌터카에는 실제로 다양한 위험이 존재한다. 렌터카 업소에서 말하는 조건을 의심한다면, 즉 신뢰하지 못한다면, 자체 조사 등 엄청난 비용이 들기 때문에 렌터카 자체가 성립되지 않는다. 그러나 신뢰하게 되면 이러한 비용은 불필요하다. 최소한의 신뢰가 존재해야 사실상 렌터카의 거래가 성립되는 것이다. 이처럼 신뢰는 거래비용이라는 경제적 비용을 낮추어 주는 경제적 재화이다. 비단 렌터카 상황만이 아니라 보험계약 등 다양한 거래를 생각해보면 그 가치가 얼마나 광범위하게 적용되는지 알 수 있을 것이다.

신뢰란 무엇인가? '신뢰'를 말한다면 프랜시스 후쿠야마(Francis Fukuyama)를 언급하지 않을 수 없다. 그는 왜 한 문화에서는 사회적 신뢰도가 높지만, 다른 어떤 문화는 낮은 신뢰를 지속하는지를 연구했다. 그의 발견은 가족을 중심으로 신뢰가 구분된다. 가족 내적으로 강한 응집력을 가지면, 그 사회는 신뢰가 약하다. 반면, 가족 범주 내의 응집력이 약하면 그 사회는 신뢰 수준이 높다. 가족 중심의 문화는 가족 간의 신뢰는 강화시키는 반면에 가족 밖의 신뢰 범위는 약화시킨다고 주장한다. 신뢰가 가족 범위 내외에서 상반된 동력으로 작용한다는 발견이 흥미롭다.

신뢰는 한마디로 믿음인데, 1990년대 중반에 와서 신뢰가 가진 경제적 가치가 제대로 인식되게 된다. 그 역할에는 미국 정치학자인 후쿠야마 교수의 공헌이 크다. 그의 역저인 『신뢰(*Trust*)』란 책이 나온 것은 1995년이다. 영국, 미국, 일본, 대만, 이탈리아, 한국 등 여러 국가들의 신뢰 수준과 그 속 내용을 상세히 설명하고 있으며, 우리나라에 대한 설명도 매우 정확한 편이다. 후쿠야마 박사의 포인트는 신뢰에 대한 현실적인 정의에서 시작한다. '신뢰가 높다'라는 것은 가족 범위를 넘어서 근대적 의미의 경제활동을 할 수 있는가로 정의한다. 낮은 신뢰 사회에서는 가족을 넘어서는 신뢰가 없기 때문에 가족 범위 내에서 경제활동이 진행된다. 즉, 가족 중심의 기업활동이 활발한 것은 신뢰가 낮기 때문이다. 가족에게만 경영권이 승계되는 것이 그 현상의 대표이다.

신뢰가 낮으면 가족 중심의 경제가 진행되므로 중소기업 위주의 경제가 된다. 우리도 낮은 신뢰의 국가로서 중소기업 중심의 경로로 갈 수 있었지만, 그런데 박정희 정부의 중화학공업 육성책에 의해 대기업 중심으로 선회하게 된다. 그 이후 대기업 중심의 성장경로를 밟아왔지만 가족 중심의 저신뢰 사회의 흔적이 곳곳에 남아 있다. 대표적으로 대기업들에서 기업 경영권은 가족에게만 전수되는 것이 그 흔적이다.

경제행위가 지속하려면 당사자 간 신뢰가 필요하며 그것을 기반으로 반복거래가 형성된다. 반복거래에서는 이기적인 행위를 선택할 이유가 없다. 그러나 일회성 거래는 미래에 대한 보장이 없기 때문에 높은 신뢰 행위를 기대하기 어렵다. 일회적 거래의 대표적 상황인 '철도역의 우동집', '지하철 주변의 노점상'이 그러하다. 이들의 상황은 판매자와 구매자가 다시 만난다고 볼 수 없는 일회성 거래상황이기 때문에, 신뢰가 낮고 심지어 남을 속일 가능성이 높다. 그러나 반복거래가 확인되면 상대적으로 신뢰가 증가하게 된다. 집 근처 구멍가게는 쉽게 신뢰를 깨지 않는다. 이들은 단골 고객을 잡고 그 단골들과 반복거래를 해야 하기 때문이다.

신뢰는 비(非)경제적 자원이긴 하지만 근대 경제활동 및 거래의 기본적인 토대로 일찍부터 인정되어 온 개념이다. 예를 들어, 한 사람이 여행보험을 드는 상황을 생각해보자. 대부분의 사람은 보험계약에 대해 모든 사항을 구석구석 이해한 후 하지는 않는다. 왜냐하면 관행상 내용을 충분히 이해하지 않고 계약을 하여도 자신에게 엄청난 손실이 발생하지는 않을 것이라는 '신뢰'를 가지고 있기 때문이다. 이 신뢰에 의해서 계약서 내용을 숙지하지 않고 계약하게 되는 것이다.

그런데 만약 '불신'하는 경우에는 계약서 내용을 주도면밀하게 검토해야 한다. 본격적으로 계약서 내용을 이해하고 법률적인 용어를 정확하게 숙지하려면 몇 시간 혹은 며칠이 필요하게 된다. 실제로 2~3일 동안의 여행보험을 위해 일주일을 계약서 이해에 소진해야 한다면, 그 경제활동은 성립할 수 없다. 신뢰 없이는 근대 경제활동이 성립하기 어렵다고 하는 이유가 바로 이 점에 근거하는 것이다.

신뢰가 낮은 사회에서는 기업의 성장은 가족의 수에 의존하게 된다. 인도의 면직물 회사 연구에서 드러난 사실이 바로 그것이다. 인도에서 가장 성공한 면직물 업체는 공장을 하나만 운영하는 것을 고집했다. 다른 경쟁자들이 여러 곳에 공장을 세워서 더 많은 옷감을 팔려는 선택과는 달랐다. 공장을 늘이지 않는 이유를 묻는 질문에, "자식도 형제도 없기 때문이에요."라는 답이 나왔다고 한다. 새로운 공장을 맡아줄 가족이 없다는 것이었다. 신뢰가 낮기 때문에 가족이 공장을 관리해야 한다. 다른 사람들은 믿고 맡길 수 없다. 그래서 이런 낮은 신뢰에서는 '현장 중심 경영(Management By Walking Around)'이 중요해진다. 인도에서는 실과 같은 원자재를 직원이 주머니 속에 넣지 않도록 순찰한다. 미국기업이 하는 현장 중심 경영의 목적과는 전혀 다른 목적이다. 미국의 대기업인 GE가 현장 경영을 하는 것은 현장을 경영의 중심에 놓겠다는 목적이었는데, 이는 인도에서 비리를 막으려는 이유와는 다르다.

사람은 혼자 사는 동물이 아니다 보니 주위의 누군가와 관계를 맺게 되는데, 이러한 관계를 선으로 이어보면 소위 네트워크라는 것을 그려 볼 수 있게 된다. 그런데 이러한 네트워크가 상호 간의 기대역할을 충실히 수행해 냄으로써 세월의 변화에도 불구하고 그 역할을 지속적으로 맡고 서로 이득을 얻게 된다. 이러한 구조가 내부 응집력을 더욱 강화해 가면서 이 구조에서 얻는 "사회적 부(富)"가 강력해질 때 이것은 결국 사회적 자본이 된다고 볼 수 있다.

이탈리아 이야기

하버드 대학의 공공정책 교수인 로버트 퍼트넘(Robert Putnam)은 이탈리아의 남북부의 차이를 오랫동안 연구해왔다. 그는 부유한 북부 이탈리아와 가난한 남부 이탈리아 사이의 경제적 성과를 분석했으며, 그것은 『*Making Democracy Work*』이라는 저서로 발표되었다. 퍼트넘은 이탈리아 남부와 북부의 차이의 근원을 신뢰의 차이에서 찾았다. 이 신뢰의 차이는 중세시대로 거슬러 올라가는 두 지역의 역사적 경험에서 내려온 것으로서, 남부의 교회 중심의 폐쇄적 전통, 북부는 계몽주의적 영향 하에서 개방경제를 이룬 전통의 차이에서 온 것으로 설명한다. 이것이 현재의 사회적 자본과 경제적 성과의 큰 차이를 말하는 것이다.

이탈리아는 여러 가지 면에서 우리와 유사한 면이 많다. 낮은 신뢰, 가족 중심, 반도 국가 등이 그렇다. 이탈리아 최남단의 섬 시칠리아에서 미국으로 이민을 간 1세대 중 마피아 보스가 나왔다. 마피아 초기 조직에서 이탈리아 이민자의 비중이 높았었다. 그래서 이탈리아 정서가 마피아 문화에 많이 녹아들어 있다.

이탈리아 문화에는 가족을 벗어나면 신뢰가 매우 약해지는 전통이 있다. 가족에게 권좌가 승계된다는 것을 의심하지 않는다. 이것은 미국 정서가 아니다. 바로 이탈리아 시칠리아 정서이다. 산전수전을 다 겪고 노련미를 갖춘 갱스터(gangster)이지만 마피아 조직의 대권(大權)을 넘보는 것에 대해서는 생각조차 하지 않는다. 보스의 가족이 대권을 이어간다는 가족 승계에는 전혀 의문을 갖지 않는다. 대부(代父)라는 명칭을 사용하는 것 자체가 가족 승계의 전통을 여실히 보여준다.

영화 <대부(Godfather)>에서 그려지는 마피아 보스 파워가 승계되는 과정을 기억해보자. 알 파치노가 아버지(말론 브란도)의 대부 위치를 물려받는 과정이 그려져 있다. 미국 땅에서 존재하는 마피아이지만, 이탈리아 시칠리아 정서를 반영하는 면이 많다. 거칠고 잔인한 마피아지만 보스 가문의 권력투쟁에서는 그저 줄서기만 한다. 그들 자신이 '대부'가 되려는 생각은 꿈도 꾸지 않는다. 보스의 아들이 권력을 승계해야 하는 것을 자연스럽게 받아들이는 것이다. 그런데 여기서 의문이 나온다. 보스의 아들이 권력을 승계해야 한다고 믿는 근거는 무엇일까? 왜 자신들은 보스 자리에 도전자로 생각하지 않았을까?

이탈리아 반도 남쪽의 시칠리아 섬은 마피아의 본산지이다. 여기서 미국을 비롯한 서유럽으로 넘어간 마피아 멤버들은 시칠리아 정서를 전수했다. 신뢰가 약한 이탈리아 시칠리아 정서에 따라 가족 중심의 보스 승계를 그대로 따랐던 것이다. 능력에 따라 보스를 결정하는 문화를 가진 미국 땅에서 낮은 신뢰의 시칠리아 정서를 그대로 따라 보스 승계를 했다는 현상 자체도 흥미롭지만, 신뢰의 전환이 쉽지 않다는 것에도 주목해야 한다.

신뢰의 원천 : 반복과 평판

신뢰는 개인적 특징이 아니다. 태어날 때부터 신뢰가 높은 사람과 낮은 사람이 따로 구분되지 않는다. 같은 사람도 조건에 따라 높은 신뢰를 보이기도 하고 낮은 신뢰에 머물기도 한다. 흔히 독일 사람들이 신뢰가 높은 것으로 알려진다. 그러나 그것을 민족성 탓으로 보면 오해다. 그들이 높은 신뢰를 보이는 이유는, 신뢰를 어기면 엄청난 손해를 보게 되기 때문이다. 사회적으로 매장을 당하는 등 문화적 제재가 많다. 신뢰가 높은 국가의 사람들도 알고 보면 자신들이 처한 조건에서 가장 유리한 선택을 하는 것이다. 민족의 특징도 아니며 개인적 형질도 아니다. 오직 주어진 보상구조에 적절히 반응하는 선택이다.

그러면 신뢰를 높이는 조건은 과연 무엇인가? 신뢰에 영향을 주는 특히 중요한 조건으로 '반복'과 '평판'이라는 조건이 중요하다. 이 두 조건은 모두 신뢰를 보이도록 유인하며 신뢰를 버릴 수 없게 하는 조건으로 작동한다. 특히 신뢰의 반작용인 기회주의를 줄이는 조건들이다.

반복효과

거래가 일회성에 그치는 것이 확실하다면 대체로 기회주의가 나타난다. 한번 하고 마는 거래라면 반드시 믿음을 줄 필요가 없는 것이다. 지하철 안에서 우산을 파는 행위가 그렇다. 지하철 안은 일회성 거래이므로 그곳에서 파는 우산이 최고급 우산일 수 없다. 사실상 판매자의 기회주의가 드러날 수 있는 상황이다. 지하철 안에서 무언가 물건을 샀던 경험이 있는 분들은 쉽게 알 것이다.

그러나 여러 번 반복될 거래라면 기회주의가 줄어든다. 왜냐면 반복거래할 상대방에게는 신뢰를 보여주는 것이 유리하기 때문이다. 아파트 단지의 구멍가게가 바로 그렇다. 주민들을 상대로 반복거래를 해야 하는 구멍가게로서는 단골이 중요하므로 언제나 믿음을 쌓아야 한다. 일시적 이득을 위해 신뢰를 저버리면 거래가 끊기고 단골이 사라지게 된다. 이러한 예들에서 보듯이, 거래의 반복성 여부에 의해 신뢰는 달라진다. 신뢰가 개인적 형질이 아님을 다시 확인할 수 있다.

신뢰를 쌓을 만큼의 반복적인 교류가 없었다면, 신뢰는 다른 곳에서 찾아와야 한다. 우리 사회에서 신뢰를 제공하고 확인시키는 원천이 바로 연줄이었다. 학연, 지연, 혈연 등의 연줄 말이다. 이 연줄은 반복거래가 없더라도 최소한의 믿음을 담보하기 때문에, 신뢰의 담보물로서 작동했던 것이다.

평판효과

사람들은 누구나 좋은 평판을 얻으려는 욕구가 있다. 본능적으로 평판이 나빠지는 일은 피하려는 것이 인간의 마음이다. 이는 인간이 사회적 동물임을 드러내는 단면의 하나일 것으로 보인다. 사람들은 자신의 평판이 다른 사람들에게 알려져서 다음번 거래에 영향을 미칠 것이라면 기회주의를 줄일 것이다. 좋은 평판을 유지하는 것이 유리한 상황에서는 기회주의를 선택할 이유가 없는 것이다. 그러나 평판의 의미가 없거나 혹은 평판이 알려질 통로가 없다면 기회주의가 작동하게 될 것이다.

평판효과는 평판이 전달되는 통로에 영향을 받는다. 단적으로 표현하면, 나의 행동이 다른 사람들에게 알려지는 통로가 없다면 나는 평판효과를 크게 두려워할 필요가 없다. 이렇게 볼 때 평판효과는 닫힌 네트워크에서 가장 잘 작동한다. 여기서 닫힌 네트워크란 관계가 정해진 구성원들에 한정되어 있는 네트워크를 말한다. 이 닫힌 네트워크에서는 평판이 즉시 전달되기 때문에 평판효과가 효력을 발휘한다. 정보가 바로 전달되는 상황에서는 좋은 평판을 유지하는 것이 유리한 것이다.

그러나 열린 네트워크에서는 상황이 다르다. 관계망이 닫혀 있지 않고, 많은 사람들이 개입되어 정보가 흩어진다면 평판의 전달이 불확실하다. 이렇듯 평판효과가 불확실한 상황에서는 평판효과를 크게 두려워하지 않게 되어 기회주의가 나타날 소지가 커진다.

반복되는 거래 또는 평판을 지켜야만 하는 상황에서 자연스럽게 신뢰는 높아진다. 이 조건들이 주는 효과를 다음의 그림을 통해 다시 점검하자. 이 그림은 시카고 대학의 로날드 버트(Ronald Burt) 교수가 고안한 그림으로서, 이를 우리 상황에 맞추어 응용해서 설명한다.

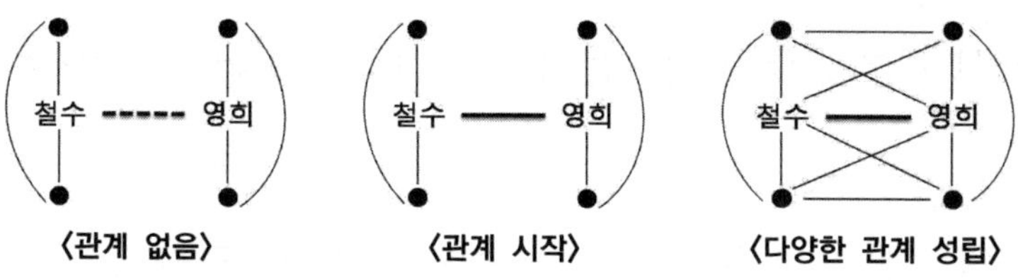

◆ 상황 1 : 관계 없음 (철수와 영희)

철수와 영희 두 사람 사이에는 현재 아무런 관계가 없다. 각자 자신이 소속된 그룹에서만 교류가 있다. 또한 그 두 그룹 사이의 다른 연결도 일체 없다. 두 사람 사이에 직접적이든 간접적이든 아무런 관계도 없다. 관계가 없기 때문에 신뢰를 언급하기에는 시기상조이다.

◆ 상황 2 : 관계의 시작

두 사람 사이에 직접관계가 생겼다. 그러나 아직 간접관계는 없는 상황이다. 이 상황은 두 사람 사이에 신뢰가 생길 수 있다. 양자의 관계가 반복적인 관계가 더욱 신뢰가 높아질 것이다. 물론 이 그림으로는 관계가 반복될지는 아직 모른다.

◆ 상황 3 : 평판효과

간접관계가 생기면서 새로운 차원으로 접어든다. 간접관계가 늘면 구조적으로 신뢰가 높아질 수밖에 없다. 즉, 간접관계가 늘어나면서 평판이 다른 사람들에 전달되는 통로가 늘어난다. 위의 그림과 같이 닫힌 네트워크에서는 더욱 평판의 전달이 잘 된다. 이때 사람들은 다른 사람들에게 신뢰가 낮은 사람으로 알려지는 평판이 두려워서 믿을 만한 사람으로서 행동한다.

사회적 자본의 두 유형 : 응집 및 매개(bonding and bridging)

대표적인 두 견해

사회적 자본은 두 유형으로 구분된다. 두 유형으로 구분되는 이유는 각 유형별로 가치를 발휘하는 경로가 다르기 때문이다. 사회적 자본의 첫 번째 유형은 응집(bonding)자본이며, 두 번째 유형은 매개(bridging)자본이다. 응집자본은 결속력에 초점을 맞춘 자본으로서, 구성원들의 결속력을 높아지는 것을 바로 사회적 자본이 높아지는 것으로 본다. 한편 매개자본은 다른 사람들의 정보를 전달해주는 길목에 위치하는 것에서 나오는 효과이다.

응집자본이란 구성원들의 결속력과 일체감이 주는 힘이다. 구성원 간 소통이 없거나 소통 거리가 멀다면 응집자본이 낮은 상태를 말한다. 응집자본이 높은 기업에서는 '협력'이 풍성하다. 한번 상대에게 협력을 주면 이에 대한 미래 보답이 발생할 수 있다. 이런 협력 제공과 보답이라는 순환적 상호작용을 거쳐서 그 조직의 응집 사회적 자본은 더욱 높아진다. 응집력이 높은 기업에서는 구성원들이 생사를 같이 하려는 분투심이 강하며, 조직을 위해 자신의 희생을 감수하는 모습까지 가능하다. 응집력이 높은 기업은 구성원들 간 협력이 높고 공동의 성취에 대한 집념도 강하다.

매개자본이란 사람이나 집단을 연결시키는 '다리'로서의 자본이다. 다른 곳에 정보를 전달하는 역량이 높으면 매개자본이 높은 것이다. 매개자본이 높은 기업은 정보순환이 높다. 다른 곳의 정보를 받으면 신선함을 느낀다. 정보 소통이 사통오달 연결되어 기업 내부에 어떤 지식이 있는지를 알게 하고, 또 그 지식에 어떻게 도달할 수

〈그림 1〉 응집자본 對 매개자본

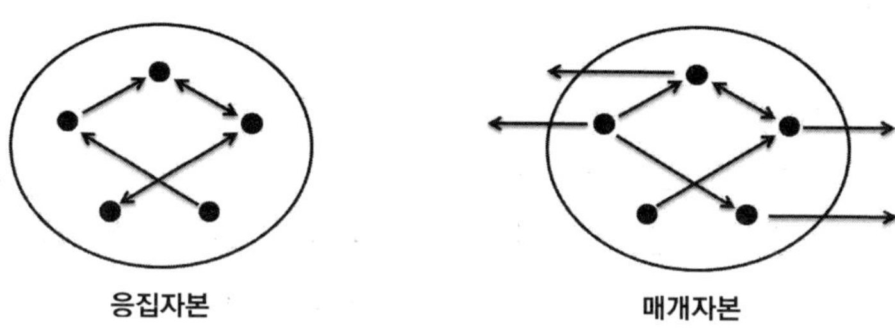

있는지를 아는 것은 대단히 큰 힘이다. 이 힘이 발휘되는 이유는 바로 '길목효과'가 발달되었기 때문이다. 매개자본은 각 노드의 길목으로서 신선한 정보를 전달시키는 특징이 있다. 매개자본이 높은 기업은 다른 집단과의 주고받음이 풍성하다. 외부의 지식을 유입하는 것도 발달했지만, 자신의 역량을 외부로 확대하는 것도 발달되어 있다. 이러한 외부와의 소통 기능을 감당하는 역할을 문지기(gatekeeper)로 부르기도 하는데, 이 문지기가 풍성할 때 매개자본이 높다고 말할 수 있다.

응집자본과 매개자본을 그림으로 비교하면 다음 <그림 1>과 같다. 두 유형의 사회적 자본을 탄생시킨 뿌리는 두 명의 거물 학자에게서 시작되었다. 한 명은 제임스 콜맨(James Coleman)이었고, 다른 한 명은 로날드 버트(Ronald Burt)였다. 그들이 전개했던 논리의 차이는 네트워크를 닫힌 것으로 보는가, 혹은 열린 것으로 보는가라는 관점의 차이에서 비롯된 것이다. 제임스 콜맨은 닫혀 있는 네트워크(즉, 밀도가 높은 네트워크)의 사회적 자본의 가치를 주장했으며, 반면 로날드 버트는 열린 네트워크 상황에서 신선한 정보를 제공하는 사회적 자본의 가치를 주장했다. 그 각 주장을 간략히 살펴보면서 차이점을 정리해보자.

1) 콜맨(James Coleman)의 사회적 자본

밀도가 높은 연결망(dense network)일수록 사회적 자본이 높다고 한다. 밀도가 높다는 것은 구성원들 간 관계가 많다는 뜻이다. 콜맨은 구성원들 간 밀도가 높은 경우 가장 네트워크의 효과가 높다고 보았다. 특히 네트워크가 닫힌 폐쇄된 상황에서 사회적 자본이 가장 잘 발휘된다고 보는 것이다. 이 주장의 배경에는 닫힌 네트워크에서 발생하는 평판효과가 위치하고 있다. 네트워크가 닫혀 있을 때 구성원 모두가 서로에 대해 가장 잘 알 수 있다. 이때 각 사람에 대한 평판이 쉽게 전달되기 때문에 개개인이 약속을 잘 지키고 믿음을 지키게 된다. 이러한 평판효과에 의해 신뢰가 높아지며 그 높아진 신뢰는 사회적 자본을 향상시키는 것이다. 그런데 여기서 놓치지 말아야 할 것이 하나 있다. 닫힌 네트워크에서 관계를 높인다는 것은, 관계의 중복이 늘어난다는 의미를 가진다는 점이다. 닫힌 네트워크에서 밀도가 높다는 것은 바로 구성원 간 직접 및 간접적인 연결이 가득하다는 것이다. 이는 중복이 있다는 뜻이다.

2) 버트(Ronald Burt)의 사회적 자본

로날드 버트는 내부 결집력을 강조하기보다는 정보 확보, 특히 신선한 정보를 유입하고 이전시키는 쪽에 집중되어 사회적 자본을 바라보았다. 같은 수의 연결을 갖는다 하더라도, 내부에 한정되기보다는 밖으로 펼쳐나가는 것을 중요하게 본다. 여기서 행위자 사이의 브릿지(bridge)에서 사회적 자본이 가장 높다고 본다. 이 주장의 핵심은 '응집'이 아니라 '길목'이다. 네트워크의 효용가치를 '매개'라는 측면에서 규정하면서 구조적 공백(structural hole)이라는 개념을 창조했다. 네트워크가 외부로 펼쳐지고 있으므로, 사회적 자본도 열려진 네트워크에서 발생하는 것으로 이해하려고 한다. 응집자본이란 서로 잘 알고 있는 사람들을 가깝게 접착시키는 유형의 사회적 자본이며, 매개자본이란 생면부지의 사람이나 집단을 연결시키는 유형의 자본을 말한다.

사회적 자본은 누구에게 속하나 (상속 유산 가능한가, 공공재인가)

사회적 자본은 과연 누구에게 귀속할까? 이에 대해 두 가지 입장이 있다.

첫째, 사회적 자본을 집단 전체가 누리는 공공재(public goods)로 보는 견해이다. 시카고 대학의 제임스 콜맨(James Coleman) 교수와 하버드 대학의 로버트 퍼트넘(Robert Putnam) 교수가 이 입장에 서는 대표적 학자다. 이들이 보는 사회적 자본은 공공재이다. 이 자본은 사회에 속한다. 개인의 자산이 아니다.

사회학자인 제임스 콜맨은 사회적 자본은 사회 전체에 도움이 되는 것이지 개인이 그 이익을 독차지할 수 없는 것으로 강조한다. 바로 사회자본의 공공재적인 특성 때문에 개개인은 사회자본이라는 것을 생산하는 데 인색할 수밖에 없다는 게 그의 논지다. 공공재의 성격을 띠고 있는 사회자본은 시장의 힘만으로는 생산될 수 없음을 의미한다. 사회자본의 구축을 위해서는 공공규범의 구축에 선도적인 정부나, 영리추구만이 목적이 아닌 가족이나 교회, 자선집단 등과 같은 자발적인 모임의 힘이 필요하다는 얘기다.

공공재란 깨끗한 공기, 안전한 이웃과 같은 것으로서 이것의 생산에 대한 공헌 여부와는 상관없이 누구나가 누릴 수 있는 재화를 말한다. 정상적인 환경에서는 아무도 이러한 공공재를 생산·공급할 유인체계를 갖지 못하게 되고, 아주 적은 양의 공공재만이 생산·공급된다. 그 결과 모든 사람이 고통을 받게 된다. 공공재로서의 사회적 자본은 일단 만들어지면 익명의 다수에게 혜택이 돌아가는 특징이 있다. 예를 들어, 맑은 공기와 쾌적한 환경 등이 그것이다. 이들은 만들기 매우 어렵지만 만든 사람에게만 그 혜택이 돌아가는 것이 아니다. 그것을 만드는 데 기여하지 않았던 다수의 군중에게도 혜택이 돌아간다. 이 때문에 개체이득은 별로 없다.

이렇게 개인의 인센티브가 없다는 점에서 정부, 교회 등의 사회적 가치를 추구하는 기관들이 공공재의 형성에 참여하게 된다. 개인의 사적 욕구를 충족시키지 못하기 때문이다.

두 번째 입장은 사회적 자본을 개인에게 귀속되는 재화로 보는 것이다. 시카고 대학의 로날드 버트(Ronald Burt)가 이에 속하는 대표적인 학자이다. 사회적 자본은 개인의 인센티브와 분명히 관련되며, 개인은 특히 장기적 이해 실현을 위해 사회적 자본을 만들어낸다. 예를 들어 고객에게 높은 수준의 정직을 보이거나, 조그만 하자가 있는 제품을 수거한다거나, 기업이 매우 어려운 시점에 최고경영자가 자신의 급여를 대폭 삭감한다거나 하는 행위는 남을 생각하는 이타적인 동기로 볼 수 없다. 이는 오히려 장기적인 이기심을 충족하기 위한 행동으로 이해해야 한다.

후쿠야마(Fukuyama) 교수도 여기에 속한다. 그는 경제적 이득을 추구하는 기업도 사회적 자본을 생산하고자 하는 충분한 동기 및 합리적인 이유를 지니고 있다는 점에서 출발한다. 왜냐하면 사회적 자본은 영리를 추구하는 기업들에 장기적으로 엄청난 이익을 가져오기 때문이다. 그 예는 이렇다. 많은 기업이 고객에게 성실성과 상당한 예의를 갖추려고 하며, 잘못되거나 파손된 제품을 주저 없이 반품한다. 경기가 어려울 때 직원들과 고통을 나누기 위해 자신의 월급을 깎는 경영자도 있다. 이러한 회사, 이러한 경영은 단순히 이타주의로 이해하면 안 된다. 장기적 관점에서 봤을 때 그 회사의 명성을 높이는 길이라고 믿기에 그 같은 행동을 서슴지 않는 것이다. 이러한 회사의 명성은 그 회사에게 훌륭한 자산이 된다. 이윤추구에만 관심이 있는 장사꾼들조차 이러한 자산을 획득하기 위해 노력하게 될 것이다.

사회적 자본이 공공재와 다르다는 견해는 경제학자인 파사 다스굽타(Partha Dasgupta)에게서도 나온다. 다스굽타에 의하면 사회자본이 여러 사람에게 영향을 주는 근거는 그것이 공공재라서가 아니라 외부효과(externalities)를 갖고 있기 때문이라고 한다. 개인들은 순수 개인 이득을 얻기 위해 사회자본을 생산하지만, 일단 사회적 자본이 생산되고 나면 그 사회자본으로부터 더 많은 사람들이 혜택을 본다는 것이다. 이렇게 보면, 기업은 더 높은 신뢰나 명성을 높이기 위해 사회자본을 생산하지만 그로 인해 결국 사회 전체가 신뢰할 수 있게 되는 효과를 낳는다고 볼 수 있다.

신뢰의 적(敵)

직원들에게서 신뢰를 얻지 못하는 경영자는 생각보다 많다. 여러분들은 스스로 부하직원으로부터 신뢰를 얻고 있다고 생각하는가? 많은 사람들이 신뢰를 저평가하고 있는 경우도 많으며, 신뢰의 붕괴 자체를 인식하지 못하는 경우도 많다. 그러나 신뢰의 붕괴는 리더십의 손상으로 이어지며, 이로 인해 응집과 일사불란 속성이 크게 손상된다는 것임을 주의해야 한다.

한 조직에서 신뢰의 붕괴는 아주 사소한 부분에서 시작한다. 사소한 실수들이 쌓여서 돌이킬 수 없는 불신을 낳으며, 오랜 세월 축적한 신뢰를 하루아침에 잃게 되는 경우도 많다. 중간관리자급 이상이면 사소한 언행에 주의를 기울여야 한다. 조그마한 주의에 의해 신뢰를 쌓기도 하고 잃기도 하기 때문이다. 신뢰를 붕괴시키는 요인을 "신뢰의 적(敵)"으로 표현하기로 하자. 그 신뢰의 적은 다음과 같다. 각 요소들을 곰곰이 뜯어보면 알게 되지만, 대체로 조심하면 지킬 수 있는 요인들이다. 무엇보다 원칙이 지켜지는 것이 중요하다.

일관성 없는 메시지

최고경영자가 했던 약속이 지켜지지 않는다고 생각해보라. 그 기업의 신뢰는 치명타를 입을 것이 분명하다. 최고경영자는 지키지도 못할 약속을 공개적으로 선언하기도 한다. 예를 들면 이번이 마지막 해고라고 해놓고서는 또 해고하는 기업도 있다. 이 기업은 신뢰가 무너진 기업이다. 물론 이런 약속 불이행은 최고경영자에게만 해당되는 것은 아니다. 중간관리자들도 약속이행에 소홀하지 말아야 한다. 조그마한 약속불이행이 쌓이면서 신뢰는 무너지고 만다.

일관성 없는 기준

임금, 승진, 상벌과 같은 회사의 중요한 기준을 수시로 변경하는 것은 좋지 않다. 특히 그 기준들이 일관되게 적용되는 것은 신뢰를 쌓는 데 중요하다. 이런 중요한 기준과 원칙이 자주 바뀌면 구성원들의 믿음이 깨진다. 처벌을 받아야 하는 사람에게 처벌이 없거나 포상을 받아야 하는 사람에게 약속되었던 포상이 없다면 구성원들은 조직에 대한 신뢰를 놓게 된다. 상벌과 같은 인센티브 체계에 대한 믿음이 흔들린다는 것은 직원들이 무엇을 해야 이득을 얻는지에 대해 혼동을 갖는다는 의미이다. 이 경우 직원들에게서 회사에 대한 충성심과 믿음을 얻어내기 어려울 것이다.

중국 법가(法家) 사상의 서적인 한비자(韓非子)가 권하는 "형명참동(刑名參同)" 원리를 생각해보자. 형명참동 원리란 목표와 실적이 완전히 일치할 경우에만 상(賞)을 내리고, 목표가 부족하거나 실적이 부족한 경우는 모두 벌(罰)을 내리는 원칙이다. 목표에 못 미치는 실적에 벌을 내리는 것은 당연하지만, 목표를 상회하는 실적을 냈을 경우에도 벌을 내리는 것이 주목할 포인트이다. 형명참동의 원리에 따르면, 실적이 높다는 것은 목표를 정확히 설정하지 못했다는 것이고, 목표를 제대로 설정하지 못한 것은 업무를 정확히 이해하지 못했거나 혹은 목표를 의도적으로 낮게 잡은 것으로 본다. 이 형명참동이 굳건히 지켜진다면 신뢰를 많이 쌓을 수 있을 것으로 믿는다.

잘못된 피드백과 불필요한 공언

직원들에게 신뢰를 얻는 최대 덕목은 일관성과 공정성이다. 즉, 어떤 조치를 취할 때 직원들에게 돌아가는 피드백이 정당하고 일관되게 전달되어야 신뢰를 높일 수 있다. 잘못된 피드백은 차라리 없는 것만 못하다. 또한 신뢰는 말을 조심하는 것에서 시작한다. 불필요한 공언은 스스로 무덤을 파는 것과 같다. 특히 애매모호한 말을 조심해야 한다. 애매한 말을 반복적으로 사용하면 불신이 시작된다. 실제로 "숨겨진 의도는 없다", "더 이상의 해고는 없을 것이다", "이번에 완전히 고쳤다", "우리는 더 좋은 결과를 얻을 것이다", "이것은 내가 했던 어느 것보다 어려운 과제이다" 등의 이런 말들은 조심해야 한다.

숨기는 기업문화

숨기는 기업문화에서 신뢰는 높을 수 없다. 누구나 알게 된 소문을 없던 것처럼 숨기려는 기업문화에서 신뢰가 자랄 수 없다. 오히려 불신이 자란다. 갈등을 숨겨지고 외형적으로 평온함을 유지하려고 기획되는 기업문화에서 믿음이 싹틀 수는 없다.

한편 불신을 조장하는 언어가 난무하는 기업문화도 조심해야 한다. 만약 중간관리자인 부장이 습관적으로 최고경영자를 욕하는 상황을 생각해보자. 물론 최고경영자의 면전에서 발생하는 것은 아니지만, 이런 말이 자주 등장하는 기업에서 신뢰의 분위기가 커질 수 없다.

신뢰 쌓기

앞의 '신뢰의 적' 요인들을 반면교사로 삼아 '신뢰 만들기' 요인들을 생각해보자. 다음의 4가지 요인들이 특히 중요하다.

약속의 절대 준수

경영자들의 약속이행은 신뢰 만들기의 첫 계명이다. 경영자들이 간혹 신뢰를 놓치는 이유는 치열한 기업전투에서 신뢰를 '사소한' 것으로 보기 때문이다. 그러나 임직원들과의 약속을 어떤 경우에서건 실행하려는 의지는 매우 중요하다. 상징적으로라도 언행일치를 보여줄 필요가 있다. 작은 약속이 지켜진다는 것은 그 기업의 원칙이 살아있다는 의미로 받아들여진다. 이렇게 원칙이 살아있다는 인식이 퍼지면 구성원 간 공감이 높고 갈등이 줄어들 것이다. 물론 지키지 못할 약속은 애당초 꺼내지도 말아야 한다.

사람에 대한 애정

구성원 개개인에 대한 애정과 관심도 신뢰 쌓기에 중요하다. 직원들은 자신에 대한 애정과 관심을 느낄 때 그 조직에 대한 믿음과 신뢰를 갖는다. 기업이 직원들에게 관심과 애정을 기울인다는 인식을 줄 필요가 있다.

외형적으로 지나친 불균형 요인도 자제할 필요가 있다. 가장 두드러지는 예가 바로 CEO와 직원 사이의 임금 차이이다. 최고경영자인 CEO 혹은 임원들이 임금을 많이 받을 수는 있지만 문제는 그 정도이다. 최고경영진과 직원 사이에 너무 많은 임금 차이는 좋지 않다고 본다. 특히 직원들의 충성심과 헌신적인 태도를 원한다면 격차를 줄여야 한다. 최고경영자의 임금이 지나치게 많다는 인상을 주고서는 그들의 마음을 얻기 어려울지도 모른다. 어떤 의미에서는 직원들을 대접하는 분위기여야 한다. 직원들을 성전(聖戰)에 나서는 귀한 존재로서 생각해주어야 그들도 그에 상응하게 실천한다.

개인 능력 향상에 대한 관심

조직이 자신의 개인적 비전에 관심을 갖는다고 느낄 때 조직에 대한 믿음이 더욱 커진다. 자신이 계발되지 않는 상황이 지속되면 믿음이 약해질 수밖에 없다. 개인적으로는 능력이 있어야 상대에게 믿음을 전파할 수 있다. 또 상대가 약속을 지킬 능력이 있다고 믿어야 신뢰가 생기는 것이다. 따라서 신뢰를 높이려면 개개인의 능력향상의 기회를 주고 그에 대해 주목해야 할 것이다.

기업 비전과 원칙의 준수

조직의 비전에 대한 신뢰가 높을수록 구성원들은 자신의 열정을 투입한다. 기업의 비전에 대한 신뢰는 경영자의 식견에 대한 믿음, 실천능력에 대한 믿음, 그것을 뚝심 있게 밀고 나갈 것이라는 믿음 등이 포함된다. 즉, 비전의 선택에 대한 신뢰와 그 실천에 대한 신뢰가 복합적으로 담겨 있는 것이다.

이런 점을 고려한다면, 기업 비전의 선택도 신중해야 할 것이지만, 일단 결정되면 직원들에게 어떻게든 그것을 지켜갈 것이라는 의지를 전달하는 것도 중요할 것이다. 그래야만 직원들도 그 비전을 실현시키고자 열정을 보일 것이다. 최고경영진들에서부터 기업 비전에 어긋나는 행동을 한다면 그 순간에 바로 리더십은 무너진다고 보아야 한다.

사회적 자본의 측정

사회적 자본은 개념적인 성숙이 현재 진행되고 있기 때문에, 아직 그 개념을 정확히 측정하는 방안이 뚜렷하게 부각되지는 못한 실정이다. 여기서는 현재까지 사회적 자본의 측정에 대해 설득력 있는 주장을 하고 있는 두 견해를 소개하고자 한다. 하나는 관계의 양과 관계가 발생하는 정도 등 개인적인 행위 중심의 측정방안이며, 다른 하나는 한 사람이 위치한 '공간', 즉 구조 중심의 측정하는 방안이다. 전자는 에바 마이어슨(Eva Meyerson)에게서 나온 것이며, 후자는 로날드 버트(Ronald Burt)에게서 나온 것이다.

행위 중심의 측정

행위 중심의 측정은 에바 마이어슨의 공헌이 크다. 그녀는 사회적 자본의 측정에 대해 행위자의 관계를 형성하는 행위에 주목할 것을 강조하고 있다. 그녀는 이를 위해 두 가지 지표를 부각하였는데, 이들은 첫째, 다른 행위자와의 직접적인 관계의 수(數)이고, 두 번째는 그 직접적인 관계의 빈도(frequency)이다. 전자는 행위자가 직접적인 접촉 및 관계를 얼마나 가지고 있는지를 보는 것이며, 후자는 행위자가 관계 구축과 유지에 대한 투자에 대한 지표이다. 우리가 현실적으로 아는 사람이 많은 '마당발'이지만 그저 알고 있는 사람만 많고 깊이 있는 교제를 하지 못하는 경우를 볼 수 있다. 이렇듯이 관계의 '범위'와 '깊이'를 동시에 고려하는 것이 필요하다. 마이어슨은 한 개인의 사회적 자본을 알려면 이 두 가지를 동시에 고려해야 한다고 강조한다. 한 행위자의 관계구축이라는 행위 중심에서 본다 할지라도 어느 한 가지 요인에 집중하기보다는 '범위'와 '깊이'를 동시에 측정하여야만 그 행위자의 사회적 자본이 정확히 파악될 것이라고 강조하였다.

구조 중심의 측정

로날드 버트는 사회적 자본의 측정에 대해, 그의 독창적인 주장인 '구조적 틈새(structural hole)'에서 사회적 자본이 높다는 원리와 일관된 측정방안을 제시하고 있다. '구조적 틈새'를 차지한다는 것은, 앞서 설명한 바와 같이, 행위자가 네트워크 내에서 제약요건이 적다는 것과 관련된다. 이에 착안하여 버트는 사회적 자본을 '네트워크 제약'에 의해 측정할 수 있을 것으로 보았다. '네트워크 제약'은, 앞서 설명한대로, 한 행위자가 네트워크 내에서 다른 행위자들과 접촉하는데 가지는 제약이다. 한 행위자의 '네트워크 제약'이 많아지게 되면, 구조적 틈새로서의 효과는 적어지고 그만큼 사회적 자본도 적어진다.

네트워크 제약의 측정은 다음의 3가지 변수와 관련된다. 첫째, 네트워크 규모(network size)이다. 보편적으로 규모가 큰 경우, 네트워크 제약은 작다. 둘째, 밀도이다. 일반적으로 밀도가 높으면 제약이 높아지게 된다. 셋째, 네트워크의 위계(hierarchy)도 중요한 영향을 미치는데, 일반적으로 한 행위자를 중심으로 위계관계가 성립하는 정도가 높으면 네트워크 제약이 높다고 볼 수 있다.

네트워크 제약의 계산에 대해 구체적으로 살펴보자. 네트워크 제약을 계산하는 공식은 다음과 같다.

$$C_{ij} = (p_{ij} + \sum_{q} p_{iq} p_{qi})^2 \quad (\text{단, } q \neq i, j)$$

여기서,

p_{ij} : i의 관계 중 j와의 직접적인 접촉에 투자된 관계의 비율

$\sum_{q} p_{iq} p_{qi}$: i가 j와 접촉을 위해 중간연결인(q)을 거치는 비율

<그림 2>와 같은 네트워크가 있다고 생각해보자. 행위자 '가'를 중심으로 **A, B, C, D, E, F** 총 **6**명이 연결된 모습을 보이고 있다. 우측의 매트릭스와 숫자는 이 행위자들 간 연결관계를 **0**과 **1**로 표시한 데이터이다. '0'은 '관계없음'을, '1'은 '관계있음'을 말한다.

〈그림 2〉 네트워크 제약의 측정을 위한 예

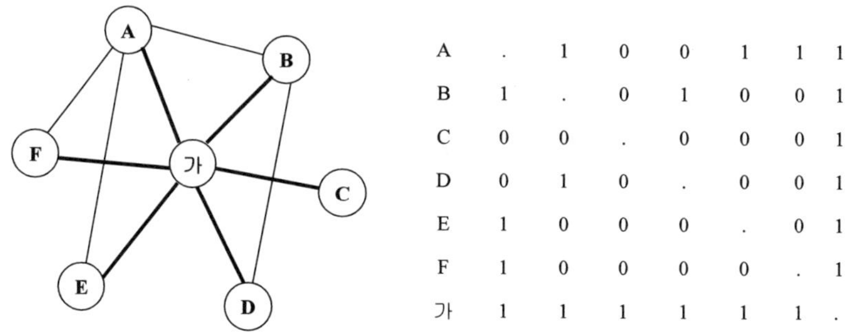

A	.	1	0	0	1	1	1
B	1	.	0	1	0	0	1
C	0	0	.	0	0	0	1
D	0	1	0	.	0	0	1
E	1	0	0	0	.	0	1
F	1	0	0	0	0	.	1
가	1	1	1	1	1	1	.

이때 행위자 '가'와의 관계에 대해서, **A**부터 **F**까지의 각 행위자가 가지는 '네트워크 제약'을 계산하면, 다음 표와 같다.

'가'와의 관계에 대해서 각 행위자의 네트워크 제약 값(×100)	
A	15.1
B	8.5
C	2.8 (100/36)
D	4.9
E	4.3
F	4.3
	총합 39.9($C = \sum_j c_{ij}$)이 된다.

이렇게 얻은 계산 값은 직접적으로 사회적 자본의 정도를 의미하는 지표는 아니지만, 한 행위자가 자리 잡은 네트워크 내 위치가 과연 어느 정도의 사회적 자본을 내포하고 있는지에 대해서는 중요한 정보이다. 이 값에 의해 행위자 간 사회적 자본의 상대적 비교를 생각해 볼 수도 있다.

2

권력 욕망과 네트워크 치료

기업과 같이 욕망이 출렁이는 곳에서는 권력 욕망의 비중이 높을 수밖에 없다. 기업의 조직원이라면 누구나 위계서열 상 높은 곳으로 오르고 싶은 욕망을 갖는다. 이 욕망이 기업에 모여들어 서로 충돌하면서 치열하고 짜릿한 드라마가 만들어지는데 모두 더 높은 곳에 오르고자 하는 욕망에서 나온 것이다. 기업은 그런 본성의 결투장인데, 어떤 면에선 약육강식이 지배하는 밀림(密林)과 같다. 인간의 욕망 중 다른 사람에 비해 높이 오르려는 욕망은 깊은 곳에 위치하는 듯 싶다. 소설, 연극, 영화, 드라마에서 인간의 욕망이 항상 한복판에 들어서 있는 것은 그 때문일 것이다.

조직의 위계 사다리를 타고 '넘버 원'이 되고 싶은 욕망은 <넘버 3>라는 영화에서 잘 드러난다. 현재는 무명 건달이지만, 조폭에서 출세하고 싶은 배우 한석규는 '넘버 3'를 겨우 차지하지만 더 높이 오르려는 욕망을 멈추지 않는다. 인간의 권력 욕망에 대해 말하자면, 조폭만큼 권력 욕망을 적나라하게 드러내는 조직도 없다. 조폭은 조직과 인간을 이해하는데 많은 시사점을 주기 때문에, 영화 소재로 많이 쓰이고 있다. 사람들이 조폭 영화에 열광하는 이유는 다음 몇 가지 이유 때문일 것이다.

1. 욕망이 적나라하게 드러난다. 인간의 본성적 욕구가 생생한 모습으로 드러나는 현장이다. 본성이 드러나는 밀림을 보는 경험은 언제나 짜릿하다.
2. 조폭은 의리의 대명사이다. 그런데 겉으로 보기에만 그럴 뿐 외형과 다른 내면의 실상은 그것과 다르다. 응집력이란 겉으로 보는 것과는 다르다. 그들에게 처절한 배신과 보스 자리 노리기와 같은 것이 일상화된 이유다. 내면과 겉모습의 차이가 있다는 점도 흥미롭다.
3. 조직원 사이에 신뢰의 본질을 생생하게 드러난다. 많은 조폭 영화에서 보듯이, 그들은 믿음이 깨지는 일이 다반사이다. 어제까지 '형님'으로 부르던 자에게 어느 날 갑자기 칼을 꽂는 비정한 장면은 조폭 영화의 재밋거리이기도 하다. 이 신뢰는 협력의 예측 지표일 뿐만 아니라 후계자 승계에도 영향을 준다. 그들에겐 규율과 원칙이 설령 있더라도 보스의 명령이 제1계명이다. 어느 것도 보스를 이기는 원칙은 없다.

조폭 영화의 '바이블'로 불리는 알 파치노 주연의 <대부(Godfather)> 영화는 고전 중 고전이다. <대부>를 만든 프란시스 코폴라 감독은 마리오 푸조의 원작소설을 영화화했다. 이탈리아 이민자인 돈 꼴레오네와 그의 가족은 미국에 정착해서 마피아 보스로 성장한다. 물론 마피아란 조폭이고 청부업자고 폭력배다. 영화 <대부>는 낭만과 잔혹함을 강력하게 대비한 코폴라 감독의 영상미가 인상적이다. 아메리칸 드림을 꿈꾸게 한 사회의 부패한 신화, 멋진 집에서 좋은 음식을 먹으며 사는 주인공들 모두 손에 피를 묻힌 범법자이기도 하고 인간이기도 하고 그렇다. 돈 꼴레오네의 삼남인 마이클(알 파치노)은 보스 자리를 승계한다. 마피아답지 않게 착한 대학생이었던 마이클이었지만, 일단 권력을 손에 넣은 후에는 아버지 돈 꼴레오네보다 더 잔인하고 치밀한 보스로 변해간다.

영화의 스토리를 따라가다 보면 인간의 내면에 숨겨진 욕망의 본모습을 겉으로 드러냈다는 점에서 일종의 페이소스를 준다. 가만히 보면 조폭 조직은 정말로 단순한 조직이다. 그래서 그 안에 조직에서 느낄 수 있는 모든 정서가 겉으로 드러난다. 말하자면 지배, 세력, 허세, 과시, 복종, 위계, 허무, 뭐 이런 욕망의 속성이 적나라하게 담긴 정서들 말이다. 그 안에서 권력을 차지하려는 욕망이 꿈틀거린다. 조폭에게도 규율이 있긴 하지만 그리 큰 의미가 있는 건 아니다. 그들만의 관행과 문화가 중요하고, 이를 바꿀 수 있는 권한은 보스에게서만 나온다. 일반 상식에서 보면 터무니없는 일이지만 그들에게는 나름대로 타당성이 있다. 모든 것이 수평적이지만, 오직 보스에게 힘이 몰려 있다는 것은 사전에 인정된 원칙이었기 때문이다. 보스의 명령에는 그 어떤 짓도 하는 것이 원칙이며, 형님을 모시면서 피를 나눈 듯한 혈맹을 이루는 근거도 모두 보스에 대한 충성에서 나온다.

영화 <넘버 3>에서 한석규가 그토록 자신이 이인자임을 떠들고 다니지만, 그것으로 이인자가 되지 못했다. 조직에서 순위를 결정하는 것은 오직 보스만이 할 수 있다. 보스가 결정하는 순위가 위계질서 자체이며, 그것이 그들 사이에서 힘이다. 소위 '형님'이라고 불리며 동생들을 거느리는 권력은 거기서 나온다. 주인공 한석규는 쿠데타를 진압하면서 일약 넘버 2로 부상한다. 그러나 피습을 당하면서 경쟁자인 '재떨이'에게 밀려 3인자 소리를 듣는다. 그런데 한석규는 언제나 넘버 3 소리만 들으면 핏대를 낸다. "누가 넘버 쓰리(3)래!" 그는 인생의 꿈이 무엇이냐는 질문에, "싸움꾼으로 인생을 마무리할 수는 없지 않느냐, 넘버 원 한번 돼 봐야지!" 이렇게 답한다. 그만큼 최고의 자리에 올라서고 싶은 본능적 욕구를 감추지 못한다.

마피아 조직의 통상적인 규율은 '야생의 생존법칙'과 같다. 일종의 밀림 속 생활이기 때문에, 정해진 규율과 원칙은 상황에 변하기 쉽다. 잡아먹힐 위급한 밀림의 현장에서 정해진 규칙만 따를 수는 없다. 그래서 조직원은 오직 자신의 실력을 믿어야 한다. 원칙이 무너질 소지가 크기 때문에 조직에서 비정함이라는 것이 어디까지 갈 수 있는지 그 한계가 없다. 보스에게 절대 충성을 맹세했더라도 여차하면 등 뒤에서 칼을 꽂는 비정한 세계이다. 일분일초가 목숨 내놓고 담판하는 승부의 연속이다. 영화 <대부>의 장면들이 제격이다. 영화로 담겨서 약간의 가공된 포장과 실질적인 현장 묘사가 생동감을 살리고, 권력이란 낱말이 가진 쫄깃한 맛을 살려낸다.

한 사람의 권력 욕구에는 높은 자리에 오르려는 욕망 외에도 영향력을 넓히려는 욕망도 작동한다. 이 영향력을 넓히려는 욕망도 본성에 속하는 것으로 다른 사람과의 관계에서 존중을 받고자 하는 본성 코드에서 나온다.

기업 조직에는 실상 질서가 존재한다. 그것도 다면적인 모습의 질서가 존재한다. 그것은 통치 질서, 정치 질서, 교류 질서이다. 이 질서는 물론 조직의 속성에 따라 쉽게 깨질 수도 있고 어떤 경우에도 무너지지 않을 수도 있다. 조폭은 이런 질서가 있지만 쉽게 무너진다는 것은 앞서 언급한 대로이다. 통치 질서는 권한이 많은 높은 자리로 오려는 것이고, 정치 질서는 이득을 얻고 나누는 것, 교류 질서는 조언과 위로를 받고 인간적인 면을 나누는 것을 말한다.

한 조직 내부에는 통치 질서가 있다. 통치의 정점에 선 사람은 제왕과 같은 권력을 누릴 수 있다. 구성원 사이의 정치적 이합집산도 있다. 대체로 이득을 얻는 결합이 핵심이 되곤 한다. 정치 질서의 한 모습으로서, 세(勢)를 다투는 곳에서는 동료 파워가 절대적으로 중요하다. 정치가, 대학교수, 전문가 집단은 뜻을 같이하는 세력의 숫자 싸움이 치열한데, 모두 세력을 얻기 위함이다. 이 세력을 늘리기 위해서는 가급적 다른 동료들과 '동질 의식'을 높여 놓아야 한다. 그 동질 의식을 높이기 위해서 이득을 같이 나누는 과정이 많을 수 있다. 이것이 정치력의 한 가지 근원인 세(勢) 싸움이다.

권력 욕구를 어떻게 할 것인가

인간은 조직의 위계계층의 사다리를 타고 오르려는 욕망으로 가득찬 동물이다. 그것은 피할 수 없는 하늘이 준 본능이다. 조직에서 그 권력 욕구가 어떻게 진행되는가는 조직에게나 구성원에게나 모두 중요하다.

한국기업에서 승진한다는 것의 의미도 상당하다. 계급조직인 공직사회에서는 한때 "승진하기 위해 산다"라는 말이 있었을 정도다. 위로 올라가면 월급 체계가 올라가고, 판공비 등 부대비용이 지원되기도 하며, 자신이 평가하는 부서인력들이 생기기도 한다. 평가 대상이 생긴다는 것은 그들에게 지시할 수 있다는 권한을 얻는 것과 같을 말이다. 또한 지위가 올라가면서 물리적으로도 좋은 조건을 얻는다. 사무실 내에서 더 좋은 자리, 회전의자나 머리 받침이 딸린 의자, 서랍이 몇 개 더 있는 책상, 뷰가 좋은 창문 쪽의 자리, 심지어 혼자만의 방을 얻기도 하며, 그 방에 소파를 놓는 것 등이 따라온다. 승진이 주는 개인적 우월감이 물리적으로도 입증이 되는 것이다. 권한이란 이렇게 시각적으로 표출되는 것이기도 하다.

우리 문화에서 자신의 권력욕을 드러내는 것은 칭찬받지 못한다. 모든 사람들은 본능적으로 권한을 더 갖고자 하며, 조직의 위계 사다리의 더 높은 위치를 차지하려 하지만 체면상 겉으로 드러내놓지 못한 채 권력 욕구를 숨기는 경우가 비일비재하다. 권력 욕구를 쉽게 드러낼 수 없는 만큼 다른 사람들이 알아서 존중해주기를 원한다. 이를 '권력거리'라는 개념으로 보면 흥미롭다. 네덜란드 홉스테드 박사는 '직원들이 상사의 의견에 동의하지 않음에도 두려움 때문에 그것을 드러내지 않는 것'을 '권력거리'라는 개념으로 정의했는데, 한국문화는 권력거리가 큰 문화이다. 한국에서 부하직원이 상사의 오류를 직접적으로 지적하지 못한다. 부하직원은 알아서 상사를 존중해 주어야 하는 것이다.

한국은 권력거리가 크다. 스승의 그림자도 밟지 않는다. 최고경영자 앞에서 임원들조차 의견을 말하지 못한다. 창업자의 높은 기업가정신이 임원들에게 전달되지 않는다. 그저 CEO의 선택을 따르려는 눈치만 보고 있다. 장관이 자전거를 타고 출퇴근하는 소식은 큰 뉴스가 된다. 그 사람을 특별한 사람으로 간주하기 때문이다. 박사과정 학생이 스승과 학문적 논쟁을 하지 못한다. 이런 예들이 바로 권력거리가 넓다는 것을 말하는 사례다.

우리나라와 같이 권력거리가 높은 문화에서는 겉으로 드러난 것만 보아서는 권력의 역학관계를 제대로 알 수 없다. 겉으로 드러난 것만으로는 문화적으로 숨겨진 완곡한 표현 등을 알 수 없기 때문이다. 오히려 권력 역학의 비공식적 면을 읽어내야 권력의 실제 모습을 제대로 파악할 수 있다.

이런 사정이다 보니 한국기업에서 권력을 말할 때 직급 이상의 논의가 필요하다. 직급에 한정된 논의는 현실을 전부 묘사하기에 부족하다. 다른 사람과의 교류 속에서 숨겨진 '관계'에 따라 파워 역학은 달라지기 때문에, 그 관계 속에 숨겨진 역학을 읽어내야 한다. 물론 개인의 능력과 매력과 같은 개인적 특징들도 권력을 갖게 하는 요인이겠지만, '관계'라는 숨겨진 동력에 의해 파워는 역동적으로 움직인다. 일찍이 독일의 사회철학자 막스 베버(Max Weber)가 보는 '권력' 개념도 이와 같았다. 베버에 의하면 권력이란 한 개인의 사회적 관계에서 자신이 원하는 바를 실행하는 확률이다. 이 정의에서 보듯이 사회적 관계가 권력을 이해하는 한복판에 자리 잡고있는 것이다.

권력 욕망에 대한 실험 : "과자실험"

권력 욕망을 파악하는 실험이 있다. 학생 3명을 모집한 후, 그 가운데 2명에겐 보고서를 쓰게 한다. 나머지 한 명에게는 평가하는 역할을 맡게 한다. 이들 앞에 과자를 담은 쟁반을 내어 놓은 실험이다. 평가자와 피평가자가 과자를 먹는데 어떤 태토를 갖는가를 알아보는 실험이다. 과자를 앞에 놓았을 때, 평가를 맡은 1명이 갑자기 '돼지같이' 과자를 먹기 시작한다. 그가 먹는 양은 나머지 2명이 먹는 양보다 훨씬 많이 먹는다. 심지어 입을 쩍 벌린 채 부스러기를 마구 흘리면서 게걸스럽게 먹어치운다. 평가자가 갑자기 권력자의 모습을 보이는 것이다. 사람은 작은 권력만 잡아도 자기중심적으로 생각하고 행동한다. 다른 사람, 특히 아랫사람은 안중에도 없다. 권력에 관한 본성은 이렇게 강하고 중독이 쉽다.

이것이 바로 스탠퍼드 경영대학원의 데보라 그루엔펠드(Deborah Gruenfeld) 교수가 했던 '과자실험'이다. 교수는 학생들을 무작위로 3명씩 짝을 지어서 그룹으로 만든 후 각 그룹들에 정책에 관한 글을 작성하는 과제를 부여했다. 그런 다음 3명 중 임의의 한 명을 뽑아 다른 두 학생이 작성한 글을 평가하는 임무를 맡겼다. 각 그룹에는 토의하면서 먹으라고 과자 접시를 주었다. 이 실험의 초점은 평가가 아니라 쿠키였다. "평가자라는 역할을 부여받은 학생들은 더 많은 몫의 쿠키를 가져갔을 뿐 아니라 씹을 때 입을 더 크게 벌렸고 테이블에 부스러기를 더 많이 흘렸다."(뇌의 거짓말, 365쪽)

그래서 권력과 자리가 우리를 속인다고 말한다. 그것이 일시적이고 인위적인 걸 알면서도 어처구니없이 속아 넘어가는 것이다. 어렵고 약자의 자리에 있을 때와 잘 나가고 권력자의 자리에 앉을 때, 같은 사람이지만 행동이 달라진다. 돈이 우리를 속이는 것과 같다. 지갑이 두둑해지면 안주하게 되고 새로운 도전을 하지 않는다.

영향력 욕망

영향력 욕망도 권력 욕망에 못지않게 강한 욕망이다. 한 조직에서 인맥이 그 지위를 결정한다. 인맥에 의해서 지위의 힘도 달라지기도 하고, 지위를 업그레이드 하는 것도 가능하다. 어떤 의미에서는 인맥 네트워크가 초(超)지위 권한의 원인인 것이다.

현실 기업조직에서의 권력의 원천으로 지위 트랙 60%, 인맥 트랙 40%라고 조사된다. 이 인맥 트랙이 바로 영향력에 해당한다. 조폭 조직 같으면 인맥의 힘이 더욱 중요할 듯싶다. 누가 보스인가, 보스의 라인에 속하는가, 이런 요인은 현재의 지위를 넘어서는 힘이 될 수 있다. 조직 내 권력을 말할 때 인맥을 보아야 하는 이유이다. 조직 내에서 영향력을 행사하려면 다른 사람들에게 도달하는 거리가 짧을수록 유리하다. 그러나 많은 사람과 연결되는 것에는 비용이 발생한다. 그래서 연결된 노드 수는 최소화하고 싶다. 이런 과정에서도 물론 비용이 발생한다.

기존 관행과 결별하고 새로운 조직을 설립할 정도가 되기 위해서는 영향력도 어느 정도 뒷받침되어야 한다. 힘이 강한 자로부터의 영향(from focal actors to the periphery)은 관행을 지키게 할 수 있다. 그러나 힘이 약한 자로부터의 영향(from periphery to the focal actor)은 관행을 벗어나는 새로운 도약을 줄 수 있다.

시나리오를 통한 권력(power) 분석

각 개인의 권력 변동을 네트워크만을 통해 살펴보는 것은 흥미롭다. 조직에서 권력을 생각할 때 직급과 직책을 무시할 수 없다. 그것이 공식적으로 부여받은 힘이자 권한이다. 그런데 관계와 같은 비공식적인 속성에 의해 권력이 만들어지기도 하고 소멸하는 것도 현실이다. 조직원 사이의 관계 속에서 담겨 있는 영향력만을 따로 분리해서 검토한다면, 조직이 준 힘이 아닌 개인적 영역의 힘을 추출한 셈이다.

두 개의 시나리오를 소개하고자 한다. 두 시나리오 모두 미국의 경영 컨설턴트인 밸디스 크렙스 박사(Valdis Krebs)가 고안한 시나리오이다. 조직의 울타리 안에 속한 각 개인이 다른 사람과의 관계에서 어떻게 권력을 얻거나 잃는지, 그 과정을 흥미롭게 보여주는 묘미가 있다. 각 시나리오별로 박진감 넘치는 전개 과정에서 '매개'와 '거리'라는 네트워크의 두 개념이 묻어 있다는 것을 보게 될 것이다.

시나리오를 이해하는 데 중요한 두 개념을 우선 설명한다. '거리'라는 개념은 한 노드가 다른 노드에 접촉하는 경로가 몇 단계인지를 말해주는 것이다. 한편 '매개'라는 개념은 한 노드가 네트워크에서 다른 노드에 흘러가는 정보를 통제(control)하는가를 말해주는 지표이다.

시나리오 I

(1) 기초상황

각각 5명으로 구성된 <조직 A>와 <조직 B> 두 조직이 존재한다. 각 조직은 각각 독자적인 위계질서를 갖고 있다. A0와 B0는 각 조직의 보스이다. 이들 산하에 각각 4명의 조직원이 있다.

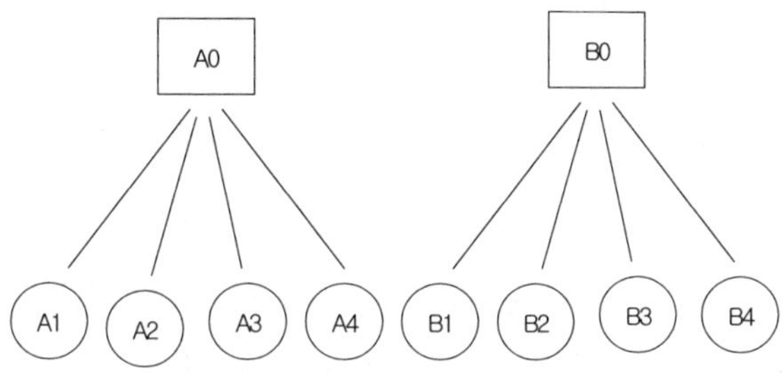

두 보스(A0와 B0)의 권력을 계량화해보자. 권력 점수를 계산하면, 두 사람 모두 1.00으로서 완벽한 파워를 보여준다. 다른 멤버들은 서로 동등하게 모두 동일한 권력 값(0.286)을 갖는다. 각 구성원들은 모두 자신의 보스와만 교류할 뿐 다른 동료들과의 교류는 없다. 이러한 공통점이 동일한 권력 값을 가지게 한 것이다.

조직 A : 권력(power)		조직 B : 권력(power)	
점수	노드(사람)	점수	노드(사람)
1.000	A0	1.000	B0
0.286	A1	0.286	B1
0.286	A2	0.286	B2
0.286	A3	0.286	B3
0.286	A4	0.286	B4

(2) 두 보스의 협력

만약 두 보스(A0와 B0)가 서로 협력하기로 결정했다고 가정하자. 이 제휴로 인해 두 보스는 서로 연결 라인을 갖게 된다. 이 보스 사이의 연결로 인해 각 조직은 다른 조직과 연결되는 통로를 비로소 갖게 된 것이다. 특히 보스 사이의 연결이므로 각 보스는 자기 조직만이 아니라 다른 조직에 영향을 미칠 기회를 얻는 것이다.

물론 각 보스는 자신의 조직에 대한 지배력은 그대로 유지하고 있다. 또 상대방 조직의 보스에 대해서도 상대적으로 권력을 잃지 않고 있다. 계량적으로도 두 보스는 권력 점수가 같다. 그런데 상대 조직에 연결되었다는 것 하나만으로 두 보스는 권력 점수가 이전보다 낮아진다. 두 보스의 연결에 의해 하나의 큰 조직으로 통합된 셈인데, 그런데 두 보스는 자신들 간 연결이 생기면서 오히려 각자의 지배 권력을 축소한 결과를 얻는다.

조직원들의 권력 분량도 마찬가지로 축소된다. 그 이유는 보스 사이의 연결 전에는 다른 조직과의 연계가 아예 없기 때문에 자체 조직에서 권력 분량만 반영되었지만, 보스 사이의 연결로 인해 각 조직원들의 통제력도 낮추어졌기 때문이다.

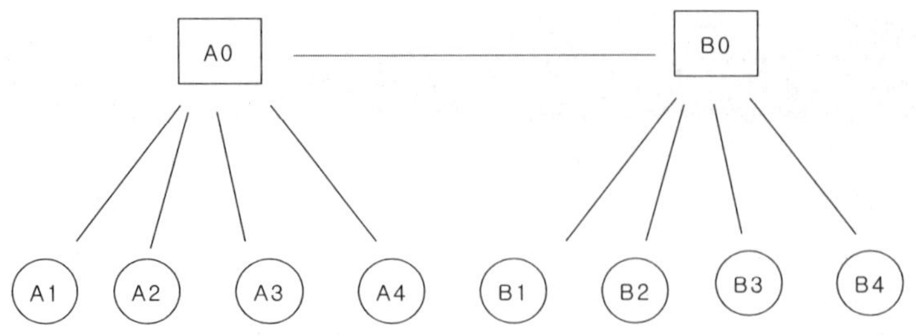

파 워	
점수	노드(사람)
0.707	A0
0.707	B0
0.214	A1
0.214	A2
0.214	A3
0.214	A4
0.214	B1
0.214	B2
0.214	B3
0.214	B4

(3) 그룹 멤버 간 최초의 연결

만약 두 조직원 **A4**와 **B1**이 서로 교류하게 되어, 그룹 멤버 간 최초의 연결이 성립되었다고 가정해보자. 앞서 두 보스 사이의 교류에 추가해서 새로운 관계가 만들어진 것이다.

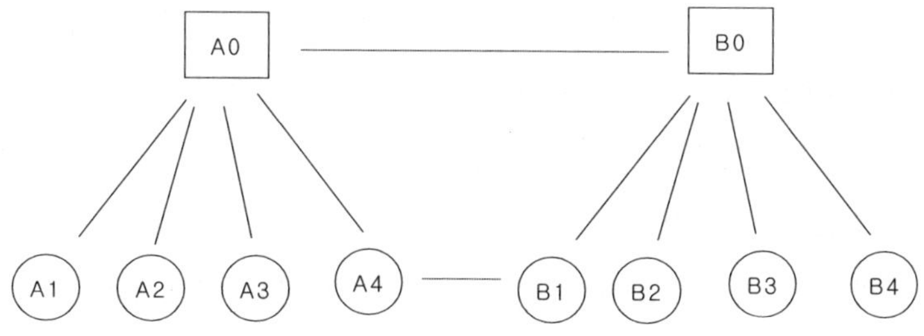

이 새로운 관계에 의해 조직원 두 사람(**A4**와 **B1**)의 권력은 늘어난다. 두 사람은 새로운 교류 통로를 갖게 되면서 재량권이 증가하게 된 것이다. 그런데 그것에 의해 두 보스의 파워는 더욱 축소된다. 어떤 의미에서는 A4와 B1 사이의 연결에 의해 이 두 사람이 새로 얻은 파워는 보스들의 권력을 잠식해서 늘어난 셈이다. 한편 A4와 B1을 제외한 나머지 조직원들의 권력은 이전과 마찬가지로 같아진다.

파 워	
점수	노드(사람)
0.666	A0
0.666	B0
0.265	A4
0.265	B1
0.214	A1
0.214	A2
0.214	A3
0.214	B2
0.214	B3
0.214	B4

(4) 연결 확대에 따른 권력 변화

이제 조금 더 상황을 확장해서 살펴보자. 만약 A4가 B1과 교류하면서 만족하여 B1을 자신의 보스(A0)에게 믿을만한 사람이라고 소개했다고 가정해보자. 이때 조직 B의 보스인 B0는 이 사실을 잘 모르고 있다고 가정하자.

이 상황을 B1의 관점에서 정리하면 흥미롭다. 이제 B1은 자신의 원래 조직인 <조직 B>보다 <조직 A>와 더 많은 연결을 갖게 된다. 조직 B에서는 보스인 B0하고만 연결되었지만, 조직 A에는 보스인 A0와 조직원 A4와 두 연결을 맺고 있는 것이다.

이때 B1의 권한은 늘어난다. 반면 자신의 보스인 B0의 권한은 작은 범위이지만 이전보다 작아진다. 한편 조직 **A**의 보스인 **A0**는 이때 권력이 늘어난다. 왜냐하면 조직 **B**로 연결되는 두 개의 연결통로가 생겼기 때문이다.

여기서 권한이 강한 사람과 연결되는 것 자체가 연결자의 권한을 높인다는 사실을 확인할 수 있다. 조직 **A**의 조직원들인 **A1, A2, A3** 세 사람의 권력이 증가하는데, 그 이유는 그들과 연결된 유일한 연결대상인 보스 **A0**의 권력이 늘어났기 때문이다.

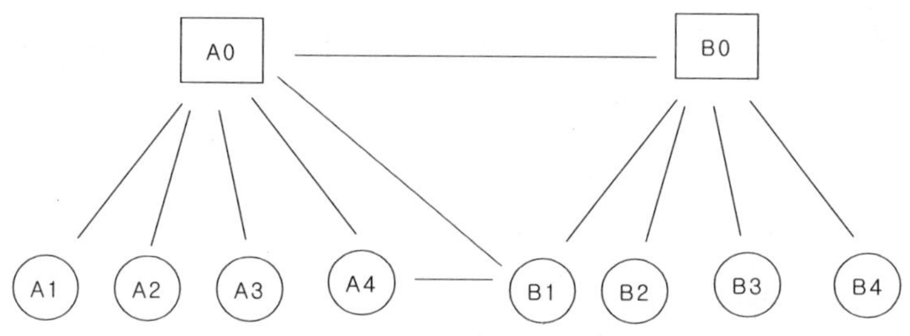

파 워	
점수	노드(사람)
0.694	A0
0.638	B0
0.328	B1
0.237	A4
0.225	A1
0.225	A2
0.225	A3
0.214	B2
0.214	B3
0.214	B4

(5) 선호적 연결

여기서 B1과 연결된 것의 효과가 다른 사람들에게 전파되었다고 가정해보자. 네트워크 원리의 하나인 '선호적 연결' 원칙, 즉 다른 행위자들이 많은 연결을 가진 노드와 연결하고자 하는 성향이 발동한다면 좋은 연결을 가진 사람에게 더 많이 모인다는 뜻이다. 다른 사람들이 B1의 좋은 연결을 활용해보려고 할 것으로 예견할 수 있다. 구체적으로 <조직 B>의 세 조직원들인 B2, B3, B4가 B1과 연결을 하려고 노력할 가능성이 크다.

이 세 조직원들의 B1과의 관계 구축은 네트워크의 판도를 바꾸어 놓는다. 이들은 본래 권력이 높은 것은 아니었지만, 보스를 통해서만 세상과 연결되던 기존 판도에서 벗어나게 된 것이다. 이렇게 되면서 두 조직의 보스 사이의 파워 격차는 더 커지고, 각 조직원들 사이의 파워 격차도 확대된다.

놀랍게도 보스 B0의 부하 조직원이었던 B1은 이제 B0만큼의 권력을 갖게 된다. 한마디로 B0가 더 이상 보스는 아니다. 사실상 B0와 B1은 동일한 연결 속에 있기 때문에 권력 경쟁자가 된 것이다.

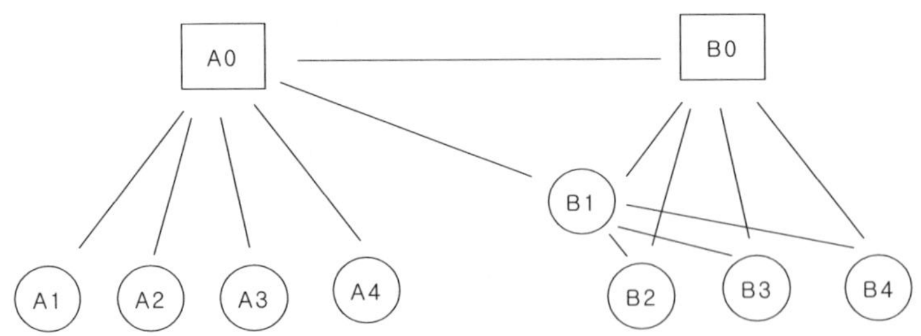

파 워	
점수	노드(사람)
0.736	A0
0.471	B0
0.471	B1
0.225	A4
0.225	A1
0.225	A2
0.225	A3
0.225	B2
0.225	B3
0.225	B4

(6) 보스 간 경쟁

앞에서 보듯이 **B1**의 파워 강화로 인해 **B0**와 **B1** 사이의 권력 투쟁은 강도를 더해갈 것이 분명하다. 아마도 **B0**는 **B1**을 조직에서 제거하는 작업을 시작할지도 모르겠다. 그러나 이것이 성공할 가능성은 이미 낮다. 양자의 권력은 차이가 없는 동등한 입장이 되었기 때문이다. 이미 힘의 분포가 기존 판세와 다르다.

이 시점에서 **B1**과 **A4**의 연결이 없어졌다고 가정해보자. 이 연결은 **B1**이 <조직 **A**>와의 첫 번째 연결이었고 현재의 힘을 키워준 시초였음을 기억하자. 그 연결이 없어질 수 있는 여러 가지 정황이 가능하다. 관계가 오래되면 이러저러한 사정으로 교류를 단절할 수도 있다. 혹은 한쪽에서 상대의 권력이 커지는 것을 견제하거나 그렇게 견제하도록 기본 보스(여기서 **B0**)에 의해 주문받을 수도 있다.

여기에 또 한 가지 조건을 변화시켜보자. <조직 **B**>의 보스 **B0**가 파워를 잃어가는 과정을 지켜보던 <조직 **A**>의 보스인 **A0**가 새롭게 보스로 등장하는 B1을 파트너로 선택하는 결정을 내렸다고 생각해보자. 구체적으로, A0 측에서 B0와의 연결을 끊어버리고 B1과의 관계를 격상시키려는 상황이다. 이렇게 되면 결과적으로 B1에게 권력이 더해질 것이며 B0의 권력은 급격히 추락할 소지가 크다.

여기서 A0의 권력을 잠시 살펴보자. A0는 B1과의 파트너십 강화에 의해 자신의 더욱 강해지는 권력을 즐길 수 있다. 심지어 두 조직을 합쳐서 가장 권력이 높은 위치를 부여받을 정도의 반열에 오르게 된다. 두 조직을 통합된 하나의 조직으로 본다면 A0가 유일한 최고 권력자로 부상하는 것이다. 아마도 권력은 공유할 수 없다는 것이 바로 이런 과정을 두고 하는 말이 아닐까? 두 조직이 당초 의도하지는 않았지만 새로운 보스를 만들어내었고 유일한 최고 권력자를 만든 셈이다.

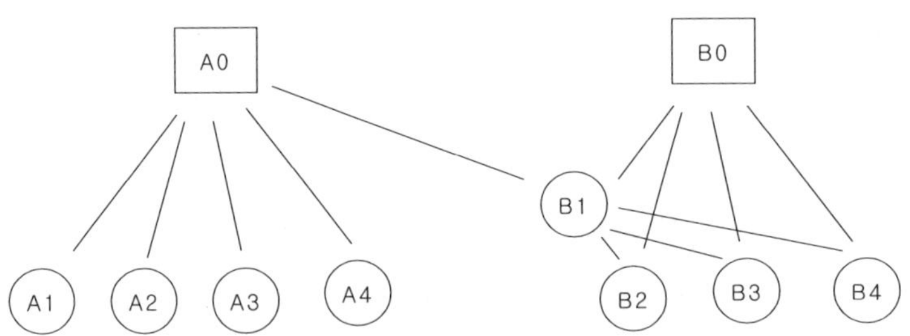

파 워	
점수	노드(사람)
0.707	A0
0.645	B1
0.271	B0
0.225	B2
0.225	B3

0.225	B4
0.214	A1
0.214	A2
0.214	A3
0.214	A4

(7) 구조적 틈새에 따른 권력 차이

A0와 B1을 일대일로 비교해보면 특별한 시사점을 얻을 수 있다. 두 보스 A0와 B1은 동일한 수의 연결을 갖고 있을 뿐만 아니라 그 연결패턴도 거의 유사하다. 그런데 왜 A0가 B1보다 더 많은 권력을 가질까? 물론 A0는 판도 변화 이전부터 한 조직의 보스였으며, 권력의 변화를 도모했던 당사자였다는 것도 중요하다. 그런데 다른 시각에서의 답은 A0가 구조적 틈새(structural hole)를 잘 이용하기 때문으로 설명할 수 있다. 조직원 A1, A2, A3, A4 모두에게 A0는 구조적 틈새 위치를 차지한다. 즉, 그들의 조직에서 A0가 총체적 통제권을 누리는 위치를 점하고 있다.

그런데 B1의 경우는 A0와는 상황이 다르다. B1에 연결된 조직원들은 서로 연결을 갖고 있다. 이런 모습에서는 구조적 틈새 효과가 매우 약하다. B1은 혼자서 완벽하게 정보통제를 할 수 있는 위치가 아니다. B1이 아니더라도 정보가 전달되는 여러 통로들이 실제로 존재하고 있다. 앞의 A0가 완전히 정보 흐름을 통제했던 것과는 다르다. 이러한 차이가 두 사람 사이의 권력 차이를 낸 것으로 해석할 수 있다.

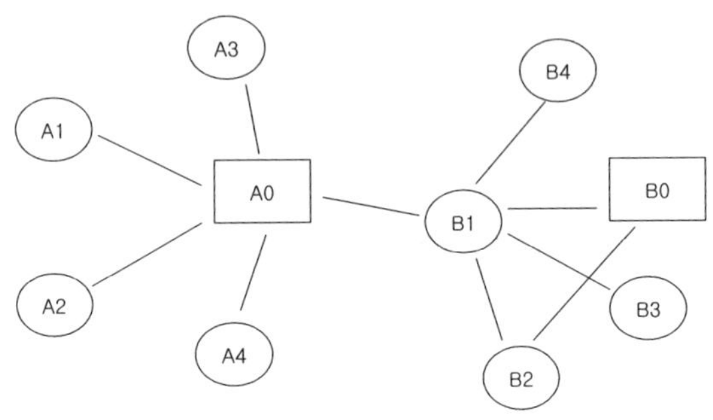

조직 A : 권력(power)		조직 B : 권력(power)	
점수	노드(사람)	점수	노드(사람)
1.000	A0	0.625	B0
0.286	A1	0.625	B1
0.286	A2	0.333	B2
0.286	A3	0.333	B3
0.286	A4	0.333	B4

시나리오 II

(1) 기초상황

<조직 **A**>와 <조직 **B**>가 서로 독립 조직이었던 최초의 지점으로 돌아가자. 이때 두 조직 사이에는 아무런 관계가 없었음을 기억하자. 각 조직은 보스인 **A0**와 **B0**에 의해 관리되는 상황이다.

이때 <조직 **B**>의 한 구성원인 **B1**이 자신의 조직의 다른 조직원들과의 관계를 맺기 시작했다고 가정하자.

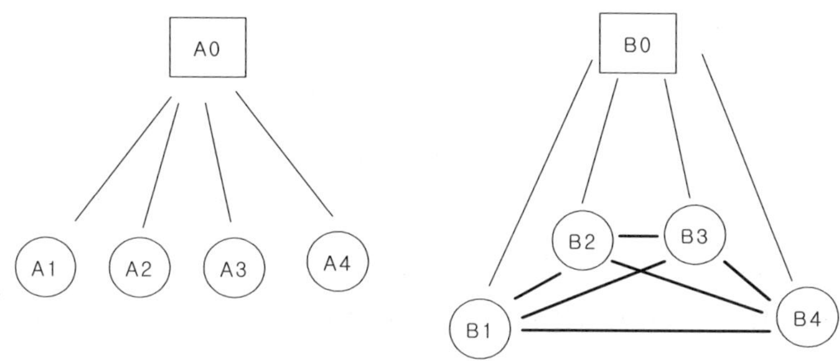

조직 A : 권력(power)		조직 B : 권력(power)	
점수	노드(사람)	점수	노드(사람)
1.000	A0	0.500	B0
0.286	A1	0.500	B1
0.286	A2	0.500	B2
0.286	A3	0.500	B3
0.286	A4	0.500	B4

이때 B0와 B1은 즉각적으로 동일한 권력을 갖게 된다. 두 사람이 똑같이 연결되어 있기 때문이다. 특히 주목할 것은 조직의 멤버 간 관계가 늘어나면서 초래되는 보스 B0의 권력 축소이다.

이 사례에서와 같이 만약 멤버 4인(B1~B4)들이 서로 연결된다면, B0의 권력은 축소되어, 더 이상 보스로서의 권한을 갖지 못하게 된다. 즉, 전체 5인이 완전히 연결되어 있다면 모두 동등한 권력을 갖는다. 모든 사람이 연결되면 누구도 우뚝 서지 못하고 모두 0.500라는 권력 점수로 동일해진다.

(2) 바운더리 스패너의 권력

B1이 다른 조직인 <조직 A> 쪽으로 관계를 확대한다고 가정하자. 다른 조직으로 영역을 확대하기 때문에 이를 B1을 바운더리 스패너(boundary spanner)라고 부를 수 있다. 그 확대의 시작을 <조직 A>의 A4와 연결로 시작했다고 가정하자.

<조직 B>의 각 멤버들은 이미 서로 연결되어 있었기 때문에, 이 새로운 연결에 의해 모두 <조직 A>와 연결되는 통로를 얻게 되는 것이다. 물론 B1이 가장 직접적인 연결의 당사자이다. 여기서 이 바운더리 스패너에게 힘이 실리는 흐름에 주목할 필요가 있다. 앞서 조직의 보스였던 A0와 B0의 권력이 바운더리 스패너인 A4와 B1에게 이전된다.

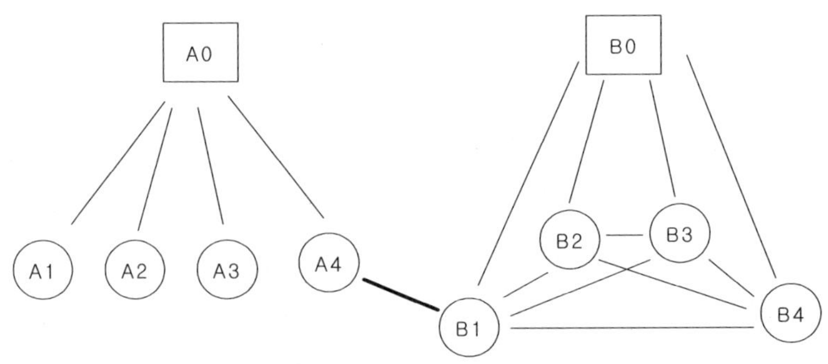

파 워	
점수	노드(사람)
0.624	A4
0.624	B1
0.250	A0
0.250	A1

0.250	A2
0.250	A3
0.250	B0
0.250	B2
0.250	B3
0.250	B4

이를 볼 때, 바운더리 스패너 활동은 그 개인의 권력을 높일 뿐만 아니라, 그가 속한 집단 전체의 파워를 향상시키기도 한다. 전체 조직에게 돌아가는 혜택은 더 많은 연결이 생기면서 발생하는데, 바운더리 스패너에게 무조건 많은 연결망이 좋은 것은 아니다. 더 많은 연결이 생길 때 그 연결을 잇는 당사자의 이득은 줄어들기 시작한다는 것이다. 즉, 연결고리가 늘어나면서 전체 조직의 이득은 증가하지만 각 개체가 얻는 이득은 감소하는 것이다.

개체이득과 조직이득이 다르고 개체이득이 축소된다는 점에서 양 이득을 위한 인센티브 체계가 정립되지 않는다면, 그 연결고리를 맡으려는 바운더리 스패너들은 줄어들 것이다. 항상 조직을 위해서 자신을 희생하라고 요청할 수는 없는 것이다.

(3) 보스 간 협력

여기서 두 집단의 당초 보스였던 A0와 B0가 다시 손을 잡을 가능성을 생각해보자. 이들 중 B0는 당초의 권력에 비해서는 힘이 많이 약해졌고, A0는 종합 보스라고 여겨질 만큼 권력이 증가했다. 이 시점에서 이 두 사람이 다시 협력(교류)하게 되면, B0의 힘이 다시 증가하게 되지만 A0에게는 권력 손실이 초래된다. 즉, 권력의 측면에서 B0는 유리한 협력이지만 A0에게는 매우 손실이 큰 협력이 된다. 이렇게 A0와 B0가 다시 교류하는 건에 A0는 별로 인센티브가 없다. 특별한 이득이 없다는 얘기이다. A0와 B0 사이의 인간적 의리가 개입하지 않는다면 협력 인센티브가 없다.

만약 A0와 B0가 다시 손을 잡았다고 해보자. 이때 매우 복잡한 세력 판도가 형성되는 것을 주목해야 한다. A0와 B0는 협력에 의해 모두 기존 멤버들인 A4와 B1과 동일한 권력을 갖게 된다. 이렇게 되면 동일한 권력을 가진 4명 사이의 복잡한 역학관계가 구축된다. 이 판도가 어떻게 정리되는지는 다른 관계의 형성과 축소에 따라 변화하는 복잡한 소용돌이를 만들 것으로 예견된다.

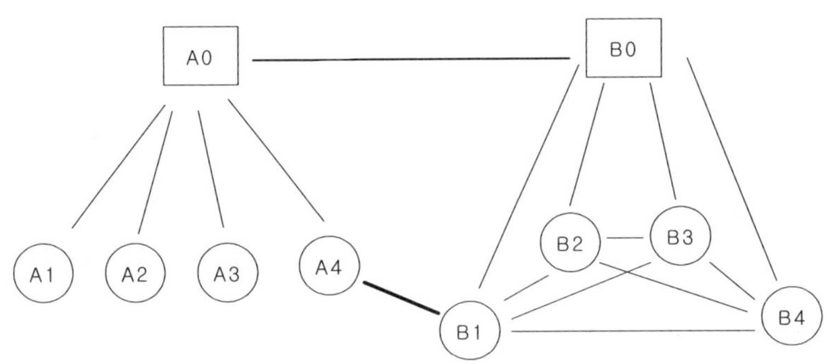

파 워	
점수	노드(사람)
0.457	A0
0.457	A4
0.457	B0
0.457	B1
0.265	A1

0.265	A2
0.265	A3
0.265	B2
0.265	B3
0.265	B4

지금까지의 권력분석을 종합하면, 조직원 간 연결의 변화는 권력 배분의 판도를 바꾸는 촉진제 역할을 하는 것이 확실하다. 또 권력을 공유할 수 없다는 것과 같은 우리에게 익숙한 속설들을 사실로 확인시켜준다. 높은 권력을 확보하고 혹은 유지하려면 네트워크 관계망을 정확히 알아야 하고 그 변화를 제대로 추적해야 한다.

앞의 시나리오들을 볼 때 권력의 변화과정에는 몇 가지 모멘텀(momentum)이 있다는 것을 알 수 있다. 그 권력 변화의 모멘텀의 예는 다음과 같다.

첫째, 보스의 산하에서 관계를 맺던 상황에서 자기 독자적인 관계를 맺기 시작할 때, 둘째, 외부와 독자적인 연결을 맺는 바운더리 스패너 역할을 시작할 때, 셋째, 판도 변화에 따라 단절한 관계를 다시 맺을 때 등이다.

그런데 네트워크 공간에서 측정한 권력 값이 그 사람의 권력의 전체가 아니라는 점도 기억해야 한다. 네트워크 시점에서 권력을 바라보면, 특히 각 개인의 공식적 지위가 주는 권력이 반영되지 못한다. 기업 공간에서 권력을 말할 때 직급을 완전히 무시하는 것도 오류이다. 따라서 각 개인의 직급과 동시에 네트워크 측면의 권력을 보는 것이 권력에 대한 진면목을 이해하는 길일 것이다.

3

네트워크의 진화 경로

네트워크는 움직이는 생물체다. 스스로 끊임없이 움직이며 진화한다. 마치 흐르는 물과 같다. 큰 돌을 만나면 휘감아 흐르며, 골짜기를 만나면 수직으로 낙하한다. 이처럼 상황과 여건에 끊임없이 적응하며 몸을 맞추며 도도한 몸짓을 겉으로 드러내지 않은 채 자신의 경로를 찾아 변화한다. 관계는 갈등을 낳기도 하고 협력을 산출하기도 한다. 만나서 관계하며 일을 하고 성과를 낸다. 서로 넘기 어려운 오해의 벽이 생기기도 하며 어느 날 갑자기 눈 녹듯 사라지는 소통과 묘합의 신비한 결과를 보이기도 한다. 네트워크는 항상 살아 있는 생물체이다.

네트워크는 어떤 한 사람의 뜻에 따라 움직여지지도 않는다. 즉, 네트워크는 스스로 진화하는 것이다. 네트워크가 스스로 진화한다는 명제를 잘 활용하는 지혜가 필요하다. 그 진화 동력을 철저히 이해하면 치료가 더욱 정확해질 것이다.

네트워크의 진화에 관한 지식은 물리학의 기여가 크다. 물리학자들의 다양한 실험을 통해 과학적 발견을 축적했다. 그런데 물리학자들이 발견한 원리가 기업 조직에 그대로 적용되는 건 아니다. 인간들로 구성된 기업 속의 네트워크는 물리현상과는 달리 더욱 복잡한 편이다. 이러한 사회 현상의 복잡성을 염두에 두고서 네트워크의 자체 진화 동력을 이해해보자.

진화하는 기업 네트워크

기업 네트워크가 물리 네트워크와 다른 점은 '사람'이 개입되어 있다는 점이다. 기업 속 네트워크는 참여자의 의도가 그 네트워크의 진로에 어떻게든 반영될 수밖에 없다. 사람 간 관계가 갖는 복잡한 원리가 살아서 꿈틀거리며 작동한다. 이에 반해 물리 네트워크에선 사람 냄새를 맡을 수 없다.

그런데 참여자의 의도도 변화한다. 사람들이 모이면 일종의 집단 역동성이 작동해서 의도 자체도 변한다. 한 기업의 의도는 한 사람의 의도가 아닌 우연적 속성이 포함된 '창발(emergence)' 성격을 갖는다. '창발'이라는 것은 인간의 의지하는 대로 결정되는 것은 아니고 조건에 따라 진화 방향이 그때그때 결정된다는 속성을 말한다. 다만 이 '창발'은 현실적으로 어느 정도 제한된 범위 내에서 일정한 패턴으로 정형화되어 움직인다.

1) 분산 네트워크(scattered network)

잘 조직화된 네트워크가 갑자기 하늘에서 뚝 떨어지는 것은 아니다. 실제로 네트워크의 초기 모습은 초라하다. 보통 한두 사람이 모

〈그림 3〉 분산 네트워크

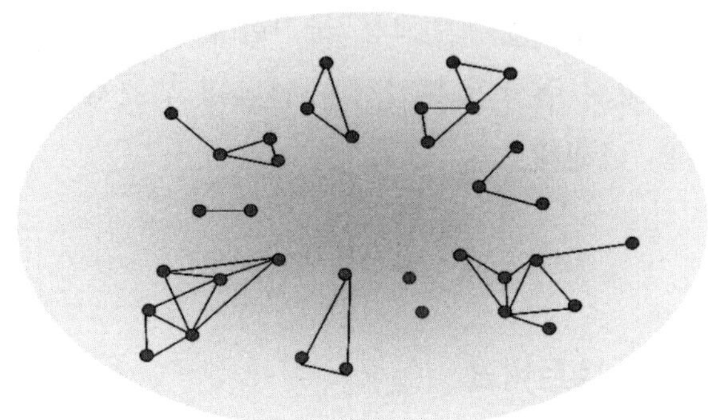

여서 시작하며 네트워크라고 칭할 근거가 없을 정도로 초라하게 시작한다. 초기 단계에는 각 사람이 독립 개체들로 산발적으로 위치할 뿐 전체적인 응집력과 체계성은 부족하다. 아직 교류체계가 충분하지 않아 국지적인 움직임만 보인다.

네트워크가 형성되는 초기 단계에서는 관계가 갑자기 늘어나게 된다. 없던 관계망이 생길 때 폭발적으로 증가하기도 한다. 이런 과정에서 새롭게 구축되는 연결의 맥을 잇는 자생적인 리더(leader)가 탄생하게 된다. 교류와 상호작용에서 탄생하는 리더이기 때문에 자생적 리더라고 부른다. 이 리더의 탄생으로 인해 교류가 확대되던 네트워크는 더욱 결집력을 갖기 시작한다. 이때의 리더는 네트워크를 만드는 설계자이자 동시에 '중심행위자'로서 역할을 하는 것이다. 리더가 탄생한 이후의 네트워크의 진로는 리더의 비전에 따라 진로가 달라질 수 있다.

이렇게 리더가 등장하게 되면서 분산되었던 네트워크는 '허브'를 축(軸)으로 모이는 '집중형 네트워크'로 발전하게 된다. 물론 그 '허브'는 리더이다. 허브와 주변부로 구성되었다고 해서 보통 '허브-스포크(hub and spoke) 네트워크'라고 부른다. 이 단계에 도달해서야 비로소 응집력과 결속력을 갖기 시작한다.

2) 허브-스포크 네트워크(hub and spoke network)

이 단계에 이르면 허브를 축으로 해서 주변부가 만들어지고 네트워크망이 형성된다. 허브를 축으로 응집력과 일사불란함을 얻는다. 이때 리더의 존재는 행위자 간 연결을 더욱 활성화시키며, 더 많은 행위자들을 네트워크에 모여들게 한다.

구성원이 늘어난 네트워크에는 새로운 현상이 발생한다. 사람 수가 늘어나면 이전에 없던 공식적 원칙(rule)이 필요해진다. 이 원칙이 없으면 개인 간 이해관계의 조정이 어려워진다. 또 원칙이 설정되면 의무와 책임 및 보상 규칙 등이 확정되므로 참여자들이 어떤 공헌을 하면 어떤 보상을 얻는 것을 알게 된다.

이 모든 새로운 현상이 '허브'의 존재에서 나온 것임에 주목해야 한다. 허브라는 자생적인 리더가 형성되는 것인데, 그 리더의 존재에 대해 구성원들의 반감도 없는 편이다. 다른 구성원들에게도 그 리더가 네트워크의 중심에 서는 것이 대체로 유익하기 때문이다. 허브에 계속 새로운 노드들이 모여들면서 그 허브에게 권력(power)이 더욱 집중되는 경향이 있다. 허브(hub)는 네트워킹을 추진하면서 분산되었던 행위자들과 직접 접촉하며, 그 과정에서 그들이 무엇을 해왔는지 혹은 무엇이 필요한지 등의 정보를 축적하게 된다. 어떤 의미에서 결집력을 주도한 사람으로 네트워크의 중심에 서는 것이 정당화된다.

〈그림 4〉 허브-스포크 네트워크

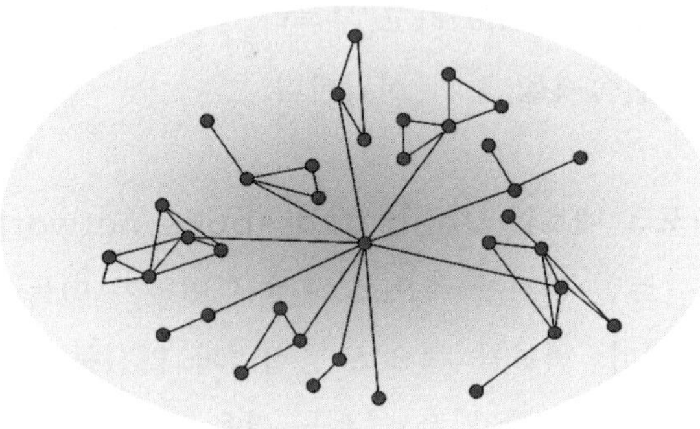

이 허브-스포크 단계에 들어섰을 때, 리더(허브)가 해결해야 할 과제가 있다. 그 과제에는 1) 내부의 응집력 높이기, 2) 외부의 유익한 정보를 들여오기 등이다. 첫 번째 과제인 내부 응집력을 달리 표현하면 '협력 쌓기'로 표현할 수 있다. 구성원들이 서로 신뢰를 갖고 협력을 하도록 하여 내부 응집력을 높일 수 있다. 보통 리더는 한 조직의 '엄마'로서 응집력 높이기에 주력하게 되지만, 그러나 두 번째의 과제인 외부의 정보 유입도 무시할 수 없는 중요한 기능이다. 역할 분화가 더 진행되면 그 가운데 외부로부터의 정보 유입 과제는 다른 사람이 맡을 수 있다.

앞서 몇 번 언급했듯이, 물리학자인 바라바시(Barabashi) 교수는 이렇게 허브가 강화되는 현상을 '척도 없는 네트워크(scale-free network)' 단어로 표현했다. '척도 없는 네트워크'란 네트워크의 중심(center, hub)에 연결의 수가 증가하는데 그 증가는 무한정 커질 수 있다는 의미이다.

3) 멀티 허브 네트워크(multi-hub network)

네트워크로서의 모습을 갖추었던 '허브-스포크(hub and spoke)' 유형이 영원히 계속되는 것은 아니다. 그 수명은 실질적으로 허브(hub)의 힘에 달려 있다. 허브의 힘이 강하다면 그 수명이 늘어날 것이지만, 만약 허브의 힘이 약해진다면 그 수명은 단기에 그칠 수도 있다.

허브의 힘에 위기가 닥치는 때는 바로 그 허브에 지나친 과부하가 걸리는 때이다. 과부하는 허브에 너무 많은 일이 몰리는 것인데, 이때부터 허브의 독점적 파워는 위협받게 된다. 과부하에 시달리는 허브는 실제로 너무 많은 일 속에서 지쳐서 역할을 효율적으로 감당하지 못하게 된다. 이러면서 그 허브의 리더십에 대해 도전하는 세력이 등장하게 된다. 실제로 과부하에 걸린 '중심'에 지나치게 의존하는 네트워크는 위험하다. 한 중심에 모든 것을 집중하면 그 중심인물이 이젠 병목(bottleneck)이 되며, 이 때문에 효율성이 오히려 떨어지게 된다. 이러한 위험 상황은 때로 정치적 투쟁 논리로서 활용되기도 한다. 파워에서 밀려날 쪽에서 그 위험을 과도하게 증폭시킬 수도 있다는 말이다.

어떻든 이 위험은 각 행위자들에게 전달되면, 각 소그룹들은 자신들만의 벽을 쌓아가며 국지적 응집력을 쌓아간다. 중심 허브가 흔들릴 것을 대비해서 각 소집단들이 자신들의 네트워킹을 강화해야 할 필요성을 절감하게 된다.

이 상황은 전체적으로 여러 개의 '로컬 중심'이 존재하는 상황으로 발전하게 된다. 한 네트워크는 이렇게 해서 파편적으로 움직이게 된다. 각 소집단으로 나누어지고, 각 로컬 중심에 의해 움직여지는 체계가 되는 것이다. 이렇게 복수의 허브가 존재하는 네트워크를

'멀티 허브 네트워크(multi-hub network)'라고 부른다.

네트워크의 응집력은 시간이 지나면서 자연스럽게 줄어드는 경향이 있다. 그 이유는 점차 네트워크에 참여하는 노드 수가 늘어나면서, 각 노드의 상대적인 애착심은 낮아지기 때문이다. 전체 노드 수가 늘어나면서 각 개체의 응집도가 떨어지기 때문에 발생하는 현상이다.

각 노드의 입장을 잠시 생각해보자. 시간이 지나면서 일부 노드는 자연히 네트워크에의 소속감을 잃게 된다. 이를 자연 노화(老化)로 표현한다. 그러나 많은 노드들은 자신들의 진로를 개척해 간다. 새로운 연결을 시도하기도 하고 기존 연결을 끊기도 한다.

네트워크는 점차 소그룹을 만든다. 이렇게 소그룹으로 나누어지는 것은 각 소그룹마다의 '허브'가 구성되면서 국지적 행동이 많아지고 따라서 전체적인 결집력을 떨어뜨리는 원인이 된다. 말하자면 국지적(local) 허브들이 증가하면서, 전체적인 응집력은 감소하게 되는 것이다.

소그룹 허브들이 등장하는 단계를 '멀티 허브(multi-hub)' 단계라고 표현한다. 이렇게 다양한 국지적 소그룹으로 응집력이 분산되면서, 네트워크의 전체적인 응집력은 점차 감소하게 된다. 참고적으로 이 응집력 감소 현상은 네트워크 분석방법에서 '클러스터 계수'로서 알게 된다.

네트워크의 자연법칙에서 나온 것이다. 이 원리가 무조건 인간 세상에서 다 적용되는 것은 아니다. 사람들의 집합공간인 기업 네트워크에서는 자연법칙을 골격으로 해서 사람들의 복잡성이 가미될 것이다.

〈그림 5〉 멀티 허브 네트워크

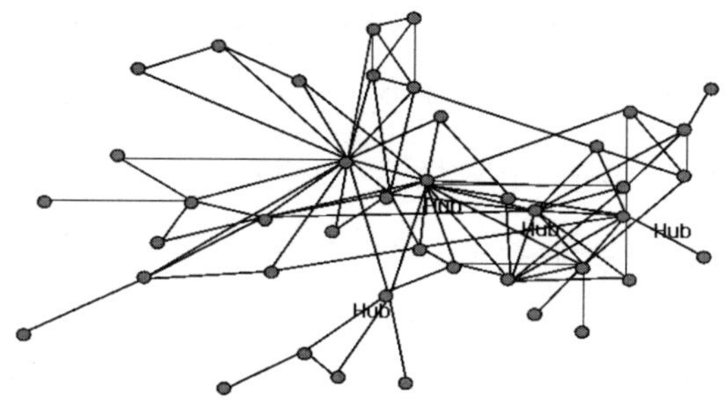

멀티 허브 유형에 도달하면 몇 가지 특징을 띠게 된다. 첫째, 앞의 허브-스포크 유형보다 충격에 강하다. 구체적으로, 여러 중심이 있기 때문에 일시적인 충격을 완충할 수 있다. 아무래도 충격을 흡수하려면 집중된 것보다는 분산된 것이 유리하다.

둘째, 여러 허브가 각각 기능 구분을 하여 움직이므로 다목적을 추구할 수 있다. 각 소그룹별로 각자의 목적을 추구할 수 있기 때문에, 자율적으로 움직이며 선택할 수 있다. 자연스러운 분권화 과정이다. 소집단 간 네트워킹으로 조직이 돌아가게 된다.

셋째, 멀티 허브에서는 '작은 세상(small world)' 개념이 부분적으로 깨진다. 단일 중심만이 존재한다면 '작은 세상'이 되지만, 멀티 허브 유형은 오히려 반대인 '넓은 세상(large world)'으로 간다. 멀티 허브에서는 전체 네트워크의 응집도는 오히려 축소된다.

'작은 세상' 현상이 깨지는 것에 주목할 필요가 있다. 네트워크의 진화과정은 '작은 세상'을 강화하는 일방향으로 진행되는 것만은 아니다. 이는 물리학자들의 최근 연구에서도 잘 확인된다. 그들에 의하면, 네트워크의 진화 경로는 '넓은 세상'과 '작은 세상'이 번갈아 교차하면서 진화한다고 한다. 연결이 거의 없는 초기 상황은 '넓은 세상'이며, 그것이 점차 '작은 세상'으로 진전하게 된다. 그 후 다시 다원화, 분권화하면서 '넓은 세상'으로 발전하게 된다는 것이다.

사회과학에서도 이를 뒷받침하는 발견과 주장들이 등장하고 있다. 예를 들면, 미국 노스웨스턴(Northwestern) 대학의 브라이언 우찌(Brian Uzzi) 교수는 뉴욕 브로드웨이 예술가(artist) 네트워크를 분석하면서 다원화된 진화과정을 발견했다. 예술가 네트워크의 초기 단계는 분산된 아티스트들이 성글게 연계된 나무구조를 갖는다. 이때의 예술가들에게는 창조적 음악성으로 관심이 모인다. 그런데 서로 간 교류가 증가하면서 '작은 세상' 네트워크로 진입하게 된다. 한동안 이 '작은 세상'은 점진적으로 강화된다. 서로 매우 가까워지고 각자의 예술성이 합쳐지면서 이전에 없던 새로운 창조를 만들어낸다. '작은 세상'은 예술적 발전에 대단한 공헌을 하는 것으로 평가된다. 그런데 항상 그렇지만은 않다. '작은 세상'이 지나치게 되면 서로 유사한 예술 활동으로 연계된 탓에 음악 수준이 오히려 낮아지고 창조역량도 떨어진다. 이때 대부분의 예술가는 독창성이 부각되지 않는 '군중 속 한 사람(one-of-them)'에 그치게 된다.

네트워크는 이런 상황을 버티지 못하게 된다. 국지적 소집단 활동이 강화되며 국지적 중심인물이 떠오르며, 결국 멀티 허브 모습을 취하게 된다. 브라이언 우찌 교수에 의하면 이 단계에서 오히려 예술가들의 창조성은 살아난다고 한다. 네트워크의 진화과정에서 멀티 허브 유형이 갖는 장점을 실증적으로 보여준 것이다.

이 멀티 허브 유형에도 한계는 존재한다. 대표적인 한계는 각 소집단의 이해가 충돌하는 경우 이 충돌을 조정하기 어렵다는 점이다.

멀티 허브 유형에서는 각 소그룹이 경쟁하게 된다. 어느 정도의 경쟁은 좋은 효과를 낳지만, 지나친 경쟁 구도가 구축되면 조직 전체적인 통합과 협력 효과를 얻을 수 없다. 소집단 사이 이해의 충돌을 조정할 행위자나 기구가 특별히 없기 때문이다. 각 소집단은 전체이득이라는 목표를 무시하고 자신만을 위한 목표에 집착할 수 있는데, 이러한 자신만의 이해추구 때문에 전체 네트워크가 붕괴될 위험을 초래할 수 있다.

멀티 허브 유형 이후의 다음 경로는 '핵심-주변부 유형(core-periphery model)'이다. 이런 진화 경로를 모든 기업이 따르는 것은 아니지만, 멀티 허브의 단점이 강화되면서 도달할 수 있는 경로이다. 멀티 허브의 단점을 극복하면서 네트워크의 생존력을 높이는 유형으로서 가치가 있다.

4) 집단적 핵심-주변부 네트워크(core-periphery group network)

멀티 허브 유형에서 각 소집단 간 이해충돌이 많아지면서, 다수의 허브가 존재한다는 것 자체에 대한 회의가 시작될 수 있다. 이 해체 과정은 각 허브가 서로 연결을 강화해가는 경로로 발전한다. 결과적으로 허브 인맥은 '핵심 그룹'을 구성하며, 각 주변부들은 '주변부 그룹'이라는 두 분류로 구분된다. 허브와 주변부 사이는 연결 강도가 약하다.

이 유형이 이전의 유형들과 다른 점은, 핵심과 주변부는 한 사람이 아니라 집단을 이룬다는 점이다. 핵심도 복합적인 핵심이며, 주변부라고 할 때도 단순한 주변부가 아니라 여러 복합적인 주변 행위자들이다. 핵심은 기업을 주도하는 핵심 그룹 멤버들이다. 이들은 파편

〈그림 6〉 집단적 핵심-주변부 네트워크

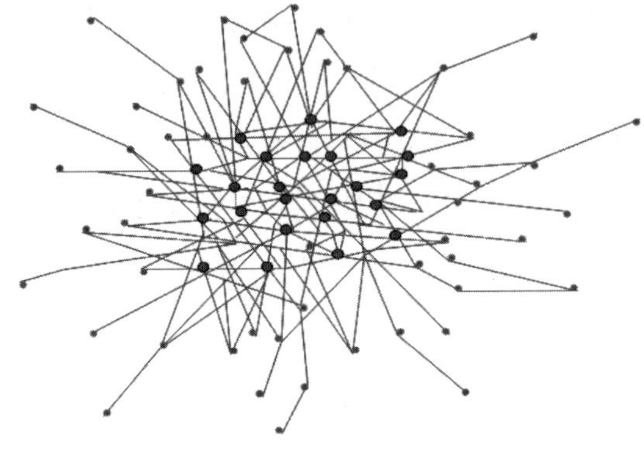

적인 소그룹의 단점을 보완하기 위해 뭉친 것이므로 연결 응집력도 높은 편이다. 한편 주변부는 구성이 이보다 복잡하다. 대체로 주변부는 다음의 2가지 특성을 갖는다. 첫째, 조직의 신규 진입자들, 둘째, 외부와의 영역 확대 혹은 정보 유입 역할을 맡은 사람들이다.

집단적 핵심-주변부 유형은 몇 가지 특징이 있다. 첫째, 기존의 약한 관계들이 이 단계에 들어서 일부 강해진다. 특히 핵심 그룹들의 응집력이 더욱 높아진다. 한 조직의 핵심 멤버들의 응집이 좋아진다는 점에서 고무적이다. 그런데 주변부는 핵심과 약하게 연결되며, 주변부는 외부의 다른 조직들에게서 다양한 정보를 전달한다. 핵심 코어 사이에는 연관성이 높아지며 다양한 클러스터 혹은 커뮤니티와의 연계한다. 종합적으로 조직에 미친 효과는, 전체 행위자들의 연결은 더 다양하게 많아진다는 효과이며, 또한 외부와의 연결에 의해 신선한 정보와 지식이 유입된다는 효과를 누릴 수 있다.

지금까지 4단계의 네트워크 진화과정을 살펴보았는데, 모든 기업이 이 단계들을 전부 밟는다고 생각할 필요는 없다. 기업 네트워크의 진화는 구성원들의 특성, 네트워크의 목적, 행동규칙, 보상체계 등과 같은 특성에 따라 다른 경로를 밟을 수 있다. 어느 한 단계에서 멈추고 다음 단계로의 진전이 없다고 해서 염려할 필요도 없다. 기업 네트워크의 진화는 결국 구성원들 의지와 비전에 영향을 받는 것이기 때문이다.

네트워크에는 일상의 흔적이 남고, 일이 진행되는 흐름과 과정이 드러나고, 각 구석구석에서 발생한 전투의 상처와 승전보가 생생하게 담겨 있다. 실상 엄청난 정보가 펄떡거리는 보물단지인데, 다만 우리가 그것을 제대로 볼 수 없었을 뿐이다. 이 책을 계기로 기업의 변화를 생각하는 혁신적인 상상력이 늘어나길 바란다. 네트워크 진화과정에 대한 정확한 지식을 통해 경영의 도약을 기대해 본다.

4

구조와 행위, 그리고 네트워크

네트워크 개념을 폭넓게 활용하려면 이론을 습득하는 것이 좋다. 이론은 고지식하며 규칙과 엄정함으로 숨 막히게 하지만, 현실을 폭넓게 설명할 수 있는 귀중하고 강력한 힘을 갖고 있다. 규칙과 패턴을 알고 나면 활용법은 날개를 달고 날아오를 수 있다.

네트워크는 사회과학의 이론에서 오래전부터 핵심 반열에 들어서 있는 개념인데, 그 이유는 사회의 핵심 단위인 '구조'와 '인간'이란 두 단위를 모두 넘나들면서 설명하는 힘을 갖고 있기 때문이다. 구조는 사회의 체계적인 골격이며 시스템이다. 인간은 마음과 무의식의 주도하에 행위를 선택한다. 구조가 사회를 설명하는 중심이란 학파가 있고, 인간이 사회의 중심이란 학파가 존재한다. 각자 나름대로 현상을 설명해 왔고 깊은 논리를 발전시켜 왔다. 그런데 네트워크 시각이 등장하면서 그동안 치열하게 각자의 길을 온 '구조'와 '인간' 양자가 소통할 수 있는 문이 열렸다. 그 이유는 이렇다.

사회의 구조의 실체를 네트워크라고 말하며, 네트워크란 인간 사이의 관계망이므로 인간의 선택과 행동에 따라 네트워크, 즉 구조가 변한다는 상호작용을 포함하고 있다. 이 '구조-인간' 상호작용이 드러난다는 것은 현실 속 다양한 현상을 이해하고 해석하는 데 절대 작은 일이 아니다. 한순간의 현상뿐만 아니라 그 현상의 원인, 그리고 어떻게 그 현상이 진전할 것인지를 추적할 수 있게 한다. 이 정도의 이론적 가치를 가진 논리도 흔하지 않다. 이 책을 통해 그런 높은 가치를 지닌 네트워크 시각을 기업 성장에 끌고 온 의미가 작지 않다고 자부한다. 더구나 이론 설명에 그치지 않고 그것을 활용할 수 있는 도구(tool)를 동반하고 있기에 자부심이 더 크다.

한 기업의 네트워크 지도를 제대로 파악하면, '구조-인간'이 서로 영향을 주고받으면서 현실을 만들어간다는 값비싼 가치를 우리 손안으로 들어오게 한다. 첫째, 상호작용이 중요하다. 각각은 독립적 존재가 아니다. '구조-인간'은 한몸이란 사실이다. 어떻게든 그들은 영향을 주고받으며 발전하고 성숙해간다. 어느 한 쪽이 제약이 되며 다른 쪽은 그 속에서 선택한다. 둘째, 현실은 '진행형'이란 것이다. 보통 현실을 이해하다 보면, 시간에 따른 변화를 놓치는 경우가 많다. 그러나 현실은 움직이는 실체이며 현실을 만드는 원인의 역동적 결과라는 점을 항상 기억해야 한다.

우리가 경험하는 현실은 구조와 사람의 역동적 상호작용의 결과물이다. 구조를 정확히 알면 인간이 어떤 제약이 있고 거기서 어떤 선택을 하는지 윤곽을 알 수 있다.

인간과 구조, 어느 하나에 치중하는 것은 오류

네트워크는 '구조'와 '행위자'라는 사회현상의 두 주체를 연결하는 다리를 놓는다. 사회과학의 오래된 의문 중 하나는 "우리 사회의 현상들은 과연 누가 만드는 것인가"라는 질문이었다. 사회현상을 만드는 주체에 대한 의문인데, 이에 대해 한쪽에서는 '구조', 다른 쪽에서는 '행위자'를 주체로 보는 견해가 팽팽하게 맞서 왔던 편이다. 이 두 견해의 중간적 입장도 있지만, 전통적으로 두 견해 중 어느 한쪽을 옹호하는 경우가 많다.

네트워크 개념의 뿌리는 '구조'에 가깝다. 네트워크라는 행위자들의 관계망 자체가 하나의 구조이기 때문이다. 그런데 네트워크가 특징적인 것은 그 구조인 네트워크와 행위자와의 연관성이 명확하다. 즉, 행위자가 구축하는 '구조'의 의미를 명확하게 표현한다. 행위자가 그 구조의 능동적 주체라는 점을 명확하게 보여주며, 또한 구조와 행위자 사이의 논리적 연결이 너무나도 자연스럽다. 한 행위자가 한 네트워크에 참여한 후 그 네트워크에서 빠져 나올 가능성은 항상 존재한다. 이렇게 네트워크에 참여하는 구성원들이 바뀌면 이것이 바로 구조 자체의 변화인 것이다. 이렇듯 '구조'에 뿌리를 두고 있지만 '행위자'의 능동성을 쉽게 전달한다는 점이 네트워크 이론의 매력이다.

네트워크는 전체 속에서 개체가 '무엇을' '왜' 하는지를 읽을 수 있다. 전체만 얘기하고 한 개체의 선택을 설명하지 못하는 이론은 완성도가 떨어진다. 이론은 모름지기 한 개체가 무엇을 원하고 왜 그렇게 하는지를 설명해야 한다. "집단 혹은 사회 측면에서 왜 바람직한지에 대해서는 잘 알고 있으나 개체의 입장에서는 잘 모르겠다" 라는 주장은 분명 현실성이 떨어진다. 특히 경제현상에서 이것은 더욱 그러하다. 경제현상은 경제행위자라는 자신의 이득을 생각하며 활동하는 주체들 사이에서 발생하는 것임을 상기해야 한다. 개체의 인센티브에 대한 설명 없이 집단 전체의 이득을 부각하는 논리는 결국 개별 행위자의 입장에 따라 집단의 이득이 실현되지 않을 수도 있다. 예를 들면 이런 상황이다. 한국경제 측면에서 우리 기업들이 사회적 책임을 선택하는 것이 효율적이라고 해보자(실제로 그렇다). 그런데 한국기업 모두에게 혹은 한국경제의 경쟁력을 위해 사회적 책임을 선택해야 한다는 당위적 주장보다는, 한 개별 기업이 왜 기존 관행을 깨고 나와 사회적 책임에 참여하면서 얻는 보상체계를 같이 말하는 것이 설득력이 높다. 개체의 선택과 인센티브를 이해하지 못하면 전체에 설령 바람직할지라도 개체의 변화를 설명할 수 없는 셈이다.

네트워크 관점은 이 개체의 선택 인센티브에 비교적 쉽게 다가선다. 네트워크는 각 개체에 의해 형성되는 것이기 때문에, 개별 개체의 선택에 의해 연결관계 혹은 전체 윤곽이 변화하는 것이다. 누가 누구와 관계하는지가 표현되면 누구와 누구를 거쳐 연결되는지가 나타난다. 그들 간 전달되는 자원과 정보 등이 나타나게 되며, 어떠한 연결통로를 거쳐서 전달될 것인지를 알 수 있게 한다. 이는 전체에서 개체가 왜 어떠한 선택을 할 것인지에 대해 구체적인 원인을 파악하게 한다. 또 개별 행위자의 선택이 다른 행위자에게 어떤 영향을 미칠 것인지 그리고 그 선택은 전체 네트워크와 어떻게 연관되며 또 어떻게 영향을 주고받는지, 다시 이것이 개별 행위자의 차후 선택에 어떤 영향을 미치는지 등에 대한 윤곽을 어림잡을 수 있는 것이 장점이다. 이러한 개체의 선택과 그 인센티브를 읽어내게 되면 '전체'의 변화에 대해서도 보다 실질적인 논의가 가능할 것이다.

네트워크의 세 번째 매력은, '경쟁의 공간'에 대한 것이다. 이 '경쟁의 공간'이란 행위자들이 경쟁하며 적자생존이 발생하는 범위를 지칭한다. 여기서 이슈는, 과연 그 적자생존이 어느 개체들과 경쟁인지이며 또 그 개체의 범위가 어디까지인지 등이다. 한 행위자의 입장에서 볼 때, 자신이 적자로서 생존을 위해 애쓸 때 누구와 경쟁하는 것인지, 같은 무리의 다른 개체들인지 아니면 다른 무리의 개체들인지, 이런 것을 아는 것은 중요하다. 한 기업이 과연 자신의 경쟁대상이 어디까지이며 누구인지를 명확하게 알고 있다면 이는 전략적 우위를 이미 점한 것으로 볼 수 있는 것과 마찬가지이다. 그런데 문제는 이 '경쟁의 공간'을 쉽게 알 수 없다는 데 있다. 경쟁대상이 고정적인 경우는 거의 없고 그 범위도 항상 유동적이기 때문이다. 또 시간의 흐름에 따라 경쟁대상은 역동적으로 변하기 마련이다. 이러한 변화, 유동성, 역동성 등이 문제의 근원인데, 네트워크 관점은 이들을 치열하게 파고들게 한다.

'경쟁의 공간'은 본래 경제학자, 경영학자, 동물학자들의 초미의 관심사이다. 이익과 먹이를 놓고 다투는 개인, 기업, 동물들의 움직임이 바로 그 '경쟁의 공간'에서 발생하기 때문이다. 그 경쟁공간에서 무엇이 일어나는지를 알려고 할 때, 우선해야 하는 작업은 그 '경쟁의 공간'을 확정하는 작업이다. 즉, 어디까지가 경쟁이 발생하는 영역인지를 파악하는 것이다.

동물학자들에 의하면, 동물사회의 경쟁은 다른 종(種)과의 경쟁보다는 주로 동일 종(種) 사이에서 발생한다고 한다. 아프리카 초원에 사는 영양은 치타에게 잡아먹히지 않으려고 빨리 달리게 되었다고 알려진다. 그런데 정작 치타가 공격해올 때에는 다른 영양보다 더 빨리 도망가려고 애쓴다. 아프리카 영양에게 정작 중요한 것은 치타보다 더 빠른 것이 아니라 다른 영양보다 더 빨리 뛰는 것이다. 실제의 경쟁대상은 치타가 아니라 다른 영양이다. 다른 종과의 경쟁보다 동일 종과의 경쟁이 실질적임을 시사한다.

개인과 기업의 경쟁도 이와 유사하다고 추론할 수 있다. 예컨대, 부품제공업체의 경쟁대상은 동종 부품업체이지 대기업이 아니다. 중요 이슈는 이 실질적인 경쟁대상인 동종의 범위를 정하는 것인데, 그 경쟁대상은 각 행위자의 주관적 인식에 의존한다. 이 주관적 경쟁의 범위에 대해 네트워크가 중요 실마리를 준다. 그것은 바로 행위자 간 관계로 구성된 네트워크에 의해 경쟁범위(즉, 경쟁의 공간)를 한정된 영역으로 명확하게 그려낸다는 것이다. 단순하게 표현하면 한 네트워크는 그 참여자들 간 경쟁이 발생할 수 있는 공간(물론 협력이 발생하기도 한다)인 셈이고, 이 네트워크의 변화는 경쟁공간의 변화 및 역동성을 표현하는 것으로 볼 수 있다. 경쟁대상은 결국 각 행위자마다 자신이 속한 관계망에서 생각 혹은 상상할 수 있는 주관적 및 심리적 대상과 범위가 네트워크에 의해 구체화되는 것이다.

구조 그리고 행위

네트워크 개념을 통해 가장 본질적인 질문 가운데 하나를 던질 수 있다. 그 질문은 바로 "우리가 사는 세상은 어떻게 만들어질까"이다. 사회과학은 이 질문에 '구조(structure)'와 '행위(action)'라는 두 가지 요인에 주목하고, 각 요인의 역할을 갖고 답변을 해왔다.

이 세상은 구조적 제약에 의해 형성된다고 보기도 하고, 그 구조적 제약에도 불구하고 행위자의 자율적인 선택에 따라 현실이 형성된다는 주장이 공존한다. 이는 매우 뿌리 깊은 이슈이지만 확연한 답을 얻지 못했다. 구조와 행위 중 어느 요인이 우리 사는 세상에 더 영향을 많이 미치는지, 이에 대해 사회과학 학파에 따라 입장 차이가 존재하며 그 차이가 중요한 논쟁 중의 하나다.

구조를 인간의 행위에 대한 절대적인 원인으로 간주하는 견해를 '과대 사회화(over-socialized)' 견해라고 부르고, 행위를 강조하고 구조적 요인을 무시하는 견해를 '과소 사회화(under-socialized)' 견해라고 한다. 여기서 과대 사회화란 인간이 자신의 행동에 자율적인 부분은 극히 미약하고 사회문화적인 요소들에 의해 지배되는 인간으로 간주하는 견해이다. 한편 과소 사회화란 외적인 여건(즉, 문화, 규범)에서 오는 것보다는 행위자의 선택을 중요하게 간주하는 견해다.

네트워크 분석은 행위와 구조의 상호역동성을 설명하는 이론이자 방법이다. 행위자 사이의 관계망은 그 행위자가 선택하는 행위의 결과이기도 하지만, 동시에 그 행위자의 차후 행위선택을 제약하는 역할을 한다. 말하자면, 네트워크는 행위자의 선택과 그 선택이 주는 제약을 담고 있는 구체적인 공간인 것이다. 특히 네트워크가 그 안에 속한 행위자들의 행위를 제약하는 구조로서 역할을 한다는 점에서, '구조'라는 실체가 불분명한 것을 네트워크라는 구체적 실체로 옮겨놓은 공헌이 있다. 더 깊은 의미를 파악하기 위하여 '구조로서의 네트워크'와 '행위로서의 네트워크'를 구분하는 것이 중요하다.

네트워크와 구조

네트워크에 대한 깊은 이해를 원한다면 우선 '구조'라는 개념에 대한 이해가 필요하다. '구조'란 무엇인가? 매우 다양하고 복잡한 정의가 있지만, 단순하게 표현하면 '구조'는 인간의 행위를 사전적으로 결정하거나, 혹은 이끌거나 아니면 제약하는 사회적 기제를 말한다. 인간의 행위선택을 제약한다는 측면에서 보면, 규범, 문화, 사회제도 등이 '구조'로 지목할 수 있다. 인간의 머리와 마음속에 이들이 사전적으로 각인되어 있기 때문에, 인간이 아무리 자유롭게 선택한다고 해도 구조에 따른 제약을 완전히 배제하기 어렵다. 이런 의미에서 '구조'는 행위자의 행위와 사회현상의 범위를 제약하는 하나의 커다란 '틀'이자 '질곡'이다.

네트워크 이론은 '구조'의 관점에 기대서서 출발했다고 보아도 과언이 아니다. 네트워크라는 것이 바로 '구조'의 한 표현물이며, 네트워크에 대한 이해가 바로 '구조'를 파헤치는 작업이다. 네트워크 이론이 다른 구조이론들과 구별되는 점은 '구조'에 대해 더 구체적으로 접근한다는 점이다. 일반적으로 '구조'라고 할 때 규범, 제도, 문화라는 비교적 추상적인 실체가 가장 빈번하게 지목된다는 점을 앞서 지적하였다. 이들은 구조의 역할인 행위를 제약하는 질곡이라는 것을 일깨워주는 데는 더할 수 없이 좋은 개념이나, 그 범위가 포괄적이어서 현실 세계에서의 구체성이 상당히 결여되어 있다. 예를 들어, 한국과 미국의 기업들의 차이, 구체적으로 각각 다른 경제행위를 선택하고 다른 경제적 결과를 보인다는 사실을 생각해보자. 이 차이는 양국의 사회문화, 산업문화 혹은 경제규범 등의 차이에서 발생한 것은 분명하나, 이러한 구조적 원인은 지나치게 포괄적이고 추상적이기 때문에, 새로운 기업행위의 선택에 대한 구체적 방안을 논의하는 데는 논리적 공백이 존재하게 된다. 구조에 대한 구체적인 이해가 필요한 것이다.

네트워크 이론이 바라보는 "행위자 사이 관계망"의 관점에서 구조를 이해하면, 구조는 참여자들로부터 만들어지고 동시에 참여자들의 행위에 영향을 미친다는 점이 더 확연해진다. 앞의 예인 한국과 미국 기업의 제약요건인 문화 및 규범 등은 하늘에서 떨어진 것이 아니라 기업들에 의해 오랜 세월 동안 구축된 관계망에서 파생한 것으로 보게 된다. 이렇게 되면, '구조'는 우리와 별개로 누군가에 의해 주어지는 조건이 아니고 우리 행위자에 의해서 만들어지는 실체라는 것이 구체화된다. 이는 사회과학의 핵심이면서 모호한 개념인 '구조'라는 실체를 명확히 할 뿐만 아니라, 그 '구조'의 형성과 변화에 대해 인간의 능동적 참여를 구체화한다는 점이 네트워크 이론의 의미다.

네트워크라는 구체적인 '구조', 그리고 이러한 구체화가 주는 의미를 예를 들어 설명해보자. 한 도시에서 결혼은 사회적 계층이 유사한 사람끼리 이루어진다는 발견이 있다고 하자. 또 이것이 산업화 과정에서 새로운 규범이 되었다고 가정하자. 여기서 우리는 "유사한 사회적 계층 사이에 결혼한다는 설명"이 오직 통계적인 설명이 될 뿐, 특정 개인의 결혼에 대한 설명으로 반드시 맞는 것은 아니라는 뜻이다. 즉, 그 도시의 결혼에 대한 거시적인 확률로는 맞는지 모르지만, 개개인의 미시적 행위에 대해서는 모호성이 남게 된다. 거시적 확률론을 따라가면 결혼이라는 개인 행위는 그 개인이 속한 집단에 의해 결정되는 것이 되나, 그 특정인이 이성과의 교제 범위 혹은 이성을 소개받는 경로 등이 무시되어 있다.

네트워크 관점이 '구체적'이라는 것은, 특정 개인이 속한 네트워크를 통해 그 사람의 교제 범위와 만나는 사람의 범위 등의 정보를 가지고 그 사람의 결혼행위를 설명한다는 뜻이다. 이 접근 역시 구조적 접근이기는 하지만, 특정 개인과 연계된 네트워크라는 구체적인 실체를 통해 행위를 예견한다는 구체성이 있다. 즉, 한 개인의 사교 범위와 관계망을 통해 그 개인이 배우자를 선택하는 행위를 설명할 수 있는 것이다. 이처럼 구체적인 '구조'로서의 네트워크는 구조와 행위의 연계관계를 보다 명확하게 한다.

네트워크와 행위

인간 행위를 설명하는 이론의 대부분은 주로 한 개인의 특성으로 설명하는 편이다. 그러나 한 개인이 왜 특정 행위를 선택했는가를 이해하는 데는 개인적 특성만으로는 불충분하다. 더욱 깊은 이해는, 그 사람의 행위가 주위 사람에게 어떤 영향을 주고, 주위 사람들로부터 어떠한 영향을 받는지를 알아야 한다. 혼자서 독립적으로 가꾸어온 특성은 없다. 다른 사람과의 관계 속에서 모난 곳 다듬어지며 가꿔온 것이다. 이런 점에서 보면, 한 개인행위의 이해는 그 개인의 관계망을 포함하는 것이 중요하다.

한 개인의 '관계'가 그 개인에게 미치는 영향을 예를 들어보자. 전철역 주변 가판(街販)에서 양말을 구입하면 값은 싸지만 엉터리 품질을 구입할 수 있다. 구매자가 그 가판에 다시 들를 확률이 낮아, 그 가판 상인은 상대를 기만할 수 있기 때문이다. 고객과 상점 사이에 아무런 '관계'가 없었고 앞으로도 거의 없을 것이기 때문이다. 이런 이유에 의해 전철역 가판에서는 주로 상인에게 사기를 당해도 좋을 가격범위의 거래만 성립하게 된다(대략 몇 천원 수준). 고가 보석상점이 전철역 가판에서 성공한다고 생각할 수 없다. '관계'의 많고 적음에 의해 상인의 기회주의적 선택이 달라진다는 예이다.

이 예를 기업의 경제행위로 확대해 보자. 한 기업이 부품을 이곳저곳에서 마구잡이로 구입하지 않는 연유도 위의 전철역 구매가 주는 기회주의적 속성을 회피하려는 점에서 동일하다. 기존 '관계'가 있던 부품회사와는 그 회사의 특성과 안정성을 어림잡을 수 있기 때문에 지속적인 거래가 성립되곤 한다. 그러나 처음 접하는 상대에서는 이러한 안정성을 확신하기 어렵다. 따라서 일회성(一回性) 거래에서는 기회주의적 행위선택의 가능성이 열리게 된다. 이른바 전철역 가판에서 물품을 구입하는 것과 같은 위험이 존재한다.

이 예들은 모두 네트워크의 성립 여부에 따라 경제행위자들의 임하는 자세, 행위선택 그리고 그것이 기대에 어긋남을 용납하는 정도 등이 달라짐을 시사한다.

네트워크는 인간 행위의 이해에 이처럼 중요하다. 한 개인은 네트워크의 어떠한 위치에 놓여 있는지가 그 개인의 행위선택, 의식 그리고 선택행위의 보상까지 영향을 받을 것으로 보아야 할 것이다.

종합하면, 네트워크는 행위자들 간 상호작용을 통해 구축되는 '구조'인 셈이다. 이 구조는 행위자에게 '주어진(given)' 것이 아니라 분명 행위자들에 의해 구축되는 실체이며, 이는 다시 행위자들의 행위와 상호작용을 제약한다. 이 점이 바로 네트워크 이론이 사회과학의 중요 개념인 '구조의 이중성'을 볼 수 있는 구체적인 렌즈이다. '구조의 이중성'이란 영국의 사회학자인 앤서니 기든스(Anthony Giddens)가 고안한 개념으로서, "구조는 행위의 매개체이며 동시에 재생산되는 행위의 결과물"이라고 말한다. 기든스는 자신의 독창이론인 구조화 이론(structuration theory)을 전개하면서, 구조는 행위를 강요하지만 동시에 그 강요받는 행위를 통해 매 순간 다시 생산되는 존재라는 점을 설파하여 왔다.

이러한 '구조의 이중성' 개념을 네트워크와 접목하여 표현하면, 각 개인의 상호 연계는 행위를 통해 생산되거나 유지되며, 각 개인이 맺고 있는 연계의 전체적 형태가 또한 그들의 행위에 영향을 미친다고 표현할 수 있다. 즉, 네트워크가 행위자에게 영향을 미치고 동시에 행위자들은 그 네트워크를 유지 혹은 변화시켜 나가는 주체로서 역할을 하는 것이다. 이처럼 '구조의 이중성' 개념도, 고맙게도 네트워크라는 구체적 표현을 통하면 쉽게 이해된다.

5

네트워크, 시장, 조직

경제행위의 한 개념으로서 네트워크는 시장 혹은 조직과 대비해서 논의된다. 이는 이론을 이해하는 과정으로서 깊은 원리를 깨닫는 기쁨을 줄 것이다. 네트워크를 이해하는 데 가장 기본적인 이론은 거래비용(transaction cost)이론이다.

거래비용이론

거래비용이론은 경제학자인 코스(Ronald Coase)와 윌리엄슨(Oliver Williamson)과 같은 거물 학자들에 의해 다듬어진 이론으로서 거래행위의 효율성에 초점을 맞추고 있다. 핵심 개념은 바로 거래비용이다. 거래 유형은 시장(market), 조직(hierarchy), 네트워크(network) 등 3가지 유형이다.

시장(market)

시장은 익명의 거래 당사자들이 모여 구성하는 공간이다. 시장에서 거래한다는 것의 의미는 기업이 원재료와 부품구매 및 유통구입을 익명의 거래처 중에서 선별하여 계약에 의해 거래를 성립시키는 형태를 말한다. '경쟁'이 활동원리이며, '계약'이라는 약속에 의해 거래가 성립된다. 시장거래는 기업 사이에 일정한 거리(an arm's length)가 유지되며, 계약이 끝난 후의 재(再)거래는 그 시점의 시장원리에 의해 결정되기 때문에 다시 거래가 이뤄진다는 보장은 없다. 오직 철저한 경쟁 메커니즘에 의해 거래 파트너가 결정된다고 보아야 한다.

시장에서의 거래는 '거래비용'이 발생한다. 바로 이 설명이 거래비용이론의 출발이자 핵심인데, 이에 대해 예를 들어 설명해보자. 한 완성차 회사가 브레이크 페달 부품업체와 거래하는 경우를 생각해보자. 이 경우 시장거래란 가격, 품질, 디자인 등의 기준을 가지고 여러 부품업체를 조사하는 것에서 시작한다. 시장에 나온 부품업체에 대한 정보를 입수한 후 가장 타당한 조건을 제공하는 업체와 거래계약을 맺는 것이 바로 시장에 참여한 이유이다. 이는 한 개인이 시장에서 자신이 원하는 물건을 구입하려는 과정과 동일하다. 그런데 여기서 첫 번째 유형의 거래비용이 발생한다. 완성차업체는 시장에 나온 부품업체들이 제공하는 조건에 대한 정보를 얻고 난 후 계약 파트너를 선정할 수 있기 때문에, 이러한 정보를 얻기 위한 노력, 금전, 시간 등의 비용을 지불해야 한다. 이 비용을 보통 '정보탐색비용(information search cost)'이라고 칭한다. 이 정보탐색비용이 바로 거래비용의 한 유형이다.

다른 유형의 거래비용이 있다. 앞의 '정보탐색비용'과 다른 거래비용은, 계약 이후에 상대방이 계약을 충실히 수행하지 않을 위험에서 발생한다. 앞에서 언급한 완성차업체와 부품업체 거래를 3개월 동안에 브레이크 페달 1만 개 공급의 계약을 맺은 가상적 사례로 설정해보자. 일단 계약이 성립된 후, 완성차업체는 한 가지 새로운 고민을 갖게 된다. 그것은 계약을 맺을 당시의 품질, 가격, 디자인을 3개월 동안 유지하지 못할 가능성이다. 여기에는 한 가지 전제가 필요한데, 그 전제는 경제행위자는 자신의 이해를 실현하기 위해 기회주의적인 속성을 가지는 행위자라는 것이다. 여기서 기회주의란 사행(guile)과 도덕적 해이(moral hazard)를 지칭한다. 행위자에 대한 이 가정을 따르면, 상대방이 계약된 약속을 3개월 동안 반드시 유지한다는 보장은 없다. 약속대로 이루어지기 위해서는 추가적인 노력이 요청되고 그에 따른 비용이 발생할 수 있다. 한 예로, 부품업체의 도덕적 해이를 축소하기 위해서는 그 부품업체의 행위를 통제해야 한다. 이 통제는 인력의 파견이나 지속적인 감독 등에 의해 성립하는데, 파견과 감독은 인건비, 시간, 에너지 등 비용이 발생한다. 이렇게 통제를 직접 하지 않고 부품업체가 제공하는 부품을 그대로 받는 경우는 앞의 비용들은 들지 않으나, 불량부품에 의해 향후 완성차의 A/S 비용 증가 혹은 차 자체에 대한 부정적인 이미지를 얻는 비용이 발생한다. 이렇듯 거래 상대방의 이득 추구에 원인이 있는 것이지만 완성차업체에게는 회피할 수 없는 비용이 거래비용 중 또 하나의 중요한 부분이다. 이를 일반적으로 '감독비용(monitoring cost)'이라고 부른다.

시장에서 거래하는 한, 이 두 가지 거래비용('정보탐색비용'과 '감독비용')은 일회성 비용이 아니다. 왜냐하면 시장에선 일단 계약이 만료되더라도 그 만료 시점에 새로운 조건의 시장에서 새로운 거래 당사자를 선정해야 하기 때문이다. 이런 점에서 품질, 가격, 디자인 등에서 좋은 조건을 갖춘 거래업체를 선정할 수 있다는 장점이 있는 반면에, 계속 거래비용을 부담해야 함을 알 수 있다. 거래비용이론가들은 시장은 거래비용이 계속 초래된다는 점을 지목하여 '시장실패(market failure)'라는 표현을 사용하기도 한다.*

조직(hierarchy) : 기업은 왜 존재하는가

조직 형태로 경제활동을 한다는 것은 사람이 모여 위계서열 속에서 경제행위를 한다는 뜻이다. 앞의 시장에서와는 달리 기업과 같은 조직에서는 거래비용이 축소되는 효과가 있다는 것이 핵심이다. 사람이 모이면 위계서열을 구축하기 마련이다. 사람 간에도 위계가 생기며, 부품체계에도 위계가 조성된다.

시장에서 경제활동을 하는 행위는 '구입(buy)'인데, 조직은 자체적

* 여기서는 거래비용을 중심으로 시장실패를 설명하고 있으나, 시장의 효용가치는 경제학의 기초적인 전제라는 점을 무시할 수 없다. 경제학에서 보는 경제활동의 핵심은 자원배분인데, 이 자원의 배분을 위한 최선의 도구는 '시장(market)'으로 본다. 특히 시장에서 중요한 기제는 가격(price)인데, 이 가격은 다수의 행위자들이 시장에 모여 이러저러한 과정을 거쳐 결국 '보이지 않는' 메커니즘에 의해서 결정되는 것으로 본다. 이 가격을 효율적 시장의 정보체계에 의해 제련된 결과물로 간주하는 것이다. 즉, 시장은 가격이라는 매체를 통해 행위자들로부터 합리성을 유도한다고 본다. 한편 시장의 중요성을 더욱 부각시키는 주장은 자유주의에서 발견된다. 시장이 가지는 자생적 질서를 강조하며, 시장에 의존하는 경제활동이 가장 합리적인 결과를 산출할 것이라는 주장을 한다. 이렇듯 현재의 주류경제학인 신고전주의 경제학과 자유주의 등에서 시장은 그 주장과 논리에 핵심에 위치한다.

으로 '생산(make)'한다. 그래서 시장과 조직을 비교할 때, 간결하게 'buy or make'라는 표현을 사용하곤 한다. 조직 내적으로 활동을 한다는 것은 바로 사업부 혹은 계열사로서 동일한 기업의 범주 내에서 모든 활동이 이루어짐을 말한다. 앞에서 언급한 자동차산업 예를 보자. 이 예에서 '조직'은 완성차업체가 브레이크 페달이라는 부품을 회사 내에서 직접 생산하는 것이며, 이를 담당하는 사업부나 공장이 있다는 뜻이다. '다각화' 혹은 '수직적 통합' 등이 조직의 대표적 예이다.

이 위계에서의 거래는 거래비용의 두 영역, 즉 계약 이전의 '정보탐색비용'과 계약 이후의 '감독비용'이 모두 축소된다고 한다. 첫째, 외부로부터의 조달이 아니라 내부에서 직접 생산하는 것이므로 위계에서는 거래업체를 고르기 위한 정보탐색이 불필요하다. 자신에게 속한 업체에서 부품을 직접 생산할 것이기 때문이다. 이것이 바로 정보탐색비용의 축소효과이다. 둘째, 계약 이후 상대방의 도덕적 해이도 거래업체가 내적인 통제상황에 있기 때문에 상당히 완화시킬 수 있다. 내부(in-house) 부품업체는 기회주의적 선택을 할 이유가 없기 때문이다. 부품업체의 기회주의가 시장에서처럼 자신의 이익에 도움이 될 소지가 매우 낮다. 설령 기회주의가 발생하더라도 직접적인 감독은 상대적으로 비용이 낮아서, 궁극적으로 '감독비용'이 줄어든다고 볼 수 있다. 이렇듯 '정보탐색비용'과 '감독비용'이 축소되어 총체적으로 거래비용이 축소가 이루어진다. 거래비용이론가들은 이 세상에 기업이 존재하는 이유란, 바로 시장이 가진 거래비용이 기업(위계)에서는 줄어드는 효율성을 지적한다.

거래비용이론은 거래비용이 축소된다는 논지에 의해 위계조직이 시장보다 효율적임을 주장한다. 즉, 시장에서 필요자원을 구입하는 (buy) 것보다는 내부적으로 직접 생산활동을 조직하는(make) 것을 효율적으로 보며, 그 효율성의 핵심은 앞서 언급한 바와 같이 바로 거래비용의 축소이다. 이 거래비용의 축소는 '다각화'와 '수직적 통합'의 타당성을 지원하는 논리로 사용되기도 한다.

그런데 이 조직 유형이 새롭게 초래하는 비용이 있다. 조직은 시장보다는 거래비용이 축소되나, 조직의 범위를 확대하는 것이기 때문에 '관리비용(administrative cost)'이 발생한다. 여기서 '관리비용'이란 조직참여자의 수가 증가함에 따라 관리가 더 복잡해지면서 발생하는 비용이다. 이는 한 조직에 구성원의 숫자가 늘어남에 따라 인사관리가 복잡해지는 것과 동일한 원리이다. 이렇게 보면, 위계조직화는 거래비용은 줄어들지만 새로운 유형인 관리비용이 발생하게 된다. 이러한 조직 유형의 비효율성을 '조직실패(organization failure)'라고 칭하기도 한다. 조직 유형이 초래하는 관리비용의 증가는 네트워크에 의해 축소되는 것으로 주장된다.

네트워크(network)

네트워크 유형은 시장에서 발생하는 '거래비용' 그리고 조직에서 발생하는 '관리비용'이라는 두 비용을 동시에 축소시킨다. 네트워크 거래는 주로 일본기업의 수직적 관계(예, 도요타자동차의 부품업체와의 관계)에서 나타나는 형태로서, 일본의 경쟁력 우위가 부각되던 1980년대 이후 특별히 주목받고 있다. 일본의 높은 경제적 성과에 다양한 원인이 있지만, 그중 제조업체와 부품업체 사이의 긴밀한 네트워크 관계가 중요한 몫을 한 것으로 지적된다.

네트워크 거래는 이전 거래자와 반복거래가 된다는 점에서 그 참여자들 간 관계는 '배태적 관계'로 표현되기도 한다. 네트워크 거래는 기업과 기업 사이의 관계가 장기적이고 이 관계의 지속성을 배경으로 성립한다. 또 반드시 그런 것은 아니지만, 참여기업 중 어느 하나에 의해 지배되지 않는 수평적 거래인 경우도 많다. 일시적인 관계가 아닌 장기 안정적인 관계를 형성한다는 점에서 '시장'과 구별되며, 참여자 중 어느 한쪽으로부터의 직접적인 지배가 없는 수평형이라는 면에서 '위계'와 다르다.

네트워크가 거래비용과 관리비용을 모두 줄이는 논리적인 근거는 다음과 같다. 우선 거래비용을 줄이는 이유를 살펴보자. 네트워크는 시장거래와는 달리 특정 파트너와 거래를 지속하는 것이기 때문에, 새로운 파트너를 찾기 위한 '정보탐색비용'이 거의 발생하지 않는다. 이미 하던 거래처와 지속적인 거래를 하는 것이기 때문이다. 또한 아는 거래처와의 장기적 거래는 상대방의 기회주의 추구가능성도 현저하게 낮춘다. 일단 장기적 거래가 보장되면, 일시적인 이익을 찾는 도덕적 해이의 근거가 약해진다. 도덕적 해이가 상대방에게 불만족을 주어 장기적인 거래가 오히려 깨질 수 있기 때문이다. 차라리 장기적 거래에 성실히 임하는 것이 더 합리적이라는 판단이 자연스럽게 유도된다. 이렇듯 상대방이 기회주의와 도덕적 해이를 취할 인센티브가 줄어들면 자연스럽게 '감독비용'이 줄어들게 된다. 이렇듯 네트워크에서 거래비용을 구성하는 두 요인인 '정보탐색'과 '감독' 측면의 비용이 모두 축소됨을 알 수 있다.

관리비용의 축소도 중요한 효과이다. 관리비용은 앞의 위계 유형에서 내부활동이 증가함에 따라 발생하는 비용이라는 점을 기억하

〈표 1〉 시장, 조직, 네트워크의 비교

구분 요인	시장	조직(위계서열)	네트워크
기업관계의 원리	계약	내부화, 통합	협력
정보 및 의사소통	공식적 통제	위계질서 및 통제	교환 규범, 신뢰
갈등해소 수단	법적 해소	감독, 명령	평판, 사회적 규제
유연성	높음	낮음	중간 혹은 높음
참여자의 몰입	낮음	중간 혹은 높음	중간 혹은 높음
운영원리	기회주의 인정, 계약에 의한 위험 관리	관료적, 공식적	신뢰, 협력
거래파트너 선택	독립적, 자율성	강제적, 의존적	상호의존적

자. 네트워크는 위계와는 달리 직접 생산활동을 하는 것이 아니고 장기적인 협력 파트너십을 구축하는 것이므로, 위계에서보다는 그 통제의 범위가 대폭 줄어든다. 이는 네트워크가 위계보다는 관리 범위가 좁다는 것을 의미하고, 그만큼 '관리비용'의 발생소지가 적다는 것을 뜻한다. 이렇듯 위계에 비해 범위가 축소된다는 점에 의해 관리비용의 축소를 추론할 수 있다.

이상의 시장, 조직, 네트워크를 비교하면 <표 1>과 같다.

네트워크와 배태

네트워크와 경제행위를 획기적으로 연결시킨 문장은 "경제행위가 사회적 관계에 배태되어 있다"*라는 문장이다. 이 문장 속 '배태(embeddedness)'라는 용어를 이해해야 차후 설명이 쉬워진다. 여기서

'배태'의 의미는, 한 행위자의 행위선택은 행위자 자신이 가지고 있는 과거와 현재의 여러 배경에 뿌리를 두고 있다는 뜻이다. 행위자의 행위선택은 진공 상태에서 발생하지 않는다는 점을 명확히 하는 개념이며, 그 선택은 경제적 원천뿐만 아니라 자신의 경험, 규범, 안정, 신뢰, 편안함, 보답, 애정 등 비경제적 원천에 기초한다는 점을 강조한다. 배태된 행위자에게는 완전한 합리성은 존재하지 않으며 제한된 합리성(bounded rationality)이 존재할 뿐이다.

배태 개념은 경제인류학자인 칼 폴라니(Karl Polanyi)의 1957년 명작인 『*The Great Transformation*』부터 사용된 용어이다. 이후 한동안 큰 주목을 받지는 못하였으나 1985년 스탠퍼드 교수인 마크 그라노베터(Mark Granovetter)에 의해 새롭게 빛을 보게 된다. 그는 앞서 언급한 "경제행위가 사회적 관계에 배태되어 있다"는 주장을 하면서

---

* 이 문장의 원문표현은 "Economic actions are <u>embedded</u> into social relations"이다. 여기서 핵심용어인 'embedded'는 우리말로 적합한 번역어를 찾기 어려운 용어이다. 국내 사회학자들에 의해 '배태'라고 번역된 바 있다. 연세대 사회학과의 김용학 교수는 '배태'라는 번역을 싫어하여 "자리매겨짐"으로 번역하기도 했다. 그의 의견은 '배태'라는 단어는 오직 수동형만 존재할 뿐 능동형이 존재하지 않는 단어이기 때문이라는 것이다. 필자는 이 입장에 동의하나, '배태'라는 단어를 가지고도 '배태되다'라는 수동형과 '배태하고자 하다'라는 능동형 모두가 가능하다는 입장을 가지고자 한다. 말하자면 '배태'라는 단어를 사용하면서도 문제가 되는 능동형 표현이 가능하다고 본다. 행위자의 능동성은 매우 중요하다. 한 경제행위자가 네트워크의 효과가 중요하다는 것을 인식하게 되면 점차 원하는 네트워크에 자신을 '배태하고자' 하는 능동성을 인정해야 한다. 즉, 이런 상황에서는 경제행위자들이 특정 네트워크에 배태하려는(embedding) 구체적인 전략을 도모하게 된다. 이는 우리 사회에서 이른바 TK 혹은 PK 등이 중요해지면 이들 네트워크에 합리적인 투자를 강화하는 전략을 설명한다. 이런 점에서 김용학 교수의 능동형이 필요하다고 본 견해는 매우 타당하다. 다만 이것이 '배태'라는 용어로도 수용할 수 있다는 관점에서, 'embeddedness'를 '배태(胚胎)'라는 용어로 받아들인다.

'배태'라는 개념을 전면에 끌어내게 된다. 그에 의하면 모든 경제활동은 행위를 담당하는 주체들 사이의 관계에서 파생하는 것이며, 합리성에 의한 거래를 발생시키는 완전시장은 존재하지 않는다고 본다. 그는 시장보다는 오히려 거래 참여자들 사이의 '관계'에 주목하자고 주장한다. 이 주장은 경제사회학이라는 실제로 하나의 학파로까지 발전하게 된다.

이 배태의 의미를 자세히 살펴보자. 그라노베터 교수는 경제행위에 대한 기존의 견해를 크게 두 가지로 구분한다. 그 하나는 경제행위를 합리적 행위라는 점에 치중하고 경제적 원인에 주력하는 견해이며, 다른 하나는 경제행위를 사회문화적 요인에 의해 결정되는 하나의 사회적 행위로 보는 견해로 보았다.

그라노베터 교수는 이들 두 견해 모두에 오류가 포함되어 있음을 꼬집는다. 전자를 '과소 사회화 견해'라고 칭하며, 후자는 '과대 사회화'라고 명명하였다. 두 견해의 오류는 이렇다. 우선 '과소 사회화 견해'는 자율적이며 합리적 개인을 가정하고 그 사람이 속한 사회적 여건을 무시하는 경향이 있다는 점을 지적한다. 대표적으로 주류경제학인 신고전주의 경제학이 보는 경제행위가 여기에 속한다. 한편 '과대 사회화 견해'는 모든 행위의 근원이 사회문화에 있다고 보아 행위자 개인의 자율성이 지나치게 축소되어 있다고 지적하였다. 문화의 중요성을 설파하는 대부분의 사회학적 주장이 여기에 속한다고 본다.

그라노베터 교수가 이 두 견해의 오류를 지적하면서, 경제행위가 정확히 이해되기 위해서는 경제행위자가 처한 '구체적인 여건'을 보아야 하고, 그 '구체적인 여건'의 핵심은 바로 '사회적 관계'라고 주장했다. 말하자면, 사회적 관계로 연결된 네트워크라는 '구조'에 주목할 것을 강조하는 것인데, 이는 '구조'에 대해 네트워크라는 구체적 실체로서 접근하는 주장이다. 이렇게 접근하면 경제행위가 네트워크에 의해 제약되며 또 그 네트워크의 재편에 참여한다는 것, 이른바 행위와 구조 사이의 상호작용을 쉽게 이해할 수 있다.

배태 개념은 교류가 계속 발생하는 상황을 전제하는 것이다. 지속적인 관계는 일회성 관계와는 달리 참여자 사이에 원칙이 형성된다. 그것을 보통 '규범'이라고 부른다. 한 번에 그칠 거래와 반복적으로 할 거래에 대해 행위자의 자세가 다르기 때문이다. 일회성 거래의 지배규범이 '합리성 추구'라면, 지속적인 거래에서의 중요 규범으로 '협력'과 '신뢰'가 꼽힌다. 이런 점에서 배태된 경제행위자들 사이의 규범은 반드시 합리성이 제1의 원칙은 아닐 수 있음을 알 수 있다. 일반적으로 경제행위자들은 자신의 이득을 확대하려고 하지만, 배태된 행위자들은 경제논리와는 다른 논리인 교환논리에 의해서 경제행위를 선택한다고 한다. 여기서 '교환논리'란 사람 사이의 지속적인 관계를 통해 행위자의 기대와 기회를 만들어가는 그런 논리이다. 그런데 이 교환논리가 지배하기 위해서는 그 교환에 참여하는 당사자들에게 신뢰와 협력이라는 새로운 규범에 순응할 인센티브가 존재해야 한다.

배태 개념이 경제행위자에게 주는 효과는 무엇인가? 배태적 행위는 다음의 긍정적 및 부정적 효과를 가지고 있다. 우선, 배태성의 긍정적 효과는 네트워크가 가지는 효과와 유사하다. 구체적으로는 조직 간 자원 풀링, 협력, 정보전달의 신속성, 자원 배분의 최적화 추구 등이 지적된다. 장기간 거래이므로 이러한 긍정적 효과가 발생한다.

배태의 부정적 효과는 '폐쇄성'이다. 이 '폐쇄성'이란 배태된 행위자를 배태되지 않은 행위자들로부터 분리하는 것이다. 그 분리에 따라 배태적 관계에 속한 행위자들은 외부와 차단된다. 폐쇄된 행위자들이 자신들끼리는 관계가 더욱 밀착되지만 다른 행위자들과는 더 단절되는 경향을 보인다. 특히 우리나라의 연줄에 의한 집단은 외부에 대한 배타성이 심한 이유가 이와 연관된다.

장기적 거래가 가진 또 하나의 단점은 낮은 유연성이다. 일단 거래가 배태되면 파트너십이 장기화되기 때문에 양자 간 정서적 합의 및 신뢰가 축적되었고 또한 그들 간 관계에 특화된 투자도 발생한다. 오랫동안 거래한 파트너를 버리고 새로운 파트너를 찾는 것은 모두에게 손해가 될 수 있다. 바로 이 현상, 즉 파트너를 바꾸지 않으려는 것이 바로 낮은 유연성의 핵심이며, 이 낮은 유연성은 곧바로 변화에 신속하게 대응하지 못하는 단점을 낳는다.

미국 노스웨스턴 대학의 브라이언 우찌(Bryan Uzzi) 교수는 배태 효과의 역설을 발견했다. 배태 효과는 무조건 긍정적인 건 아니며, 어느 '문지방'을 사이에 두고 긍정적 효과와 부정적 효과가 구분된다. 즉, 문지방을 넘기 전까지는 긍정적 효과가 발생하나 그 배태의 정도가 문지방을 넘어 지나치면 오히려 부정적인 효과가 강해지는 딜레마를 낳는다. 이 발견은 연줄과 인맥에 대한 논란이 큰 우리 문화에서 주의 깊게 생각해야 할 사항이다.

에필로그

사람 사이의 아름다운 화학작용은 위대한 결과를 낳는다.

지금까지 기업의 환부를 도려내고 치료하는 '네트워크 치료'에 대해 설명했다. 기업의 내면을 직접 해부해서 조직원의 관계를 진단하며 처방을 내리는 것이어서 다른 어느 방법보다 효과가 높은 치료법이다. 특히 겉으로 드러나지 않는 '기업의 속살'을 표면으로 끌어내서 누가 누구와 소통하는지, 무엇이 그들의 소통을 돕거나 방해하는지, 그 소통의 유인책은 과연 무엇인지 혹은 누가 중심인물인지 등을 살펴보면서 건강한 기업에 도달하는 길을 알게 한다.

환자의 아픈 부위를 치료하는 작업은 암 덩어리를 도려내는 수술일 수도 있고, 주사제 혹은 약물로 병을 다스릴 수도 있다. 그런데 분명한 것은 단순히 일회성 치료에 그치지 않고, 장기적으로 건강한 기업으로 변모시키고, 궁극적으로는 장수기업이 되게 하는 치료 패키지로 생각하는 것이다. 기업 내면의 '관계'를 펼쳐보면서 진단, 치료, 수술, 관리로 이어지는 전체 과정을 얘기한 이유도 그것을 고려한 것이다. 네트워크 치료는 진정한 건강 원천을 진단하고 처방한다는 점에서 장수기업이 되는 진정한 비결을 끌어낼 소지가 크다. 환부의 치료도 중요하지만 면역력과 체력증강도 중요할 것인데, 이런 모든 것들을 네트워크 치료에서 얻을 수 있다.

우리가 그토록 그리워하는 마지막 살은 과연 어디에 있나? 기업의 마지막 살을 보려는 작업에서 네트워크 치료의 기여는 매우 크다. 그 마지막 살을 볼 수 있다면 그 귀중한 속살을 진정으로 어루만지고 보듬어 나갈 수 있을 것이다. 기존의 관점, 도구, 방법, 논리로는 기업 내면의 진정한 속살을 열어볼 수 없었다. 기업의 속살은 아주 특별한 것은 아니지만, 기업의 기본인 사람이 들어가야 하며, 또 그 사람들이 만들어가는 관계를 빼놓아선 소용이 없는 허상에 불과하다.

이 책에서 표현된 네트워크 치료의 과정, 즉 <진단－치료－건강－장수> 과정을 통해 진정한 건강비결을 터득하는 기업이 늘어난다면 더한 소망이 없겠다. 치료 방법을 정확히 파악했으니 그동안 풀어내지 못했던 많은 문제가 해결되어 가는 쾌감을 느끼길 바란다.

기업 문제는 보통 단순하지 않고 복합적이다. 마치 바닥에 구슬주머니를 쏟아 놓은 것처럼, 우리가 직면한 위험의 원인은 일정한 패턴도 뚜렷한 원인과 결과도 없는 상황과 같다. 이 글이 던지는 "네트워크를 보자"라는 말은 그런 복잡성을 인정한다는 점에서 조직의 참모습에 더 가까이 다가서자는 의미와 같다. 해결하기 어렵고 복잡하게 꼬여있는 문제는 개별 단위로 해결책을 찾을 수 없고, 오직 촘촘히 연결된 관계망을 해독하면서 해결의 실마리를 찾을 수밖에 없다.

숲 조성 운동가였던 미국의 존 무어(John Muir) 박사는 자연의 신비로움을 강조하면서, "자연 속에서 하나의 실을 잡아 당겨보면 그 실이 세계의 나머지 것들에 연결되어 있다는 것을 발견하게 된다"라는 메시지를 남겼다. 이 메시지는 기업 문제의 해결에도 중요한 실마리를 제공한다. 기업의 문제도 사실상 실타래와 같다. 겉으론 독립적인 문제로 보여도 그 문제들은 다른 것과 연결되어 있다. 개인과 개별 사안을 보는 것은 단순한 접근이다. 마치 큰 숲 안에서 듣는 소리가 하나의 원천이 아닌 것과 같다. 그 소리는 바람, 잎사귀, 나뭇가지, 곤충, 새소리와 같은 여러 소리가 결합된 짜임새이다. 이것을 지나치게 해체하여 각 소리를 해부하면 문제의 실체를 정확히 알 수 없을 뿐만 아니라, 해결책의 도출에도 도움이 되지 않는다.

주류 경영 컨설턴트들은 조직을 기계적으로 생각하고 조직 속에서 생활하는 인간의 내면세계에 대해 심각하게 고려하지 않는다. 서구 기업에 통했던 혁신방법들이 한국 토양에서 실패하는 이유가 바로 그것이다. 조직을 여러 개의 직무 덩어리로 이해한 후 그 연장선상에서 실행하는 절개수술적인 처방은 효과가 없다. 잘해봐야 일시적으로 호전되는 것 이상의 효과는 없으며 근본적인 해결을 얻기 어렵다. 조직은 맥락이 중요하며 직무 자체가 주는 의미는 사실상 약하다.

신라 원효대사가 절묘한 화합을 "묘합(妙合)"으로 표현했었다. 두 글자인데 글자의 합이 절묘하다. 집단 속의 융합을 이보다 잘 표현한 단어가 있을까 싶다. 이런 묘합으로 가득한 세상은 우리 개개인의 능력이 거의 무한대의 시간과 공간으로 확장되는 것을 의미한다. 조직의 내부는 사람들의 교류를 통해 개인과 전체가 공통의 마음을 갖는 것에서 가장 진일보한 모습을 갖는 것으로 생각된다.

이제는 기업의 본질인 '구조'와 '인간'을 모두 아우르는 네트워크에 눈을 떠야 진정한 혁신의 비법을 터득하게 된다. 복잡한 시스템이나 화려한 관리전략이 있어야 기업이 성공하는 것은 아니다. 어떤 관리체계도 또한 어떤 경쟁전략도 기업을 위해 헌신하는 열정을 가진 사람들이 없으면 효력을 낼 수 없다. 여기서 관건은 어떻게 열정적인 직원들로 뭉친 기업이 되는가인데, 이에 대한 해답을 네트워크 치료에서 얻을 수 있을 것으로 믿는다.

경영자가 들을 수 있는 최대의 찬사는 아마도 "약(藥)이 환자를 고치듯, 경영은 기업을 고친다" 같은 말일 것이다. 그런데 시스템을 고쳤다고 해도 정작 조직원의 관계를 어루만지지 못했다면 그런 표현을 절대 쓸 수 없다. 사람의 관계 속에 묻어 있는 희로애락을 다루는 경영이 되어야 진정한 찬사를 들을 수 있다. 기업만큼 혁신에 굶주린 존재를 찾기 어렵지만, 기업 경영은 사실 혁명적인 방책이 갑자기 나오기 어려운 곳이다. 작은 관찰과 발견이 하나하나 쌓여서 새로운 생각과 습관으로 자리 잡고 그것이 관계를 변화시키는 것으로 표출되는 것이 기업 현장이다. 경영은 이런 관계 속의 복잡성에 대처하는 묘수풀이 과정임을 기억해야 할 것이다.

그동안 "기업은 사람이다"라는 표현에는 익숙하면서도, 항상 지엽적인 부분에 머물며, 과연 사람 간 네트워크가 어떻게 생겼고 어떻게 움직이는지, 또 네트워크를 어떻게 경영에 활용할 수 있는 것인지에 대해 의구심이 있던 독자들의 의문이 해소된다면, 그것만으로도 이 책이 세상에 나온 이유로 충분하다.

NETWORK THERAPY

부록

1. 네트워크 데이터 : 설문지 및 워크시트
2. '중심성' 계산
3. 파당 분석
4. 주요 용어

부록1: 네트워크 데이터: 설문지 및 워크시트

네트워크 치료를 수행하기 위해서는 좋은 정보와 데이터를 얻어야 한다. 정확한 데이터가 있어야 정확하게 진단하고 치료할 수 있다. 여기서 우리가 원하는 데이터는 사람 사이의 '관계'에 대한 데이터이므로, 일반적인 데이터와는 다르다. 관계에 초점을 맞추기 때문에 일반적인 개인 특성에 관한 데이터 수집과는 다르게 접근해야 한다.

전체 직원의 수가 120명인 한 기업을 생각해보자. 이 기업 네트워크는 전체 120명이 그려내는 연결관계에서 나올 것이다. 이 기업의 네트워크를 도출하기 위한 데이터 수집방법에는 다음 3가지 방법이 있다.

1) 전체 네트워크 데이터

이 방법은 120명 전체 명부를 놓고 그들의 관계 전체를 얻는 방법이다. 구체적으로, 전체 명부를 주고 특정 관계, 예컨대 '친구관계'를 표시하도록 요청해서 데이터를 얻는다. 전체 구성원의 연결관계는 (120×120) 매트릭스로 표시될 것이다.

이 방법은 직원의 수가 적은 기업에 적합하다. 만약 기업 규모가 크다면 전체 명부에서 관계 데이터를 얻기 어렵다. 예를 들어, 3천명 기업이라면 전체를 대상으로 데이터를 구축하는 것 자체가 너무 어렵고, 설령 얻었다 해도 그 데이터의 신뢰도는 낮을 것이다. 또한 이렇게 얻은 데이터로 전체 네트워크 지도를 그려도 너무 복잡해서 해독이 불가능하게 될 것이다.

2) 에고(ego) 네트워크 데이터

이 방법은 한 사람(ego)을 중심으로 펼쳐지는 네트워크 데이터를 얻는 방법이다. 기업 규모가 클 때 적합하다. 각 개인에게 물어 자신과 기업 내 교류하는 사람들을 응답하도록 요청하며, 그 교류자들 사이의 관계 속성에 대해서 데이터를 얻는다.

데이터를 얻는 전략으로서 "눈사람(snowballing)" 기법이 도움이 된다. 이 기법은 한 사람에서 시작해서 연관된 사람들을 추천하는 과정을 연속적으로 실행하는 방법이다. 즉, 눈덩이를 굴려 눈사람 만드는 방법과 같이, 이전 사람의 추천에 의해서 다음 사람이 선정되는 방법이다. 이 방법이 성공하려면 맨 처음 '눈덩이가 시작되는 곳'의 선정이 매우 중요하다.

3) 문헌 데이터를 통한 네트워크 구축

세 번째 방법은 문헌 데이터에서 관계를 추출하는 방법이다. 기업 임직원들의 객관적 교류에서 '관계'를 도출하는 것이다. 예를 들면, 이-메일 교신 기록에서 교류관계를 도출하는 것이 바로 이에 해당한다. 앞서 설문지를 통한 데이터 수집방법의 한계인 주관성 오류를 넘어설 수 있다는 것이 큰 장점이다. 특히 구성원들이 응답하지 않으려고 하거나 응답자에게 접근하기 어려운 경우 매우 적절하다. 다만 단점은 문헌 데이터가 없는 경우에는 데이터 수집 자체가 불가능하다는 문제가 있다.

네트워크 조사를 할 때 반드시 표현해야 하는 윤리 지침이 있다. 가장 중요한 것은 이 조사를 왜 하게 되었는지, 회사의 상황에서 네트워크 조사의 중요한 이유 등을 기술해야 한다. 또한 비밀(confidentiality)이 절대 보장됨을 공표해야 한다. 네트워크 조사는 특히 비밀보장이 중요하다. 주변의 사람 간 관계를 공개한다는 것이 너무나도 조심스러운 사안이기 때문이다.

네트워크 분석용 설문지의 한 사례를 소개하고자 한다. 이 설문지는 참고용이며, 기업 특성과 분석목적에 적합하게 조정해서 사용하면 될 것이다.

(1)
성 명 :
근속기간 : 년 개월

(2)
Q 1 : (개인적 사안에 대한 조언) 개인적으로 중요한 일은 다른 사람에게 조언을 얻는 경우가 많습니다. 지난 6개월을 돌아볼 때 귀하가 중요한 일을 상의했던 사람들을 적어보십시오. 최대한 5명까지입니다.

____
____
____
____
____

Q 2 : (직장 업무에 대한 조언) 직장 일을 하다 보면 조언을 구해야 하는 경우가 많습니다. 지난 6개월을 돌아볼 때 귀하가 직장 일에 도움을 얻고자 조언을 구했던 사람들을 적어보십시오. 최대한 5명까지입니다.

____
____
____
____
____

Q 3 : (프로젝트 지원) 귀하가 추진할 새로운 프로젝트가 있다고 가정합시다. 이 프로젝트의 성공을 위해서는 여러 지원이 필요할 것입니다. 프로젝트를 지원해줄 사람들을 적어보십시오. 재정적 지원, 정서적 지원, 육체적 지원 등 모든 지원이 다 해당됩니다. 최대한 5명까지입니다.

____

____

____

____

____

Q 4 : (친교활동 지원) 퇴근 후 및 주말 동안에는 친교활동이 필요합니다. 식사를 같이 한다든가, 퇴근 후 술자리를 같이 한다든가, 등산을 같이 가는 것 등의 친교활동을 생각하십시오. 지난 6개월을 돌아볼 때 이런 활동을 같이 했던 사람들을 적어보십시오. 최대한 5명까지입니다.

____

____

____

____

____

(3) 귀하께서 선정한 각 사람별로 다음 항목들에 응답해 주십시오.

항목 A. 이 사람은 얼마나 가깝게 있습니까?

1 = 같은 사무실(방)

2 = 같은 층, 다른 사무실(방)

3 = 다른 층, 같은 건물

4 = 다른 건물, 동일 지역(도시)

5 = 다른 지역(도시)

6 = 다른 국가

항목 B. 이 사람과 업무는 얼마나 유사한가?

1 = 동일한 과(課)

2 = 동일 부서, 다른 과(課)

3 = 동일 조직, 다른 부서

4 = 다른 조직

항목 C. 이 사람과 얼마나 오랫동안 교류했나?

1 = 1년 미만

2 = 1~3년

3 = 3~5년

4 = 5~10년

5 = 10+ 이상

항목 D. 이 사람의 직급을 귀하와 비교해서 표시해주십시오.

1 = 귀하보다 높다 (higher)

2 = 동일 직급

3 = 귀하보다 낮다 (lower)

4 = 불규칙하다 (not applicable)

성 명	항목 A	항목 B	항목 C	항목 D
1.				
2.				
3.				
4.				
5.				

(4) 다음은 각 사람에 대한 심층질문입니다. 1~5까지의 응답 중 하나를 표시해주십시오.

항목 A : 교류를 하는 빈도는?

1 = 전혀 없다
2 = 간혹
3 = 때때로
4 = 항상

항목 B : 나는 이 사람의 전문 지식과 스킬을 잘 알고 있다.

1 = 절대 동의하지 않는다
2 = 동의 못함
3 = 중립
4 = 동의함
5 = 강력히 동의함

항목 C : 내가 이 사람과 교류하면 내 업무성과가 더 높아질 것으로 생각한다.

1 = 절대 동의하지 않는다
2 = 동의 못함

3 = 중립
4 = 동의함
5 = 강력히 동의함

성 명	항목 A	항목 B	항목 C
1.			
2.			
3.			
4.			
5.			

워크시트(worksheet)

워크시트 #1 : 네트워크의 주요인물 파악

성 명	성별	교육정도	연령	어떤 관계? (직장, 혈연, 지연, 학연 등)	전문영역 및 주요 경험
1.					
2.					
3.					
4.					
5.					

워크시트 #2 : 네트워크의 밀도와 적정규모 산정

네트워크	A	B	C	D	E	F
	나와 연결된 사람들의 수	나와 연결된 사람끼리의 관계	최대 가능한 관계의 수*	네트워크 밀도 D=(B/C)×100	중복 E=(2×B)/A	적정 네트워크 규모 F=A−E
1. 개인적 조언						
2. 직장 업무 조언						
3. 프로젝트 지원						
4. 친교활동 지원						

* 〈C〉, 즉 '최대 가능한 관계의 수'를 구하는 방법은 다음과 같다. 최대 가능한 관계의 수(C)는 위 〈A〉값에 따라 다음과 같이 계산한다. 각 항목별로 5명까지 한정했으므로 5명과 응답자로 구성된 6인 네트워크의 밀도가 계산된다.

만약 (A)가 아래의 숫자라면	최대 관계의 수(C)는
1	0
2	1
3	3
4	6
5	10

워크시트 #3 : 네트워크 초점 분석

초점 대상	분 포
직무 초점	
직무 및 직장일 중심	
가족일 중심	
기 타	
연고	
학연	
지연	
기타	
소속집단 (업무관련 동호회, 취미집단)	
업무관련 동호회	
취미집단	
기 타	

워크시트 작성 포인트

포인트 1 : 정보와 조언을 구하는 원천 파악

자신의 업무에 필요한 정보와 도움을 어디서 구하는가, 복잡하게 꼬인 문제를 푸는 데 조언을 구하는 사람은 누구인가? 즉, 정보와 조언을 얻는 원천들의 리스트를 정확히 파악한다.

이 름	특 성

포인트 2 : 각 개인적 관계를 정의

정보와 조언을 주는 각 사람과 나(ego) 자신의 관계를 정의하는 것이 중요하다. 특히 관계를 맺는 원천으로서 물리적 근접성, 연령, 교류빈도, 알고 지낸 기간, 의사소통 수단, 취미 등 나와 그 사람의 관계를 설명하는 모든 요인들을 파악해야 한다. 관계를 맺는 사람별로 작성해야 한다.

어떤 면에서 동질적인가		
물리적 거리(근접성)		
교류 빈도		
업무를 같이 하는 시간은 몇 시간인가		
알고 지낸 기간		
직급 높낮이		
의사소통 수단		
성별		
연령		

포인트 3 : 개인 관계 네트워크의 편향성(bias) 포착

개인 네트워크가 업무 혹은 친교 등 각 분야 중 어느 한쪽으로 편중될 수 있다. 필자의 관찰에 의하면 우리나라 사람들은 이 편중에 빠지는 성향이 강하다. 왜냐하면 우리 사회가 인그룹(in-group)과 아웃그룹(out-group)을 구분하는 성향이 특히 강하기 때문이다. 그런데 이 편중된 네트워킹은 자신의 경력관리나 전문지식에 도움이 되지 않는다. 균형적인 교류가 바람직할 것이다. 지나치게 과투자(over-invested)되는 쪽과 과소투자(under-invested)되는 쪽을 구분하여 보다 좋은 네트워크를 구축해주기 위한 것이다.

자신의 네트워크 구성을 보고 자신이 일을 하는 방식에 영향을 미쳐왔는지, 혹시 과도한 부분이 없었는지, 혹은 필요한 곳에 과소투자하지 않았는지를 점검하는 것은 중요하다.

편향성	영 향	해결방안
1.		
2.		
3.		
4.		
5.		

포인트 4 : 필요한 전문영역을 항목별로 열거

전문영역에는 관리 측면, 리더십 스킬 측면, 기술 측면, 노하우 측면 등이 있을 수 있다. 이들 항목에 대해서는 단순하게 정리하는 것이 좋다.

필요 전문영역	전문성 확보 방안
1.	
2.	
3.	
4.	
5.	
6.	

이 단계부터 직접적으로 자신의 네트워크에 대한 평가 단계이다. 자신이 정보와 조언을 구하는 사람을 리스트에 나열하고, 업무에 필요한 지식분야들은 나열하여 적합한 셀에 표시한다. 이는 동시에 자신이 얼마나 특정 사람에게 의존하는지, 다른 노드와 연계할 기회를 찾지 못하는지를 알려주게 될 것이다.

필요한 지식과 현재 얻는 지식의 차이를 파악하고, 그 지식 확보가 한두 사람에게 과도하게 의존하는지 여부를 판정하여 더욱 발전적인 모습을 갖추도록 한다.

전문지식의 공백	의 미	해결방안

반드시 필요한 전문지식과 현재 전문지식 조달 사이의 공백(gap)을 파악하고, 무엇을 어떻게 대처해야 하는지를 진단하게 된다. 이는 종합적으로 새로운 네트워킹을 구축하기 위한 실천방안을 모색하게 할 것이다.

만약 한 부서의 관리자가 부서원들의 네트워크를 관리한다는 측면에서는 아래와 같은 부서원 네트워크 필요분야를 위한 워크시트를 사용할 수 있다.

성 명	전문분야 1	전문분야 2	전문분야 3	전문분야 4	총 합
1.					
2.					
3.					
4.					
5.					
6.					
총 합					

포인트 5 : 다양한 관계 유형

기업의 네트워크를 말할 때 보통 한 가지 유형만을 생각하곤 한다. 그러나 한 기업의 네트워크에는 여러 유형이 중첩되어 복합적으로 작동한다. 기업 공간에서 네트워크라고 하면 일반적으로 4가지 유형이 있다.

첫째, 조언(advice) 네트워크이다. 이는 글자대로 조언을 주고받는 관계망이다. 사람은 아무에게나 조언을 요청하지 않는다. 아주 가깝고 믿을 만하면서 존중하는 사람에게서 조언을 구한다. 기업에서의 조언에는 주로 경력선택에 관한 조언이 가장 많지만, 때로는 전문지식에 대한 조언도 있다.

둘째, 신뢰(trust) 네트워크이다. 이는 서로 신뢰하는 관계, 즉 서로 믿음을 주고받는 관계로 구성된다. 감성적이고 친밀한 관계에서 서로에 대한 믿음이 싹튼다. 깊은 동료의식을 갖고 일체감을 갖는 관계가 이에 해당한다.

셋째, 커뮤니케이션(communication) 네트워크이다. 이는 서로 친분관계 속에서 형성되는 교류 관계망이다. 직장동료로서의 관계, 동문으로서의 관계, 업무 외적 사교모임의 관계 등이 포함된다. 보통 휴먼 네트워크라고 부르는 많은 것들이 대체로 여기에 속한다.

넷째, 업무(job) 네트워크이다. 이는 업무를 수행을 위해 교류하는 네트워크이다. 업무처리를 위한 정보교환에서 나오며, 업무의 효율화라는 목표를 달성하려고 구성된다.

이들 4개의 네트워크를 구분해서 목적에 맞게 적용하면 될 것이다. 그러나 이들이 완전히 서로 독립적인 것이 아니라는 점도 인식해야 한다. 각 유형들이 서로 중복되는 영역이 많다. 예를 들면, 업무네트워크와 조언 네트워크의 경우, 네트워킹이 업무에 관한 조언을 이유로 구축될 경우 두 네트워크는 서로 상당히 겹치게 된다. 이렇듯 사안에 따라 네트워크의 유형들은 중첩되어 움직인다.

여기에서 가급적 수식을 사용하지 않으려 했다는 점을 이해해주기 바란다. 많은 사람들이 수학적 혹은 통계적 산식(算式)이 들어가면 낯설어 한다. 계량화라는 단어도 혹시 딱딱하게 들리게 할지도 모른다. 그런데 절대로 부담스러워 할 필요는 없다. 실제로 네트워크는 실용적으로 풀어내고 분석할 수 있는 단계로 내려왔다. 네트워크 분석은 더 이상 수학자와 통계학자의 영역이 아니다. 필자부터 우선 통계학자도 아니고 수학자도 아니다. 네트워크 분석을 위한 전용 프로그램을 활용하기만 하면, 이 책에서 언급된 모든 이슈들을 풀어볼 수 있다. 그 프로그램 사용법도 그리 복잡한 것이 아니다. 그래도 불안한 독자들께는 필자의 졸저 『사회 네트워크 분석』을 감히 권해드리고 싶다.

부록2: '중심성' 계산

한 조직에서 중심이 된다는 것은 많은 사람의 희망이다. 그 조직의 '스타'가 되는 것이기 때문이다. 학술적으로도 '중심'에 대한 관심은 일찍부터 시작된 편이다. 그 시작은 1940년대 미국 MIT대학의 알렉스 바베라스(Alex Bavelas) 교수와 그 제자인 해롤드 리빗(Harold Leavitt)의 실험연구였다. 이들은 5명을 한 팀으로 하여 그들이 공동으로 문제를 해결해야 하는 상황을 설정하고, 5명에게 서로 자신의 정보를 전달하여 종합적으로 문제해결을 하도록 했다. 이 실험은 '스타형'과 'Y형'에서 빠른 문제해결을 얻게 된다는 결과를 낳았다. 그 이유는 '스타형'과 'Y형' 두 유형에서 모두 '중심'이 되는 사람을 통해 의사소통과 문제해결을 하기 때문이었다. 말하자면, '중심'을 가진 집단은 문제해결책을 찾는 데 시간 소모가 적고 오류도 적다고 발견한 것이다. 이 결과가 바로 네트워크의 '중심'에 대한 관심을 촉발시킨 계기가 된다.

네트워크 분석에서는 '중심성(centrality)'이라는 개념을 쓰는데, 이는 한 노드가 '중심'으로서의 정도를 표현하는 지표이다. 대표적인 네트워크의 '중심성'으로는 연결수 중심성, 근접 중심성, 매개 중심성이라는 세 가지 유형이 있다.

1. 연결수 중심성은 다른 노드와의 연결된 정도를 중심으로 보는 개념이다. 즉, 한 노드에 연결된 다른 노드의 수로 측정된다.

2. 근접 중심성은 한 노드가 다른 노드에 얼마만큼 가깝게 있는가를 말하는 개념이다. 두 노드 사이의 거리가 핵심 개념이다. 다른 노드와 가깝게 있다면 그들과 쉽게 관계를 맺을 수 있다고 보고 그만큼 중심적인 역할을 한다고 간주하는 것이다.
3. 매개 중심성은 한 노드가 얼마나 다른 노드들과의 연결에서 중개자 역할을 수행하느냐를 측정하는 개념이다.

이러한 3가지 중심성 개념을 한 그림으로 살펴보자.

아래 <그림 1>에서 점 A, B, C에 주목해보자. 이들 3노드는 국지적으로 혹은 전체적으로 '중심'에 있다는 것이 드러난다. 이 3노드의 특징을 살펴보면, 각각 직접적으로 연결되어 있는 점들의 수가 다른 어떤 점보다 많다는 특징을 알 수 있다. 3노드는 모두 동일하게 5개 이웃의 연결점을 가지고 있다. 여기서 우리는 노드 A, B, C는 다른 노드들보다 더 중요하고 현저한 점일 수 있다는 것을 일단 알 수 있다.

그런데 노드 A, B, C 사이에도 차이가 있다. 육안으로 볼 때에도, 노드 B는 노드 A와 C보다는 전체 네트워크 측면에서 중심에 위치하고 있다. 이를테면 노드 B는 노드 A와 C보다는 네트워크의 다른 노드에 도달하는 데 가깝기 때문에 교류의 유리함을 가질 수 있다.

〈그림 1〉 중심성과 네트워크

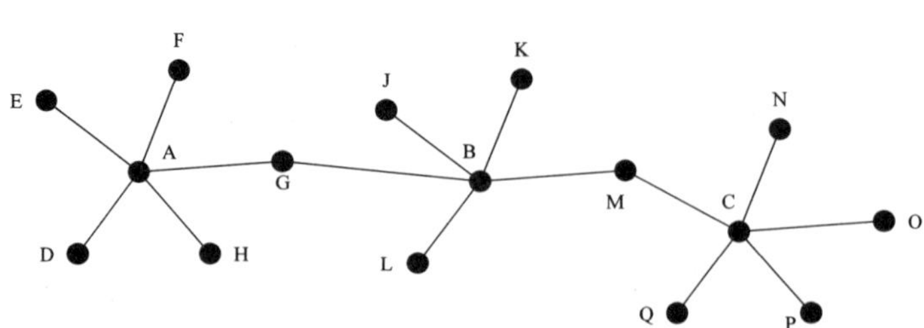

노드 G와 M이 네트워크에서 차지하는 역할도 중요하다. 이 노드들은 비록 각각 2개의 점과 관계를 맺고 있지만 중심인 A와 B, 그리고 B와 C 사이를 연결해 주는 '다리' 역할을 하고 있음을 알 수 있다. 이들의 중요성은 다른 노드들 사이의 매개자로서의 역할을 한다는 것에서 나온다. 노드 A를 중심으로 하는 네트워크가 노드 B를 중심으로 하는 네트워크에 관계를 맺기 위해서는 반드시 G라는 점을 거쳐야 한다는 점에서 노드 G의 역할이 중요하며, 또한 노드 B를 중심으로 하는 네트워크와 노드 C를 중심으로 하는 네트워크의 연결고리로서 노드 M의 역할이 중요한 것이다.

1. 연결수 중심성(degree centrality)

네트워크에서 한 노드에 인접해 연결된 노드들을 이웃이라고 하는데, 이때 한 노드의 이웃인 모든 노드들의 합을 그 노드의 연결수라고 한다. 연결수 중심성은 한 노드에 직접적으로 연결되어 있는 노드들의 합(合)으로 얻어진다. 연결수에 기초해서 한 노드의 중심성을 측정하는 방법을 '연결수 중심성'이라 한다. 이 지표는 한 노드가 다른 노드들과 직접 연계된 정도를 반영하는 지표이다.

이 연결수 중심성은 한 노드에서 직접적으로 연결되어 있는 노드의 수에 한정하여 측정하기 때문에, 간접적인 관계인 두 단계 이상을 거치는 관계들은 측정에 포함되지 않는다.

2. 근접 중심성(closeness centrality)

각 노드 간의 거리를 근거로 중심성을 측정하는 방법은 근접 중심성이라고 한다. 한 노드의 근접 중심성은 네트워크 내에서 연결되어 있는 모든 다른 노드들에 대한 최단거리의 합으로 정의된다. 이렇게 볼 때, 근접 중심성에 의한 '중심'은 네트워크에서 다른 모든 노드들로부터 가장 짧은 거리에 놓여 있는 노드가 된다. 근접 중심성 지수가 높을수록 다른 노드들과 가까이 위치하고 있다는 의미이며, 이 경우 전체 네트워크에서 중심적인 위치에 있는 정도라고 해석할 수 있다.

이 근접 중심성은 앞의 연결수 중심성과는 달리, 직접적으로 연결된 점뿐만 아니라 네트워크 내 간접적으로 연결된 모든 노드들 간의 거리를 계산하여 중심성을 측정한다는 특징을 가진다. 여기서 간접적인 연결이란, 중간에서 매개하는 노드를 거쳐서 연결되는 경우를 말한다. 이렇게 간접적인 연결까지 포함하는 근접 중심성을 사용하면 한 노드가 네트워크 전체의 다른 노드와 연결된 거리를 모두 고려할 수 있다.

근접 중심성의 계산 절차는 다음과 같다. 예를 들어 10개의 부서를 가진 기업을 생각해보자. 그 10개의 부서 간 관계를 표현하는 <그림 2>에서 부서 A와 부서 B 사이의 거리를 계산해보자.

계산 절차는 이렇다. 첫째, A와 B 두 부서가 다른 부서들과 연결된 노드 수를 계산한다. 둘째, 간접적으로 연결되는 단계를 계산한다. 간접연결이란 직접연결된 노드를 거쳐 연결된 노드들을 말한다. 직접연결의 경우 1단계로, 한 중개자가 있는 경우는 2단계, 두 중개자가 있는 경우는 3단계로 계산한다. 이 거리를 가중치로 설정한다. 즉, '1'단계의 거리에는 '1', 2단계의 거리에는 '2', 3단계의 거리에는 '3'

〈그림 2〉 부서 간 거리 계산을 위한 사례

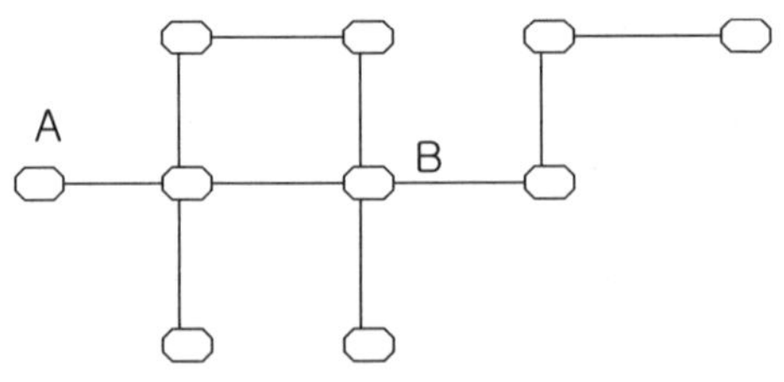

의 가중치를 준다. 셋째, 거리 가중치를 곱한 값을 모두 합산하다. 이 합산의 결과가 바로 한 부서의 근접 중심성 값이다. 이 값은 거리에서 나온 숫자이므로, 값이 클수록 거리가 멀다는 뜻이며 적을수록 그 부서가 다른 부서로부터 거리가 작다는 의미이다.

이 절차를 따라 <그림 2>의 부서 A와 부서 B의 거리 산정은 아래 <표 1>과 같다. 앞의 근접 중심성 계산 절차를 적용하면 부서 A의 거리는 '25'이며 부서 B의 거리는 '15'이다. 이 결과는 부서 B의 거리가 부서 A보다 더 작으므로, 부서 B가 더욱 중심적인 역할을 맡는다는 것을 말해준다.

〈표 1〉 근접 중심성 계산

부서 A	부서 B
1단계 × 1 = 1 2단계 × 3 = 6 3단계 × 3 = 9 4단계 × 1 = 4 5단계 × 1 = 5	1단계 × 4 = 4 2단계 × 4 = 8 3단계 × 1 = 3
거리 = 25	거리 = 15

3. 매개 중심성(betweenness centrality)

매개 중심성이란 한 노드가 담당하는 중재자 역할의 정도를 말한다. 예를 들어, 행위자 A와 행위자 B가 오직 행위자 C를 통해서만 관계를 맺을 수 있는 경우, 행위자 C는 높은 매개 중심성을 갖는다고 말할 수 있다. 이 행위자 C는 잠재적으로 다른 사람들 사이를 통제할 수 있는 '브로커(broker)'로서의 역할을 하는 것이다. 한 행위자가 네트워크에서 중재 역할을 맡을수록, 의사소통을 제어할 수 있는 통제력은 그만큼 커지게 되며 영향력을 행사할 수 있게 된다.

기초적인 네트워크 사례를 가지고 매개 중심성의 계산방법을 살펴보자.

먼저, <라인형 그래프>에서 노드 C의 매개 중심성을 계산하면 다음과 같다. 우선 몇 경로가 노드 C를 경유하는가의 계산이 필요하다. 노드 C를 경유하는 경우는 노드 B에서 각 노드 D, E, F, G로의 경로가 있으므로 이 경우 최단경로가 4개 존재하며, 또한 노드 A에서 각 노드 D, E, F, G로의 경로가 있으므로 역시 4의 최단거리가 존재한다. 따라서 노드 C를 경유하는 최단거리의 수는 총 8개가 존재함을 알 수 있다. 이때 노드 C의 매개 중심성은 8(8/1)이 된다. 노드 E의 경우 그래프상 노드 C와 대칭 위치에 있으므로 노드 C와 동일한 매개 중심성 값(즉, 8)을 갖는다. 다른 노드들도 동일한 원리에 의해 계산한다.

<스타형 그래프>를 보자. 이 스타형 그래프의 경우 모든 노드가 완벽하게 노드 A를 중심으로 연결되고 있으므로 노드 A의 매개 중심성은 15가 되고, 나머지 노드들은 모두 매개하는 기능이 없으므로 그들의 매개 중심성은 모두 0의 값을 갖는다.

한편 <원형 그래프>의 경우에는 모든 노드들이 매개하는 역할이 동등하기 때문에, 모든 노드들의 매개 중심성은 동일한 값이 되게 된다. 구체적으로, 각 점을 매개로 하는 경로는 각각 3개 경로를 갖는다. 즉, 원형 그래프에서 모든 노드의 매개 중심성은 3이 된다.

〈표 2〉 각 노드의 매개 중심성

구 분	A	B	C	D	E	F	G
라인형	0	5	8	9	8	5	0
스타형	15	0	0	0	0	0	0
원 형	3	3	3	3	3	3	3

〈그림 3〉 3가지 네트워크

i) 라인형 그래프

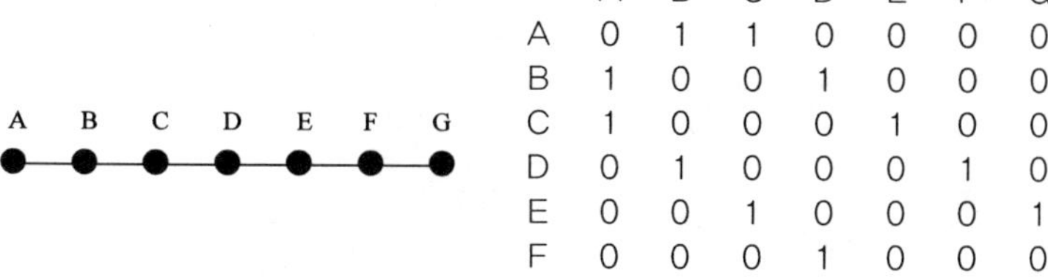

	A	B	C	D	E	F	G
A	0	1	1	0	0	0	0
B	1	0	0	1	0	0	0
C	1	0	0	0	1	0	0
D	0	1	0	0	0	1	0
E	0	0	1	0	0	0	1
F	0	0	0	1	0	0	0
G	0	0	0	0	1	0	0

ii) 스타형 그래프

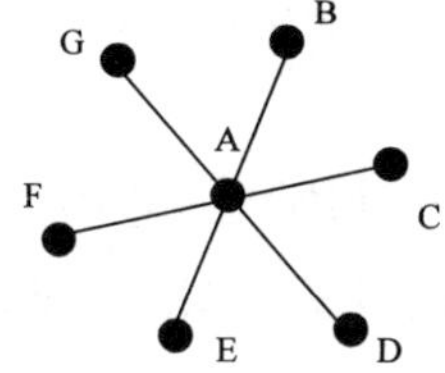

	A	B	C	D	E	F	G
A	0	1	1	1	1	1	1
B	1	0	0	0	0	0	0
C	1	0	0	0	0	0	0
D	1	0	0	0	0	0	0
E	1	0	0	0	0	0	0
F	1	0	0	0	0	0	0
G	1	0	0	0	0	0	0

iii) 원형 그래프

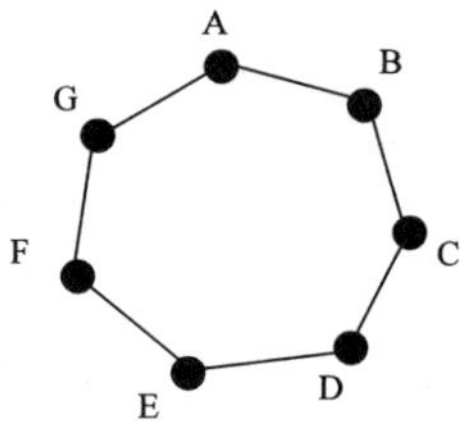

	A	B	C	D	E	F	G
A	0	1	0	0	0	0	1
B	1	0	1	0	0	0	0
C	0	1	0	1	0	0	0
D	0	0	1	0	1	0	0
E	0	0	0	1	0	1	0
F	0	0	0	0	1	0	1
G	1	0	0	0	0	1	0

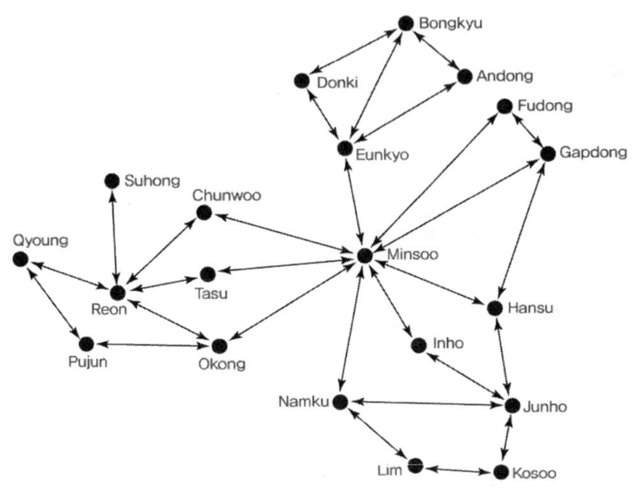

위 네트워크 사례기업에서 각 노드의 역할을 계량값을 사용해서 진단해보자. 우선 가장 대표적인 계량지표인 '중심성(centrality)'를 계산해보자. 본서의 1장「조직도 vs. 네트워크」설명 부분에서 논의의 대상이 된 다섯 사람의 중심성 값을 구하면 다음 표와 같다.

〈표 3〉 주요 인물의 중심성 값

		연결수 중심성	매개 중심성	근접 중심성
Eunkyo	은교	4.000	28.363	43.182
Minsoo	민수	9.000	75.078	59.375
Gapdong	갑동	3.000	0.556	41.304
Hansu	한수	3.000	5.789	42.222
Andong	안동	2.000	0.000	31.148

여기서 3가지 중심성 값이 등장한다. '연결수 중심성'은 각 노드마다 연결된 수를 계산한 값이며, '매개 중심성'은 다른 노드에게 연결

시키는 의미를 계산한 값이다. 한편 '근접 중심성'은 다른 노드들에 도달하는 거리를 반영하는 계량값이다. 외국문헌에서 사용하는 용어들과 비교하기 위해 각 개념의 영어 원어를 표기하면 다음과 같다. 연결수 중심성은 'degree centrality', 매개 중심성은 'betweenness centrality', 근접 중심성은 'closeness centrality'이다. 가장 높은 값이 가장 중심으로서 위치를 차지한다는 의미로 해석하면 된다. 이 중심값 계산을 어떻게 감당할 것인지를 염려하는 독자들이 계실 것이다. 그리 걱정하실 것이 없다. 이를 계산해주는 컴퓨터 프로그램이 많이 개발되었다. 대표적으로 UCINET, Pajek, NetMiner 등이 있다.

부록3: 파당 분석(clique analysis)

1) 파당과 파당 분석

파당(clique)의 사전적 정의는 “주의 혹은 주장과 이해를 같이하는 사람들끼리 어울려서 모인 무리”이다. 이 정의를 그래프 용어로서 표현하면, “한 네트워크에서 세 점 이상으로 구성된 가장 완벽한 하위 그래프”로 표현할 수 있다. 여기서 ‘완벽한’의 의미는 그 하위 그래프(파당)의 모든 점들이 반드시 직접적으로 연결되어 있어야 한다는 것을 말한다. 다시 말하면, 모든 점들이 서로 간 직접적으로 연결되어 있어야만 파당이 성립된다는 것을 의미한다. 이것은 파당이 앞서 설명한 컴퍼넌트 개념과 다른 가장 큰 차이이다. 컴퍼넌트의 경우 거리에 관계없이 각 구성원들이 연결되어 있기만 하면 컴퍼넌트 구성원이 되지만, 파당은 반드시 모든 구성원 사이에 직접적인 연결(거리 1)이 있어야 한다. 파당은 그 정의상 완벽한 연계관계 그리고 높은 밀도를 가지게 된다. 파당의 예에는 정치적 이해관계를 같이하는 정치집단, 의리로 뭉친 폭력배집단 등이다.

한 네트워크에는 여러 개의 파당이 존재할 수 있다. 또한 한 구성원이 하나 이상의 파당에 속할 수도 있고, 어떤 구성원은 어떠한 파당에도 속하지 않을 수도 있다. 그런데 한 네트워크에 몇 개의 파당이 존재하는지 여부는 한 파당에 속한 구성원의 수와 그들 간 연결정도에 의존한다고 보아야 한다. 파당은 높은 친밀도를 기초하여 성립하는 것이므로, 참여자의 수가 많은 경우보다는 적은 수의 네트워크의 경우가 파당이 많아질 소지가 있다. 즉, 규모가 작은 네트워크에서는 구성원 간 밀접한 관계가 많아지기 때문에 파당이 많아질 수가 있고, 또한 한 구성원이 다양한 파당에 중첩되어 소속될 수도 있다. 그러나 파당 분석은 근본적으로 네트워크의 하위집단인 파당을 파악하는 작업이므로, 파당 내 구성원들의 내적인 차별성(internal differentiation)을 도출하지는 못한다. 단지 전체 네트워크 속한 파당을 찾아내어 그 파당들이 어떠하며 그들 간 관계가 어떠한지를 알게 하는 방법이다.

<그림 1>을 통해 파당 개념을 구체적으로 살펴보자. 이 그림에서 파당은 {A, B, D}, {A, D, F}, {D, E, F, G}들이다. 그런데 {A, B, F}는 파당이 아니다. 왜냐하면 점 B와 점 F가 직접적으로 연결되어 있지 않고 점 D에 의해서 연결되어 있기 때문이다. 한편, {D, E, F} 또한 모든 점이 직접적으로 연결되어 있지만 파당으로 보지 않는다. 왜냐하면, 파당 {D, E, F, G} 내에 존재하기 때문이다. {E, F, G}가 파당이 아닌 것도 마찬가지 이유이다.

그런데 이 파당에 대한 정의는 너무 엄격해서 그 정의에 부합되는 파당을 현실세계에서 찾기 어렵다는 한계를 가진다. 즉, 파당의 엄격한 정의에 의해 현실적으로 그 정의에 부합되는 사례를 발견하기 어려운 것이다. 따라서 실제적으로는 이 엄격한 정의를 완화시켜 파당

〈그림 1〉 네트워크에서 파당

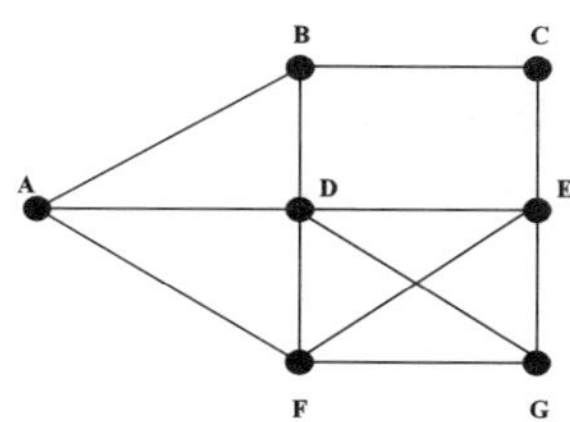

분석을 시도하게 된다. 현실성을 가미하여 엄격한 정의를 완화시키는 것이다.

파당의 엄격한 정의를 완화하기 위해 보편적으로 '거리'를 완화하는 방법이 적용되며, 그 방법에는 n-파당(clique), n-클랜(clan), n-클럽(club) 등이 있다. 이들 방법은 각 점 간 도달 가능성, 경로거리, 직경 등과 같은 거리 개념을 이용하여 엄격성을 완화하려는 특징을 가진다. 각각을 알아보자.

2) n-파당(clique)

파당은 모든 구성원들 간 직접 연결된 집단이다. 그런데 현실적으로 이 정의를 충족하는 사례가 거의 드물기 때문에 그 정의의 완화가 필요하다고 한 바 있다. 그 엄격한 파당의 정의를 완화하는 개념 중의 하나가 n-파당이다. 여기서 'n'은 파당에 속한 구성원들 사이의 최대 경로길이를 의미한다. 따라서 1-파당(clique)은 모든 쌍의 점들이 거리 1에서 직접적으로 연결되어 있는 집단이면서 그 자체로 완전성을 가진다. 여기서 "그 자체로 완전성을 가진다"라는 의미는 적어도 거리 n에서는 서로 '완전히' 연결되어 있다는 것을 의미한다. 예를 들어, 2-파당(clique)은 적어도 거리 2에서 파당 내 모든 점들이 연결되어 있다는 것을 의미한다. 이런 점에서, 거리 2의 파당에서는 점들이 반드시 직접연결(즉, 거리 1)되어 있을 필요는 없고, 한 점의 매개자를 거쳐 연결만 되면 파당으로 인정하는 것이다.

<그림 2>를 보자. 이것은 6명이 참여한 네트워크이다. 이 그림에서 '1-파당'은 오직 {A, B, C}이다. 한편 '2-파당'은 {A, B, C, D, E}, {B, C, D, E, F} 등 두 개가 존재한다. '2-파당'은 경로거리 2까지를 허용하는 파당임을 다시 부연한다. 그런데 {D, E, F}는 2-파당이 아니라는 점이다. 왜냐하면, 점 D와 점 E 간의 가장 짧은 경로는 길이

〈그림 2〉 파당(clique), n-파당, k-플렉스

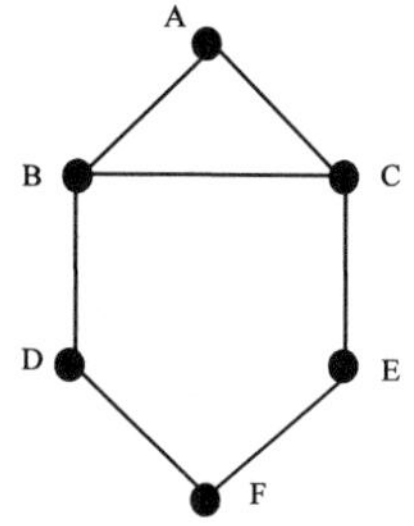

3인 D-B-C-E 경로가 되기 때문이다. 즉, 경로거리가 2를 초과하기 때문이다.

n값은 연구자에 의해서 선택되는 값이며, 이 n값의 증가는 파당 구성원에 대한 기준을 완화하는 것이다. 즉, 3-파당은 2-파당보다 더 느슨하게 결합된 관계를 파당으로 인정하겠다는 의미이다.

• n–파당의 한계

이 n-파당 개념은 다음과 같은 두 가지 한계를 가진다.

첫째, 경로거리(n)가 2를 초과하는 n값은 현실적으로 해석이 어렵다. 거리 1은 직접연결이고, 거리 2는 중재자나 브로커 역할을 거쳐 연계된 관계라고 해석하면 되지만, 그 이상은 멀고 약한 관계인 것은 분명하지만 정확한 의미를 포착하기 어렵다. 예를 들어, '친구의 친구의 친구' 관계는 거리 3에서 연결되어 있지만, 이 관계에서 '나(ego)'와 거리 3으로 연결된 친구 사이의 관계는 '친구'라는 단어가 무색한 먼 관계이다. 이렇듯 3 이상의 경로거리를 가진 관계는 우리 세상에서 현실적인 의미가 그리 크지 않다.

둘째, n-파당(clique)의 경로에 있는 중재점(intermediary point)은 그 스스로는 파당의 구성원이 아닐 수도 있다는 사실이다. 다시 <그림 2>

를 보자. 그림의 점 F에 주목해보자. 앞서 파악한 2-파당인 {A, B, C, D, E}에서 점 D와 점 E는 중재점 F를 통해서 거리 2로 연결되고 있음을 확인할 수 있다. 만약, 점 F가 없었다면 점 D와 점 E는 점 A, B, C와 하나의 파당으로 묶이지 못했을 것이다. 왜냐하면 점 F가 없었다면 점 D와 점 E 사이의 거리 3이 되기 때문이다. 이렇듯 n-파당에서는 파당(clique)의 직경(즉, 어떤 한 점과 이 점에서 가장 멀리 떨어져 있는 점 간의 거리)이 파당을 정의하는 n값보다 더 큰 경우가 발생할 수 있다. 이 경우에서와 같이, 파당 내 구성원들이 거리 n에서 연결되지 않을 수 있다는 점은 파당 분석의 한계이다.

3) n–클랜(clan)과 n–클럽(club)

파당 분석의 한계를 보완하는 방법에 대해, 모켄(Mokken)은 다음과 같은 두 가지 방법을 제안하고 있다.

먼저, n-파당보다 확장된 개념으로서, 파당의 직경(diameter)을 n으로 한정하는 n-클랜(clan) 개념을 제시하였다. 이는 정확한 2-파당(clique)을 확인하기 위해서는 거리를 2로 해야 할 뿐만 아니라, 직경 또한 2보다 크지 않아야 한다는 것이다. 따라서 n-클랜(clan)은 n-파당 중에서 파당 내의 점들 간 직경이 n보다 작거나 적어도 n과 같은 것을 말한다. 모든 n-클랜(clan)은 n-파당(clique)이다.

n-클랜 개념을 앞의 <그림 2>에 적용해 보자. 앞의 n-파당 분석에서 2-파당의 조건을 충족하였던 파당 {A, B, C, D, E}를 보자. 이 파당에서, 점 D와 점 E는 점 F에 의해서 연결되어 거리 2라는 조건을 만족하였지만 직경은 거리 3이 된다. 직경이 2를 초과하므로 2-클랜(clan)에서는 제외됨을 알 수 있다. 그러나 그래프가 <그림 3>과 같으면 다른 결과를 얻는다. <그림 3>의 두 그래프에서는 모든 점들은 2-클랜(clan)에 속하게 된다.

〈그림 3〉 n-클랜 분석 예제

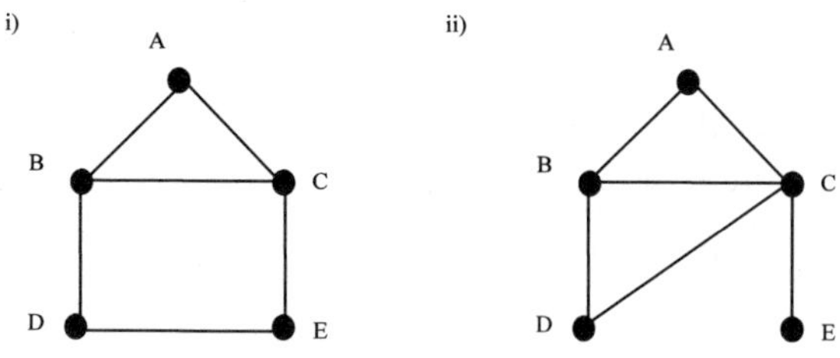

참고로, 거리를 생각하지 않고 오직 직경(diameter)만을 고려하는 경우를 **n-클럽(club)**이라고 한다. 이 개념은 한 그래프 내에 있는 모든 점들 간 거리가 **n**보다 작거나 최소한 같아야 한다는 전제를 가진다. 따라서 **n-클럽(club)**은 반드시 **n-파당**이 되지 않는다.

지금까지 살펴본 네트워크의 하위집단 분석기법을 정리하면 <표 1>과 같다.

〈표 1〉 하위집단 분석 방법과 특성

분석 기법	정의	적용된 네트워크 개념		한계
파당	• 직접 연결된 점들의 집합	인접도 (adjacency)	거리 (distance)	• 현실을 직접적으로 반영하지 못함.
n-파당	• 파당의 구성원을 '거리 n'까지 확장된 점들의 집합	도달 가능성 (reache-ability)		• n이 2보다 커지면 현실적 해석의 어려움이 존재함. • 파당 내 존재하지 않은 외부 구성원을 포함하고 있음.
n-클랜	• '거리 2'에서 연결되어 있고, 동시에 직경이 n인 점들의 집합	geodesic, diameter		
n-클럽	• 직경이 n인 점들의 집합	직경 (diameter)		• 실질적인 분석 패키지에 활용하지 못함.

4) UCINET에서 파당 분석

(1) 파당 분석

UCINET에서 파당 분석을 하기 위해서는 Network > Subgroup > Clique 경로로 진행하면 된다. <그림 4>와 같은 대화상자를 얻게 된다. 이 대화상자에서 분석할 데이터 파일을 지정해주어야 하며, 한 파당에 속할 구성원의 최소 크기를 지정해 준다. 초기값(default)은 3으로 되어 있다. 이 값은 연구자가 연구 목적에 따라 조정할 수 있다.

〈그림 4〉 파당 분석 대화상자

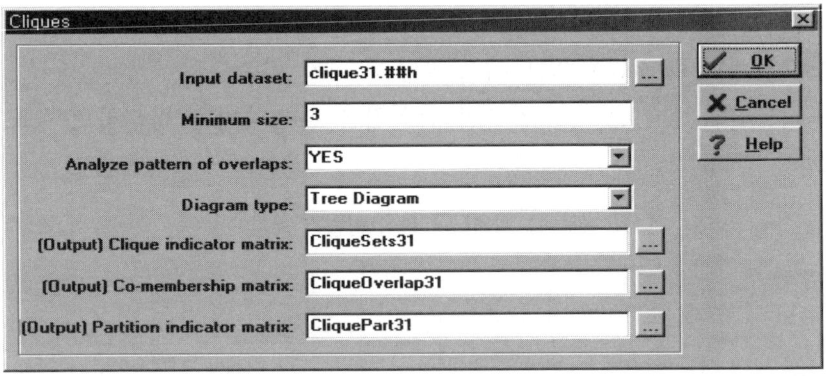

그러면 직접 예제를 적용해 보자. 앞에서 사용하였던 그래프 <그림 2>를 사용하자. 그 그래프의 왼쪽에 매트릭스 데이터를 제공한다. 편의상 이 그림을 <그림 5>라고 하자.

〈그림 5〉

	A	B	C	D	E	F
A	0	1	1	0	0	0
B	1	0	1	1	0	0
C	1	1	0	0	1	0
D	0	1	0	0	0	1
E	0	0	1	0	0	1
F	0	0	0	1	1	0

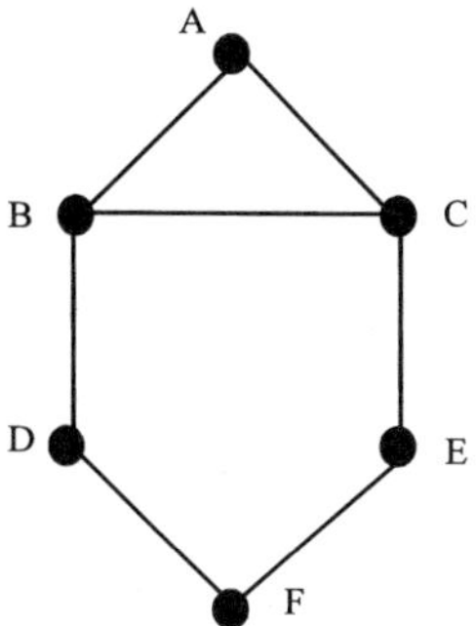

<분석결과 1>은 파당의 크기를 3으로 제한했을 경우의 분석 결과이다. 그 결과는 3개의 파당, 즉 {D E F G}, {A D F}, {A B D}가 발견된다는 것을 말한다. 이 결과는 각 점이 어느 파당에 속하는지를 알게 할 뿐만 아니라, 여러 파당에 중첩되어 소속되는지 여부도 알게 한다. 이 결과를 구체적으로 보면, 점 A의 경우 2개의 파당에 동시에 속해 있고, 점 B는 하나의 파당에만 속해 있으며, 점 C는 어떠한 파당에도 속해 있지 않다는 것을 알 수 있다. 한편, 점 A와 점 B는 하나의 파당에서 동시에 속해 있다는 것을 제공하며, 점 F와 점 D는 2개의 파당에 동시에 속해 있다는 것을 말한다. 또한 이 네트워크는 2-파당에서 모든 점들이 하나의 파당으로 묶이게 됨을 알 수 있다.

분석결과 1: 파당 분석 결과

```
CLIQUES
------------------------------------------------------------------
Minimum Set Size:              3
Input dataset:                 D:₩social network₩social network_text
₩제2장 ₩clique3_1
```

```
3 cliques found.

   1:  D E F G
   2:  A D F
   3:  A B D

Group Co-Membership Matrix

       1 2 3 4 5 6 7
       A B C D E F G
       - - - - - - -
  1 A  2 1 0 2 0 1 0
  2 B  1 1 0 1 0 0 0
  3 C  0 0 0 0 0 0 0
  4 D  2 1 0 3 1 2 1
  5 E  0 0 0 1 1 1 1
  6 F  1 0 0 2 1 2 1
  7 G  0 0 0 1 1 1 1

SINGLE-LINK HIERARCHICAL CLUSTERING

        C B E A D F G

Level   3 2 5 1 4 6 7
-----   - - - - - - -
    2   . . . XXXXX .
    1   . XXXXXXXXXXX
    0   XXXXXXXXXXXXX


Group indicator matrix saved as dataset CliqueSets
Clique co-membership matrix saved as dataset CliqueOverlap
Clique co-membership partition-by-actor indicator matrix saved as
dataset CliquePart
```

(2) n-파당(clique) 분석

<그림 6>은 n-파당 분석을 위한 UCINET의 대화상자이다. 이 대화상자는 Network > Subgroup > n-clique 순서로 이동하면 만나게 된다. 이 대화상자의 기능은 위의 파당 분석과 대부분 같으며, 연구자가 연구의도에 맞게 n의 크기를 지정해 줄 수 있다는 점도 동일하다.

〈그림 6〉 n-파당 분석의 대화상자

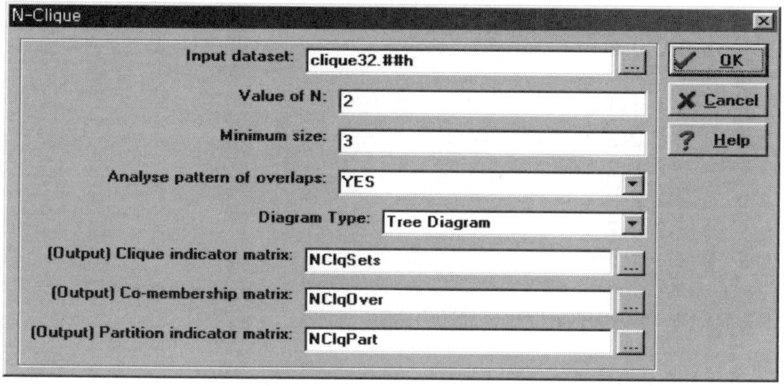

N-Clique

Input dataset: clique32.##h
Value of N: 2
Minimum size: 3
Analyse pattern of overlaps: YES
Diagram Type: Tree Diagram
(Output) Clique indicator matrix: NClqSets
(Output) Co-membership matrix: NClqOver
(Output) Partition indicator matrix: NClqPart

OK
Cancel
Help

앞의 파당 분석과 동일하게 <그림 5>의 예를 사용하여 n-파당 분석을 해보자. UCINET이 산출하는 분석결과는 <분석결과 2>이다. 여기서는 n값을 2로 지정하였으며, 이럴 때 {A B C D E}와 {B C D E F} 2개의 파당이 존재하고 있는 것으로 나타났다.

분석결과 2: UCINET의 n-파당 분석 결과

```
N-CLIQUES
------------------------------------------------------------------

Max Distance (n-):          2
Minimum Set Size:           3
```

```
Input dataset:                    D:₩social network₩social network_text
₩제2장₩clique32

2 2-cliques found.

   1:  A B C D E
   2:  B C D E F

Group Co-Membership Matrix

       1 2 3 4 5 6
       A B C D E F
       - - - - - -
  1 A  1 1 1 1 1 0
  2 B  1 2 2 2 2 1
  3 C  1 2 2 2 2 1
  4 D  1 2 2 2 2 1
  5 E  1 2 2 2 2 1
  6 F  0 1 1 1 1 1

SINGLE-LINK HIERARCHICAL CLUSTERING

        A B C D E F

Level   1 2 3 4 5 6
-----   - - - - - -
    2   . XXXXXXX .
    1   XXXXXXXXXXX

Group indicator matrix saved as dataset NClqSets
Group co-membership matrix saved as dataset NClqOver
Group co-membership partition-by-actor indicator matrix saved as
dataset NClqPart
```

(3) n-클랜(clan) 분석

UCINET에서 n-클랜(clan) 분석은 Network > Subgroup > n-clan 순서의 경로를 따르면 된다. 이렇게 되면 <그림 7>과 같은 대화상자가 나타난다. 여기서 요청하는 사항들을 연구목적에 맞게 지정해 주고 실행하면 된다.

<그림 7> n-clan 대화상자

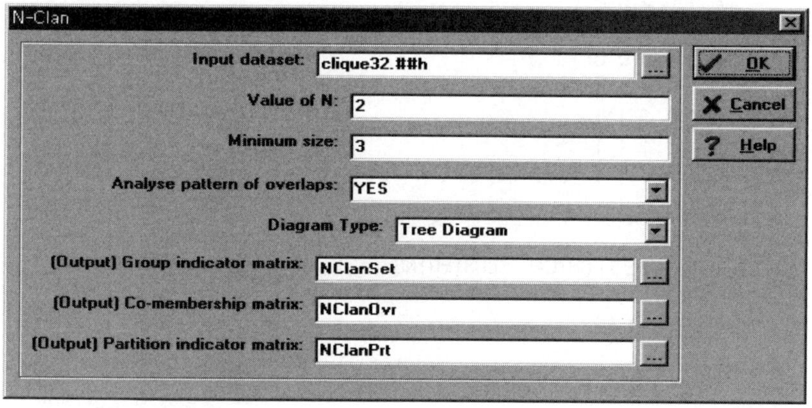

N-Clan

Input dataset: clique32.##h
Value of N: 2
Minimum size: 3
Analyse pattern of overlaps: YES
Diagram Type: Tree Diagram
(Output) Group indicator matrix: NClanSet
(Output) Co-membership matrix: NClanOvr
(Output) Partition indicator matrix: NClanPrt

OK
Cancel
Help

분석을 위한 데이터로서 앞의 두 분석과 동일하게 <그림 5>를 사용한다. UCINET의 분석결과는 <분석결과 3>에 있다. 이는 n을 2로 했을 경우인 '2-클랜' 분석결과이다.

분석결과 3: n-클랜 분석결과

```
N-CLANS
------------------------------------------------------------------
Max Distance (n-):            2
Minimum Set Size:             3
```

```
Input dataset:                    D:₩SOCIAL NETWORK₩SOCIAL NETWORK_TEXT
₩제2장₩clique32

1 2-clans found.

   1:  B C D E F

Group Co-Membership Matrix

        1 2 3 4 5 6
        A B C D E F
        - - - - - -
   1 A  0 0 0 0 0 0
   2 B  0 1 1 1 1 1
   3 C  0 1 1 1 1 1
   4 D  0 1 1 1 1 1
   5 E  0 1 1 1 1 1
   6 F  0 1 1 1 1 1

SINGLE-LINK HIERARCHICAL CLUSTERING

        A B C D E F

Level   1 2 3 4 5 6
-----   - - - - - -
    1   . XXXXXXXXX
    0   XXXXXXXXXXX

Group indicator matrix saved as dataset NClanSet
Group co-membership matrix saved as dataset NClanOvr
Group co-membership partition-by-actor indicator matrix saved as
dataset NClanPrt
```

부록4: 주요 용어

경로거리(path distance)

행위자들 간의 ‘관계’를 표현하는 기초적인 개념이다. 이는 ‘관계’를 가진 두 행위자 사이에서, 한 행위자(ego)에서 다른 행위자(alter)로 직접적으로 관통해서 도달해야만 하는 최소의 직선 수를 말한다. 여기서 두 행위자 간 관계의 방향은 중요하지 않다.

유클리디안 거리(euclidean distance)

행위자 사이의 관계에 대한 물리적 거리이다. 관계의 정도 차이가 무시되고 오직 관계가 ‘있다 혹은 없다’가 중요할 경우에 행위자 사이 관계가 있는 경우에는 1로, 관계가 없는 경우 0으로 코딩한다. 그러나 관계의 정도 차이가 중요하면 계량값(valued data)으로 표시한다.
행위자 j에서 i에 이르는 직접 및 간접 연계의 유클리디안 거리(Z_{ij})는 아래와 같다.

		1	j가 i와 동일한 경우
Z_{ij}	=	$1 - f_{ij}/n_j$	j가 i에 도달할 수 있는 경우
		0	j가 i에 도달할 수 없는 경우

여기서 n_j는 j가 가능한 연계(간접 포함)를 통해 도달할 수 있는 행위자의 수이고, f_{ij}는 최소한의 연계(직접연계)를 거쳐 i에 도달한 행위자의

수이다.

연결 수(degree)

어떤 두 점이 한 라인(line)에 의해서 연결되어 있으면 우리는 이 점들이 서로 인접연결(adjacent)되어 있다고 말한다. 즉, 연결되었다는 의미는 두 점 혹은 두 행위자가 서로 직접적으로 교류하고 있다는 의미한다. 여기서, 한 점에 인접해 연결된 점들을 '이웃'이라고 하는데, 이때 한 점의 이웃인 모든 점들의 합(合)을 그 점의 연결 수(degree)라고 한다.

밀도(density)

밀도란 그래프에서 행위자(점, 노드)들 간의 연결된 정도를 의미한다. 네트워크 내 전체 구성원이 서로 간 얼마나 많은 관계를 맺고 있는가를 표현하기 위한 개념이다. 구체적으로 네트워크에서 점들 간 라인(line)의 많고 적음으로 파악된다. 밀도는 한 네트워크가 얼마나 완벽하게 구축되어 있는가를 표현하는 개념이기도 하다.

밀도가 높은 네트워크의 특징은 다음과 같다. 첫째, 밀도가 높으면 정보수집과 배포의 통로가 많기 때문에 빠른 속도로 정보와 자원의 흐름이 진행된다. 둘째, 밀집도가 높은 네트워크는 하나의 '폐쇄(closed)' 망으로 작동하여, 규범의 공유, 신뢰구축, 상호 모방에 의한 행위패턴의 동질화 등 공동체적 속성들이 비교적 쉽게 발달하게 된다. 셋째, 밀집된 네트워크는 약속 위반에 대한 규제(sanction)가 매우 효과적이다. 왜냐하면 밀도가 높은 네트워크에서 각 행위자의 평판이 잘 전달되기 때문이다.

구조적 틈새(structural hole)

구조적 틈새란 한 사람이 다른 사람들과의 연계에서 중복되지(redundant) 않고 그 행위자를 통해서만 다른 사람들이 연계되는 바로 그 위치를 구조적 틈새라고 한다. 미국의 사회학자인 로날드 버트(Ronald Burt)에 의해서 명칭된 것이다.

구조적 틈새 개념의 핵심은 '중복되지 않는 것'이다. 여기서 그 '중복되지 않는 것'을 예를 통해서 이해해 보자. 세 사람 A, B, C가 있다고 하자. 이들 중 A는 두 사람 B와 C를 모두 알고 있다고 하자. 즉, A와 B가 서로 알고, 그리고 A와 C가 서로 안다고 하자. 이럴 경우 A와 각각 알고 있는 B와 C 두 사람 사이 서로 안다는 것의 의미가 있을까? 이 예에서 B와 C가 서로 아는 사이라는 것은 '중복'이다. 왜냐하면, 양자(B와 C)는 직접 알고 있을 필요 없이 A를 사이에 두고 연결되기 때문이다. 말하자면, A가 있는 한 이들 두 사람 간 직접연결이 반드시 필요하지는 않다고 보는 것이다. 이것이 중복(redundancy) 개념이다. 구조적 틈새는 이러한 중복이 없는 위치이다.

구조적 틈새는 정보 확보의 우월성이 가장 큰 장점이다. 말하자면, 접촉의 다양성을 가지기 때문에 얻는 정보의 다양성, 중복된 정보가 없다는 점, 질이 좋은 정보를 여과할 수 있다는 점, 정보를 빠르게 접할 수 있다는 점 등이 이러한 장점에 해당한다. 또한 구조적 틈새는 한 네트워크에서 정보통제를 가능하게 한다. 그 틈새에 위치한 행위자는 전체 정보흐름상 길목 위치를 차지하는 것이기 때문에 이른바 통제 포인트가 된다.

중심성(centrality)

중심성(centrality)은 한 행위자가 네트워크에서 중심에 위치하는 정도를 표현하는 지표이다. 한 네트워크에서 중심에 위치한다는 것은, 첫째, 정보획득과 자원흐름에서 빠른 시간에 필요한 양을 확보할 가능성이 높다는 것을 의미한다. 즉, 정보와 자원에 대해 속도와 양의 측면에서 유리한 위치에 있다는 점을 말한다. 이런 점에서 네트워크의 중심은 정보의 접촉과 자원확보가 용이하다. 둘째, 중심은 다른 행위자들에 대한 영향력과 권한 그리고 협상력이 상대적으로 우월하게 된다. 필요 자원이 어디에 있는지에 대한 정보가 얻어지며, 그 자원과 접촉할 수 있는 통로가 많기 때문이다.

'중심'에도 부정적인 면이 존재한다. 중심에 위치하는 행위자는 다른 행위자로부터 일종의 모델로서 취급되는 경향이 있어 모방 대상이 된다. 이렇게 시선이 집중되고 모방이 많아지면 행위자 고유의 특징과 경쟁력을 유지하기 어렵게 된다. 또한 남들의 질시 대상이 되어 행위의 자유로움이 약해질 수도 있다. 마치 유명 스타들의 사생활이 자유스럽지 못한 것과 유사하다.

집중도(centralization)

집중도(centrlaization)란 한 네트워크에서 네트워크 전체가 한 가지 '중심'으로 집중되는 정도를 표현하는 지표이다. 앞서 설명한 중심성(centrality)이 한 점에 초점을 맞추어, 그 점이 중심에 위치하는지에 대한 정도를 표현하는 것이라면, 이 집중도는 한 네트워크 전체가 '중심'에 집중되는 정도를 표현하는 것이라는 점에 차이가 있다.

구조적 등위성(structural equivalence)

한 네트워크에서 다른 행위자들과 직접적인 관계는 없지만 동일한 관계패턴을 가지는 경우를 구조적 등위성이라고 말한다. 이 구조적 등위성은 두 행위자 사이의 종합적 상이성(aggregate dissimilarity)에 근거한 개념이다. 구조적으로 등위의 행위자들은 직접적인 관계와 접촉이 반드시 존재해야 할 필요는 없다. 다만 위치(position)와 역할(role)에 의해서 유사한 유형의 관계를 가지는 것에 의해 '구조적'으로 동일한 위치를 점한다고 본다.

구조적 등위성보다 덜 엄격한 개념이 '일반 등위성(regular equivalence)'이다. 구조적 등위성은 한 네트워크 내의 동일한 다른 행위자들과 동일한 연계(identical ties to identical other actors in the network)가 있어야 한다는 것을 전제하지만, '일반 등위성'은 다른 동일한 행위자들과의 연계를 전제하지 않고, 유사한 역할을 하는 '비슷한(similar)' 행위자들과의 관계만 있으면 일반 등위성이 성립된다.

블록모델(block model)

구조적 등위성을 계산하여 동일한 위치를 점하는 행위자들을 한데 묶으면 그것이 블록모델이다. 즉, 블록모델은 집단화된 행위자들을 구조적으로 동등한 위치, 즉 블록(blocks)으로 구분하고, 동시에 블록들 간의 역할관계를 분석하는 기법이다. 하버드 대학의 경제사회학자인 해리슨 화이트(Harrison White) 박사에 의해 개발된 방법이다.

컴퍼넌트(component)

'컴퍼넌트'란 네트워크(network) 내 하위 네트워크(sub-network)이다. 그 자체도 네트워크이지만 큰 네트워크에 소속되었으므로 하위 네트워크라 부른다. 점들 간 연결의 집합체로 보면 된다. 점들 사이의 연결은 직접 혹은 간접 연결 모두를 포함한다. 즉, 하나의 컴퍼넌트가 되기 위한 조건으로, 소속 점들이 경로거리 1뿐만 아니라 그 이상의 경로거리도 허용된다.

파당(clique)

파당(clique)의 사전적 정의는 '주의 혹은 주장과 이해를 같이하는 사람들끼리 어울려서 모인 무리'이다. 이 정의를 사회네트워크적으로 표현하면, "한 네트워크에서 세 점 이상으로 구성된 가장 완벽한 하위 그래프"로 표현할 수 있다. 여기서 '완벽한'의 의미는 그 하위 그래프(파당)의 모든 점들이 반드시 직접적으로 연결되어 있어야 한다는 것을 말한다. 다시 말하면, 모든 점들이 서로 간 직접적으로 연결되어 있어야만 파당이 성립된다는 것을 의미한다. 이것은 파당이 앞서 언급한 컴퍼넌트 개념과 다른 가장 큰 차이이다. 컴퍼넌트의 경우 거리에 관계없이 각 구성원들이 연결되어 있기만 하면 컴퍼넌트 구성원이 되지만, 파당은 반드시 모든 구성원 사이에 직접적인 연결(거리 1)이 있어야 한다. 파당은 그 정의상 완벽한 연계관계 그리고 높은 밀도를 가지게 된다. 파당의 예에는 정치적 이해관계를 같이하는 정치집단, 의리로 뭉친 폭력배집단 등이다.

다중성(multiplexity)

다중성이란, 관계의 행위자 사이의 관계를 성립시키는 유형의 수(數)이다. 이 유형의 예를 들면, 거래처 관계, 고교동창관계, 동향 관계, 테니스 모임 친구관계 등을 들 수 있다. 두 사람의 '관계'는 이 중 어느 하나에서 성립할 수도 있고 두 개 이상을 가진 관계도 있을 수 있다.

다중성의 측정에는 절대적 측정과 상대적 측정이 있다. 절대적 측정은 관계를 성립시킨 유형의 절대 수를 측정하여 얻는 방법이다. 상대적 측정은 네트워크에 참여한 행위자의 전체 숫자를 고려하여 비율로 측정하는 방법이다. 이 경우 전체 행위자[본인(EGO)은 제외하고] 중 다중연계에 의해 본인(EGO)에게 연결된 행위자의 비율로서 계산한다.

현저성(prominence)

행위자가 다른 행위자와 맺는 관계가 얼마나 가시적인가의 정도를 현저성(prominence)이라고 한다. 이 현저성에는 중심성(centrality)과 위신

(prestige)이 있다. 중심성은 앞의 설명과 같다.

위신(prestige)은 남들로부터 시선을 받는 것에 초점을 맞춘다. 이렇듯이 위신을 알기 위해서는 관계의 방향이 중요하다. 즉, 관계의 비대칭성을 전제하는 개념이다. 이 위신의 관점에서 볼 때, '현저한 행위자'는 많은 타 행위자로부터 연결 요청을 받는 행위자이다. 위신의 구체적인 측정은, 한 행위자가 받을 수 있는 가능한 총 연계 중에서 실제로 받은 연계의 비율로 구한다.

구조적 자율성(structural autonomy)

구조적 자율성이란 행위자가 타 행위자들 간의 관계를 이용하여 자신의 이득을 취할 수 있는 정도를 의미한다. 대표적인 예로서 브로커(broker)의 위치가 그러한데, 브로커는 행위자 사이에서 다리를 놓는 입장이므로 구조적 자율성이 높은 위치를 점한다고 평가할 수 있다. 이는 앞의 구조적 틈새(structural hole) 개념과 잘 조화된다. 이 구조적 자율성은 다음에 언급되는 네트워크 구속성과 역비례의 함수관계에 있다.

네트워크 구속성(network constraint)

네트워크 구속성(constraint)이란 행위자가 타 행위자로부터 받는 구조적 제약을 말한다. 이는 매개자를 통한 간접적 구속의 효과까지를 포함한다. 이 구속성이 높다는 것은 행위자의 자율성이 떨어진다는 것으로서, 자신의 이득을 추구할 수 있는 입장에 서지 못했다는 것을 의미한다. 네트워크 구속성이 높다는 것은 한 네트워크에서 자율적 재량이 높은 위치인 구조적 틈새(structural hole)는 아니라는 것을 의미하며, 이런 측면에서 사회적 자본도 적은 상태라고 볼 수 있다.

네트워크 공개성(network openness)

네트워크 공개성은 한 그룹에 속한 행위자가 다른 그룹의 행위자와 연계가 존재하는 비율을 의미한다. 여러 네트워크 사이에 연결고리가 많은 경우 공개성이 높은 네트워크이며, 네트워크 사이의 연계가 적은 경우는 폐쇄성이 강한 네트워크이다.

연결(yonkyol)과 연줄(yonjul)

연결(yonkyol)은 '중립적' 단어이며 보편적인 원칙에 의해서 행위자들이 공개적으로 맺어진 관계를 의미한다. 한편, 연줄(yonjul)은 혈연, 학연, 지연 등의 연고관계에 의해서 맺어지는 관계를 의미하며, 중립적인 개념이 아닌 것으로 간주한다.

네트워크 치료

초판인쇄 | 2020년 9월 21일
초판발행 | 2020년 9월 25일

지 은 이 | 손동원
펴 낸 이 | 김광범
펴 낸 곳 | 도서출판 시대가치
출판등록 | 2017년 3월 23일 제2018-000088호
주 소 | 서울특별시 마포구 토정로 222, 422-1호(한국출판콘텐츠센터)
전 화 | 02)3152-2620 / 팩스 02)6442-2621

ISBN 979-11-89607-36-4 03320

* 이 도서의 국립중앙도서관 출판예정도서목록(CIP)은 서지정보유통지원시스템 홈페이지(http://seoji.nl.go.kr)와 국가자료종합목록 구축시스템(http://kolis-net.nl.go.kr)에서 이용하실 수 있습니다. (CIP제어번호 : CIP2020039235)

가격 26,000원

『이 저서는 인하대학교의 지원에 의해 연구되었음.』